LK 7/428

Ex bibliotheca ff Prædicatorum Parisiensium Conventus Stæ Annunc. Bæ Mariæ ad Sti Generatum. die 20. Januarij. 1671.

LA ROYALLE
Couronne des
Roys D'Arles

Dediee

A Mess.rs les Consulz
et Gouuerneurs
de la Ville
Par
Louis Pbr

EN AVIGNON
PAR IAQVES
BRAMEREAV

LA ROYALLE COVRONNE DES ROYS D'ARLES.

Enrichie de l'histoire des Empereurs Romains, des Roys des Gots, & des Roys de France qui ont resjdé dans son enclos: de l'estat de sa Republique: de sa subjection aux Comtes de Prouence: & du bon-heur que ses Citoyens ont d'estre retournez soubs l'obeyssance des Roys Tres-Chrestiens.

Œuure tres-curieuse, esmaillée des plus belles Antiquitez qu'on a peu tirer des excellents Cabinets de ce temps.

Dediee à Messieurs les Consuls & Gouuerneurs de la Ville & Cité dudit Arles.

Par M. I. BOVIS, Prestre.

❊

EN AVIGNON,
De l'Imprimerie de IAQVES BRAMEREAV, Imprimeur de sa Sainteté, de la Ville, & Vniuersité. M. DC. XLI.
Auec permission.

AVX MAGNIFIQVES SEIGNEVRS, MESSIEVRS LES CONSVLS

& Gouuerneurs de la Ville & Cité d'Arles, Iuges nés de la Police, & Seigneurs de Trinquetaille.

MESSIEVRS,

La sage antiquité voulant parler du deuoir de la Patrie, l'ont rendu esgal à la Diuinité, preferable à celuy de la nature: Et les Egyptiens ont representé ce deuoir soubs la figure

ã 2

EPISTRE.

d'vne Sigalle, qui se meurt où elle naist; pour monstrer que l'homme ne doit rien gouster de *Aphorism.* plus doux parmy ceste vie que de s'employer au seruice de sa Patrie; & en temps de besoin mourir pour la gloire d'icelle; puis que l'amour de la Patrie oste l'apprehension de la mort, & promet vne Celeste recompense: ce qui faisoit dire *Iacob sep-* au Philosophe Phauorinus, originaire d'Arles *sent. Sapit.* & premier Conseillier d'Estat de l'Empereur *Aeleg.* Adrian; qu'il ne se trauailloit au monde que pour la gloire & vtilité de sa Patrie: Et comme vn autre Vlissez estoit d'opinion que les hommes bien-faicts ne doiuent iamais oublier la terre qui les a nourris, la ville qui les a receus, ny les citoyens qui les ont fauoris; & comme *Vit. Philos.* Bias ne rien escrire que ce qui conuient à l'honneur de l'vn & de l'autre, pour n'encourir la peine des Atheniens, qui desnioient sepulture dans l'enclos de leur terroir à ceux qui auoient negligé de deffendre, par armes, par parolles, ou par escrit l'honneur de leur pays. Voulant donc imiter ces grands personnages, me suis resolu de

EPISTRE.

chercher des moyens pour m'acquitter du deuoir, duquel ie me sens obligé à la Cité d'Arles (ma chere & bien aymée Patrie) & sçachant que l'Orateur Romain estime l'histoire des choses passées vn precieux meuble de maison, duquel on ne doit iamis estre despourueu. J'ay trauaillé pour sortir du tombeau de l'oubly les choses que parmy les siecles passez l'auoient renduë recommandable sur toutes les villes de l'Europe, afin que ses enfants (comme le Philosophe Athenien) fassent plus de gloire d'estre nés dans Arles qu'en autre ville du monde. Voulant donc suiure ce dessein, n'ay voulu imiter les Prestres de Sadix, qui pour exalter leur Dieu Hercule mettoient sur la porte de son Temple les images du Lion, du Centaure, & de l'Hydre qu'il auoit tuez : ny comme les Historiens de Cartage n'ay voulu descrire l'antiquité de la ville d'Arles, la grandeur de son terroir, la beauté de ses edifices, la sainctété de sa Religion, sa fidelité enuers son Prince, la noblesse de ses Citoyës, ny le bon ordre qu'entre tou-

ã 3

EPISTRE.

tes les villes du monde vous y conseruez dedās: ains me suis contenté de former ceste Royalle Couronne des Roys d'Arles, que le laps du temps auoit osté de nostre connoissance: pour faire voir comme la Cité d'Arles à esté l'ouurage des Grecs, Colonie des Romains, le Supreme Tribunal de l'Empire vniuersel, la Metropole des sept Prouinces des Gaules, Royaume de seize Roys & Republique nedepēdant que de soy-mesme. Mais ayant fait ce projet, l'experience maistresse des arts, m'a fait voir que le champ desdaigne la semence qu'il a produit: que l'arbre n'est gueres fructueux en la terre de sa geniture: que le pesche est iugé venin en son pays; & que les hommes ne sont receus pour Prophetes en leur propre Patrie; ce qui m'a donné de l'apprehention : & m'a fait croire que ceste Royalle Couronne ne pourroit (comme les medailles des Grecs) estre receue dans le Temple de la vertu, ny paroistre comme l'statue de Mercure (ce grand fondateur de Republiques) au iugement de mes chers Compatriotes,

EPISTRE.

si au prealable ie ne suiuois l'ordre de Polybe, qui vouloit qu'on remit entre les mains des Gouuerneurs des villes les pießes antiques qu'on trouuoit par le terroir : & n'offrois cette œuure à la gloire de vos merites, soubs les aisles de vostre authorité, puis que vous estes l'Appuy de la Communauté, les Peres de la Patrie, Gouuerneurs pour le Roy, Magistrats de la Police, & Deffenceurs de l'honneur des Citoyens : m'asseurant que soubs tel azile, & l'adueu que vous en fairez, elle sera bien reçeue de tous. Receuez la, donc, M. S. non comme pieße fabriquée d'vn stil trop bas & indigne de vos merites ; mais comme vne Medaille bien antique tirée des plus bas fondements de vos edifices : ou comme vne Tapißerie qui n'est enrichie que des plus belles remarques de vostre ville, de la nobleße, valeur & debonaireté de ses Citoyens ; (puis qu'auec toute humilité ie la vous presente) pour acquittement de mon denoir ; pour gage de mon affection : & pour vous faire connoistre que ie ne souhaitte rien au

EPITRE.

monde que la gloire de la Patrie : le bien public : la paix & bon-heur des habitans : le comble de vos prosperitez : & l'honneur d'estre creu.

MAGNIFIQVES SEIGNEVRS,

Vostre tres-humble, & tres-obeyssant seruiteur,
BOVIS.

AV LECTEVR.

'VN des plus grands honneurs que les Hommes sages ayent creu d'auoir parmy l'antiquité a esté d'estre regis & gouuernez par des Roys & Monarques souuerains, estimans le nom de Roy & de Royaume si excellent, qu'ils ont iugé les Nations infames qui s'en trouuent priuées: car comme le Ciel ne peut estre sans vn Soleil, qui fait voir toute la beauté de la terre, aussi la Nation ne peut estre en estime estant priuée de l'esclat Majestueux d'vn Roy, qui comme vn beau Soleil chasse le desordre d'vn Royaume, fait voir ses richesses, anime la valeur des subjects, & donne terreur à toute sorte d'ennemis. Les Hebrieux connoissans ceste verité, & se voyans comme dans vn eclypse parmy l'estat Aristocratique, sans que la Majesté Royalle esclairast parmy eux; demanderent auec des importunes prieres vn Roy à leur Prophete Samuel, pour honnorer leur Nation, leur donner des Loix, & les conduire à la guerre, luy disant. *Da nobis Regem vt iudicet nos sicut vniuersa habent Nationes.*

Non seulement les hommes se sont creus honnorez d'estre soubs l'obeyssance & subiection des Roys: mais encores sçachant qu'on despeignoit Saturne (qui est le temps) mangeant ses propres enfans: pour monstrer que tout ce qui est venu dans le temps est consommé par luy mesme, & que ce glouton insatiable deuore la memoire des plus illustres actions des humains, ainsi que la remarqué Ouide par ces vers.

Tempus edax rerum, teque inuidiosa vetustas,
Omnia consumitis

Craignans que la valeur de leurs Roys, l'esplendeur de leur

Au Lecteur.

Couronne ne fut anneantie par le temps, & inconnuë à la posterité; (imitans Cesar qui commanda à son Pontife d'escrire par Fastes Consulaires les noms & faicts heroïques des Capitaines Romains) ont tenu à gloire de faire des liures tous entiers des noms de leurs Roys, de l'origine de leur maison, & des choses plus remarquables qu'ils auoient fait pour le bien public; qui comme les Hymnes Royaux qu'Homere chantoit à la louange des Roys de la Grece les a rendus dignes d'estre colloquez dans le temple de la memoire.

Les Assiriens, qui premiers ont reconnu la Majesté Royalle, & cerné de couronne la teste de Ninus, leur premier Roy, ont laissé la suite de sa Monarchie, & compté iusques à Sardanapalus, qui perdit le Royaume du temps de Sedechias Roy de Iuda 36. Roys, qui ont regné successiuement douze-cens ans. Les Macedoniés ont descrit leurs Roys despuis Caram premier Roy de Grece. Les Medes despuis Arbace. Les Perses retenant la Chronologie de leurs Monarques, ont marqué 47. Roys despuis Darius I. & son neueu Cyrus iusques à Darius IV. qu'Alexandre vainquit: comme aussi ont gardé la memoire de 15. Satrapes, qui les ont gouuernez souz l'Empire des Macedoniens: 58 Galiphes despuis Abubacar: 47. Tartares despuis Chinguis Kam: & 52. Sophis despuis Ismael iusques au fils de Tauri qui regne àpresens. Les Egyptiens ont tenu la suitte de leurs Pharaons. Les Hebrieux l'ordre de leurs Prophetes, la sainteté de leurs Prestres, l'equité de ses Iuges, & la Royalle succession de leurs Roys, despuis Saul, Dauid, & Salomon, iusques à Herodes vsurpateur de cette Couronne. Les Romains ont escrit leurs Roys despuis Romulus iusques à Tarquin le fier, qui perdit le Regne l'an 404. de la fondation de Rome. Les Chinois conseruans la memoire de ses Monarques ont compté 245. Roys despuis Vetei, inuenteur de l'Architecture, de l'art de la soye, l'Orpheurerie, & l'ornement des habits auec or & pierres precieuses, iusques à Bonog qui regne à present. Les anciens Gaulois, venus de l'Asie, ont tenu à gloire la suitte de 24 Roys, despuis Samot iusques à Francus, de qui nos Roys Tres-Chrestiens ont tiré leur origine. Bref les Gots, les Anglois, les Espegnols, & nos François ont fait le mesme. Et la ville d'Arles, qui n'a iamais heu manque de beaux

Au Lecteur.

esprits, qui a esté aussi abondante d'hommes doctes, que fertile en terroir: cette ville qui a esté honnorée du titre de Royaume, qu'a esté le siege Royal de seize Roys, & tous des grands Personnages, par l'espace de cinq cens ans (sans y comprendre le Comte Eude de Champagne, l'Empereur Lothaire, Bertold Duc de Zeringen, & ceux de la maison de Baux, qui vainement ont porté le nom de Roy d'Arles) n'a daigné de retenir l'ordre ny la succession de ses Roys (qui comme les escrits du Lacedemonien Dicæarchus, faisoit à present connoistre à ses Citoyens la grandeur de leur Patrie, & les obligeroit de se glorifier à la Noblesse d'icelle.

Cette consideration s'estant glissée dans mon esprit m'a fait dresser cette *Royalle Couronne des Roys d'Arles*, non pour vouloir enseigner quelque chose à mes chers compatriotes, ni pour faire voir toutes les belles remarques de ma Patrie; puis que ie m'estime d'auoir trop peu du sçauoir pour ce faire; ains comme le bouclier d'Enée ne monstroit que la destinée de l'Empire Romain, non la totalle grandeur: aussi ie ne monstre que la suite des Roys qui l'ont possedée despuis Boso Comte d'Ardene iusques à l'Empereur Charles IV. soubs lequel le nom de Roy d'Arles print fin. Mais comme la recherche des sources loingtaines est dificile, & la coduite de ses eaux ne peut estre qu'auec des grandes difficultez: aussi la recherche de cett'œuure n'a peu estre qu'auec vn grand trauail, veu la distance du temps, & la diuersité d'ordre qu'ont tenu ceux qu'ont escrit des Roys & du Royaume d'Arles: d'aucuns ayans manqué au nombre des Roys: d'autres aux noms: d'autres au teps de leur Regne, au lieu de leur demeure, à l'estenduë du Royaume; & la pluspart à l'histoire, qu'est le fondement de la verité; sans laquelle les discours plus delicats ne sont que comptes des femmes vieilles; Et comme il n'est permis à toute personne de cueillir l'encens d'Arabie, n'y l'or des Indes Occidentales; aussi toute sorte de personnes ne peuuent escrire l'histoire, de peur qu'on ne die contre la verité: car le droict veut que les Historiens soient veritables. Ce que reconnu par les Tyriens ne donnoiét la charge d'escrire les histoires de leur pays sinon au grand Prestre, afin que le peuple y rsconeut dauátage de la verité; ce qui m'a fait auec le temps & la

ff. ad l. Inl. Mag.

ẽ. 2

Au Lecteur.

patience accorder tout le sujet de cette *Royalle Couronne*, afin de faire voir clairement la verité des Roys d'Arles, la cause de leur institution, le temps de leur regne, l'ordre de leur succession, les actes plus recommandables qu'ils ont fait, & l'estenduë de leur Royaume : Et comme le Paon qu'Adrian consacra à la Deesse Iuno fut loüé d'vn chascun, non à cause qu'il estoit d'or pur, mais parce qu'il auoit les plumes de pierres precieuses conuenantes aux couleurs de son pleumache ; aussi offrant cette *Royalle Couronne* à ma Patrie, ay non seulement voulu faire voir la naifueté de son or en la vie de ses Roys : mais encores sçachant que le tableau de diuerses couleurs, le paysage de diuers fruicts, le concert de differentes voix, & les histoires qui ont du diuertissement au discours, sont les plus agreables, & donnent dauantage du contentement au Lecteur : l'ay enrichie des noms des Empereurs qu'ont residé dans Arles auant qu'il fut Royaume: monstre que la Ville fut conquise des Romains sur les Grecs, ses fondateurs ; des Gots sur les Romains ; & des braues François sur les Gots : comm'elle fut desliuree des Sarrazins : de l'ordre, & la force de sa Republique : les noms de ses Potestats, & les Alliances que les Roys Tres-Chrestiens de France, la Seigneurie de Venise, plusieurs Princes, & Republiques auoient fait auec iceux : l'ordre Politique qu'elle garde à present ; Le temps & la cause pourquoy la Communauté d'Arles se soubsmit soubs la fascheuse seruitude des Comtes de Prouence: vn discours des armes de la Ville : & comme par vne grace speciale du Ciel elle est retournée soubs l'obeyssance & domination des Tres Chrestiens Roys de France, qui sont ses legitimes Seigneurs despuis Childebert, fils aisné du Roy Clouis premier Chrestien.

Le dessein en est beau, & digne de paroistre deuant les esprits plus curieux : mais dautant que c'est l'ordinaire que celuy qui veut donner quelque chose au public, doit estre fauori de la nature, soustenu de la fortune, assisté de l'art, & deffendu des sciences pour esuiter les sinistres iugements. Aussi cette *Royalle Couronne* voulant faire voir sa beauté parmy ce siecle, auoit besoin de faire rencontre de l'illustre discours de TiteLiue, des graues paroles de Tucides, d'vn stil plus resleué, d'vne plume mieux taillée, & des mots mieux à la mode qu'elle n'a fait ; afin de ga-

Au Lecteur.

rantir son Autheur du commun mal-heur des Historiographes, qui pour recompence de leurs peines sont censez de mensonges, & appellez raconteurs de fables : ce qui faisoit dire au ieune Terence que ceux qui escriuent pour le public ont plus de la peine d'esuiter la calomnie des enuieux, que de parfaire l'œuure qu'ils ont projecté dans leur entendement. Mais comme il n'est permis de blasmer l'Orpheure, qui ne met en œuure que l'or & la pierre precieuse qu'on luy a donné, sans y adiouster que son trauail & ses outils : qu'il n'est bien seant de casser le mirœr qui represente naifuement ce qu'on luy oppose : & cóme les Matelots des Grecs reuenás de Troye faisans naufrage la nuict sur les rochers de Cherades ne furent accusez de nonchalance attendu qu'ils suiuoient dans la tempeste de la Mer le flambeau que Nauplius (pere de Palamedes leur ennemi) leur faisoit vois, soubs l'opinion que ce fut le signal accoustumé d'vn bon port. Aussi ie ne dois estre blasmable si dans cet œuure se trouue quelque manquement, veu qu'en la fabriquant n'y ay employé que mon trauail, n'ay suiuy que le clair flambeau des Anciens, & n'ay representé que les choses que i'ay leuës dans les vieux liures qui sont venus à ma connoissance, desquels comme vn autre Affranius en ay tiré ce qui pouuoit seruir de preuue, & d'embellissement à mon sujet ; comme procedant des personnes anciennes ; à la tradition desquelles se doit plus apporter de la croyáté qu'à ceux de nostre temps ; puis que les paroles des morts (comme disoit l'Empereur Sygismond parlant des vieux liures) sont les plus veritables : Et comme les lampes du Baume, quoy qu'esteintes donnent tousiours la bonne odeur de leur liqueur : le bon vin se tire des vieux tonneaux : l'hile vierge des vieux arbres : & le bon fruict de la terre. Aussi cette *Couronne* ayant esté tirée des vieilles escritures, pour annoncer à nos Neueus les merueilles de la ville d'Arles, la Noblesse de ses habitans, & la fidelité qu'entre toutes les villes du monde elle a tousiours porté à son Prince : ne peut estre que la bien venuë de tous.

SVPPLIANT LE LECTEVR, que si en lisant icelle, il fait rencontre de quelque chose qui luy soit aggreable; de le prendre auec affection, & couurir le reste auec le voile de la prudence; sans considerer que l'amour de la Patrie, qui porta Vlisses

Au Lecteur.

de faire plus d'estat de la fumiere d'Itaque, petit bourg en Dalmatie (où il estoit né) que des feux de Troye ville Metropolitaine de l'Asie: Les Hebrieux de mespriser les accords de la musique & des instruments de Babylonne, pour le souuenir de la montagne de Sion: & le Roy Dauid pour la ville de Hierusalem; m'eust porté à quelque traict de flaterie, car ie ne me suis peiné qu'à suiure la verité et la tradition de l'histoire de nos Peres. Gomme aussi trouuant des fautes qui sont suruenuës dans l'impressió de recourir à la fin du liure, où il les trouuera corrigées.

Approbations des Docteurs.

CETTE *Royalle Couronne des Roys d'Arles*, tissuë par son Autheur, luy doit acquerir vne perpetuelle memoire, tant pour auoir donné dans la verité de l'histoire, l'intelligence, & la suitte desdits Roys à ses Compatriotes, que pour ne contenir rien de contraire, ny à la foy, orthodoxe, ny aux bonnes mœurs. Ainsi ie l'atteste.

DOMINIQVE HONORAT, Docteur en saincte Theologie, Chanoine de la saincte Eglise d'Auignon, & Compatriotte de l'Autheur.

IE soubsigné Docteur aggregé en la faculté de la saincte Theologie de la ville & Vniuersité d'Auignon, certifie auoir leu le liure intitulé *La Royalle Couronne des Roys d'Arles*, composée par M. I. BOVIS, Prestre, & n'auoir rien treuué en iceluy qui ne soit conforme à la doctrine de l'Eglise Catholique Apostolique Romaine, & aux bonnes mœurs à Auignon ce 11. Mars 1640.

P. GVYON, Docteur.

Imprimantur die 12. Martij, 1640.

SCIPIO D'ALAMAN, Vic. Gen.

Fr. THOMAS MOSTOVLH, Ord. Predic.
& Vic. Gen. Sti. Officij.

Extrait du privilege du Roy.

PAr grace & privilege du Roy, il est permis à Iaques Bramereau Libraire & Imprimeur de nostre S. Pere en la ville d'Avignon, d'Imprimer ou faire Imprimer, vendre & distribuer toutes sortes de livres ja imprimez, du depuis corrigez augmentez, & embellis d'annotations, toutes sortes d'autres copies nouuelles, qu'il pourra recouurer à l'aduenir, auec déffence a tous Libraires, Imprimeurs & autres de quelque estat ou condition qu'ils soient, d'imprimer ou faire imprimer lesdits livres, vendre ny distribuer par tout le Royaume, de six ans finis & accomplis, à commencer du iour qu'ils auront esté acheuez d'imprimer, sur peine à tous contreuenant, & autres qui se trouueront saisis desdits livres, de confiscation d'iceux, & de tous despens dommages & interests enuers ledit Bramereau, & que la coppie des presentes estant mise au commencement ou à la fin desdits livres oste tout pretexte d'excuse, & soit tenuë pour deuëment signifiée & verifiée, sur peine de mille liures d'amende, moitié à sa Majesté, & moitié audit Bramereau, & autres amende arbitraire. Donné à Paris, le dix-septiesme de Ianuier. 1614. Et de nostre Regne le quatriesme.

Par le Roy en son Conseil.

Signé DE VERTON.

Acheuez d'Imprimer le vingt-quatriesme du mois de Decembre, 1640.

Boso premier Roy d'Arles

LA ROYALLE COVRONNE DES ROYS D'ARLES.

PREMIERE PARTIE.

Comme la Cité d'Arles est la plus ancienne Ville de la Prouence

OVT ainsi comme celuy qui veut edifier quelque magnifique Palais pour l'embelissement d'vne ville, & pour laisser à ses neueus la memoire de son nom: doit plustost asseurer le fondement des murailles, que prouuoir au couuert de la maison, & doit mieux chercher le iour des fenestres que les beaux meubles qu'il desire d'y mettre

A

dedans: Pource que l'vn asseure le bastiment, & l'autre luy donne la grace: sans le premier l'edifice menace ruine: & sans le second tout le logis est plus propre pour la retraicte des Chauuesouris, que pour l'habitation d'vn Prince. Aussi celuy qui proiecte en son esprit de faire la description d'vne histoire pour l'vtilité publique se doit plus estudier à la recherche de son origine, & à la clarté de la verité, qu'en la beauté du discours, & l'ornement des belles parolles: car de mesmes qu'vne clef d'or qui ne peut ouurir la serrure est inutile; aussi les parolles à la mode sont superfluës si elles ne sont accompagnées de verité pour esclairer l'histoire qu'elles representent.(puis que le Iurisconsulte Vulpian cense de crime, ceux qui escriuent en public chose qui ne soit veritable.)

1. 3. ff. ad ag. lol. mag.

Pour donc bien representer l'histoire des Roys d'Arles, & la grandeur de ceste Royalle Couronne, il est besoing de sçauoir en premier lieu les causes qui parmi l'Antiquité ont tât resleué le nom, & rendu la ville d'Arles recommendable sur toutes les villes de l'Europe, afin que par la connoissance d'icelles se puisse prendre du goust à tout le reste du discours. Pour ce faire donc faut sçauoir que c'est vne tradiction

des Roys d'Arles.

tenüe pour veritable que la ville d'Arles est la premiere & plus ancienne ville de la Prouence, & qu'elle à esté bastie, & possedée par les Grecs auparauant que les Phoseens vinsent fonder la ville de Marseille, & que les Romains eussent conquis aucune Prouince deça les monts (ores que l'an de sa fondation, & le nom de son fondateur soient ignorez) ainsi que l'asseure Eurice par ce Distique. *Inst. L. 5.*

Urbs arelas fundatoris cognomine primi
Hoc dixisse ferunt incerto tempore nomen.

Bien que d'aucuns ayent vouleu dire qu'Arelum petit fils de Gad, vn des enfants de Iacob y eust ietté les premiers fondements, au temps *Gen. c. 40.* que les Tributs se diuiserent pour aller peupler la terre; suiuant à ce l'oppinion de ceux qui obseruent la deriuation des noms, & disent que de mesmes que les François ont tiré leur nom de Francion fils d'Hector, les Turcs de Turcus fils de Troylus Troyen: Les Romains de Romulus; ceux de Narbonne de Narbon fils du Roy Galateus, & les Viennois de Venerius Affriquain; qu'aussi Arles à esté fondé par cet Arelum: (ce qui est doubteux.) D'autres luy ont *Inst. L. 43.* vouleu donner pour fondateur Arulum neueu du Roy Prian, & disent qu'il commença de ba-

stir ceste ville le quinziesme an apres la destru-
ction de Troye, au temps que le Roy Saül regnoit en la Iudée, & enuiron la fondation de
Rome; ce qui semble auoir quelque marque de
verité; à cause que les Phoseens, & Iouniens qui
auoient esté chassez par les Medes vindrēt fonder; auec la permissiō de ceux d'Arles la ville de
Marseille l'an 146. de la fondation de Rome, &
du temps de la conflagration du Temple d'E-
phese que Erostatus brusla pour faire parler de
luy: & pour lors les Massillois, & ceux d'Arles
firent ligue auec les anciens Gaulois qui occupoient despuis le mont Apennis iusques aux
monts Pyrenées: & despuis la mer Mediterranée iusques à la grande Plage Occeane: & demeurerent en cest estat iusques à ce que les Romains apres la mort de leur Roy Tarquin le
fiert; que les Royaumes de Circane, d'Asie, de Bi-
thinie, du Pont, de Pergamo, & iusques aux Alpes furent vnis à leur Republique; prindrent la
resolution destendre les aisles de leur ambition
pour conquerir tout le monde; car leur Consul
Marius Porcius, & Claudius Marcellus vindrent
premiers passer les Alpes pour mettre vne colonie à Nisse en Prouence, & l'autre à Narbonne
l'an 585. de la fondation de Rome: & peu à peu

s'aduancerent dans la Prouence: prindrent Marseille: & rendirent les Massillois à leur obeissãce. Et vingt-ans apres Caius Sextus fit bastir la ville d'Aix à cause des eaux, qu'il y trouua propres pour faire des bains.

Strabo.L.4.

Bien que les Romains eussent conquis toute la Prouence, les Allobroges, les Dauphinois, & le Languedoc: que Marseille fut à eux: la ville d'Arles demeura tousiours dans sa liberté soubs les loix des dix tables des Grecs, ordonnées par Solon: l'instruction des Druides qui offroient pour eux les sacrifices humains à leur fauces Deités: Et soubs le Gouuernement Politique de dix hommes illustres, sages & bié experts qu'ils appelloient Timuques, lesquels deuoient estre originaires de la ville de trois generation, tant du costé du pere que celuy de la mere.

Ces Timuques estants esleus par le commun suffrage des habitans; entroient à la façon des Grecs en charge le premier iour de May; & auoient l'absoluë connoissance des affaires publiques, & tout se reposoit sur leur prudence, & bon gouuernement: Mais l'an de Rome 679. que sont 100. ans auant la venuë du Messie, le Senat Romain enuoya Caius Marius pour prendre Arles à fin de s'opposer à l'armée des Cymbres peu-

Des Cymbres.

ple Scytique qui estóit vne natió sauuage qu'Homere faisoit voisine de l'Enfer à cause qu'en leur païs le Soleil ne luit iamais: Plutarque parlát des Cymbres dans la vie de Marius les qualifie gens barbares, farouches, intraétables, hideux en l'aspeét, & horribles en la voix; ressemblans mieux d'estre des Diables que des hommes: ils estoient auec cela superbes, arrogands, & vindicatifs; qui vindrent habiter au delà du fleuue du Rhin tout contre le Danube, & partis de leur confins auoiét deffait vne armee de 14000. Romains, & ja arriuez en l'Aquitaine aHoient à Rome en intétion de mettre les Romains sous leur obeyssáco.

Plutar'in vita Mar.

Caius Marius ayant prins Arles plus par composition, & bonne amitié que par force (car cette Ville estoit comme le païs des Hyleans qui ayant le Trepié que Iason leur auoit donné ne pouuoit iamais tomber entre les mains des ennemis) desirant d'asseurer son armee, qui grossissoit de iour à autre : fit faire le canal du Rosne qui passe à Fourques, formant par ce moyen ceste belle isle de la Camargue, qui s'appelloit auparauant Stechade à cause que c'estoient trois isles que le Rosne auoit formé ; mais le canal s'estát fermé les isles s'estoient perdues; & par les moyen de ceste prinse les habitans d'Arles qui auoient demeuré tant de siecles soubs le

Lucan. Gesuat. Telsc.

nom, & les loix des Grecs; furent partie Grecs, & partie Latins: soubs la tutelle de la Deesse Minerue, & du Dieu Mars: l'vne vierge, & l'autre gendarme: l'vne illustre en science, & l'autre genereux en guerre: l'vne pour entretenir la paix auec les amis, & l'autre prest pour se venger des ennemis: ce qu'a fait sortir d'Arles tant de gráds Docteurs, & vaillants Capitaines, qu'on faict apeller ceste ville le seminaire des sciences, & la Noblesse *Plebs Martia*. Qu'Arles aye esté soubs la Deesse Minerue, nous en auons vne grande coniecture non seulement en ce que ceste Deesse estoit venerée des Grecs, ny des medailles qu'on faisoit à son honneur pour mettre aux fondements des murailles des villes; qu'on trouue encores au bord du Rosne parmi les vieilles ruines; mais cela est censé veritable par la statuë de cesté Deesse qui fut trouuée au plus bas de la terre lors qu'on creusa le puits de la grande place; veu que c'estoit la coustume des anciens *Valer.* qui voulant bastir vne ville, & ayant designé le *Fondatiõ des* lieu, & le circuit d'icelle, de la mettre soubs la *villes.* protection d'vn Dieu Tutelaire pour estre deffenduë des enemis le nom duquel n'estoit connu de personne que du grand Pontife (voire estoit puni de mort celuy qui le vouloit sçauoir: & pour empescher que ceste Dicité ne les abandonnat iamais; fermoient auec grande solemnité son statuë au milieu du dessein, dans vne profonde fosse qu'ils creusoient tout autant qu'ils pouuoient treuuer de la terre. La ceremonie qu'on gardoit en ceste Dedicasse, estoit que le Prestre portoit luy mesme la statuë au fonds de la fosse, & l'ayant couuerte de belles fleurs, & de fruits delicats, remplissoit toute la fosse auec de terre empruntée des lieux, & Prouinces circonuoisines; soubs la croyance que ceste ville seroit abondante en toute sorte de fruict, & le soulagement de ses voisins. La fosse estant comblée on dressoit vn Autel sur icelle, voire vn Temple, ainsi qu'Ouide l'a tres-bien remarqué disant.

Fossa fit ad solidum, flores iaciuntur in imo.
Et de vicina terra petita loco.
Fossa repletur humo, planeque imponitur ara,
Et nouus accenso funditur igne focus.

La ville d'Arles ayant esté fondée de la sorte elle auoit Minerue pour tutrice, soubs les faueurs de laquelle les habitants s'estimoient exempts de toute sorte de dangers.

Reuenant à nos Cymbres, qui voyans l'armée de Marius fermée dans l'Isle de la Camargue; & qu'Arles estoit bien fortifié passerent le Rosne,

des Roys d'Arles. 9

[l]e Rosne du costé de Valence en Dauphiné & [v]indrent en Prouance pour prendre Marseille, [p]our auoir le port à commandement : mais Caius [M]arius les suiuant de pres leur donna la charge, [&] gaigna sur eux la victoire en la plaine de [P]ourrieres à deux lieues de la ville d'Aix ; ou fu- *Desfaite des* ent tuez 200000. Cymbres, leur Roy Teuto- *Cymbres.* nochus, & 8000. soldards prisonniers & menez [d]ans la ville de Rome en triomphe : non seule- [m]ent les Cymbres furent perdus en ceste ba- [t]aille ; mais encores leur femmes, & enfants [q]u'ils menoient pour loger dans Rome y mou- rent miserablement ; car ces femmes voyant [la] desfaicte de leur maris, portees de rage tue- [re]nt tous leurs enfans, & puis se donnarent la [m]ort elles mesmes ne voulant plus viure apres [la] ruine de leur cheres compagnes.

Les Romains grandement aise d'auoir prins [la] ville d'Arles, & sachant que pour capter la be- [n]euolence d'vn peuple de nouuelle conqueste ; [q]u'il estoit expedient de les laisser viure à leur [fa]çon, iouyr de leur priuileges, se fier d'eux, & les [re]ndre participants aux honneurs & priuileges [d]es conquerents. Ainsi que le grand Alexan- [d]re le pratiqua enuers les Persans, qu'il laissa vi- [u]re à leur mode : se maria auec Statira fille du

B

Roy Darius son ennemy: & esleua 3000. Persans aux plus grands grades de sa milice, partie desquels il fit chefs de ses armées, partie gardecorps de sa persóne, & le reste executeurs de ses mandements. Aussi la Republique voulát obliger ceux d'Arles de les aimer, & chasser de lenr cœur la vieille inimitié qu'ils auoient conceuë comme confederez des anciens Gaulois contre d'eux (ainsi que l'asseure Tite-Liue): mais encores faisant ce que dit Xenophon, que les Grecs firét de la ville d'Ephese: declairarent Arles Colonie qu'ils appollarent quelque temps apres *Colonia sextanorum*, à cause des Legions qu'y furent dedans, & la rendirent Metropole & Souueraine sur les sept Prouinces des Gaules, dans laquelle ce rendoit compte de tout ce qui se passoit desça les monts. Et voyant la beauté, & bonté du terroir tres-fertile en bleds, vin, & pasturage; en firent leur place d'armes l'appellant *Telina*, ou *Mammilla Romanorum*, puis qu'Ado Archeuesque de Vienne dit qu'Arles estoit, *Horrea accellaria totius militiæ Romanorum*, Ores que Eusebe dans sa Chronique aye dit que les Romains suiuant l'ordonnance de leur Empereur Domitian ne permettoient de planter des vignes aux terres qu'ils subiugoient de peur que la delicatesse du vin ne fit quitter le laborage de la terre, & que par ce moyen la Republique fut en souffrance du bled. Et pour d'auantage obliger les Citoyens d'Arles, dresserét dans la ville vne belle Accademie pour y enseigner publiquement la langue Latine à la ieunesse, afin de ce pouuoir escrire, & parler les vns aux autres sans truchement; laquelle ils dedierent à Minerue Deesse des sciences qu'ils auoient en grande veneration despuis que Caramundus Roy des Gaulois auoit assiegé Marseille la seconde année qu'ils leurent conquise; soubs la croyance qu'ils auoient, que ceste Deesse leur auoit conserué vne cy belle place: & pour mieux animer l'esprit des estudians pauserent la statuë d'icelle Deesse sur deux hautes colonnes de marbre au milieu du college (qu'on croit estre celles qui se voyent encores) à laquelle a certains iour de l'année, on offroit de l'encens, & estoit portée en procession publique par les quatre plus capables des escoliers: de ceste action estoit sorti le prouerbe d'appeller ceux qui estudioient le mieux, *Minerua imaginiferj*: comme aussi ils rendirent la Communauté participante à tous les droits, honneurs, & perrogatiues de la Republique: & l'ayant annexée dans les trente-cinq Tribus de Rome elle iouïssoit du droit appellé *Ius census* qui rendoit les habitants exempts du denombrement du peuple, & des biens des particuliers que la Republique, ou le Prince faisoit faire de cinq, en cinq ans, ainsi qu'Octauian Cesar faisoit faire au temps que Nostre Seigneur nasquit au monde; qui faict dire à Sainct Luc, *Vt describeretur vniuersus orbis*. Et tout ainsi que le Grand Seigneur des Turcs le practique encores dans ses estats; Ils auoient encores la iouïssance du droit appellé, *Ius tributum*, qui les rendoit immunes, & francs de toutes charges & impositions tant anciennes que nouuelles: & les Citoyens d'Arles originaires de la Ville auoit, *Ius Magistratus*, & se pouuoient qualifier Senateurs Romains, participants en toutes les charges, honneurs, & dignitez des naturels Romains: Car si vn originaire d'Arles alloit auec sa famille habiter à Rome il estoit d'arriuée receu & reconnu pour Senateur, & pouuoit librement demender *Ius annulorum aureorum*, qui estoit vn collier d'or semblable à l'ordre de Sainct Michel de France, que les Senateurs Romains auoient de coustume de porter au col: estant exempt des subsides, & d'aller à la guerre, se pouuoit marier auec vne Romaine, pouuoit faire testement,

des Roys d'Arles. 13

auoir des tutelles, & ayāt procés, euoquer com- *De burīl.*
me Sainct Paul deuant Festus, directement à *Inst. & L.t.*
Cesar; ce que ne pouuoient faire ceux des autres *A ct. c. 25.*
natiós appellez *Peregrini*, comme aussi la Com- *Sigon de an-*
munauté d'Arles enuoyoit de trois en trois ans *tiq Iur. com.*
vn deputé à Rome pour assister à la creation des *Rom.*
officiers de la Republique, auquel estoit donné
rang & place dans le Senat, & portoit voix comme les Senateurs ordinaires.

Ces honneurs furent la cause que les Empereurs Romains apres que la Republique fut reduitte en Monarchie par Iulius Cesar, nō seulement tindrent la ville d'Arles pour la Metropole des Gaules, & le siege Presidial desça les
monts: mais encores faisant plus d'estat d'icelle
que d'aucune autre Colonie de leur Empire; le
Grand Constantin, son fils Constance, Theodosius, & Honorius Empereurs, l'esleurent
pour leur siege Imperial, & seiour ordinaire de
leur personne, ainsi qu'il se verra cy-apres.

Comme le Grand Constantin Empereur resida
dans Arles, & des choses qu'il y fit
pendant son seiour.

APRES que ce grand ennemy de la Foy
Diocletian, qui suiuant le raport de Bede le

B 3

venerable auoit resoleu d'anneantir la Foy Catholique: puis que le nombre des Martyrs qui souffrirent la mort soubs sa persecution est innombrable: qui comme vn autre Pharaon Roy d'Egypte tenoit plus de dix mille Chrestiens esclaues pour les faire trauailler aux ediffices publiques, sans leur donner dequoy manger apres leur trauail, ayant mesme deffendu de leur vendre aucuns aliments, ny leurs permettre de puiser de l'eau dans les puits, & fontaines: & pour plus grande marque de sa Tyrannie auoit faict vn edict de *Tradendis codicibus*, par lequel il commandoit de brusler toutes les Escriptures de l'Eglise; ce qui est la cause qu'apresent nous sommes priuez des beaux escrits des Peres de la primitifue Eglise. Lors disie que ce Tyran eust auec son assoucie Maximin quitté l'Empire, & repentant, ou pour mieux dire forcené de rage, fut miserablement mort: que son gendre Galerius Maximus se fut retiré en l'Orient, que Constantius Chlorus Pere du grand Constantin fut mort en Angleterre, & que Seuere fut cruellement assassiné par Maxence dans la ville de Rauennes; ou comme on voulcut dire aucuns dans Vienne en Dauphiné; le grand Constantin ayāt receu le Baptesme par le ministere de S. Syl-

des Roys d'Arles. 15

uestre Pape, & donné la ville de Rome au patri-moine de l'Eglise resolut de venir en Arles qui estoit(côme à esté dit)le siege Presidial des Gau-les,ce qu'arriua l'an de l'Incarnation de N. Sei-gneur trois cens & cinq estant Euesque d'Ar-les Sainct Marin. *Can. Cistan. 96. dist.*

La cause qui porta l'Empereur Constantin de venir en Arles ne fut seulement pour chasser des Gaules Maxence qui se faisoit appeller Empereur apres la mort de Seuere : mais en-cores il y fut incité par les louüanges que d'ordinaire ceux de sa cour donnoient à ceste ville : car le plus souuent ils l'entretenoient de l'Antiquité de sa fondation, de la fertilité & grandeur de son terroir, de la Noblesse, valeur, & bon naturel de ses habitants, de la beauté du fleuue du Rosne, & de ses edifices : mesme que Sainct Syluestre luy asseura qu'Arles estoit la premiere ville Chrestiene de la France conuer-
, tie à la Foy par Sainct Trophime parent de S.
, Estienne protomartir, & de Gamaliel, compa-
, gnon de l'Apostre Sainct Paul ; & vn des sep-
, tante deux Disciples de Nostre Seigneur l'an
, Soixáte vn de l'incarnation ; & vingt-septies-
, me de la Passion : Qu'à la porte de ceste ville
, estoit le plus beau Cimetiere du monde (car

,, suiuant les loix des douze tables n'estoit per-
,, mis d'enterrer les morts dans les villes) & que
Martyre de ,, tout fraichement Reciouare President pour
S. Genies. ,, l'Empereur Diocletian dans Arles auoit faict
Ado. ,, mourir de martyre le glorieux Sainct Genies,
Baron. sub. ,, originaire, & Secretaire public de la Comunau-
anno. 303. n. ,, té d'Arles, à cause qu'il n'auoit voulu mettre
130. ,, en escrit la sentéce de mort que ce Tyran don-
,, noit contre tous les Chrestiens de sa Iurisdi-
,, ction, disant tout haut qu'il vouloit au peril
,, de sa vie estre Chrestien & croyre en Iesus-
,, Christ estimant sa condition plus heureuse de
,, mourir dans ce sainct propos, que de posseder
,, le plus grand Empire du monde : dequoy le
Greg. ,, Tyran irrité, luy fit trancher la teste au delà du
Turon. L. ,, Rosne du costé de la Camargue luy faisant re-
mira. c. 68. ,, ceuoir tout à la fois la couronne de Martyre, &
,, le sacré Lys d'innocence, car il fut baptizé en
son sang.

Ce discours donna tellement dans le cœur de l'Empereur qui l'occasiona de venir en Arles tant pour voir ce que la renommée ne luy pouuoit faire croire que pour s'opposer à Maxence. Arriuant donc aux portes de la ville, & voyant la prestance de l'Euesque Sainct Marin, le bon accueil que la noblesse luy faisoit, & l'affection

section de tous les habitants, fut comme vne autre Reyne de Saba admirant la Iudée, la prudence des Iuifs, & la sagesse du Roy Salomon, rauí en soy mesme, & dit aux plus fauoris de sa Cour que la renommée d'Arles n'auoit dequoy esgaler son merite, & que ceste ville surpassoit la Docte Athenes, la celebre Carthage, l'excelente Corinthe, la grande Babylone, & la forte Thebes à cent portes : que son nom estoit plus resleué que les Pyramides d'Egypte, & son terroir plus fertile que l'Alabande; & comme amoureux d'icelle la declara la ville capitalle, & siege de son Empire faisant appeller la partie deça le Rosne la ville de Constantin, & du costé de la Camargue la ville de Sainct Genies ; car Arles estoit pour lors parti en deux appellé des anciens *Duplex Arelas*.

Paralipo. c. 9.

Ce fut dans Arles où ce Prince donna les premieres marques d'vn Monarque vrayement Chrestien, deffenseur du droit de l'Eglise & du peuple, puis qu'il y fit des loix pour le bien public, que furent le traicté des Codiciles marquez dans le Digeste, & la loy de Litispendence des appellations, & diuers offices, comme se voit dans le Code. Et voyant que la malice de Sathan auoit tasché glisser dans l'Eglise de Dieu,

L. 34. Leg. habebant ff. de vsu & vsu fruct. ff. de lost actio.

C

1. Schisme. le premier Schisme par deux Antipapes l'vn en la Grece appellé Nouatius à ce favori par certains Prestres Carthaginois, & l'autre en Afrique appellé Nicostratus: & que l'heresie des Nouatians qui ne vouloient que ceux qui estoient vne fois escheux de la foy fussent receus dans l'Eglise qu'elle penitence qu'ils pussent faire: (voulant par ce moyen que la misericorde de Dieu, qui est la plus grande de ses œuures fut anneantie, & que la promesse qu'il a faicte de pardonner au pecheur toutes les fois qu'il demandera pardon fut retractée,) s'estoit meslée comme la zizanie parmi la bonne semence de la verité Catholique entre les habitans d'Arles qui à la sollicitation de leur Euesque Marcianus predecesseur de S. Marin, qui favorisoit ceste herreur s'estoient laissez infecter en icelle; ainsi que l'asseure Sainct Cyprian escriuant à Estienne premier Pape; l'Empereur fit conuoquer le premier Concile d'Arles, où assisterent six cents Euesques assemblez de toutes les nations de la Chrestienté.

Cyprian ad Cornel. pp.

I. Concile d'Arles.

Psal. 144.

Ezech. c. 18.

Cyprian. l. 3. Epist. ep. 13. ad Stephan. pp.

A ce Concile les Antipapes furent condemnez pour Schismatiques, excommuniez, & perturbateurs du repos & vnité de l'Eglise: l'heresie des Nouatians fut Anathematisée, comme

des Roys d'Arles. 19

erronée, & contraire à la vraye foy, & croyance de l'Eglise Catholique: & le Decret du Pape Victor premier, qui confirmant celuy de Pie, ordonnoit que la Pasque seroit celebrée le Dimanche apres le quatorze de la Lune de Mars fut approuué; bien que les Asiatiques s'y fussent opposés; plusieurs autres sainctes Decrets, & ordonnances furent faictes pour le bien des ames, & l'entretien de la discipline Ecclesiastique; comme se voit dans les canons dudit Concile.

Euseb. L. 5. c. 24.

Pendant que le Concile se celebroit dás Arles, l'Empereur s'occupoit à faire bastir son Chasteau de la Troulle sur le bord du Rosne à ses despés; non à la façon que Cleope Roy d'Egypte, qui faisant bastir ses Pyramides trempoit le mortier & le ciment auec le sang de ses suiets, & la sueur de ses Prestres (car durát dix ans il fit cesser tous les sacrifices de ses Dieux pour les faire trauailler, & toutes les pierres furét taillees de l'argent prouenu de la prostitution de sa propre fille. Ce chasteau de la Troulle a esté long temps apres la demeure des Empereurs, & des Roys d'Arles, & à serui pour maison Cómune au temps qu'Arles estoit Republique, & iusques au Regne du Roy René : ainsi que ses vestiges, & les vieilles escritures le marquét : l'Empereur fit aussi reparer les

C 2

murailles de la ville qui menaçoiēt ruine en diuers endroits à cause de l'Antiquité de sa fabrique: & dans le mesme temps l'Imperatrice Fausta sa seconde femme s'y accoucha d'vn fils, qui fut baptizé par Sainct Marin Euesque d'Arles qui auoit presidé au Concile comme Primat des Gaules: & par commandement du Roy y donna le nom de la ville, & l'appella Arles; mais cet enfant mourut au laict, & fut enterré au sainct Cimetiere d'Alyscamp ainsi que l'asseure le Pape Zozime.

Sex aurel victor in Const.

Zozim. L. 4. de histo.

L'Empereur estant ainsi content dans Arles ne s'adonnant qu'en toute sorte de pieux exercices; fut prié par le Senat Romain de leur donner secours contre Maxence qui auec vne forte armée estant fuy des Gaules auoit assiegé Rome auec dessein de se faire Empereur; ce qui donna de l'apprehentiō à ce Prince qui disputant en soy mesme s'il deuoit mener ses forces aux Italies ou non: Dieu voulut animer son courage & l'occasionner d'aller deffēdre la ville qu'il auoit donné à son Eglise; luy enuoya vn Ange: lors qu'il estoit au milieu du S. Cimetiere d'Alyscāp contemplant la grande quantité de sepultures de pierre, & de marbre qui estoiēt, & sont encores en iceluy (à quoy il se plaisoit grandement)

qui luy monſtrant vne Croix de feu en l'air luy dit ces parolles *Conſtantine in hoc ſigno vinces*: ceſte viſion fut la cauſe que l'Empereur print la reſolution d'aller ſecourir la ville de Rome, ou d'arriuée conſtraignit Maxence de ſe ietter dans le Tybre, ou il ſe noya auec les plus fauoris de ſa cour, & le reſte de ſon armée fut mis en vauderoutte: ce qu'arriua l'an 310. de l'incarnation. Et voulant retenir en perpetuelle memoire la viſion qu'il auoit euë au ſainct Cimetiere fit fabribriquer des medailles, & pieces de monoye d'or, d'argent, & de fonte : ayant d'vn coſté vne main ſortant d'vne nuée laquelle tenoit vne croix, & au reuers, des lettres qui portoient ces mots *Arelas ciuitas*, ainſi qui s'en trouue encores dans les cabinets des plus curieux: ce fut vne de ces pieſſes de monoye d'or que ſainct Germain euesque d'Auxerre donna à la bien-heureuſe ſaincte Geneuiefue pour arres du mariage qu'elle contractoit auec Ieſus-Chriſt voüant perpetuelle virginité en ſa preſance; laquelle piece ce Sainct trouua miraculeuſement au milieu du champs ou cette Vierge gardoit les brebis de ſon pere. Le Cardinal Baronius, parle de ceſte piece de monnoye, & s'en treuue encores parmy les rares curioſités qui ſont dans le cabinet de

Monoye de Conſtantin.

Sub Ann; 329.

C 3

Monsieur de Peires, Conseillier du Roy au Parlement d'Aix en Prouence.

L. 8. hist.   Nicephore asseure que la Croix s'est aparuë au grand Constantin par trois diuerses fois, & à chacune il à eu victoire des ennemis. La premiere fut au sainct Cimetiere d'Arles qui luy presagea la victoire contre Maxence. La seconde en l'Asie, ou il defit Lucinus tout contre le Danube. La troisiesme en la Grece quand il emporta les Bizantins.

L'Italie ayant esté remise en paix l'empere resolut de reuenir en Arles, où l'Imperatrice & ses enfans l'attendoient: mais dans ceste resolution il reçeut la nouuelle que Lucinus son neueu fils de sa sœur Constantia qu'il auoit associé à l'empire, traictoit fort mal les pauures Chrestiens de l'Orient, leur ayant interdit l'exercice de la Religion, & les constraignoit de venerer les Idoles. Ceste nouuelle fit changer de dessein à l'empereur, qui print la route de l'Oriét pour tirer d'oppression les Catholiques, & mena auec soy son fils Cryspus qui l'auoit accompagné à Rome.

L'Empereur estant arriué en l'Orient attaqua Lucinus & luy liura bataille pres la ville d'Andronopolis le long du Danube, en laquelle Lucinus fut tué, son armée ruinée, & la plus part de ses soldats noyés. Ce Prince se voyant tout chargé de victoire, & recognoissant que le bras de la puissance du Dieu des armées le fauorisoit declara l'exercice de la Religion Chrestienne libre, & remit les Chrestiens en toute liberté.

Apres ceste victoire l'Empereur estoit encores dans la volonté de reuenir en Arles, & laisser son fils Cryspus pour Gouuerneur en l'Orient: mais sur son despart les Bizantins se rebellerent contre l'Empire, & auec vne forte armée se vouloiét rendre les maistres de la Grece: ce qui l'occasionna d'y courir sus, & les ayāt vaincus en campagne, alla assieger la ville de Bizance qu'auoit esté bastie par Pausanias Roy des Spartes; laquelle il print d'assaut apres y auoir ruiné les murailles pendant le siege d'vn an entier. Estant entré dans ceste ville, & l'a voyant si belle, que du Nord elle estoit confrontée de la mer Maiour, du midy de l'Archipelague, du leuant d'vn canal de deux milles de large qui l'a separe de l'Asie: qu'elle estoit bastie sur le pendant d'vne coline presque en figure triangulaire, enuironnée de sept petites montagnes qui rendoient sa veuë fort agreable: & dans icelle y auoit de fort beaux, & magnifiques bastimens. Cela luy donna de la delectation, & considerant qu'il

Ville de Constantinople.

estoit ia vieux & en aage de souhaitter le repos: resolut de s'y arrester pour la derniere retraicte de ses ans, y faisant bastir vn chasteau au modelle de celuy d'Arles qu'il appella de mesme nō de Troulle; qui iusqu'au iourd'hui se voit ioignant le Serrail du Grand Seigneur; y fit aussi releuer les murailles, & luy changeant de nom l'appella Constantinople; ou nouuelle Rome; la declarant Ville capitalle de l'Empire, le siege des Empereurs, & lieu de leur residance au quartier de l'Orient, en laquelle il fit venir l'Imperatrice sa femme, & ses enfans qui estoient dans Arles.

S'estant l'Empereur Constantin retiré à Constantinople auec toute sa cour, & voyant que l'heresie d'Arrius troubloit grandement l'eglise fit conuocquer le Concile general de Nisse de Bithynie soubs S. Syluestre Pape, ou ce trouuerent 318. euesques tant Orientaux qu'Occidentaux, & se resouuenant du Primat des Gaules Sainct Marin euesque d'Arles il luy enuoya de venir pour presider au Concile estimant que ce qui seroit descidé par ce Prelat seroit sainct & canonique: à quoy Sainct Marin obeit & alla à Nisse accompagné du Prestre Nicasius qui fut son successeur en l'euesché d'Arles, au nom de toute l'eglise Gallicane. A ce concile les Orientaux

taux & Occidentaux s'accorderent pour celebrer la Pasque le Dimanche apres le quatorziesme iour de la Lune de Mars, pour ne Iudaiser suiuant les parolles de Sainct Ignace; Fut aussi par la cōmune deliberatiō des Peres, ordonné que l'heresie d'Arrius seroit condamnée,&Anathematisée, comme directement contraire à la generalle croyance de l'Eglise:& tous ensemble determinerent, que le Fils de Dieu estoit consubstantiel auPere cōformér au Symbole qu'ils chanterent & ordonnerent d'estre chanté à la Messe, ou ces parolles sont marquées disant Nostre Seigneur estre, *Genitum non factum consubstantialem patris per quem omnia facta sunt.*

Epist. 6. ad. Philip.

Les Prelats assemblés à ce Concile desirant que les fautes qu'aucuns du Clergé auoient comises fussét punies en la forme du Droit, afin de seruir d'exemple à l'aduenir implorerent l'authorité de l'Empereur qui s'en rendit reffusant, & monstrant l'honneur qu'il desiroit de rédre aux personnes Ecclesiastiques leur fit ceste respōce, *Discutite inter vos causas, vestras non est nostrū iudicare Deos*: Belle & du toutsaincte responce qui deuroit seruir d'exemple, a ceux qui osent entreprendre de mettre leur mains sacrileges sur les personnes sacrées, & dediées au seruice du grand Dieu. A ce concile l'Empereur deffendit toutes les assemblées des Donatistes & Arriens, & ordonna le demolissement de leur Temples, & la punition par feu de leur persónes.

Tit. Porphyr Eusb. L 3 c. 63.

Le Concile de Nisse paracheué l'Empereur se voyant ia vieux, & sçachant que la mort est le sort ineuitable des humains: resoulut de mettre ordre à son estat, afin d'entretenir ses enfans en bonne paix, & conseruer ses subiects dans le deuoir: pour ce faire diuisa son Empire en trois parties, & pour euiter la ialousie en donna vne à chacun de ses trois fils, auec le tiltre d'Empereur: car il donna à Constantin son premier fils, & de Fausta sa seconde femme; la France, l'Espagne, l'Angleterre, & les Alpes: à Constans son second; l'Italie, la Grece, l'Affrique & l'Islirie: & à Constance son cadet l'Empire de l'Orient, (car Cryspus son aisné & de Mineruine sa premiere femme auoit esté tué par la fauce accusation de sa marestre Fausta): & ainsi faicte la diuision de son Empire; Degradé 3. Empereurs, qu'estoint Marcian, Lucinus, & Maxence; mourut l'an 341. le 31. an de son Empire, & 66. de son aage; ayant resjdé dans Arles cinq ans, & sa famille dix.

Au mesme temps que l'Empereur Constantin eut destiné la ville de Constantinople pour sa demeure ordinaire: le Senat enuoya de son consentement Ambroise Senateur Romain, homme de credit pour President en Arles suiuant les anciennes coustumes; & mena auec lui sa femme enceinte, qui s'accoucha en peu de iour d'vn fils qui fut ce grand Docteur de l'Eglise Latine S. Ambroise Euesque de Milan ; ce President mourut dans Arles la seconde année de son office, ce qui fut la cause que sa femme se voyant Vefue & esloignée de ses parents s'en retourna à Rome, & y porta son petit enfant, qui depuis elle l'esleua à toute sorte de vertus d'où l'Eglise de Dieu en à ressenti les effects.

S. Ambroise est né en Arles.

La vie toute saincte, & les vertus signalées de S. Ambroise ont fait que plusieurs villes ont disputé (tout ainsi qu'on disputoit d'Homere) qu'elle seroit sa patrie natale, chacun voulant auoir l'honneur d'estre son compatriotte, ce qu'a obligé d'Autheurs Romains de soustenir qu'il estoit originaire de Rome, & que sa mere le porta en France incontinet qu'il fut né. D'autres lisant aucuns autheurs modernes qui le qualifient Romain, ont creu le mesme; sans se prendre garde que ceux qui estoient soubs les loix des Romains estoint ainsi appellez; comme il

D 2

est marqué dans le Droit; & d'autres suiuant des
contes des femmes vieilles on dit que sa Mere
l'auoit enfanté sur vn chemin pres des montaignes venát en France; mais la vraye, & asseurée
naissance de Sainct Ambroise est dans Arles: puis
que Rebadenaira, & autres autheurs asseurent
qu'il est né en France, & estant né en France ne
peut estre en autre part que dans Arles qu'estoit
le siege Presidial des sept Prouinces des Gaules,
ce qui donne vn grand lustre à ceste ville, & la
faict estimer heureuse d'auoir produit dans son
enclos vn si grand personnage qui luy sert d'in-
tercesseur dans le Ciel.

*L: Retor. ff.
de capti. L.
filies C. de
municip &
L. cines C.
de incolis.*

---

*Comme l'Empereur Constans fils du grand
Constantin vint resider dans Arles.*

LE grand Constantin éstant mort, & ayant
esgallement partagé son Empire à ses enfans, le Diable semeur de la discorde mit dans
l'esprit de Constantin second, premier fils de
l'Empereur, de faire la guerre à son frere Constans, pour luy vouloir oster ce que iustement
son Pere luy auoit donné: disant que de mesme
qu'au Ciel n'y auoit qu'vn Soleil, qu'aussi au
monde ny deuoit auoir qu'vn Empereur: &

des Roys d'Arles.

qu'en vain la nature luy auoit donné le droit d'ainesse si ses freres estoient esgaux à luy: & pour venir au bout de son dessain vint auec vne forte armée auec intention de prendre tout le païs; mais son frere voyant sa resolution, luy alla au rencontre, & luy liura bataille pres d'Aquilee, en laquelle Constantin fut tué, & la victoire demeura à Constans qui augmenta son Empire, de l'Espagne, la France, l'Angleterre, & les Alpes: ce qui fut la cause qu'il vint habiter dans Arles, ville que son Pere auoit vniquement aymé, & l'auoit destinée pour estre le siege Imperial.

L'Empereur Constans estant dans Arles dóna des grands troubles aux bons Chatholique: car estant luy infecté de l'heresie des Arriens, & declairé chef de leur parti: exila de Rome, le Pape Iule premier qui mourut pendant son exil: & de France exila Sainct Hilaire Euesque *Platin.* de Poitiers, & plusieurs autres Prelats de l'Eglise Gallicane, qui auoient excómunié Saturnin Euesque d'Arles heretique Arrien comme luy; Ce qui fut la cause que le Pape Licerius Successeur de Iule, luy enuoya vn Legat dans Arles, pour le supplier de quitter telle erreur, & r'appeller S. Hilaire, & les autres Prelats, afin que les ouuailles de Iesus-Christ fussent conduittes par ses légitimes Pasteurs; l'Emp. bien qu'Arrien ne permit qu'on dressa l'autel de la victoire dans le Senat a cause que son Pere auoit faict brusler les Idoles.

Au pourchas de cet Empereur, Saturnin Euesque d'Arles comme Primat des Gaules conuoqua vn Conciliabule dans la ville de Beziers en faueur des Arriens: ce qui occasionna le Pape Damase d'oster la Primasse à l'Eglise d'Arles, & la donner à l'Euesque de Vienne, ou elle demeura iusques au temps de l'Euesque Patroclus à qui le Pape Zozime la reintegra: comme aussi l'Empereur pendant son seiour auoit fait renouueller en Arles les ieux Theatrals dans les Arenes, ou Amphiteatré, qui fut basti par les Romains auec des grandes pierres carrées apres que Caius Marius eut prins Arles, ou se comptent 163. arc en troys rangées l'vne sur l'autre. qu'est vn des beaux edifices de l'Antiquité.

Baron. ann. 413

Ces ieux Theatrals auoient estez instituez par Romulus apres qu'il eut emporté les Sabins: pour recreer les gens de guerre: furent continués par Tarquin, Pompée, Iulius Cesar, & Domitian, en toutes leur Colonies. La façon de ces ieux estoit de faire battre dans ces Amphiteatres les hommes tous nuds les vns contre les autres,

Tit. Liue.

Taci. L. 14. festin.

& se deschirer auec les ongles, & les dents comme chiens enragez. Ils faisoient aussi battre les Esclaues auec les Lions, les Ours, & bestes sauuages: les Lions auec les Taureaux, & les autres furieux animaux les vns côtres les autres; bref en ces ieux on n'y consideroit, & ne s'y voyoit que le sang humain espendu, & la mort des hommes, & des animaux, (à quoy cest Empereur se plaisoit grandement) ce qui occasionna Iullian l'Apostat son cousin, qu'il auoit associé à l'Empire pour s'opposer aux vieux Gaulois habitants de la Germanie, qui vouloient entrer en la France de se mocquer de luy; disant n'estre seant à vn Prince de passer les iours entiers sans boire ny manger pour assister à tels spectacles.

Dans Arles cest Empereur creoit les Gouuerneurs, & Presidents de son Empire: donnoit audiance, & rendoit Iustice à vn chacun (car il estoit de naturel assez courtois) & comme son Pere admiroit la beauté de la ville, la grandeur de son terroir, le plaisir de la chasse, & les commoditez qu'apportoit lé trafique du fleuue du Rosne: ce qui luy faisoit dire qu'Arles estoit la plus aggreable ville de son Empire.

Casiod. In chron.

Pendant que l'Empereur estoit si content dans Arles ceux d'Ausbourg le voyant heretique Arrien, & qu'il tourmentoit les bons Catholiques le voulurét depofer; & efleurent Magnentius pour Empereur; ce qu'obligea Conftans de quitter Arles pour aller s'oppofer aux forces de cet vfurpateur: mais à faute de bonne conduitte il fe laiffa furprendre à Magnentius qui le tua dans fon lict l'an 361. & le 14. de fon Empire ayát refidé dans Arles 9. ans: La nouuelle de fa mort eftant pôtée à fon frere Conftance Empereur d'Orient qui eftoit dans la ville de Conftantinople, l'occafiona de venir promptement en l'Occident pour venger la mort de fon frere, & ofter l'Empire à ce Tyrant, qui l'ayant en rencontre pres d'Efclauonie luy liura bataille & euft la victoire (toutes fois Magnétius print la fuitte, & fe reffugia à Lyon, où de rage tua tous fes bons amis, & puis fe donna la mort luy mefme pour ne tomber entre les mains de Conftance (de qui il croyoit d'eftre mal traicté.) La mort de Conftans fut cause que fon frere Conftance recueillit à foy les trois Empires que le grand Conftantin leur pere auoit diuifé. Zonare efcriuant la vie de Couftans dit qu'ores qu'il fut bleffé de Magnentius qu'il ne mourut pas fur le champs, mais quil reffentit quelques heures la douleur de fes playes, & la terreur de la mort qui luy firent dire d'eftre repentent de trois

Zonare la vie Couft.

trois chofes : La premiere d'auoir faict mourir Anibalius, & Constantius freres de son Pere, la seconde d'auoir esleu pour compagnon & successeur à son Empire Iulian l'Apostat son cousin, & la troisiesme d'auoir changé de Religion, & s'estre faict chef & deffenceur des heretiques Arriens; car ce changement l'auoit porté à tant de troubles qu'il auoit donné aux bons Catholiques;

Comme l'Empereur Theodosius premier vint resider dans Arles & du temps de sa residence.

THEODOSIVS premier estoit Vuisgot Espagnol de nation, natif d'vne ville appellée Italica, d'ou auoit aussi esté natif l'Empereur Traian : & Lieutenant General des armées de l'Empereur Gratian, qui recognoissant sa valeur l'associa à l'Empire apres la mort de son frere Valens, l'an de monde 4345. & de grace 383. auec lequel il regna quatre ans, estant Theodosius à Constantinople receut la nouuelle de la mort de Gratian qui auoit esté assassiné en France par ses Domestiques, & par mesme moyen entendit que Valentinia second frere de Gratian luy demendoit secours contre Maximus autheur de l'assassin de son frere, qui s'estoit emparé de l'Empire: ce qu'obligea Theodosius de venir promptement en France, menant auec soy vne forte armée afin de venger cest iniure: & en effect il attaqua Maximus au deça des monts, & le fit prisonnier, & peu de iour apres le fit punir de mort exemplaire comme traistre à son Prince: & par ce moyen Valentinian demeura pacifique Empereur de l'Occident, l'espace de sept ans, & iusques à l'année 391. qui Eugene son secretaire, & Arbogaste soliciterent ses seruiteurs de l'estrangler dans la ville de Vienne en Dauphiné, afin d'vsurper l'Empire, comme l'affaire s'executa: car apres la mort de Valentinian Eugene se fit reconnoistre Empereur en France, soubs la promesse qu'il faisoit aux Payens de restablir leur sacrifices, ouurir leur Temples; rendre l'exercice de leur superstitions libre; & chasser entierement les Chrestiens de tout l'Empire.

Cesto mauuaise nouuelle estant arriuée à l'Empereur Theodosius qui s'estoit retiré à Constantinople apres auoir vaincu Maximus, l'obligea de reuenir en France auec son armée tant pour venger la mort de Valentinian, que

des Roys d'Arles. 35

pour deffendre les pauures Chrestiens, de la malice de ce Tyran: qui pour estre assisté du Ciel mit à ses estendarts le nom de Christ, conformement à la vision qu'il auoit euë le soir auparauant ceste nouuelle: car vn Ange s'estant apparreu à luy l'asseura que de mesme que le ieune Pastoreau Dauid auoit emporté la victoire contre Goliath l'attaquant au nom du grand Dieu des armées: qu'aussi il vaincroit ses ennemis s'il leur faisoit la guerre au nom de Iesus-Christ Redempteur de tout le monde. *1. Reg. C. 17.*

Estant arriué en France alla droit contre Eugene qu'estoit tout proche des Alpes, qui se voyant poursuiui de prés sans espoir de suiter la mort, mit pied à terre, & prosterné à genoux demanda pardon, & la vie à l'Empereur: mais les soldats animez contre luy, n'y donnerent le loisir d'auoir sa grace, & le tuerent aux pieds de l'Empereur: & Arbogaste s'enfuit à Lyon, ou arriué se tua soy mesme: & Theodosius demeura Empereur de l'vn & de l'autre Empire, & dernier qui à possedé pacifiquement les deux.

Cest Empereur estant absolu alla à Rome, où il fut le bien receu du Pape Siticius, & d'arriuée fit entierement fermer les Temples des Payens, rompre les Idoles, abolir les faux sa-

E 2

crifices, & interdire les Bathanales: il redreſſa la Religion Chreſtienne, les bonnes loix, & la Iuſtice: & veſquit touſiours ennemy iuré des heretiques. Ce fut en luy ou la prediction du Magicien de l'Empereur Valés Arrien fut accomplie, qui luy auoit predit qu'il auroit vn ſucceſſeur le nom duquel commanceroit par ces trois lettres θ ε ο qui ſeroit grandement contraire à ſa Religion, ce qui fut la cauſe que ce meſchant Empereur porté de ialouſie comme vn autre Hero-

Math. C.2. des Roy d'Iſraël, contre le Regne du Fils de Dieu: fit mourir tous ceux qu'il trouua dans ſon Empire, s'appeller Theodoze, Theophile, Theodorit, Theorite, Theodule, Theophraſte, Theopompi, & Theodore; & entre autres Theodoſe pere de noſtre Empereur; qui eſtoit le plus grand de ſes Capitaines; fut mis à mort, & en auroit autant faict du Fils, ſi la diligence de ſa Mere ne l'euſt faict eſuader en l'Orient pres d'vn ſien parent, qui l'eſleua à toute ſorte de vertueuſes actions. l'Empereur quittant Rome vint droit en Arles, où le ſiege Imperial eſtoit, & y reſida cinq ans, à ce attiré par la beauté de la ville, bonté du terroir, bon naturel des habitans, ſaincteté du Clergé, & du ſainct Cimetiere. Il cheriſſoit auſſi grandement laccés, & conuersation de Constantius, pour lors Euesque de la saincte Eglise. Ce fut dans Arles, ou il renouuella l'ordonnance, que tous les Gouuerneurs des sept Prouinces des Gaules viendroient en personne à chacun mois d'Aoust dans Arles ville principale de son Empire, & Metropole de France; pour rendre compte de leur charge, traicter desaffaires de l'Estat, & prédre l'ordre de la Iustice; à peine d'estre multez de trois liures d'or; les malades exeptés, qui pouuoient enuoyer des Procureurs pour dire la cause de leur deffaut. Ceste ordonnance fut apres confirmée par son fils Honorius, & son petit fils Theodosius second, ainsi qu'appert de l'Epitre qu'ils escriuirent au President Agricol fidellemét rapportée par Sirmundus qui commence. *Honorius, & Thodosius Augusti. V. I. Agricola perfecto Galiarum.*

Apres ceste ordonnence s'en alla à Milan ayát sciourné quatr-ans, & dix mois en Arles, pour se reconcilier auec sainct Ambroise qui luy auoit interdit l'entrée de l'Eglise à cause qu'il auoit voleu vsurper quelque chose sur les droits, & libertés de l'Eglise de Tessalonnie auquel voyage il mourut de maladie, aagé de soixante cinq ans, le dixseptiesme an de son Empire, laissant deux enfans masles, qu'estoient

E 3

Arcadius, & Honorius ausquels il despartit son Empire, & laissa l'Orient à Arcadius son aisné, sous la tutelle de Ruffin François de Nation; à cause de sa iunesse; lequel Ruffin poussé d'ambition, se preualant du bas aage de ce Prince, fit entrer Alaric Roy des Gots dans la Grece afin d'vsurper l'Empire de l'Orient par la force des estrangers: mais sa trahison estant descouuerte, il fut tué, & Arcadius regna treze ans. Donna aussi à Honorius son cadet, l'Empire de l'Occident, & le recommanda à la tutelle de Stilicon, qui estoit Vvandale de Nation : & par ainsi ses deux freres regnerent sur les deux Empires auec toute sorte d'amitié & bonne intelligence.

Claudias ad Aug.

L'Empereur Theodosius estant mort les Nations estrangeres qu'estoient les Sarmates, ou Polacres, les Allans, les Saxons, les Bourguignons, les Allemans, & les Vandales: vindrent dans la Prouuéce meslez auec les heretiques Pelagiens, à cause du bas aage de l'Empereur Honorius: mais à leur passage furent viuement attaquez pres d'Arles par Dydime & Varianus Lieutenets de l'Empereur; ou vne bonne partie fut mise en piece, & leur Roy Marian faict prisonnier, & arresté dans Arles pendant que le reste passoit au Languedoc pour entrer en Espagne bien qu'ils fussent arreſtez vn an entier au paſſage des monts Pirenees.

Pendant ceſte Guerre Conſtantin fils de Maximus, do qui nous auons parlé, qui n'eſtoit qu'vn ſimple ſoldat n'ayant autre fortune que ſon nom, ſe rebella contre l'Empereur, & aſſiſté des ſoldats Romains, ſe faiſant tyranniquement recognoiſtre pour Empereur, conquit vne partie des Gaules, & vint inſtaler ſon ſiege dans Arles: fit auſſi ſortir ſon fils du Cloiſtre pour le faire Ceſar, & luy donna pour premier eſſay de ſes conqueſtes, l'Eſpagne qu'il emporta à la faueur des Vuandales, & fit priſonniers Dydime, & Varianus, leſquels il mena en Arles à ſon Pere ayant laiſſé Geronus pour Gouuerneur aux Eſpagnes: mais ces deux Tyrans Pere & Fils ne furent pas pluſtoſt enſemble qu'Alaric Roy des Gots mourut; & Honorius plus aduancé en aage ayant reſſentiment du tort que Conſtantin luy faiſoit, ſortit de Rauenne auec les armes en main, & donna Comiſſion à Conſtance frere de ſa femme, & Lieutenant de ſes armées, de ſe ietter contre ceſt vſurpateur pour luy oſter le nom d'Empereur & la vie. Conſtance ayant receu ceſte comiſſion alla à Vienne en Dauphiné, ou il tua le fils de Conſtantin, & le rendit maiſsire de la Ville: & de là vint assieger Arles auec intention de vaincre, ou de mourir, ce qui donna si grande terreur aux assiegés qu'ils ne sçauoient quel moyen treuuer pour conseruer leur biens, & leur vies.

Empereur faict Chanoine d'Arles.

Le Tyran Constantin qui estoit dans Arles se voyant hors desperance deschapper, & ayant apprins la mort de son fils, resoulut de quitter les enseignes Imperialles, ensemble le nō d'Empereur: & sachant que les sacrés Temples sont lieux de refuge, comme il est marqué aux Saincts Decrets: se reffugia dans la saincte Eglise d'Arles afin d'y estre receu pour Chanoine, & pria S. Heros pour lors Euesque de ladite Eglise de le vouloir ordonner Prestre croyant que le caractere sacré luy seruiroit de moyen pour euiter la mort: mais il se treuua trompé: car les habitans d'Arles ayant ouuert la porte à Constance soubs bonne capitulatiō le miserable Constantin fut prins dans l'Eglise, & quoy que vestu des habits Clericals, Constance le foula aux pieds: & luy faisant couper la teste, l'enuoya à l'Empereur Honorius qui la receut auec mesme ioye que Cesar celle de Pompée son ennemy.

Concil Tolet. C. 10. & Concil Aurel.

Frigerid. apud. Greg. Turo. L. 2.

Idem L. 2.

Non seulement Constantin par ses demerites fut mal traicté en ceste prinse, mais encores
le

le bon sainct Heros Euesque d'Arles qui auoit esté Disciple de sainct Martin & faict Euesque à cause de sa sainctetè y receut du grand dommage: car n'ayant vouleu fauoriser les heretiques Pelagiens fut chassé de son siege & de la ville, & à sa place Fœlix President de l'Empereur y fit mettre Patroclus parent de Constance qui posseda deux ans pendant la vie de sainct Heros: & apres la mort de ce Sainct Personnage son election estant esprouuée par le Pape Zozine, à cause de ses vertus, eust la reintegration de la Primasse que le Pape Damase auoit osté à la Saincte Eglise, à cause de l'heretique Saturnin, & fut declaré Superieur sur tous les Euesques des Gaules, & Vicaire General du sainct Siege; ainsi que l'asseure le Cardinal Baronius, rapportât l'Epistre que ce Pape escriuit à tous les Euesques qui commence, *Zozimus Vniuersis Episcopis per Gallias & septem Prouincias constitutis*, &c. mais ayant possedé ceste charge sept-ans fut tué à la solicitation de celuy mesme qui l'auoit faict eslire Euesque à cause que comme son deuancier n'auoit vouleu adherer aux heretiques, ainsi que ce miserable President s'estoit promis qu'il fairoit.

An. 417.

Comme l'Empereur Honorius resida dans Arles apres la mort de son Pere.

L'An du monde 4361. de la fondation de Rome 1150. & de grace 399. Honorius, & Arcadius son frere paruindrent à l'Empire par la mort de leur pere le grand Theodosius. Et d'autant qu'Honorius estoit fort ieune son Pere luy ayant donné l'Empire de l'Occident l'auoit recommandé à Stelicon qui l'esleua à toute sorte d'actions dignes d'vn Prince, & sur tout à la foy Catholique, & crainte de Dieu. Peu de temps apres son entrée à l'Empire Redigise Roy des Gots prenent ses aduantages de la mort de Theodosius que sa Nation auoit le plus redoupté, & au bas aage de cest Empereur vint en Italie auec vn'armée composée de 200000. hommes afin de conquerir l'Empire, & deposer Honorius de la couronne : mais ce Roy Gothien ce treuua trompé en son dessein, car Stelicon qui estoit homme de courage, & de tres-bonne conduitte deffendent le droit de son maistre y alla sus, & le mit en piece : ce qui donna occasion à tous les Italiens de donner infinitté de loüanges à ce braue guerrier: & à d'aucuns de dire qu'il meritoit mieux de porter la Couronne qu'Honorius qui n'estoit qu'vn ieune Prince. Ces loüanges causarent de la ialousie contre Stelicon; & comme les acclamations des filles d'Israël prouoquerent le Roy Saül contre Dauid, aussi Honorius craignant que par la faueur du peuple Stelicon ne le deposat; mesme qu'on auoit descouuert qu'il vouloit faire son fils Eucherius Empereur; il les fit mourir tous deux ; voulant estre en asseurance de sa personne apprehendér la menée des Italiens, & sçachant la mort du Tyran Constantin, vint en Arles qu'estoit la ville Imperialle de l'Occident pour y faire sa residence, où il fut receu auec toute sorte d'applaudissement. *l. R. c. 18* *Onuphr. In faust. L. 7. c. 38.*

Cest Empereur estans dans Arles il y viuoit si content qu'il prefferoit ceste ville à toutes les plus belle villes du monde, & consideront le commerce que le fleuue du Rosne y entretenoit d'ordinaire, & que les nauires, & barques de mer venoient contremont la riuiere apportant toute sorte de marchandises iusques contre ses murailles; voire au milieu de la ville, Arles estant pour lors appellé *Duplex Arelas* aussi grand d'vn costé de la riuiere que de l'autre se communi- *Cassiod. L. 5. varia. Epist. c. 39. Auson. Epig. de Arelate.*

F

cant par le moyen d'vn pont de boys qui tomba le 25. Aoust de l'année 418. feste de sainct Genies, estant Euesque sainct Honnorat Abbé de Lyrins. Ce qui faisoit dire à cest Empereur qu'Arles estoit, *Nobile totius Galiæ Emporium*, le plus riche marché de la France, & l'abregé des perfections du monde: puis qu'il ne se pouuoit rien considerer en l'vniuers qui ne se trouuat dans son enclos: car outre que son terroir estoit fertile & abondent en toute sortes de fruicts, elle participoit encores aux richesses de l'Orient, aux odeurs de l'Arabie, à la delicatesse de l'Assirie, & à l'abondence de l'Affrique, & que ceste seule ville pouuoit dire ces vers.

Orbis opum Gallis cumulos opulenta recludo
Insunt, vt reliquis singula cuncta mihi.

{marginalia: Paulin. L.6. de vita 3. Martini. Seneq.}

{marginalia: Des Comedies.} Ce Prince se voulant donner du plaisir dans Arles ayant deffendu la cruauté des Ieux Theatrals ordonna qu'en toutes ses Colonies seroient representées des Comedies, & Tragedies pour recréer les gens de guerre dans les garnisons, comme à son occasion en estoient representées dans les Arenes des plus belles, ou tout le monde pouuoit assister: voicy les propres parolles de son edict. *Ludicras artes concedimus, ne eximia harum restrictione tristitia generentur*, &c.

ceste loy fut cofirmée par Theodoric Roy des -Gots afin que le peuple, au iours de feste, ne s'occupast à la desbauche des ieux & yurogneries. Et appreuuée par le Roy Charles neufvicsme de France qui auoit resoleu d'instituer à toutes les villes de son Royaume des personnes pour representer tous les Dimanches en public, l'histoire de la Passion de Nostre Seigneur, & autres Sainctes histoires du vieux & nouueau Testament, en forme de tragedie pour empecher son peuple des debauches, & les instruire par ces viues representations à la Foy, comme aussi il institua les ieux des meslanges appellez par Suetone, & Iuuenal *Miscellos Ludos*. qu'estoient la luitte d'homme à homme, la coursse pour les hommes, & pour les cheuaux, le sault, la dance, le chant, & de faire des armes à certaines festes & solemnitez des lieux, afin d'exciter le courage de la ieunesse, ordonnant des palis, ou de prix pour iceux : ainsi que ses deuanciers auoient ja faict ailleurs, & s'est obserué du despuis par toute la Prouence : il permit aussi aux Prouençaux les ieux des Maiumes qui auoient esté deffendus par l'Empereur Constans. Ces ieux estoient les Maées, ou Mayes qu'on faict encores au mois de May, que les Ro-

C. Theod. tit. de Mim. Cassiod. v. Ep. Epist. 51. Iouin. Satyr. 11.

Suite de Caligula.

Des Maïes ou Mayes mains appelloient le cinquieme moys, dedié au Dieu Apollon, & à la Deesse Mée vne des filles d'Athlas: à ces ieux on habilloit vne belle fille en Deesse, & la faisant soir sur vn throsne aux aduenuës des ruës; les autres filles bien parées, inuitoient les passents de la regarder, & donnant quelque piece d'argent, leur estoit permis de baiser vne fois ceste Mée, & l'argent qui ce cuilloit de ces ieux estoit pour lors employé a l'achept de quelque bague, ou escherpe que les filles en faisoient vn prix pour celle que mieux sçauoit dancer, coudre, ou filer, & maintenent on l'employe aux œuures pies & decoration des Eglises: voicy les parolles de l'Empereur, *C. de Maium. L. 33. Clementiæ nostra placuit vt Maiuma quot annis Prouincialibus letitia reddatur: ita tamen vt seruetur honestas : & verecundia casti moribus perseueret :* different à la premiere institution au temps du Paganisme qui amenoit de la salette, & perte de l'honneur à la fille qu'estoit exposée pour Maée.

Enfin cest Empereur se croyoit dans Arles d'estre dans vn Paradis de delice; dans vn donjon asseuré; & dans vne terre promise; mais les doux plaisirs des grands se treuuent bien souuent meslés auec l'absynthe du desplaisir; & les iours fortunez de leur repos sont d'aucunes fois les perilleuses veilles de leur trauaux; aussi pendant que cest Empereur se donnoit du bon temps dans Arles, il receut la nouuelle que son frere Arcadius Empereur de l'Orient estoit mort à Constantinople l'an 14. de son Empire: & qu'Alaric Roy des Vuandales qui estoit vn peuple Septentrional grandement inhumain auoit prins par armes la ville de Rome, & donnoit des grandes incommoditez aux Romains, ce qui luy causa vne grande tristesse, & l'occasionna d'assoucier à l'Empire son neueu Theodosius second fils d'Arcadius aagé seulement de neuf ans le faisant proclamer Empereur de l'Orient dans Arles, & l'enuoya à Constantinople soubs la conduitte d'Anthemius qui l'esleua à la Religion Catholique, & à toute sorte de vertus. Cependant l'Empereur Honorius craignát que les Vuandales ne luy vinsent donner du trouble quitta Arles, & auec vne grosse armée vint aux Allemagnes pour deffendre le païs: mais il mourut bien tost en ce voyage, que fut l'an 430. le 31. de son Empire ayant resisdé dans Arles seze ans.

La mort de cet Empereur fut la cause que son neueu Theodose second assoucia à l'Empire. Valerian troisiesme (qui bien que meschant) regna

F 3

trante-ans en l'Occident: Theodoze voyant que les heretiques Nestorius, & Pelagius troubloient l'Eglise de Dieu par leur fauce doctrine, desniant la Diuinité de Iesus-Christ, fit assembler le Concile d'Ephese, ou assisterent deux cens Euesques tant Grecs que Latins, auquel leur heresie fut Anathematisée, estant Pape Celestin premier qui ordonna l'Introit de la Messe.

Platin:

Comme les Gots prindrent la ville d'Arles, & de la residance que le Roy Theodoric fit dedans.

L'Empereur Valerian troisiesme, qui auoit regné trente-ans estant mort l'Empire Romain fut grandement dissipé en l'Occident, à cause des Nations estrangeres qui s'estoient ietées dedans: car les Francs occupoient la Germanie, les Ostgots tenoient la Hongrie: les Vuitsgots l'Espagne, & les Vuandales l'Affrique, & ce qui demeuroit en estat, qu'estoit le Dauphiné, les Alpes, la Prouence, & l'Italie, pleusieurs s'en disoient Empereurs, & portoient les enseignes Imperialles: Tellement que dans vingt-ans il y eust neuf Empereurs qui regnerent consecutiuement, & se tuerent l'vn l'autre

des Roys d'Arles. 49

l'autre fens qu'aucuns d'iceux mourut dans fon lict de maladie, ce qui donna fubiect au peuple d'appeller Olibrius neueu de Gliferius qui eftoit le dernier de ces Empereurs Auguftule qu'eft le diminutif d'Augufte pour monftrer que l'Empire Romain eftoit proche de fa ruine dans l'Italie: mefmes qu'Alaric ayant prins Rome eftoit venu à la faueur du Roy Eurice Vuitfgots, & vn des chefs des heretiques Arriens, prendre la ville d'Arles qu'eftoit pour lors la feule Colonie que les Romains auoient aux Gaules foubs leur obeïffance, apres y auoir tenu le fiege huict mois au deuant: mais quelques iours apres cefte prinfe le Roy Eurice fut tué dans Arles par fes propres domeftiques; Dieu le permettant ainfi par punition de fon malefice; car il auoit faict abbatre toutes les Eglifes qu'eftoient au fainct Cimetiere d'Alyfcamp. La chappelle de noftre Dame excepté, à caufe que le fepulchre de S. Trophime eftoit dedans. Et pour lors la ville d'Arles qui auoit demeuré 570. ans foubs l'obeïffance des Romains tomba à celle des Gots, ce qu'arriua l'an 470. *Iornand. [in chron. de re Gothi. L. 6. Epift. 3.*

Les Gots eftoient vne Nation en Sithie la *Les Gots da baffe qu'eft en l'Europe, & prenoit fon nom Arles.* d'vne Prouince appellée Gothie, habitée iadis

G

par Magoth fils de Iaphe, & petit fils du Patriarche Noé, c'estoit vn peuple grand en nombre, beliqueux, & bié adroit aux armes, genereux de courage, & robuste de corps. D'iceux estoient sortis les Dannois en l'Asie, les Getuliens en l'Affrique, & les Amasones: ceste Region est grande, qui à du costé de l'Aquilon Noruée, & Dace, & des autres costez l'Occean, elle a l'Isle nomée *Gothlandia*, abondente en toute sorte de fruicts, ce qui la rend riche; les Gots furent faicts Chrestiens du temps de l'Empereur Valens Arrien, à qui ils demanderent des Euesques pour les baptizer, & les instruire à la foy de l'Euangile; qui leur enuoya des Euesques Arriens comme luy, qui soubs ombre de leur prechant la clarté Euangelique, aueugloient leur esprit dás la tenebre de leur erreur, aussi les Gots estoient tous Arriens.

Baron. Tom. 4.

Aprés la mort du Grand Leon, qui auoit esté esleu par les gens de guerre dans la ville de Constantinople, afin de remettre l'Empire à son estat: Odacre de Rugies, vint du costé de Lyon auec vne forte armée de vouleurs, & gens sans adueu appellez vulgairement Herules; auec lesquels il entra dans l'Italie, bruslant, & saccageant toutes les villes, & villages qu'il pouuoit pren-

des Rays d'Arles. 51

dre, & auec ceste violance print la ville de Rome l'exposát d'entrée au feu, au sang, & au pilliage, se faisant par force reconnoistre pour Roy des Romains contre la volonté du Senat.

L'Empereur Zenon gendre du grand Leon, qui estoit paruenu à l'Empire par la mort d'vn sien fils heritier de Leon, estant aduerti dans Constantinople de ce mal'heur, resoulut d'enuoyer des forces pour resister à ce Tyran & donner assistance aux Romains, & à toute l'Italie: & pour ce faire ayant nouuellement faict la paix auec les Gots par tout l'Empire d'Orient, donna la commission à Thodoric Roy des Gots, surnomé Amatus à cause de la famille d'où il estoit sorty qui estoit des plus nobles de sa Nation, le declarant General de ses armées, auquel il vouloit estre rendu mesme honeur, & obeissance qu'à sa personne. Theodoric ayát receu ceste commission partit d'Orient, passa par l'Espagne, & vint en Arles qui estoit le siege des Empereurs: ou arriué, il fut à la faueur des Gots, & des Arriens qu'estoient dans la ville, & tenoient la Prouence, proclamé & Couronné Empereur de l'Occident, & retint la ville d'Arles pour son ordinaire sejour, ce qu'arriua l'an 486 au septiesme an de l'Empire de Zenon.

Theodoric Couronné dans Arles.

Idacius In chron. L. 2. c. 7.

G

Ce Roy Gothien ayant receu la Couronne Imperialle dans Arles, & voulant suiure sa pointe pour obliger le Senat, & les Italiens de l'aimer: mena son armée en Italie, & entra dans Rome par force d'armes, tua Odacre, & remit les Romains en leur liberté, ce qui augmenta grandement sa gloire; & obligea tout le Senat de le faire seoir sur le Throsne des Empereurs, & luy iurer fidelité. Pendant son voyage, il assista au Concile de Rauenne ou l'Antipape Laurens qui auoit causé le cinquiesme Schysme contre Symmachus, fut deposé comme perturbatur du repos de l'Eglise, Theodoric auec tous les Pere de ce Concile, approuua l'esletion de Symmachus. Apres le Concile, ce Roy ne voulant desplaire à celuy qui l'auoit enuoyé, se desmit de l'Empire dans la ville de Plaisance, ainsi que l'asseure Euagrius, la premiere année qu'il fut Couronné.

Schisme 5.

L. 2. c. 2:

  La ville de Rome, & l'Italie estant desliurées des mains sanguinaires d'Odacre, & de ses Herules. Le Roy Theodoric reuint en Arles, ou il se plaisoit grandement, & d'autant qu'il estoit Prince grandemét amateur des lettres, delibera d'y faire fleurir le College, que pour lors estoit le plus fameux de l'Empire, voire excelloit l'an-

des Roys d'Arles. 53

cien College d'Athenes, d'où tant de grands Philosophes sont sortis: & voulant animer le courage des escoliers, institua les ieux publics qu'il appelloit *Certamina*, ausquels ils disputoient les vns contre les autres, tant en la langue Grecque qu'en la Latine; estant ce Prince trescapable aux deux; & donnoit certains prœmes à ceux qui auoient le mieux faict (de mesmes que Caligula l'auoit institué pour les escoliers de Lyon) & pour entretenir chacun en son deuoir, fit des loix dans Arles pour la conseruation de la Iustice, & le bien public, appellées vulgairement les loix des Gots, ainsi qu'elles se voyent dans le Code. *Sueton.*

C. Theod L. 4. tit. 2.

Ce Roy ne se pouuoit souler d'admirer la beauté du terroir d'Arles, qui contient 135. mille d'Italie, que sont quarante-cinq lieuës de Prouence en rondeur, & sur tout il iettoit ses yeux sur ceste bell'Isle de la Camargue que Caius Marius auoit faict faire pour la conseruation de son armée, (ainsi qu'à esté dit) car cest'Isle à le fleuue du Rosne des deux costez, se confronte auec la mer Mediterranée enuiron dix-huict mille; à sept lieuës de long, autant de large, est abondante en bled, vin, sel, & pasturage: dans ceste Isle on auoit en ce temps commencé de bastir

Beauté de la Camargue.

Plutarq: in vita Marij.

G 3

de bons vilages qui par succession de temps, & mal'heur des guerres sont estez desmolis; dans icelle les vilagois nourrissoient (comme se nourrit encores d'ordinaire) plus de 20000. iuments, autant de paires de Bœufs, qui sont ces furieux Taureaux desquels les anciens ont faict de particulieres remarques, imittant en cela les Medes qui se plaisoient de nourrir quantité d'Aras dans vn Isle qu'ils appelloient Hipobore: Ils y tenoiét encores vn nombre infini de brebis qui fournisoiét tous les circōuoisins de la chair; & du laictage: dans son enclos estoient comme sont encores les plus beaux estågs, & les plus beaux Salins de l'Europe: si trouuoit toute sorte de chasse, volatille, & quadrupede, terrestre, & aquatique: & s'y peschoit toute sorte de bons poissons d'eau douce, & de marée: ce qu'auoit occasionné les Romains de l'appeller, *Telina Romanorum*, car la Republique Romaine s'estoit estimée abondante en toute sorte de prouision ayant la Camargue à leur assistance. Ce Prince considerant cest'Isle de la façon, la loüoit plus que les Iardins Hesperides, où se cueillét les Poumes d'or: exaltoit plus sa terre que celle ou l'herbe Lactace croit, que Pline asseure estre abondante en toute sorte de fruicts: comme

des Roys d'Arles. 53

ceux de Crette parlant de l'Isle Maceronese l'appelloit, *Insula beata*, à cause de sa fertilité, & admirant toutes ses particularitez l'estimoit plus riche que l'Isle de Thasus, où sont les sablons d'or; plus gratieuse que les Iardins de Semiramis entournez du Iaspe, & du Porphire, & auec Horace loüant les Isles de son païs disoit. *Hora. Epo. 16.*

<pre>
     Arua beata
   Et diuites insulas.
 Reddit vbi Cererem tellus inarata quotannis,
 Et imputata floret vsque vinea.
</pre>

Ce Roy se plaisoit aussi à Philosopher sur la Crau, qu'est ceste grande plaine pierreuse de laquelle parle Strabon, & bien souuent rauy en soy mesme demandoit la cause d'où procedoit si grande quantité de cailloux qui sont en icelle; bien que l'Aristote eut ja dit que tels cailloux procedoient des tremblemens de terre, & que les lieux qui sont subiects à tels tremblemens sont abondants en cailloux qui se rendent à la superficie de la terre, comme la grappe du bled au mouuement du crible, sans approuuer la Fable, qui dit qu'Hercules se battant auec les Geans dans ceste pleine, & n'ayant point d'armes pour se deffendre, que son pere Iupiter luy fit pleuuoir vne si grande gresle de ces cailloux

Strabo. L.4.

Arist. L. 4: Mater.

Possidon:

que la terre en fut couuerte, ce que donna de l'estonnement aux Geans, & leur fit faire de si grands cris, qu'ils faisoient comme tonnairres restentir l'air de tous costez, & de ces cris est forti le nom de Crau par le mot Κραξω qui veut dire, *Clamo, vocifero.* Ce que le Roy admiroit le plus, estoit que parmy tant de cailloux la terre estoit fertile en beau bled, vin delicats, & bon pastis pour le bestail: qu'en la Crau se trouuoit le plus beau & meilleur Kermes, ou vermillon qui se puisse cuillir en tout le monde, surpassant de beaucoup le prix de la Cocheline, du Musc, de l'Ambregris, & de la Ciuette d'Arabie. Bref ce Prince loüant en general le terroir d'Arles, tout fertile, sans sterilité, disoit à l'imitation d'Horace.

Nullus in orbe locus Arelas praelucet amoenis.
Qu'en ce distique vulgaire veut dire.

En tout cest vniuers, n'est ville qui surpasse
D'Arles les doux plaisirs, son terroir & sa chasse.

Non seulement il loüoit Arles à cause de la beauté & estenduë de son terroir, mais encores il auoit en singuliere recommendation la debonaireté de ses habitans qui payoient librement à son fisc les contributions qui leur auoit ordonnées

des Roys d'Arles.

ces (ainsi qu'il s'en glorifie) escriuant à vn sien amy: comme l'a remarqué Cassiodore son secretaire ordinaire.

Cassiod. var. Epist. Ep. 44.

La troisieme année que ce Roy fut en Arles, Athalaric Roy des Gots fils d'Alaric, & de sa fille Amalasuenta, vint se ioindre à luy, & firent ensemble des grandes fortifications, pendant le temps qu'Athalaric dressoit son armée, car il auoit enuie d'aller conquerir la Germanie, & la France, mais il fut trompé à son dessein, car estant party d'Arles, & le Roy Clouis premier Roy Chrestien de France (bien que pour lors n'eust encores receu le baptesme) sçachant qu'il venoit à luy, y courut au rencontre, & luy donnant la charge, le tua de ses propres mains, & mit en desordre toute son armée. Theodoric ayant aprins le dessein du Roy Clouis partit d'Arles pour aller secourir son neueu, mais il y arriua trop tart, & de plus estant en chemin entendit la nouuelle que les Francs, & les Bourguignons auoient soubs les enseignes du Roy Clouis assiegé Arles, ce qui l'estonna quelque peu, toutesfois se confiant à la valeur, & bonne conduite de Gemellus, & Polymnus vieux Capitaines qu'il auoit laissé dedans pour gouuerneurs cela l'asseura, comme de faict il fut bien

H

serui d'iceux puis que par leur valeur, & l'assi-stance des habitans, les Francs, & Bourgui-gnons furent constraints de leuer le siege, qu'ils auoient ia tenu vn an pour s'en retourner à leur païs. Dequoy aduerti le Roy Theodoric de-clara les habitans d'Arles immunes de toutes charges, & impositions, disant que ce seroit vn acte d'impieté de demander d'argent à ceux qui dans l'occasion ont faict voir la gloire de leur valeur, & ont presferé la faim, & la necessité, au bien estre, pour marque de leur fidelité. Estant de retour dans Arles, & voyant que les murail-les de la ville auoient esté ruinées en diuerses parts par le siege, ordonna d'estre prins de l'ar-gent de son espargne pour les resleuer.

Exemption aux Habi-tás d'Arles.

Cossiod L. 4. var. Ep. Ep. 10.

Au temps que Theodoric, & Athalaric Roys Gots estoiét dans Arles, ce grand Docteur de l'E-glise S. Cesaire fut esleu Archeuesque d'Arles succedant à sainct Eonius originaire de Cauail-lon (qui entre les Prelats d'Arles à tout premier porté *Le Pallium*, à luy enuoyé par le Pape Foe-lix troisiesme, & fut decoré du nom d'Arche-uesque) sainct Cesaire estant esleu à la dignité Archiepiscopalle, le Pape Symmachus approu-uant son eslection luy enuoya *Le Pallium*, auec la confirmatió de la *Primasse*, & de tous les priuile-

S. Cesaire Archeuesque d'Arles.

ges qu'auoient eu ses deuáciers; ainsi que le Pape Gelasius auoit faict à S. Eonius, & que l'a remarqué le Cardinal Baronius soubs les ans 494 & 514.

Mais comme ce sainct Prelat ne s'estudioit qu'au bien de l'Eglise, à la conseruation de ses ouuailles, & au seruice de Dieu, le Diable ennemy iuré de la pieté solicita les Arriens qu'estoient dans Arles auec les Gots, d'accuser faucemét ce Pasteur (qu'estoit le fleau de leur Religion) au deuant de Theodoric, & Athalaric soubs pretexte de l'estat qu'est la plus grande ialousie des Princes; disant qu'il pratiquoit les habitans Catholiques à brigues, & seditions, ce qui obligea le Roy Theodoric d'exiler sainct Cesaire de la ville, & de son Diocese, sans le vouloir entendre à ses iustifications, ny croire aux accusations qu'on donnoit contre luy. Ce Pasteur se voyant separé de la compagnie de son troupeau, (pour la deffence duquel il auroit volontiers à la façõ du Pasteur celeste exposé sa vie) s'en alla reffugier à Bourdeaux, & de là alla à Rome soubs la protection du Pape Symmachus, qui le receut auec toute sorte d'affection.

Cyprian. L. vita B. Cesar.

Ioan. c. 10.

Pendant que l'Archeuesque sainct Cesaire estoit exilé, le Roy Theodoric allát à la chasse au costé du Languedoc tout le long du petit Rosne.

trouua l'Abbé sainct Gilles, vn des Disciples de sainct Cesaire dans vn haillier en la solitude qui vaccoit d'ordinaire en oraison, estant nourry dans iceluy du laict d'vne Biche que nostre Seigneur auoit destiné pour sa nourriture. Ce Roy voyát ce personnage, l'aspect duquel faisoit cónoistre vne asseurée marque de Sainctété en luy, & l'ayant interrogé de beaucoup de choses print la résolution de luy faire bastir vne maison d'oraison tout côtre la ville qui porte à present le nó de ce sainct personnage, bien que Pline asseure qu'elle estoit anciennement appellée Heraclée; & dans ceste maison se retirerent à son imitation pleusieurs Gentils-hommes pour y viure Religieusement souz son obeissance, & par ce moyen fut donné commencement à ceste belle Abbaye que 300. ans apres fut embelie, & richement dotée par Charlemagne au temps qu'il chassa les Sarrazins du Languedoc.

Abbaye de S. Gilles.

La pieté, & deuotion de ce Roy Artien deuroit estre assés forte pour faire honte aux Caluinistes de nostre temps, qui en l'année 1562. ont pillé les vases sacrés, abbattu l'Eglise, & l'habitation des Ecclesiastiques de ceste Abbaye, apres en auoir chassé l'Abbé, & les Chanoines (qui s'estoient secularisez despuis l'année

1535. du Pontificat du Pape Paul troisiesme,) en firent vn fort qui à tenu iusques à l'année 1622. contre le seruice du Roy, faisant de la maison d'oraison destinée pour offrir le sacrifice de la Messe, & chanter les Diuins loüanges, vne retraite de Rebelles ennemis iurés de la vraye Foy.

Le Roy Clouis premier du nom, cinquiesme Roy des François, qui auoit espousé Clotilde fille de Chilperic, vn des Roys de Bourgongne, ayant defait Siagrius Comte de Soissons, & reduit la Comté souz les Loix des François; aboli entierement les forces des Romains en la Gaule, où ils auoient regné 537. ans, constraint les Turingiens de prendre loy de luy, gaigné miraculeusement la bataille contre les Allemans, pres de la Ville de Tolbiac, & reduit leur Royaume en Duché souz son obeissance, reçeu en action de grace le Baptesme par le ministere de *Grego. Turo. Ismoni. L. 1. de Gesf.franc. & Gaguin. de Clodouee.* sainct Remi Euesque de Reims; le 15. an de son regne) & abiuré le Paganisme, auquel on l'auoit esleué, comme Chilperic son Pere, & ses Predecesseurs Roys, pour croire en Iesus-Christ (car il fút le premier Roy Chrestien de France.)

Le Roy Theodoric le sçachant, & desirant son amitié luy enuoya vn Ambassadeur pour le congratuler des deux, & le prier de luy donner des esclaues qu'il auoit faict en ceste guerre afin de les occuper au trauail des fortifications qu'il faisoit en Arles, & par toutes les places de la Pro-uence, ce que le Roy Clouis luy accorda, & luy enuoya deux mille esclaues la plus part desquels auoient esté prins à la deffaite de Siagrius, & des Allemans. Mais ce Roy Gothien, à peine eust il paracheué ses fortifications qu'apprehendant les armes Françoises, & voyant que le Roy Clouis estoit mort le trenticsme an de son Regne, & que son fils le Roy Chyldebert donnoit la chasse aux Gots, resolut de quitter la ville d'Arles où il auoit resté 35. ans pour aller en Espagne: d'où il auoit ja chassé Rectiarius Roy de Sueues qui se vouloit rendre Seigneur des Espagnols, où il mourut laissant dans la ville, & en Prouence Theodat Roy des Ostrogots, son neueu apres luy, qui fit ligue auec les François, afin de se deffendre contre Bellissaire, qui à la solicitation d'Amalesuentade sa Tante luy venoit faire guerre: ceste Ligue se fit à condition de remettre Arles, & la Prouence au Roy Chyldebert, dequoy les Gots estans fachez le tuerent, & esleurent à sa place Vestiges son cousin, qui nonobstant les menées des soldats con-

Cassiod. var. Ep. Epist. 4.

firma l'accord de son deuancier, & quitta toutes les places que sa natiō tenoit en la Prouence, le Dauphiné, & partie du Lāguedoc, au Roy de France la ville d'Arles excepté, que bien qu'elle fut comprinse dans l'accord & que l'intention de Vestiges fut de la rendre, neantmoins Tolon qui estoit Capitaine dedans s'en rendit refusant, ce qui fut la cause que le Roy Chyldebert vint assieger la ville, & chassa honteusement Tolon, & tous les Gots d'Arles, qui auoient tenu la ville, & la Prouence septente cinq ans; ce qu'ariua l'an 521.

Procop. L. 1. de bell. Gothor.

Sabellius parlant de ceste Reyne Malasuentade dit qu'elle sçauoit parler toute sorte de langues, & entretenoit les Ambassadeurs que venoient à sa Cour des affaires de l'estat en leur langage naturel de quelles parts du monde qu'ils fussent; qu'estoit vne des merueilles de son temps;

Comme les Gots furent entierement chassez d'Arles par les François, & de la residance que fit le Roy Chyldebert dans la ville.

L'An du monde, 4470. & de grace 514. le Roy Clouis premier Roy Chrestien de France vint à mourir ayant regné trente ans, laissant quatre enfans masles qu'il auoit eu de Clotilde fille de Chilperic Roy de Bourgongne, ayant peu auparauant sa mort desparti son Royaume à ses enfans, les faisant tous nommer Roys pour esuiter la jalousie qui se pouuoit mesler parmy eux, car il declara Chyldebert son aisné Roy de Paris qu'il auoit declaré ville capitale, & siege de son Royaume au temps de L'Empereur Anastase: Clotaire son puisné Roy d'Orleans : Clodomire son cadet Roy de Soisson; & Theodoric son plus ieune Roy de Mets, & d'Austrasie.

 Childebert se voyant Roy de Paris, & ayant auec ses freres par la solicitation de Clotide sa mere, tué Gondebault qui auoit faict mourir les Pere, & mere d'icelle : que Sigismond frere de Gondebault, sa femme & enfans, auoient estez iettez dans vn puis à Orleans : & que son frere Clodomire auoit esté tué à la poursuitte de Gotmar frere de Sigismond. Voulant suiure la pointe que son feu Pere auoit ia commancé de chasser les Gots de la France, Arbora ses enseignes, se mit en campagne auec vne forte armée, & tout enflamé de courage vint à Lyon, à Vienne, en Auignon, & tout le long du Rosne iusques en Arles, ou Tolon s'estoit fortifié, ne voulant
            adherer

adherer à l'accord que Theodat, & Vestiges Roys des Ostrogots d'Italie auoient faict, ce qui l'occasionna d'assieger la ville, & la serra de si pres durant six mois qu'enfin il y entra par force, & constraignit les Gots de prendre la fuitte à leur confusió, qui passerét en faueur de la nuict le Rosne auec des batteaux (car le pont estoit tombé) pour aller du costé de Carcassonne, où ils firent des nouueaux retranchements. Le Roy de France entrant triomphant dans Arles, ne permit d'estre faict aucun pilliage ny desplaisir aux habitants, & se contentant de receuoir d'eux le serment de fidelité, remit la ville en toute asseurance, faisant entrer auec luy l'Archeuesque sainct Cesaire pour le restablir à son siege auec toute sorte d'affection. *Prinse d'Arles sur les Gots.*

C'este prinse d'Arles sur les Gots a faict dire à sainct Cyprian Euesque de Tolon, que la ville d'Arles fut pour lors vne de celles que le Roy Prophete Dauid parle que, *Pertransierunt de gente in gentem, & de regno ad populum alterum,* car ceste ville ayant esté soubs la domination des Grecs ses fondateurs, vint à celles des Romains, des Romains aux Gots, & des Gots elle fut conquise en ceste prinse par les braues François, où elle demeura iusques à ce que *Cyprian in vita S. Cesarij. Psal. 109.*

I

Charles le Chauue la defmembra iniuftement du Royaume de France, & la donna à Bofo, qui la mit en Royaume; bien que les Sarrazins l'euffent troublée quelques ans.

Le Roy Childebert eftant dans Arles il ne s'y trouua pas moins content que les Roys precedents, puis qu'il trouuoit dans cette Ville tous les plaifirs, & commoditez qu'il pouuoit fouhaitter: ce qui le fit refoudre d'y faire fon ordinaire fejour: cependant fon armée eftoit paffée en Languedoc pour pourfuiure les Gots: & fon frere Theodore Roy de Mets qui l'auoit toufjours fuiuy faifoit reparer les murailles de la Ville qui auoient efté abbattuës pendant le fiege, afin d'y eftre plus affeurez dedans, & remettre la Ville en fa premiere fplendeur; veu qu'elle reffembloit pour lors la Cité défolée, à caufe de tant de miferes qu'elle auoit fupporté par les guerres paffées.

Murailles d'Arles releuées.

Vn des plus grands plaifirs que le Roy Childebert trouuat en Arles, fut celuy de la chaffe qui eftoit abondante par tout le terroir: ce qui le pouffa vn iour d'aller aux montagnes de Cordes, & Mont-maiour, à demy lieuë de la ville: où eftant il trouua dans icelles vne trouppe de bons Religieux, qui viuoient fort aufterement

Fondation de l'Abbaye de Mont-maiour.

parmy le bois, fouz la Regle, & difcipline de fainct Cefaire qui eftoit leur Abbé auant que d'eftre Archeuefque; & n'auoient pour habitation que des petites Cellules faictes auec du Chaume, des rofeaux, & de la terre: ce qui efmeut ce Roy à deuotion, & leur fit baftir dans la montaigne vne maifon pour leur retraicte, donnát les premiers fondeméts à l'Abbaye, qui fe voit auiourd'huy à Mont-maiour, illuftrée d'vn Abbé, & des moines que foubs la Regle de S. Benoift, y viuent auec toute forte de pieté.

Le peuple d'Arles ioyeux d'eftre defliurez des mains eftrangeres, & tombez dans la courtoifie des François fes anciens alliez; defquels ils efperoient toute forte de bien ; refolurent pour figne de leur bonne affection de fabriquer vne nouuelle monoye à l'honneur du Roy Childebert pour luy faire prefent (veu qu'Arles eftoit la feulle ville des Gaules, ou la monoye des Romains fe fabriquoit) & voulant imprimer en icelle l'image du Roy, bien que d'ordinaire on ne mettoit aucune figure humaine aux monoyes (celles du Tribut excepté) le Roy Childebert s'y oppofa pour ne deplaire à l'Empereur Iuftinian qui regnoit pour lors, ce qui fut la caufe que le maiftre des monoyes auec le

Nouuelles monoye fabriquee dans Arles.

commun accord de la ville, y mit vn Genie aiflé en forme d'homme abbattu, pour monstrer que le Ciel, & les Anges auoient en protection la ville d'Arles, & que son Ange Genie l'auoit resleuée de l'oppression des estrangers soubs la faueur du Roy de France: Ce Genie à esté long temps apres tenu pour les armes de la ville, ainsi qui se peut voir par des vieux Seaux gardez comme medailles precieuses dans les cabinets des plus curieux, mesme i'en ay veu vn au cabinet de feu le sire Anthoine Agard Orpheure, grandement curieux.

Diuerses armoiries de la ville d'Arles. La ville d'Arles à heu diuerses armoiries despuis sa fondation, car estant soubs la domination des Grecs ses fondateurs, elle auoit l'image de la Deesse Minerue comme se voit aux medailles qu'on trouue dans les vieilles ruines le long du Rosne, & aux fondements des vieux bastiments : ayant esté conquise des Romains, elle à tenu pour armes, le Bouclier du Dieu Mars auec ces lettres, S. P. Q. R. que sa Cohorte portoit en ses estandards comme les autres Colonies: estant reduitte soubs l'obeissance des François par le Roy Childebert qui la conquit sur les Gots, elle print le Genié abbattu comme se voit encores à vn sepulchre au deuát

des Roys d'Arles. 69

de la porte de l'Eglise de saincte Honnorat au sainct Cimetiere d'Alyscamp, & à la monoye que la ville faisoit batre de ce temps; les especes de laquelle ont esté veuës au cabinet de feu Charles de Romieu escuyer, personne autant curieuse que bien versée à l'histoire.

Aucuns ont voulu dire qu'Arles auoit les armes des Gots au temps qu'ils tenoiét la ville, lesquelles estoient trois Couronnes, & trois Crapaux armes de leur nation, & des Danois leur descendents : mais cela ne peut auoir marque de verité, pource que iamais autres que les Francs au commencement de la Monarchie Françoise qui dompterent les Gots, & les Danois, n'ont tenu les Crapaux pour armes.

La ville d'Arles estant faicte Royaume elle auoit prins pour armes d'or à la ville de sable, auec ceste inscription tout autour *Vrbs Arelatensis est hostibus hostis & ensis*, qui se trouuent encores dans les Archiues aux vieux seaux de la ville. Et faicte Republique & aliée aux Venitiens elle print pour armes d'argent à vn Lyon d'or croupi (qu'est vn blason extraordinaire) auec ceste deuise *Ab ira Leonis*, qui gardent encores; Ores que Mestre Pierre Saxy iadis Chanoine de la saincte Eglise, homme tres-doc.

I 3

te & bien versé à l'histoire de son Eglise (ainsi que son œuure intitulée, *Historia primatum sanctæ Arelaten;Ecclesiæ*, le monstre) aye voulu dire que ce Lyon fut donné à la ville par Boso son premier Roy, cela estant les armes de sa maison, prenant pour fondement de son dire les armes qui sõt au Tombeau de feu Messire Guillaume Boso Iadis Chanoine, & Preuost de la saincte Eglise qui mourut l'an 1180. où se voit vn Lyon de sable en champs d'argent paillé de geulle, sans se prendre garde que ce Lyon est les armes de la maison de la Macche alliée auec celle de Boso second, non celles du Royaume d'Arles ny de la maison d'Ardene d'où Boso premier estoit sorti.

Trois considerations porterent la Republique d'Arles de prendre le Lyon pour armes: la premiere fut pour imiter Hercules qui pour monstrer la magnanimitté de son courage, & les marques de sa force, portoit d'ordinaire la peau d'vn Lyon sur l'estomach comme voulant dire.

Iamais vn ferme courage
Ne perd l'ardeur de son feu,
Le vent, le bruit, ny l'orage
Ne l'esbranlent tant soit peu.

La seconde fut pour faire voir aux Venitiens combien ils cherissoient leur aliance, & honnoroient la saincte Relique de la mandibule de sainct Marc Euangeliste qu'ils leur auoient enuoyé par present, veu que l'Escriture donne la face de Lyon à sainct Marc, à cause qu'il à mieux que les autres Euangelistes parlé de la Resurrection de nostre Seigneur; de qui le Lion est le Symbole, & la Republique d'Arles prenant ce glorieux Sainct pour Tutelaire de leur ville mirent le Lyon à leur armes, comme se disant enfants de sainct Marc, & freres des Venitiens.

Ezechiel, 1.

La troisiesme fut pour monstrer la noblesse de leur ville, faisant comme le Roy Dauid, son fils Salomon, & tous les Roys d'Israël de la Tribu de Iuda ses successeurs que pour monstrer l'altesse, & grandeur de leur maison prenoiét le Lyon pour armes à cause que le Messie appellé Lyon dans l'Escriture deuoit naistre d'eux (comme tres bien l'a remarqué le docte Genebrat dans sa Chronologie) Aussi les habitans d'Arles voulant monstrer la noblesse de leur ville entre toutes les villes de l'Europe prindrent vn Lyon d'or pour armes: Non toutesfois rampant pour dominer ses voisins, ainsi que Nicostratus le tenoit pres de son lict à cause qu'il n'auoit son

Apocaly. 5.

pareil aux Ieux Olympiques: Non paſſant pour brauer les ennemis comme Antonius qui tout premier attela les Lions à ſon Chariot le iour de ſon triomphe: Non endormi ſe fiant trop à ſa force, puis que Pline dit que le Lyon couche d'ordinaire en la campagne meſpriſant le deſſein des ennemis (auſſi eſtoit il offert au Dieu Apollon à cauſe de ſa vigilance) mais la ville d'Arles met vn Lyon d'or croupi ſur ſes iambes derniere, & tout le reſte du corps debout qui repreſente la paix, & la guerre, eſtant la Republique d'Arles preſte à l'vn & à l'autre pour la conſeruation des habitans, & deffence de leur liberté: Ils mirent ce Lyon ſur l'argent qui monſtre la candeur de leur foy, & la prompte obeiſſance que les habitans ont touſiours rendu au ſainct Siege, & à ſes Superieurs, ce qui faiſoit appeller leur ville, Arles le blanc.

Lib. 10.

Diuerſes monoyes.

Non ſans cauſe i'ay dit que ceux d'Arles firét battre de nouuelle monoye pour faire preſent au Roy Childebert: car ils en auoient tiré la couſtume des Romains qui fabriquoient trois ſorte de monoye, l'vne qu'ils appelloient vſuelle, & ne ſeruoit que pour le traffic des achepts, & des ventes, laquelle ne changeoit iamais ſon poids, ſon alloy, ny ſa valeur, l'autre s'appelloit

des Roys d'Arles. 73

s'appelloit cenſuelle, dite en l'Euangile, *numiſma céſus*, deſtinée pour payer le tribut du Prince céte monoye croiſſoit & decroiſſoit ſelon que les Daces, ou impoſitions augmentoient ou diminuoient; à laquelle ſeule l'image de l'Empereur eſtoit imprimée: mais à la derniere eſpece appellée donnatrice qui pouuoit auſſi bien eſtre fabriquée par vn particulier que par le Prince, afin d'en faire preſent à quelque Roy, ou grand Seigneur; elle n'auoit autre prix que celuy que le donneur y mettoit; ayant d'vn coſté le prix à combien elle ſe pouuoit debiter, & au reuers l'image du donneur: à cauſe de quoy la ville d'Arles fabriquant de nouuelle monoye pour faire preſent au Roy Childebert, y mit le Genie abbattu d'vn coſté auec ces mots *Arel. Ciuit.* & de l'autre le prix d'icelle; ainſi que l'a particulierement remarqué Pancirolus dans ſes commentaires des nottes Imperialles.

Diſcours des medailles, & de la difference qu'il y à d'icelles à la monoye.

CE fut vne curieuſe demande que me fit vn de mes intimes amis pendant que ie fabriquois cette Royalle couronne, ſçauoir ſi les me-

K

dailles qu'on trouue en Arles feruoient pour aucunes des monoyes que ie viens de parler cy deuant? attendu qu'on en trouue beaucoup d'or, & d'argent parmy les vielles ruines de la ville? à quoy ie fis refponce que non: veu la differance qu'il y auoit entre la monoye, & les medailles: car la monoye ne portoit que l'image des animaux: & la medaille la portoit des Empereurs Romains. Que cela foit vray les monoyes des Roys des Romains auoient d'aucunes l'image d'vne Brebis appellée *Pecunia*, l'autre d'vn chariot à quatre cheuaux appellée Quadrigalle, l'autre à deux cheuaux dite Begalle, & le Ratiti qui auoit vn nauire. La monoye des Atheniens auoit vne Choüete: celle des Rhodiens vne fleur: celle des Egyptiés vn Chameau: & n'y auoit que les Grecs qui miffent à leur monoye l'image de Minerue ou autre Deité. Que fi aux anciennes monnoyes d'Italie on y trouue l'image de Ianus à deux faces, & à celle du Tribut celle de Cefar. Il ne faut inferer de là que les medailles & la monoye foient le mefme.

La feconde difference qu'il y a entre la monoye & la medaille, eft l'inégalité de poids, pource que la moindre des pieces de monoye

Tit. Liu. l. 4. Marc Var. de reb. ruf.

Aul. Gel. l. 4

pesoit trois onces, d'autres cinq à six, voire la liure entiere, ainsi que les Tetracines, Oboles, Dragmes, & Marcs des Grecs: La Philippine de Macedoine: La Darique de Perse: les Sicles des Iuifs: les Sesterces, Aces, Deniers, Quadrigualles, Bigalles, & Ratiti des Romains. La medaille au contraire ne pesoit pas demy once la plus grosse. *Portius de la dib. metal.*

La troisiéme difference procede de la fabrique, veu que la monoye se marquoit auec le coing graué, & la medaille estoit moulée en sable par personnes exprez deputées.

La quatriesme, le lieu pour fabriquer la monoye estoit different, car Arles estoit destiné pour les Gaules comme la capitale Colonie: & y auoit d'autres lieux destinez de l'authorité du Prince. Et les medailles n'estoient faites qu'à Rome par le commandement du Senat, aussi elles auoient ces lettres, S. C. La medaille estoit de fonte pour conseruer long temps sa figure, & la monoye estoit d'or, d'argent, & de loton; que s'il se trouue des medailles d'or, & d'argent, cela prouient de ce que le Senat en faisoit faire quelques vnes pour enuoyer aux Roys alliez, aux Presidens, & Presteurs des Colonies, qui les portoiét au col comme vn ordre de Cheualerie.

K 2

Enfin la monoye ne seruoit que pour le commerce, & la medaille estoit pour faire honneur, & representer la gloire de l'Empereur, ou Capitaine de qui elle portoit l'image. Il semble que Suetone confirme cela, disant qu'entre autre iugement que Tybere fit: fut de condamner à mort celuy qui prophanoit la medaille d'Auguste, & la portoit sur soy quand il alloit commettre quelqu'acte deshonneste, ce qui n'auroit fait de la monoye, qu'est le plus souuét cause de saleté.

Suetone in Tib. c. 58.

La medaille monstre assez qu'elle est destinée pour honnorer les Empereurs, puis qu'elle porte l'image de celuy par qui elle est faite, & au reuers les faicts heroïques qu'il auoit fait pour la cause publique, estant tenuë pour vn precieux ioyau, non monoye vsuelle. A cause de quoy le Vulpian ne veut que les medailles soient comprinses aux legats de l'or, & de l'argent monoyé, veu le haut prix d'icelle, ains pour ioyeaux, ornemens, & pieces precieuses; sur tout celles de Siluius Othon, de Galba Corinthique en jet de metal, qui se vendent cent & cent-ciquante escus.

ff de aur. & argen. l. nu mismatum de vsu fruct. st. 4. c. 24.

I'ay dit que les medailles representent les faicts heroïques des Empereurs, pource que dás Arles s'est trouuée la medaille de Iulle Cesar qui a pour reuers les trois triōphes d'iceluy ; & celle D'Alcibiades qui a pour reuers la fortune, par force arrestée par les cheueux, qui furent enuoyées en Arles par le Senat afin que le President les départit aux Nobles de la ville, & à ceux des autres Colonies. Dans la méme ville se sont trouuées les medailles des douze Empereurs qui sont en plus grand'estime que toutes les autres; ce qui ne se trouue en aucune autre ville de la France, & faut aduoüer que les plus curieux cabinets du Royaume, ont tiré leur lustre des vielles masures de ceste ville; car la medaille de Iules Cesar qui a pour reuers deux faces, que sont celles de son Fils Cesarion, & de Cleopatre; cōme aussi celle qui porte pour reuers ces mots, *veni*, *vidi*, *vici*. Celle d'Octauian Auguste qui a pour reueuers vne couronne de laurier le Caducée au dedans, & au dernier l'autel auec le feu dessus que le Senat luy fit faire lors qu'il eust donné sa maison pour faire le Temple de la Deesse Vesta, qu'il appella *Ara cœli*, (ainsi que la Sybille luy auoit conseillé de faire au temps que nostre Seigneur nasquit, & que la paix fut vniuerselle sur toute la terre): Se trouua encores celle qui a le Taureau courant contre vn homme auec sa corne abbaissée, qui luy fut faite en

K 3

memoire de ce qu'il auoit institué les jeux Tauriliens, qui se practiquent encores dans Arles pour la recreatiō de leurs Roys, Princes du sang, & Gouuerneurs du païs, quand ils honnorent la ville de leur presāce. La medaille de Tybere qui a vn Bouclier entouré de courōnes Ciuiques, où se voit vne face au mitan auec ce mot *Moderationi*, y a esté trouuée, ceste medaille luy fut faite par le Senat au commēcement de son Empire, à cause qu'il se faisoit plus doux qu'vn Agneau: & celle qui luy fut faite en l'Asie ayant pour reuers vn temple, & deux victoires dessus, que les Asiatiques auoient dedié à sa gloire, en reconnoissāce de ce qu'il auoit reparé plusieurs villes qu'estoiēt tombées à leur pays au terre-tremble qui se fit à la mort du Sauueur du monde. On a veu celle de Caligula qui a pour reuers les trois sœurs, Drusillia, Iulia, & Agripina que le Senat fit faire apres qu'incestueusement aueuglé de leur amour il eust ordonné qu'on les tiendroit pour les Deesses du Iurement, & que tant en Iugement que dehors on ne iureroit qu'au nom d'icelles. Dans Arles a esté trouuée la medaille de l'arc triomphant sur lequel se voit Claudius monté sur vn furieux cheual, qu'on luy fit à son retour d'Angleterre; toutes les medailles de

Neron, qui font celles qui ont pour reuers les Sabins, le temple de Iane; l'Apollon ioüant de fa lyre, la feule Galere, celle des fept Galeres dans vn port) qu'eſt la plus recherchée) & fut faite à fon honneur apres qu'il eut paracheué le port d'Oſtie, où le Tybre fe décharge dans la Mer; œuure que Iule Cefar auoit delaiſſée comme im-poſſible à faire; & celle de l'arc triomphát qu'on luy fit apres auoir vaincu Tiridates Roy des Ar-meniens. La medaille de Galba qui a pour reuers vne Deeſſe tenant vn chapeau à la main qu'on fit à fon entrée à caufe qu'il proteſtoit de vouloir mettre le peuple en liberté. Celle d'O-thon qui eſt tant eſtimée & de ſi haut prix qui a pour reuers l'Empereur veſtu en Senateur, qui fur le foyer du Sacrifice donne la main à des fol-dats qui luy portent la teſte de Galba au bout d'vne lance, & luy fut faite en memoire de ce qu'il pardonna aux Cohortes qui auoient fuiui le parti du méme Galba & luy apportoient la teſte d'iceluy. Ces medailles font rares, que ſi on en trouue en pluſieurs cabinets elles ne font toutes anciennes & vrayes medailles, ains elles font des moülées de Iean Cauin Padoüan, qui femblent s'approcher de bien prez des vrayes medailles, & faut eſtre bien practiq pour les diſ-

Cornel Ta-cit. l. 13.

cerner. L'on a trouué les medailles de **Vitelle**, l'vne qui a pour reuers les Deesses, *Honos*, & *Virtus*, & l'autre le Dieu Mars que le Senat fit faire par flaterie, craignant qu'il ne se vengeat de ce que les Senateurs auoient suiui le parti d'Othon. On a veu & s'en trouue encores de celles de Vespasian & son Fils Titus: car celle de Vespasian a pour reuers l'Empereur qui donne la main à vne femme à genoux auec ces mots *Roma resurgens*, ou R. R. que luy fut faite apres que Vitelle fut tué, parce que Rome se leuoit d'vne grande misere; celles de son Fils Titus ont pour reuers l'vne le triomphe de Hierusalem, & la ruine des Iuifs, qu'est vn chariot traisné à quatre cheuaux auec ces mots *Iudea capta*. L'autre vn temple à six colomnes que son Pere dedia à la paix: Ce temple fut orné des plus riches ornemens du temple de Salomon. Les medailles de Domitian, l'vne qu'à pour reuers le Sacrifice qu'il presenta à l'institution des jeux Seculiers; qu'estoient certains prœmes destinez aux artisans qui mieux trauailloient de leur mestier, & l'autre auoit pour reuers vn temple & la figure d'vn homme à genoux qui esleue les mains au Ciel qui luy fut faite quand vainement il commanda de l'adorer, & l'appeller Dieu. Enfin on
trouue

treuue encores en Arles les medailles de Nerua, de Trajan qui a le pont sur le Danube: la galere d'Adrian: le couronnement d'Antonin: la Rome de Marc Aurelle: la prudence de Pertinax: le triomphe de Caracala: le Téple qu'Heliogabale dedia au Soleil l'an 222. afin que Iesus-Christ y fut adoré dedans: le Temple de Pupienus Maximus: & la *Sacra* de Seuere, qui sont les plus belles, plus riches, & plus curieuses medailles qui se puissent placer dans les cabinets des plus Grands & plus curieux du monde.

Mais reuenant au Roy Childebert, qui ayant demeuré quelque temps dans Arles l'Archeuesque S. Cesaire qui auoit fait bastir l'Eglise de Nostre-Dame la Majour, qu'à present est l'Eglise Collegialle des Chanoines, fondé le Monastere de S. Iean pour sa sœur Cesarie, auquel saincte Radegonde Reyne de France fut apres Abbesse, qui comme Primat des Gaules auoit presidé au troisiéme Concile d'Arles, à ceux d'Agde, de Mendes, d'Orange, de Carpentras, & Vaison dans les annees 506. 524. & 529. & fait des doctes Homilies & des beaux Liures pour l'erudition des Ecclesiastiques & deffence de la Foy Catholique, vint à mourir ayant con-

Mort de S. Cesaire.

Baron. ann. 506. 524 & 529.

L

uoqué le Concile de Valence sur le Rosne, & gouverné la saincte Eglise d'Arles 42. ans, la mort duquel affligea grandement le Rey qui se plaisoit fort à sa compagnie, & auoit vne grande confiance à ses conseils. Ce S. Archeuesque vn peu auant sa mort auoit fait son testament & declaré le Monastere de S. Iean heritier de ses biens, faisant eslection de sepulture dans l'Eglise d'iceluy, où ses Reliques sont encores tenus en grande veneration par les Dames, Abbesse, & Religieuses qui sont dedans. A ce S. Prelat succeda Auxanius qui fut esleu par le Clergé, auquel le Pape Virgile n'osa enuoyer le Pallium, ny l'authorité de la Primace à sa premiere requisition, sans que l'Empereur Iustinian l'eust accordé, car fasché que les François commandoient dans Arles, qui estoit le siege Imperial de l'Occident, l'auoit expressement deffendu : toutefois à la requisition du Roy qui escriuit au Pape en sa faueur, le tout y fut accordé (ainsi qu'appert de l'Epistre que le mesme Pape enuoya à Auxanius, par laquelle il l'admoneste de prier pour la longue vie, & santé du Roy Childebert rapportée par le Cardinal Baronius. Le Roy escriuit aussi au mesme Pape en faueur de S. Aurelian originaire d'Ar-

Ann. 545. & 547.

les qui succeda à Auxanius qui n'auoit velcu que deux ans, de qui il obtint tout ce qu'il demandoit, & le Pape adioustant à la demande, du Roy declara l'Archeuesque S. Aurelian non seulement Primat, mais encores son Vicaire general sur toutes les Gaules, qui en cette qualité presida au Concile de l'Eglise Gallicane tenu à la ville d'Orleans. *Baron tom. 7 l 5 c.9.*

La ville d'Arles ayant esté fortifiee, & les habitans remis en asseurance, le Roy Childebert alla en Espagne faire la guerre aux Vvisgots, mais il eust des grandes resistances aux monts Pyrenees, à cause des minieres d'or & d'argent qui se treuuent en iceux ja descouuertes par les Romains, apres que les bergers eurent mis le feu en ces monts, où l'on voyoit couler l'argent tout pur pardessus le roc, que les Pheniciens achetoient des bergers, ainsi que l'a remarqué Diodore, tellement que les Gots fafchez de perdre ces mines s'estoient tous jettez sur ces monts pour s'opposer au Roy Childebert, lequel enfin y entra & s'en rendit maistre, & estát de retour en Arles tout chargé de trophée, receut la nouuelle que le Roy Totillas auoit releué la puissance des Gots en L'Italie, & tenoit la ville de Rome assiegée y empeschant l'entree des viures afin de la prendre par famine, ce qui l'occasionna de soliciter l'Archeuesque d'Arles S. Aurelian d'escrire à ce Prince Goth, & l'exhorter de leuer le siege de deuant Rome, & ne point mal-traitter le Vicaire ny le peuple de Dieu s'il ne vouloit encourir ses Diuins chastimens : la lettre de ce Prelat fut si efficace que ce Roy Totillas leua le siege, & donna la libre entree des viures dans la ville de Rome.

Enfin le Roy Childebert ayant demeuré 34. ans dans Arles, & voyant qu'on le desiroit passionnement dans sa ville de Paris, en partit accompagné de S. Aurelian qui estoit son conseil d'Estat, & de conscience, qui mourut à Lion l'an 555. ayant esté deux ans Archeuesque d'Arles, & apres sa mort le Roy pria encor le Pape Pelagius en faueur de Sabaudus qui auoit esté esleu successeur de S. Aurelian. Estant arriué à Paris, & receu auec toute sorte de joye de ses bons sujets il mourut sans enfans l'annee 559. le 45.an de son Regne, à qui succeda son frere Clotaire Roy d'Orleans.

Baron. anno 550.

Comme le Roy Gontrame fils du Roy Clotaire vint en Arles.

APres la mort du Roy Childebert Clotaire Roy d'Orleans son frere succeda au Royaume de Paris, qui regna cinquante ans, tant en l'vn qu'en l'autre Royaume, & iusques à l'an 564 estant ja vieux, & proche de la mort se voyant auoir suruescu à tous ses freres, & recueilly à soy tous les Royaumes d'iceux, resolu d'imiter le Roy Clouis son pere, & départy son Royaume à ses quatre enfans qu'il auoit encores (car son fils Cramne, sa femme & ses enfans auoient esté bruslez tous vifs dans vne maison, à cause de leur rebellion) & donna à Cherebert le Royaume de Paris, à Chilperic celuy de Soissons; à Gontrame celuy d'Orleans, la Bourgongne, tout le long de la riuiere de Loire, passant le Rosne, comprend les Allobroges, & dans les mesmes confins la Prouence iusques à la mer; & à Sigisberg le Royaume de Metz & l'Austrasie, tellement qu'Arles que le Roy Chil. debert auoit conquis sur les Gots estoit escheu à la portion du Roy Gontrame son neueu : mais comm'il n'y a rien qui cause tant les guerres Ci-

L 3

uiles que l'ambition, & la diuision des Royaumes, aucun n'eſtant content en ſon ſort : auſſi Sigilbert le plus ieune des enfans du Roy, Clotaire pouſſé d'ambition, & iugeant ſa portion trop petite, ſe ſaiſit par ſurpriſe de la ville d'Arles, & y mit dedás Firminus & Audoüarus pour Gouuerneurs, qui vouloient contraindre l'Archeueſque & les habitans de iurer fidelité à leur maiſtre; dequoy le Roy Gontrame aduerty enuoya promptement parler aux habitans d'Arles, & leur repreſenter l'injure qu'ils luy feroiét s'ils recognoiſſoient autre que luy, puis que la ville eſtoit eſcheuë à ſa part ſuiuant la volonté du feu Roy ſon pere; & meſme qu'il faiſoit plus d'eſtat de la ville d'Arles que de tout le reſte de ſon Royaume : cette commiſſion profita grandement, car par le moyen d'icelle les principaux de la ville tindrent le party du Roy Gontrame, & promirent aux Commiſſaires de le ſeruir lors qu'il en ſeroit beſoin. Le Roy aduerty de la bóne volonté des habitans d'Arles, & la mauuaiſe volonté de ſon frere qui ne luy vouloit ceder la place, enuoya Celſus general de ſes armées en teſte de 8000. hommes pour aſſieger Arles, & chaſſer ceux que par ſurpriſe s'eſtoient fortifiez dedans. L'Archeueſque Sabaudus qui eſtoit du party de Gontrame se feignant estre neutre, & qu'il ne se soucioit que Firminus & Audoüarus fussent vaincus ou vainqueurs, persuada à Firminus de sortir de la ville pour attaquer Celsus en campagne, & luy faire leuer le siege, ce qui luy sembla estre vn bon conseil, & resolut auec Audoüarus d'aller aborder Celsus sous la croyance qu'ils auoient que si la victoire leur demeuroit, que cela seroit leur gloire, & vn bon office à leur maistre : que si au contraire ils se trouuoient foibles, ils pourroient faire leur retraite dans la ville, mais ils se treuuerent trompez en leur opinion : car estans sortis en campagne Celsus qui tenoit la plus-part de ses gens cachez leur donna la charge si viuement qu'ils furent contraints de faire volte-face pour r'entrer dans la ville, mais les habitans ayans fermé les portes ils n'y peurent r'entrer, ce qui mit Firminus & ses soldats en tel desespoir, que la plus-part d'iceux se iettoient dás le Rosne auec leurs armes, & d'aucuns se tuoient eux-mesmes pour n'estre tuez des ennemis ; Firminus,& Audoüarus furent faits prisonniers, & deliurez par la courtoisie des victorieux qui les enuoyerent en paix dans leurs maisons : cependant Celsus entra dans la ville d'Arles au nom de son maistre le Roy Gontrame, où il fut le tres bien receu de l'Archeuesque Sabaudùs, des Nobles, & de tous les habitans.

Non seulement le Roy Gontrame eust guerre auec son frere Sigisbert pour la possession de la ville d'Arles, mais encores ioint auec Cherebert, & ledit Sigisbert, il l'eut contre Chilperic Roy de Soissons leur frere pour auoir la restitution des thresors de leur feu pere desquels il s'estoit saisy, & par le moyen d'iceux de la ville de *Paul. Diac.* Paris, ayans gaigné par argent les principaux Officiers, ce qui fut la cause que iamais ne fut paix ny amitié parmy ces quatre freres. Cette diuision fut le motif que les Huns, qui estoit *Les Huns en France.* vne nation dans l'Europe au quartier de la Scythie prez les paluds Meotides en l'Ocean glacial, hommes meschans & grandement adonnez au ieu, qui au rapport de S. Ambroise ne faisoient point d'estat d'azarder leur vie, & leur liberté à vn coup de dez, se trouuant sans argent pour ioüer, ce qui les porta à toute sorte de larcin & voleries. *Ad vnum aleæ iactum victori vel feneratori vitæ potestatem addicebant,* disoit d'eux ce S. Personnage : cette nation estant deuenuë vn grand peuple habitant la Pannonie, entrerent en France du costé de Soissons pour deposseder

seder Chilperic de son Royaume ; & dans le mesme temps Recaredus fils de Lenogil Roy Vuitsgot entra dans le Languedoc du costé de Bayonne (car il venoit d'Espagne) bruslant, & saccageant toutes les villes & villages qu'il prenoit despuis Tholose, qui estoit encores à eux iusques à Montpellier & Nismes, & se vengeant de l'affront que sa nation auoit receu des François, auoit resolu de prendre Arles, qui estoit la ville que les Gots aimoient le plus au deçà des monts, à cause que par le moyen d'icelle ils pouuoient auoir toute sorte de secours & commoditez, tant par mer que par terre ; mesmes qu'il passa le Rosne du costé de Beaucaire & vint brusler Ourgon prés de la Durence, qui estoit vne place qui pouuoit nuire à ses desseins, toutefois il trouua de la resistance en Arles par la bonne garde des habitans, qui apprehendoient de recheoir sous la seruitude des estrangers: cette resistance occasiona Recaredus de retourner à Nismes, pour tous les iours faire des courses sur le terroir d'Arles, bruslát & rauageát tout ce qu'il pouuoit rencontrer : voire tuoit & faisoit prisonniers plusieurs habitans, causant par ce moyen vne grande misere parmy ce peuple ; & se pouuoit dire asseurement de la ville

Arles grandement troublé des Gots.

M

d'Arles, ce que le Prophete disoit de sa saincte Cité. *Omnes persecutores eius apprehenderunt eam inter angustias* : pource que ceste ville ressentit en ce temps les trois fleaux de la Iustice Diuine, que sont la guerre, la peste, & la famine : elle eust la guerre non seulement de Gontrame, contre son frere Sigisbert, mais encores de Recaredus, qui à toute heure estoit à sa porte pour la surprendre : elle fut affligée de peste causée par le grand débordement des eaux, qui fut si allumée par toute la ville, que la mort se promenant de maison en maison, osta la vie aux trois quarts des habitans : & sembloit que cette ville deut estre entieremét des-habitée. Elle supporta aussi la famine si grande, à cause que les eaux auoiét tout noyé le terroir, & gasté la cueillette qu'on ne pouuoit trouuer des aliments, ny par or, ny par argent, afin de soüler la faim du peuple : & sembloit que l'Escriture parlast exprez de ceste ville, disant : *Omnis populus eius gemens, & querens panem : & dederunt pretiosa sua quæque pro cibo, ad refocillandam animam.* Sainct Gregoire de Tours, dit de ceste famine, que les plus resleuez de la ville d'Arles, estoient contraints de faire moudre de grains, de raisins, de racine d'herbe seichée au four auec des noisettes, qui meslé auec

des Roys d'Arles.

bien peu de la farine, en faisoient du pain pour se substanter, & la plus part du menu peuple à la façon des bestes, broutoient l'herbe par la campagne pour se substanter. *Greg. Turon. l.7.c.45.sub ann.587.*

Le Roy Gontrame, aduerti de la desolation de la ville d'Arles, resolut d'y venir apporter quelque soulagement : tant pour l'effet de la guerre, que pour assister à la misere du peuple: bien que l'Archeuesque Sabaudus, eut ja contribué à toutes ces necessitez : car comme vray pere il auoit animé le courage des habitans à l'amour de Dieu, & conseruation, de leur liberté, contre Recaredus : comme bon Prelat, s'exposa parmy la peste, & desireux de conseruer les ames que Dieu auoit mis soubs sa charge, s'estimoit glorieux de mourir en leur administrant les Sacrements, puis que sainct Cyprian auoit ja censé, ceux qui mouroient en ce sainct exercice au nombre des saincts Athletes ; Et comme vn digne Pasteur, considerant que le patrimoine du Crucifix, est en partie destiné pour l'entretien des pauures, & que les Prelats sont les œconomes qui le doiuent d'espartir en la necessité, auoit d'espendu tous les reuenus de sa mense, & le patrimoine de sa maison, pour la nourriture, & entretien de ses ouuailles, afin de les garder de mourir de la faim.

L'arriuée de ce Roy dans Arles apporta toute sorte de consolation aux habitans, puis qu'il se mit en campagne auec son armée contre Recaredus, & le chassa iusques à Carcassone, donnant par ceste action telle ioye au peuple, qu'ils creurent d'estre reuenus de la mort à la vie, du trauail au repos, & de l'oppression en la liberté; Et faut notter, que bien que Recaredus fust Goth de nation, il n'estoit pourtant heretique Arrien comme les precedent, ains bon Catholique, & ne faisoit la guerre pour la Religion: mais bien pour l'accroissement de son Estat.

Pendant que Gontrame donnoit la chasse à Recaredus, l'Archeuesque Sabaudus estoit allé conuertir les Allobroges Idolatres, qui se seruoient des sacrifices ambaruales: immolant aux Dieux, vne Truye plaine en remission de leur pechez: & practiquant les illustrations, esbranchoient des arbres par la campagne, pour la conseruation des fruicts de la terre. Ce peuple auoit en telle veneration ces superstitions, que Virgile Euesque de Trente, leur voulant prescher contre icelles, fut par iceux massacré, ce qu'au contraire Dieu rendant efficaces les Predications de l'Archeuesque Sabaudus, furent

Sauoyards conuertis à la foy.

des Roys d'Arles.

conuertis à la foy & croyáce de l'Euangile, quittans leurs superstitions receurent le sainct Baptesme. Ce peuple, quoy que grossier & mecanique, reconnoissant les graces que Dieu leur auoit fait par le ministere de ce Prelat, resoleurent de prendre le nom d'iceluy, & ne s'appellant plus Allobroges, se dirent Sabaudiens, ou Sauoyards. Le Roy estant de retour dans Arles chargé de victoires, & l'Archeuesque Sabaudus reuenu glorieux de sa mission, & de celebrer le Concile de Valence sur le Rosne, la mort commune à tous mit fin à ses labeurs, pour luy faire ioüir d'vn repos eternel, & mourut l'an 589. grandement regretté du Roy, & de tout son Diocese; luy succedant Licerius Referendaire de Gontrame, homme docte & bien experimenté en toutes choses, qui fut esleu par le Clergé à la priere de ce Prince; & d'autant que tous les affaires d'Estat passoiét par ses mains, & qu'autre que luy n'en auoit la connoissance, sa Majesté resoulut de le tenir pres de sa personne, apres auoir obtenu du Pape Gregoire le grand que Protasius Euesque d'Aix en Prouence viendroit en Arles prédre le soin de la saincte Eglise pendant que Licerius seroit occupé à la Cour.

Et ayant le Roy Gontrame seiourné trois ans

Greg. Turon. l. 7. sub anno 589.

Greg. Turon. idem.

dans Arles, fait reparer les murailles, mis vne bône garnison dans la Ville (car il craignoit que les Romains, qui menaçoient de r'auoir la Prouence, qui estoit la plus noble & ancienne Prouince qu'ils eussent conquis l'appellant par excellence, *Prouincia*, ne vinsent en Arles qu'estoit la ville capitale, & l'estimoient plus que toutes les autres) alla en France pour estre Tuteur de la personne & biens de son Neueu Clotaire second, Fils vnique de Chilperic, qui fut fait Roy de France en l'âge de quatre mois, succedant à son Pere, menant auec soy l'Archeuesque Licerius, qui mourut en chemin l'an 591. à qui succeda sainct Virgile Abbé de Lerins, qui gouuerna la saincte Eglise quarente-neuf ans.

Isidor. lib. 2.

Ce fut ce sainct Prelat Virgilius qui fit bastir à ses despens la maistresse Eglise d'Arles, & la dedia à la Vierge Mere de Dieu, & au Glorieux Protomartyr sainct Estienne : fit aussi bastir l'Eglise de sainct Honorat d'Alyscamp, dans le sainct Cemetiere, qui auoit esté benit de la main de nostre Seigneur, ez presences de sainct Trophime premier Euesque d'Arles, de sainct Saturnin Euesque de Tolose, de sainct Maximin Euesque d'Aix en Prouence, de sainct Martial Euesque de Limoges, de sainct Front Eues-

Bastiment de l'Eglise d'Arles.

que de Perigueurs, de sainct Paul Serge Euesque de Narbone, & de Sainct Eutrope Euesque d'Orenge, tous du nombre des 72. Disciples. Dans ceste Eglise de S. Honorat il enferma la Chapelle de nostre Dame que S. Trophime auoit fait bastir l'an 65. de l'Incarnation, qu'est la premiere Chapelle qui à esté bastie au monde en la Loy de grace à la Mere de Dieu apres son Assomption, & que miraculeusement auoit esté conseruée en son entier (bien que toutes les autres Eglises qui estoient au cemetiere d'Alyscamp fussent par le mal-heur des guerres abbatuës). Il comprint encores dans la mesme Eglise les sepulchres de sainct Trophime, de S. Genies Martyr, de S. Marin, de S. Eonius, & de plusieurs autres Saincts & Sainctes qui estoient autour de ladite Chapelle.

Non sans cause i'ay dit que la Chapelle d'Alyscamp est la premiere qui a esté dediée à la Mere de Dieu en la Loy de grace apres son Assomption; car les Ægyptiens adoroient au temps du grand Pompée la Vierge & son Enfant, & leur auoient dressé vn magnifique Temple, disant d'auoir aprins du Prophete Hieremie qu'vne Vierge deuoit enfanter le Redempteur du monde, & qu'au temps de cet enfante-

ment leurs Idoles deuoient tomber par terre.
Les Druides, Prestres François, ayans apris le
mesme par l'Oracle de la Sybille, auoient dressé
vn Temple dans la ville de Chartres à son honneur, qu'ils appeloient, *Templum Deiparæ*. Et Auguste Cesar leur auoit dressé vn Autel intitulé,
Ara primo genitū Dei.

August. de Ciuit. Dei lib. 18. Dio. lib. 43. & 44.
Niceph. l. 1. Histi. cul. c. 17.

Il se pourroit trouuer des personnes qui diroient que les Eglises de nostre Dame Maiour de Rome, où se voit l'Image de la Vierge que S. Luc auoit fait; celle de Laurette, le Temple d'Arcadium proche d'Antioche, la voute duquel est soustenuë par quatre colomnes de verre, & celle d'Auignon sont plus anciennes que celle d'Alyscamp au S. cemetiere d'Arles. Mais respondant à ceste obiection, ie diray que l'Eglise de Rome de S. Marie Maiour n'a esté bastie que du Pontificat de S. Clement Pape, plus de 25. ans apres celle d'Arles, veu qu'au temps que S. Trophime fit bastir ceste Chapelle, S. Pierre (Prince des Apostres viuoit encores) & tenoit son siege à Rome. Pour celle de Laurette, elle n'est dediée à la Vierge, que du Pontificat de Boniface VIII. que les Anges la trasporterent la seconde fois au lieu, où elle est à present; car auparauāt c'estoit vne chambre à Nazareth, où

Mag. Histo. & Niceph. l. 2. c. 35.

des Roys d'Arles. 97

où l'Ange donna la nouuelle à la Vierge de l'Incarnation du Verbe, & la salua pleine de grace. Le Temple d'Archadium ne peut estre plus an- *Luc. cap. 1.* cien, bien que l'Autheur de la mer des histoires die que S. Pierre l'auoit dedié à la Vierge lors qu'il alla installer son siege en Antioche (car Arcadium est vne petite ville dans vne Isle tout au pres). Il est vray que Nicephore parle de ce Temple, & dit que S. Pierre y guerit la Mere de S. Clement qu'auoit les mains arides, & demandoit l'aumosne à la porte d'iceluy, despuis le temps qu'elle estoit eschapée des mains des Pyrates qui l'auoient rauie à Faustin son mary: & que là mesmes elle auoit reconnu Faustin son Espoux: S. Clement, Aquilas, & Niceas ses en- *Niceph. hist.* fans, qui s'estans tous faits Chrestiens suiuoient *Eccl.* l'Apostre. Mais il ne parle aucunement de cette dedication, qu'il n'auroit admise, pour estre digne de remarque dans l'eglise de Dieu, mesmes qu'on est en doute si la Vierge auoit encores esté portée au Ciel par les Anges, au temps que S. Pierre guerit ceste femme & n'y auoit autre Eglise dediée à la Mere de Dieu que celle que l'Apostre S. Iaques luy auoit dedié en Espagne, elle estant encores viuante, de laquelle parle Canisius, *lib. 5. de Virg. Deipara, Kaldensis in chron.*

N

Reg. Arag. 3. prolog: (*t*) *Concilium Elebertinum.* Moins l'Eglise d'Auignon peut estre plus ancienne, puis qu'elle n'a esté commencée que par saincte Marthe, sœur de la Magdelaine, & de S. Lazare, qui conuertit les Auignonois, & ja S. Trophime estoit en Arles auant que leur barque arriuast à Marseille ; ce qui fait conclurre que la Chapelle d'Alyscamp est la premiere du monde qui a esté dediée à nostre Dame.

Reuenant au Roy Gontrame, nous dirons que son arriuée à Paris n'apporta pas moins de ioye qu'elle auoit apporté d'vtilité dans Arles, qui prenant les affaires de son Neueu en main, declara Landri Maire du Palais, & Lieutenant general de tout le Royaume, se reseruát à soy la ville de Paris, suiuant le concordat passé auec ses Freres ; mais ce ne fut pas pour long temps ; car ayant remis tous les affaires du Royaume en bon estat, la mort le tira de ce monde, & mourut sans enfans masles, l'an 595. & de son Regne le 33. ayant laissé son heritage à son Neueu Childebet Roy d'Austrasie, en luy donnant auant mourir son espée, & luy disant ces paroles. *Prenez mon Fils ceste espée en signe, que comme ie vous remets mes armes en main, qu'aussi ie vous declare heritier de mon Royaume.* Car suiuant les Loix

Mort du Roy Gontrame.

de France sa Fille Clotide, qu'il auoit euë de sa seconde femme, bien qu'vnique, ne pouuoit heriter. Il fut enterré en l'Abbaye de S. Marcel de Châlons, laquelle il auoit fondé pendant sa vie.

Le Roy Gontrame auoit esté marié trois fois, la premiere fut auec Marchutrude, qu'il repudia quelques annees apres son mariage, à cause qu'elle s'estant accouchée d'vn Fils, fit empoisonner Gondebaud Fils naturel de son mari, portée de ialousie que le Roy ne l'aymat plus que le sien. La seconde fut auec Marcouie qui auoit eu sa sœur, filles d'vn cardeur de laine, esté espousées & repudiées par Cherebert Roy de Paris son frere aisné: Dequoy S. Germain Euesque de Paris estant faché, excommunia Gontrame, au cas qu'il ne chassat Marcouie de sa maison, luy disant comme vn autre S. Iean à Herodes. *Non licet tibi Rex habere vxorem fratris tui.* Marc.cap.6. Dequoy Marcouie mourut de tristesse. La troisiesme fut auec Bobilonne, de laquelle il eust deux enfans masles, qui moureurent en bas âge, & ne demeura auec elle que 5. ans. Estant vef, la Reyne Teudigilde doüairiere du Roy Cherebert, fille d'vn Berger, tenuë pour la plus belle femme de France, le fit rechercher de ma-

Grëg. Tu. de l. 4. c. 25 gest. Franc

riage, attendu qu'elle n'ayant heu aucun enfant de son frere, desiroit d'estre tousiours dans l'alliance de France. Le Roy Gontrame voyant ceste recherche, luy accorda facilement de se marier auec elle, à condition qu'auant passer outre elle luy restitueroit entierement tous les thresors, meubles, bagues, & ioyaux qu'elle auoit heu du Roy son frere, ce qu'elle fit incontinent pour marque de l'amour qu'elle luy portoit. Mais le Roy Gontrame ayant receu le tout, & ne voulant rechoir dans les censures de l'Eglise, ny consumer cet incestueux mariage, mena la Reyne Teudigilde en Arles, & l'enferma dans le Monastere que S. Cesaire auoit fait bastir pour sa sœur Cesarie, qui estoit le plus beau monastere de la France, où plus de deux cens filles nobles y estoient retirées, & y auoient fait vœu de perpetuelle virginité. Ceste Reyne ayant demeuré quelque temps dans ce Monastere, y professa librement la Regle que Saincte Radegonde Reyne de Frãce la belle mere femme du Roy Clotaire premier y auoit institué, estant Superieure apres Saincte Cesarie, & vesquit dans iceluy huict ans auec toute sorte de pieté : apres sa mort elle y fut enterrée dans vn magnifique sepulchre, que s'il n'eust esté ruiné

Fortunat. l. 8 de Virg. car- mide

par le mal-heur des guerres, seruiroit à present de lustre à ceste maison.

De Childebert Roy de Soissons heritier de de Gontrame, & de l'arriuée des Sarrazins en France.

LE Roy Childebert ayant receu l'heritage de son Oncle le Roy Gontrame, institua dans Arles vn Patrice qui gouuernoit toute la Prouence, & pendant son regne la ville ne ressentit aucū fleau de guerre; car la paix generale auoit esté faite auec les Gots, & sembloit que ceste ville, toute la Bourgougne, les Allobroges, le Dauphiné, & tout le long du Rosne iusques à la Mer, eussent rencontré le siecle de Saturne; ce qui dura iusques au regne de Clouis 3. qui ayant recueilli toutes les portions desmembrées de la France, remis les Gascons, & ceux du Languedoc qui s'estoiēt rebellés à leur deuoir, erigea la Prouence, le Languedoc, & la Bougogne en Comtez; ce qui dura iusques au regne de Pepin.

Ceste paix continua quatre-vingts ans, apres lesquels Eude Comte du Languedoc se voulant venger de quelque desplaisir qu'il croyoit d'a-

Procop. l. 3. di bel. Goth.

Sarrazins en France. uoir receu de Charles Martel fils naturel de Pepin Heristel, & Neueu du Roy Clotaire 4. fit entrer en France les Sarrazins qui estoient en Espagne du costé de Bayonne, qui vindrent iusques à Tours, afin de ruiner le Royaume.

Les Sarrazins estoient vne nation Barbare, venus du quartier d'Arabie, peuple grandement cruel, qui ne respectoit villes, Temples, Autels, maisons, hommes, femmes, enfans, bestail, arbres, forests, ny campagne, ains ruinoiét, tomboient, brusloient, tuoient, & saccagoient tout, sans reseruer aucune chose: ce qui porta Charles Martel d'y aller au rencontre, & en tua plus de 100000. aupres de Tours, & obligea le reste de faire retraicte à la Prouince Narbonoise terres du Comte Eude, où ils faisoient toute sorte d'inhumanité au pays, cela estant vne permission Diuine, par punition de celuy qui les auoit appellez; car selon le terme du droit le pe- *f. de vulgo concept. lib. Hæref.* cheur doit estre puny par le mesme qu'il a peché.

Les Sarrazins commencerent de prendre les armes, & donner du trouble à la Chrestienté du temps de l'Empereur Constantin troisiéme fils d'Heraclius, qui auoit recouuré la vraye Croix de nostre Seigneur, de Mardassez fils de Cosroa

Roy de Perse. Cet Empereur eust en songe (ou comme disent aucuns, la connoissance par l'art d'Astronomie) qu'vn peuple circoncis deuoit troubler son Empire, ce qui luy fit croire que ce seroient les Iuifs, qui comme enfans d'Abraham vsoient de la circoncision. Cela l'occasionna de faire mourir tous les Iuifs de ses terres, & prier les Roys & Princes circonuoisins d'en faire le mesme ; Mais il se treuua trompé, car croyant par ceste boucherie d'esuiter les Iuifs circoncis, trouua les Sarrazins, qui comme eux vsoient de la circoncision ; & adoroient les Idoles comme Payens.

Genef. c. 18.

Le Comte Eude se voyant mal traicté des Sarrazins, & touché dans son ame du repentir de son offence, delibera de faire ligue auec Charles Martel, afin de les chasser de son pays, & de tout le Royaume : Mais Maurice Comte de Prouence mescontent comme luy de la Cour donna la ville d'Auignon au Roy Athin, conducteur de l'armée des Sarrazins, & par ce moyen ceste belle ville, qui auoit esté fondée par Auenicus Lieutenant du Roy de Cirie, l'an du monde 3418. possedée long temps des Romains, & conuertie à la Foy par Saincte Marthe, seur du Lazare, & de la penitente Magdelaine, de

Sarrazins en Auignon.

qui est faite mention dans l'Euangile de S. Iean, fut par la malice de ce desloyal mise entre les mains des infidelles, qui la tindrent trois ans, ayans pendant ce temps fait infinité d'iniures aux Chrestiens, & des voleries aux passagers tout le long de la riuiere du Rosne, ce qui occasionna le Prince Charles de les venir assieger, & les emportât par armes entra glorieux & triomphant dans la ville le 15. Aoust de l'année 735. & le mesme iour osta la Prouence au Comte Maurice.

Ioan cap. 11

Les Sarrazins estans chassez d'Auignon le Pape Gregoire 3. enuoya par l'Euesque Anastasius les clefs du sepulchre & des liens de S. Pierre au Prince Charles, pour luy faire entendre la grande necessité qu'il auoit de son assistance, le priant de le secourir contre Luitprandus Roy des Lombards, & qu'il mettoit l'Eglise de Dieu, sa personne, & la ville de Rome sous sa protection. A quoy ce Prince s'accorda, & alla promptement aux Italies faire oster les Lombards d'autour de la ville de Rome qu'ils tenoient assiegée, & moyena la paix entre le Pape & le Roy Luitprandus.

Les Sarrazins prenans leur aduantage du voyage du Prince Charles, vindrot auec des grandes

des forces assaillir Arles, qu'ils prindrent en peu de temps par capitulation: Mais comme infidelles manquerent aux articles d'icelle, & se voulans venger de ce qu'on leur auoit fait en Auignon, pillerent, & tomberent les Eglises, prophanerent les saincts Autels, les sainctes Reliques, & les sacrez ornemens, violerent les Vierges, tuerent quantité de Prestres,& comme chiens enragez firent toute sorte d'inhumanité aux habitans: Et se pouuoit dire de cette pauure Cité ce que le Prophete disoit de Hierusalem, marqué en ce Distique.

Arles prise des Sarrazins

Hierem. c. 1

Ses Prestres sont pleurans, ses Vierges deflorées,
Ses remparts abbatus, ses femmes desolées.

Ou comme disoit S. Hierosme des persecutions aduenuës de son temps. *Quot matronæ, quot virgines Dei, hû bellis fuere ludibrio: interfecti Presbiteri, subuersæ Ecclesiæ ad altaria Christi stabulati equi: Martyrum effossæ reliquiæ, vbique luctus;* car il n'y auoit que sacrilege, que demolissemét, & tristesse par toute ceste ville. Toutesfois l'Eglise Metropolitaine de S. Estienne demeura droicte, apres auoir esté pillee; à condition qu'vn chascun des habitans payeroit vn escu au Roy Corduble chef des Sarrazins qui estoit dedans:& que toutes les rentes & les offrandes appartiendroient à son

Hiero. ad Paul.

O

Fifc; oftant par ce moyen l'eau aux fitibondes pour la donner à la Mer; c'eſt à dire le patrimoine du Crucifix, pour en nourrir des infideles: En ceſte perſecution ſe treuuent les parolles du meſme Prophete veritables, diſant: *Princeps Prouinciarum facta eſt ſub tributo.* Car cette Egliſe qui auoit eſté la premiere des Gaules, plantee du temps des Apoſtres le 27. an apres la Paſſion, qui eſtoit la Primaſſe, Metropolitaine, & la Rome de France; la ſeconde chaire apres celle de S. Pierre, & celle de la ſource de laquelle tout le peuple François auoit receu le ruiſſeau de la Foy eſtoit deuenuë tributaire, & eſclaue d'vn Roy Payen, qui la tyranniſa enuiron quatre ans; pendant leſquels les Sarrazins bruſlerent la ville de S. Genies du coſté de la Camargue, appellée à preſent Trinquetaille.

La nouuelle de la prinſe d'Arles arriuant au Prince Charles Martel, qui eſtoit à Rome, fut la cauſe qu'il auança ſon retour en France, & pria Luitprandus, Roy des Lombards, de venir auec luy pour guerroyer ces Infidelles, à quoy il s'accorda; & venant à grandes iournées arriuerent autour d'Arles, qu'ils aſſiegerent de tous coſtez & preſſerent ſi viuement les Sarrazins, que le Roy Cordube, & tous ſes gens furent contraints

Zozim. l. Epiſt. tom. 1 Baron. ann. 417.

Trem. cap. 1.

Sarrazins chaſſez d'Arles.

des Roys d'Arles.

de quitter Arles à leur confusion, & tousiours fuyans deuant les victorieuses armes du Prince Charles, ne s'arresterent iusques à ce qu'ils furent en Espagne au delà les monts Pyrenees: ce qu'arriua l'an 740. le premier Octobre. *Arles Duché*

Dix ans apres la deliurance d'Arles le Roy Pepin, Fils du Prince Charles Martel, ~~qui fut le premier Empereur~~ des François, enuoya vn Gouuerneur en Arles, qu'il appelloit Duc, & gouuernoit toute la Prouence, ceste charge estant vsufructuaire, & seulement pour la vie de celuy qui en estoit prouueu, & fut ainsi continuée iusques à l'an 876. qu'Arles fut fait Royaume.

C'est vne verité tres-asseurée, que despuis le Prince Charles Martel, les Souuerains Pontifes ont tousiours estez secourus par les Roys Tres-Chrestiens de France, contre ceux qui les ont voulu molester. Car Gregoire 3. fut assisté de ce Prince, qui au nom du Roy Tierry l'alla remettre à son siege, en ayant esté chassé par le Roy des Lombards (n'ayant le Prince Charles Martel iamais voulu pendát sa vie prendre le nom ny le titre de Roy) se contentant que ceux qui estoient de son temps Roys de France n'en auoient que le nom, & luy en auoit toute la puissance, ainsi que le Poëte Ronsard le chante *Hist. Franc.* dans ses vers.

*C'est ce Martel le Prince des François,
Non Roy de nom; mais le maistre des Roys.*

Le PP. Estienne 3. fut deffendu par le Roy Pepin, Fils de Charles Martel côtre les mesmes Lôbards, qui pour ~~recompence luy donna~~ l'Empire, & par ~~luy les Roys François~~ furét faits Empereurs; ce qui n'auoit encores esté veu. Adrian premier, & Leon 3. furent secourus par Charlemagne, encores contre les Lombards, & les Schysmatiques. Iean 8. fut remis à son siege par l'Empereur Louys le Begue, qui en donna la cómission à Boso premier Roy d'Arles. Vrbain 2. fut assisté de Philipe premier contre la Duchesse Matilde Comtesse de Mantoüe, Gelase, 2. Calixte, 2. & Innocent, 2. par Louys le Gros, contre l'Antipape Gregoire 8. l'Empereur Henry, 5. & Roger le Normand. Eugene 3. par Louys septiesme contre les Romains. Iean 22. Par Philippe le Long, contre Louys de Bauiere, & l'Antipape Nicolas 5. qu'il mena prisonnier dans Auignon. Et Clement 7. par François premier, contre Charles quint, qui le tenoit prisonnier dans Rome.

Faut notter que Charles Martel ayant chassé les Sarrazins d'Auignó, & voyát qu'opiniastrement ils estoient campez du costé du Langue-

des Roys d'Arles. 109

doc sur le chemin d'Vsez, Nysmes, le Viuarets, & les montagnes des Seuenes, où ils cómençoient de se fortifier, resolut de passer le Rosne auec son armée, & leur donna la charge si forte depuis le lieu à present dict Rochefort, iusques au pont du Gal (que Renus fondateur de Nysmes, auoit fait bastir sur la riuiere du Gardon) qui furent tuez plus de 40000. Sarrazins: en memoire dequoy le Roy Charlemagne son petit fils, estant à son imitation venu chasser les Infidelles du Languedoc, & d'Arles, l'année 798. fit bastir deux Eglises, vne au lieu à present dict Sargnac, sous le tiltre de sainct Pierre Apostre, & l'autre sur vn petit cousaud proche de Rochefort, à l'honneur de la Vierge mere de Dieu, & de saincte Victoire Vierge, & martyre, à laquelle ce Roy auoit particuliere deuotion. Cette Eglise de Rochefort, fut apres annexée à l'Abbaye de S. André de Villeneufue lez-Auignon: Et dans icelle Dieu à despuis l'an 1633. manifesté la grandeur de sa gloire par les grands miracles quis'y font tous les iours.

Eglise de N. Dame de Rochefort.

Comme l'Empereur Charlemagne desliura Arles du Siege des Sarrazins, & du sejour qu'il fit dans la Ville.

LEs Sarrazins, ayans honteusement estez chassez d'Arles, par les victorieuses armes de Charles Martel, il ne perdirent pourtant l'enuie de ruiner la France; ains ayans renforcé leur armée, tant par mer, que par terre, vindrent la seconde fois d'Espagne, au Languedoc, & Prouence, & gaignerent tous les ports de mer qui leur pouuoient donner du trouble; afin d'auoir la libre entrée, & sortie du Royaume: ce qu'arriua l'an 767. pendant le regne de Pepin, fils de Charles Martel, & s'estendirent iusques à Lyon, dans la Bourgongne, la Gascongne, & en la Guienne, exerçans toute sorte de cruautez pour se venger des François: mais l'année suiuante l'Empereur Pepin mourut, & son fils Charles surnommé le grand; où Charlemagne succeda au Royaume de France, & peu à peu à l'Empire. Estant couronné Empereur par le Pape Leon 3. en recompence de ce qu'il l'auoit establi à son Siege, vint promptement en France pour deliurer son Royaume de l'op-

pression des Sarrazins, & auec vne forte armée
les chassa de la Bourgongne, du Lyonnois, de la
Guienne, de la Gascongne, du Languedoc, &
passant les monts Pyrenées, les poursuiuit iusques
à Gironne, & Barcelonne: où il en fit vne
grande deffaicte: & donna en action de grace
à l'Eglise Cathedralle de Gironne, apres l'auoir
faicte reedifier(car les Sarrazins l'auoient tombée)
vne Image ou statuë de la Vierge d'argent
doré, de la hauteur de six pans, qui est encores
gardée dans ladite Eglise.

Delà, poursuiuant ses victoires, sçachant que
cette barbare vermine estoit encores en Prouence,
& tenoient assiegée la ville d'Arles, s'estans
fortifiez dans les montaignes de Montmajour,
& Cordes; y vint promptement, & passant
le Rosne, donna si heureusement la charge
à ces Infidelles, que depuis Mont-majour, sainct
Remy, & iusques à la Durance, qu'il y a plus de
six lieuës d'estenduë de pays, furent tuez plus de
200000. Sarrazins: ce qui arriua le 3. iour de
May, 799. feste de l'Inuention de la saincte
Croix, premier an de son Empire, & 32. de son
regne: en memoire & action de grace de cette
victoire, cet Empereur fit à ses despens bastir
l'Eglise de saincte Croix, qui est au pied de la

montagne de Mont-majour : & appellant tous les Religieux de l'Abbayé de S. Pierre, qui à cause des oppressions des Sarrazins, s'estoient fuïs qui sça, qui là, pour sauuer leur vie : donna des grands reuenus à l'Abbé, pour l'entretien d'iceux : & entra dans Arles, le 5. May, où il fut receu par l'Archeuesque Lupus, la Noblesse, & le reste des habitants ; qui tous se confessoient, autant ses obligez de les auoir empeschez de rechoir soubs l'esclauage des barbares ; que jadis les Grecs l'estoient à leur Hercule, apres qu'il eust suffoqué le Lyon Nomean : l'Hydre de Lermes: le Sanglier d'Erymanthe: & purgé le monde de Diomede. La preuue de cette victoire est confirmée par Egnihardus, en la vie de Charlemagne, & par l'inscription, grauée sur vne pierre de marbre en carathères fort anciens, dans ladite Eglise de saincte Croix, où ces parolles se lisent auec facilité.

Nouerint vniuersi quod cum serenissimus Princeps Carolus magnus, Francorum Rex ciuitatem Arelatem quæ ab Infidelibus detinebatur obsedisset, & ipsam vi armorum cepisset, & Sarraceni in eam existentes pra maiori parte affugissent, & in eadem se munissent, & idem Rex ibidem cum exercitu suo venisset pro ipsis debellandis triumphum de ipsis optinuisset, & de ipso gra-

des Roys d'Arles.

tias agenda in signum huiusmodi victoriæ præsentem Ecclesiam in honorem sanctæ Crucis dedicari fecit : & præsens Monasterium in honorem S. Petri Apostolorum Principis dedicatum, quod ab ipsis infidelibus penitus destructum fuerat, & inhabitabile redactum. Idem Rex ipsum reparauit, & reædificauit ; & Monachos ibidem pro seruiendo Deo venire fecit, & ipsum dotauit, & plura dona ei contulit. In quo quidem Monasterio plures de Francia ibidem debellantes sepulti sunt. Deo Frs. orate pro eis.

L'inscription de ceste pierre estant si ancienne deuroit estre vne assez suffisante preuue de la verité de cette victoire, bien que l'histoire de France ne l'aye marquée particulierement. Il y a encores vne autre preuue d'icelle dans les Archiues du Monastere de nostre Dame de grace au Diocese de Carcassone, où est dit que despuis l'an 790. que l'Empereur Charlemagne faisoit bastir ce Monastere, iusques au temps de cette victoire : ce Prince vainquit Seize Roys Sarrazins, qui ensemblemét auoient vne armée composée de 170000. hommes de cheual, & deux-cens mille pietós, tous bien adroicts à la guerre, qui s'estoient campez par la Prouence, le Languedoc, & la Catalogne, tenás pour leur refuge les plus belles & fortes Villes : car le Roy Codu-

En sied. Monast. S. Maria de gr. & C. vetusRoss. & gest. Carol. Magn. contra Sarracenos.

P

be, 2. Neueu, dautre Cordube, que le Prince Charles Martel auoit chassé d'Arles, estoit venu camper à Mont-majour, Cordes, & Font-vielle, se disant Roy d'Arles, & mourut à vne bataille pres de Carcassonne, l'an 790. La mort duquel ne descampa pourtant ses gens des frontieres de Mont-majour ; le Roy Athin estoit en Auignon, Matran à Narbône, Galesian au Viuarez, Coharinan à Orange, Corbin à Nice, Blablet à Giuaudan, Eberinth à Vzes, Corban à Venisse, ou Venasque, Finem à Laudeue, Tamarin à Magalonne, Danabut à Beziers, Garantus en Agde, Achilan à Tarragonne, Satin à Barcelonne, & Mahomet à Gironne : car Agolam leur grand Empereur estoit dans l'Espagne.

L'Empereur Charlemagne, estant dans Arles rien tant ne l'esmeut à compassion, que de voir *Eglise de S. Lucian.* les sacrez Temples abbatus excepté la maistresse Eglise, ce qui l'occasionna de faire resleuer à ses despens, l'Eglise de nostre Dame du Temple (ainsi vulgairement appellée pour lors) à cause qu'elle se confrontoit auec le Temple de Diane, des Payens, qui auoit esté le plus beau, & magnifique Temple de France, basty au modelle de celuy d'Ephese ; qui estoit l'vne des sept merueilles du monde ; (ainsi que les vestiges qui s'en

voyent encores, le font iuger) & l'ayant rebastie
posa dans icelle les Reliques du corps de sainct
Lucian, Prestre & Martyr d'Antioche, qui du
temps de l'Empereur Honorius, auoit trouué
par Diuine reuelation: les corps de S. Estienne
Protomartyr, de Gamaliel, Nicodeme, & d'A-
bibon: & auoit enduré le martyre à Nicome-
die, soubs la persecution de Valentinian, qui du
despuis ont par la deuotion du peuple tousiours
estez gardez dans la mesme Eglise, & sont tenus
en grande veneration dans vn chef d'argent
doré, qu'est vn des beaux Reliquaires de France.

L'Empereur Charles portoit ces Reliques, *Gen. c. 50.*
auec plusieurs autres à la guerre, à l'imitation
des enfans d'Israël, qui sortant de l'Egypte portoient les ossemens du Patriarche Ioseph, afin
d'estre deffendus des ennemis.

Faut remarquer, que le Temple de Diane
basty dans Arles, estoit visité de tous les Fran- *De sacrifice*
çois, qui venoient dans iceluy offrir des Holo- *humain faict*
caustes humaines, & d'aucuns peres, & meres, y *en Arles.*
faisoient à leur presence esgorger ses propres
enfans sur l'Autel: s'estimans heureux d'auoir
engendré des Hosties, que la Deesse auoit iugé
dignes de luy estre presentées en Sacrifice: dequoy le Roy Prophete se mocque, disant, *Immo-* *Psal. 105.*

P 2

lauerunt filios suos, & filias suas Demonijs: non seulement les peres, & meres, par leur superstieieuse deuotion, offroient des enfants à cette fauce Deité: mais encores les Timuques, Gouuerneurs de la Ville, acheptoient & faisoient engraisser toutes les années aux despens du public deux enfants de cinq à six ans:& le premier iour de May, qu'ils auoient dedié au Dieu Apollon, les liuroient aux Druides, qui couuerts de Roses, & de fleurs, les menoient par la Ville, sur vn char triomphant, traisné par la Ieunesse, le peuple suiuant apres comme à vne Procession Generalle, & allant au pied du grand Autel qui estoit esleué sur deux pyramides au bord du Rosne au lieu à present dit la Roquette. Les Prestres ayans fait certains encensemens, le plus ancien des Druides vestu en Pontificat, sa couronne en teste, égorgeoit ces deux petits enenfans, & cueillant leur sang dans vn bassin l'aspergeoit sur le peuple, qui auoit la croyance qu'vne seule goutte de ce sang tombée sur leur chair, ou sur leurs habits auoit la force de remettre toutes leurs fautes, & appaiser la colere des Dieux. Ce fut de cet autel, & de ce cruel sacrifice

Act. 17. que S. Trophime, premier Euesque d'Arles, print suiet (comme auoit fait S. Paul en Athenes de l'autel du Dieu inconnu) de prescher à ce peuple que la redemption du genre humain auoit esté faite par l'effusion du sang de Iesus-Christ, Fils de Dieu, Dieu & homme tout ensemble; offert à son Pere eternel sur l'autel de la Croix; & que ce sang auoit donné la force aux eaux du Sainct Baptesme de remettre toute sorte de pechez, & rendre ceux qui estoient regenerez d'icelles, dignes de la gloire eternelle; & par le moyen de cette predication tout le peuple d'Arles fut conuerti à la Foy.

Plusieurs Autheurs ont parlé de cet Autel d'Arles, mesmes qu'on a voulu dire qu'Arles auoit prins son origine d'iceluy, disant que tout ainsi comme la ville de Paris, capitale de la France, a tiré son nom de ce beau Temple que les anciens Gaulois auoient fait bastir au lieu où est à present S. Germain, à l'honneur de la Deesse Isis, qu'ils estimoient estre la nourriciere de tout le monde, veu qu'en language latin cette ville s'appelle *Parisij, quasi para* (en Grec) *idest circa Isij,* ou, *prope Templum Isij,* ainsi que Iulien l'Apostat l'asseure en vne de ses oraisons. Aussi, disent-ils, Arles s'appelle *Arelata; idest , Ara elata,* ou bien, *Aralata, Ara lata*. Les vestiges de cet Autel se voyent encores à la Roquette, puis qu'on y voit

Genes. de otio Imp. Gangois de Carolo S.

P 3

encores vne des pyramides d'iceluy.

L'vn des plus grands contentemés que l'Empereur Charlemagne receut dans Arles pendant vne année qu'il y feiourna, eſtoit de contempler la ſituation de la ville, & la beauté du S. Cimetiere d'Alyſcamp, qui eſtoit vn exemplaire tres-puiſſant pour confirmer les Chreſtiens en la Foy de l'Euangile : meſmes quand on l'aſſeuroit que ce Cimetiere auoit eſté beny de la main de Ieſus-Chriſt, qui s'eſtant apparue aux ſept Eueſques qui le vouloient benir, luy meſme donna la benediction : que les morts y venoient *Michael Monſ. Archiep. Arel. Epiſt. ciquiſit,* dans leurs bierres ſur le Roſne ſans la conduite de perſonne, & eſtás aux endroits d'iceluy s'arreſtoient, ſans aller ny en bas au fil de l'eau, ny contre-mont la riuiere, comme eſtans attirez à cette terre pour y attendre la reſurrection des morts, & en compagnie des Saincts qui ſont enterrez en iceluy aller comparoiſtre au dernier *Ioel cap. 3.* Iugement en la valée de Ioſaphat : & ſur tout quand on l'aſſeuroit que ſon parét Sanſon, pere du Comte Gerard de Vienne, qui eſtoit mort à la bataille de Ronceuaux, & ſes neueus Vuillelme, & Veſian, & pluſieurs autres Barons, & Cheualiers, qui comme Saincts Athletes eſtoiét morts à la bataille de Mont-maiour, y eſtoient

enterrez, pour lesquels il faisoit faire des conti-
nuelles prieres.

Pendant que l'Empereur s'occupoit à ces
saincts exercices l'Archeuesque Lupus, qui auoit
gouuerné la saincte Eglise dix ans, & auoit ressenti toutes les oppressions des infidelles, vint a
mourir de ioye voyant ses ouuailles exemptes
de tyrannie, & iouissantes d'vne paix asseurée.
A qui succeda Iean quatriesme du nom, qui
comme Primat des Gaules, desirant de regler les
affaires du Clergé, & donner ordre à son Diocese; veu que la pluspart des Prestres estoient
morts ou fuys pendant la persecution des Sarrazins; assembla vn Concile dans Arles, qui fut le
quatriesme, où assisterent auec luy 26. Euesques.
A ce Concile fut traicté de la veneration des
images de Iesus-Christ, de la Vierge, de la Croix
& des Saincts: & conformement à la determination du Concile de Nicee, tenu souz le Pape
Adrian par 350. Euesques, auquel l'heresie des
Iconomaches auoit esté anathematisée, & tous
les Peres auoient dit auec S. Augustin, que, *ima-*
gines Sanctorum libri sunt laicorum, veu que les idiots
n'ont autre liure pour les entretenir à la Foy &
croyance de l'Eglise, que la predication de l'E-
uangile, & les images; l'vn qui les instruit par

l'ouye, & l'autre leur donne connoiſſance par la veuë, & ſur ceſte determination les Prelats du Concile d'Arles firent ce diſtique.

Nam Deus eſt quod imago docet, ſed non Deus ipſa.
Hanc videas : ſed mente colas quod cernis in ipſa.

Qui porte ceſte ſubſtance.

Dans l'Egliſe Dieu eſt, deſcouuert par l'Image,
L'Image n'eſt pas Dieu, ce n'eſt que ſon portrait,
Qui l'Image de Dieu venere en effait,
Porte ſes vœux au Ciel, non à l'humain ouurage.

A ce Concile, furent encores faits pluſieurs Sainɛts Canons, pour le bien de l'Egliſe, decoration de la diſcipline Eccleſiaſtique, & regime des ames Chreſtiennes. Tous leſquels furent leus, & approuuez ez preſences de l'Empereur.

Le Concile d'Arles finy, & la ville remiſe en aſſeurance, l'Empereur partit pour aller aux Allemagnes : & laiſſa dans Arles Theodore ſon fils naturel pour Duc, & Gouuerneur de toute la Prouence ; que fut le l'endemain de Paſques, de l'année 801. Et paſſant par Apt, qu'eſt vne Ville que Iulius Cæſar auoit faicte baſtir, au pied des montagnes du Leberon, au ſecond voyage qu'il fit en France : & Eueſché ſuffragante de l'Archeueſque d'Aix en Prouence ; où entandant la Meſſe, le Dimanche de l'Octaue

de

de Pasques dans la grande Eglise: les Reliques
de la bien-heureuse saincte Anne; Mere de la *Inuention des*
mere de Dieu; furent miraculeusement mani- *Reliques de S.*
festez, par vn ieune garçon, qui estoit muet, *Anne.*
sourd, & aueugle de naissance, & monstrant l'e-
spelonque, où elles estoient cachées, inconuë à
tous les hommes viuants; recouura la veuë,
l'ouye, & la parolle au deuant d'icelles, & dit ez
presences de l'Empereur, de l'Archeuesque Tul-
pin, du Clergé d'Apt, des Seigneurs, & Barons
de la Cour; *Hîc jacet corpus beatæ Annæ matris Vir-*
ginis Mariæ. Ce qui donna vne grande confirmation de foy à Charlemagne, qui porté de
deuotion à cette saincte Mere: fit mettre tous
ses Reliques dans vne chasse de bois de Cyprés,
& les remit en la garde de l'Euesque, & du
Clergé d'Apt, & porta auec soy la mandibule
qui fit fermer dans vn chef d'argent, & la donna à l'Eglise d'Aix, la Chapelle où elle est encores tenuë en grande veneration. Ces Reliques
auoient esté portez en Prouence par le Roy
Massilias, que la Magdelaine auoit conuerty
à la Foy, & les auoit données à S. Auspice, Disciple de l'Apostre S. Pierre, & premier Euesque
d'Apt, qui les cacha pendant la persecution de l'Empereur Marc Aurelle; au mesme

Q

lieu que 730. ans apres ils furent trouuez.

Breuiarium Apten.

Peu de temps apres, que l'Empereur Charlemagne fust arriué aux Allemagnes: Dieu l'appella de cette vie, pour luy donner la troisiesme Couronne de l'Immortalité, en recompence des trauaux qu'il auoit souffert pour la deffence de la Foy; que fut le quatorziesme an de son Empire, & quarante cinquiesme de son Regne, l'an 814. l'Eglise l'ayant dudespuis mis au Roollo des saincts Confesseurs, comme appert dans le Martyrologe Romain.

Apres la mort de Charlemagne, Louys le Pieux son Fils, succeda à la Couronne de France, & à l'Empire: qui, tout au commancement de son Regne, enuoya en Arles le Comte Leymbulphe pour Duc, & Gouuerneur de Prouence, qui n'y demeura que trois ans : apres iceluy fut enuoyé Solicrate, qui voyant que le Roy Louys son Maistre estoit persecuté par Lothaire, Pepin, & Charles le Chauue, ses propres enfants, & voulant complaire à quelque sien amy, mal content de la Cour, se rebella contre son Roy: ce qui fut la cause que Lothaire à qui l'Empire auoit esté remis, le déposa de la Duché d'Arles, & la donna à Boso, Comte d'Ardeme son parent, qui la garda douze ans en titre mobile comme ſes deuanciers, & iuſques au Regne de Charles le Chauue Roy de France & Empereur; qui auoit eſpouſé Richilde, Sœur de Boſo, qui la luy donna auec la Comté de Bourgongne en titre perpetuel, en contemplatiõ du mariage qu'il contracta auec la fille de ſon neueu l'Empereur Louys ſecond, fils de Lothaire, & par ce moyen Arles fut à ſon grand dõmage demembré du corps de la France, où il auoit eſté joint par la conqueſte qu'en auoit fait Childebert ſecond Roy Chreſtien des François: & deuenu Royaume Boſo en fut le premier Roy, à qui ont ſuccedé de temps en temps ſeize Roys, & tous des grands perſonnages, comme ſe verra en coſte Royalle couronne.

Au temps que l'Empereur Lothaire, & ſes freres Pepin, & Charles le Chauue, eurent partagé le Royaume de France: que Solicrate eſtoit Duc dans Arles, l'Archeueſque ſainct Roland Primat des Gaules, Preſida au Concile de Valence ſur le Roſne, où le point de la predeſtination fut reſolu contre l'hereſie de Godeſcalus; les Duciliſtes furent declarez pour excommuniez, & priuez de ſepulture Eccleſiaſtique: & ſe traicta de l'eſlection des Prelats, ſuiuant ſes anciennes couſtumes. A ces fins furent deputez

De S. Rolãd Archeueſque d'Arles.

Q 2

l'Archeuesque d'Arles S. Roland, l'Archeuesque de Lyon, & les Euesques de Grenoble, & de Tolon; pour aller trouuer l'Empereur Lothaire qui estoit dans Arles, pour deposer Soliorate: & le supplier de la part de tout le Clergé de France de vouloir laisser l'ellection des Euesques au Clergé suiuant les anciennes coustumes, à cause que l'Empereur faisoit telle ellection en suitte du pouuoir que le Pape Adrian en auoit donné au Roy Carlemagne son ayeul, & au Roy Louys son pere; & donnoit les Eueschez à ses courtisans, bien qu'ils ne fussent ornez de la sience requise à telle charge, & des qualitez que l'Apostre & les sacrez Canons ont marqué à ceux qui doiuent gouuerner l'Eglise de Dieu. Ce Prelat admonesta aussi l'Empereur de reprendre l'Imperatrice sa femme qu'il auoit chassée pour habiter auec vne concubine, dequoy le Pape Nicolas le loüe grandemét, disant par son Espistre enuoyée aux Prelats de France, qu'autre que l'Archeuesque Roland n'auoit deffendu la querelle de Dieu ez presances de l'Empereur Lothaire.

Tom 3. Conciliør.

Baron. sub ano. 865.

Sainct Roland, estant Archeuesque d'Arles, fut esleu premier Abbé de l'Abbaye de Cruas sur le Rosne, que l'Empereur Louys le pieux auoit fondée, & mourut de martyre l'an 869. ayant gouuerné la saincte Eglise 27. ans. l'ay dit de martyre puis qu'en exerçant l'office d'vn bon Pasteur visitât les parroisses de son Diocoze dans l'Isle de la Camargue, où pour lors y auoit des villages assez peuplez il fut auec plusieurs habitans de la ville fait prisonnier des Sarrazins, qui auec des Galiottes estoient venus d'Espagne, & s'estoient cachez le long de la plage de la mer, pour faire des courses dans l'Isle. Cette prinse affligea grandement la ville d'Arles, qui voulant rachepter leur Prelat, & ceux qui auoient estez prins auec luy depputerent des personnes pour aller traicter leur rançon auec les Sarrazins, laquelle accordée à condition que sainct Roland, & tous les autres estoient en vie; quoy que ce sainct Prelat fut mort par l'abondance des tourments que ces Barbares luy auoient donné, & pour pallier leur affronterie faisoient voir le corps de leur fustes hausant les bras, & leur inclinant la teste, comme s'ils eusse demandé leur secours: mais la rançon estant donnée & les prisonniers portez à terre les habitans d'Arles furent trompez, car pensans s'approcher de leur Prelat pour feliciter sa destiurance, le trouuerent mort, & pu-

Lymon. l. 5. c. 25.

Aymini-Ideux.

ant sur les sablons, ce qui changea leur ioye en larmes, & leur triomphe en obseques funebres: car tous ensemble l'allerent enterrer en l'Eglise de sainct Honnorat tout proche du sepulchre de sainct Genies martyr, où il auoit faict election de sepulture, comme se voit de son Epitaphe grauée sur vn marbre noir bien poli.

Fin de la premiere Partie.

COMMENCEMENT DES ROYS D'ARLES,
LEVR SVITTE, ET
l'interregne de temps, defpuis Bofo premier Roy, iufques à Charles quatriefme Empereur.

SECONDE PARTIE.

De Bofo premier Roy d'Arles, fon inftitution, fon Regne, & fa mort.

OSO premier, que le Pape Iean huictiefme appelloit le Prince glorieux, Comte de Bourgongne, & de Vienne en Dauphiné, fils de Ricuin ou Buuin Comte d'Ardennes; iffu de la race de Pharamond premier Roy de France, & de Charlemagne; de Baffigni, & Seigneur de Vitry; & d'Alde, fille du

Comte Boson de Bourgongne, & sœur de Thieberge femme de l'Empereur Lothaire Roy de Lorraine, & oncle maternel d'autre Boso Comte de la haute Bourgongne ; doibt donner l'entrée à cette Royalle couronne, puis qu'il à esté le premier Roy d'Arles, & des Bourguignons, qu'anciennement estoient appellés, *Sequani*, à cause que la riuiere de la Saosne passe dans leur païs ; car ayant optenu la Duché d'Arles de l'Empereur Lothaire fils de Louys le pieux, Roy de France son parent, en titre mobile, & icelle gardée douze ans; ainsi que Solicrate, & ses deuanciers auoient faict despuis le Roy Pepin; y faisant son ordinaire seiour; fut appellé par Charles le Chauue Roy de France son beau frere (& mary de la Princesse Richilde sa sœur) qui auoit succedé à son neueu Louys second, fils de Lothaire, qui estoit mort sans enfans masles: pour l'accompagner à Rome, où il alloit pour receuoir la couronne Imperialle de la main du Pape Iean huictiesme à quoy Boso s'accorda librement : Et en ce voyage il se maria aux Italies auec Augusta fille du Duc de Pauie, qui estoit estimée la plus belle femme de son temps: ayant espousé ceste Dame resolut de la mener en France, auec toute sorte de contentement

(bien

des Roys d'Arles. 129

(bien que l'Empereur Charles le Chauue ne fut pas content de ceste alliance) ores qu'il simuloit, & cachant son desplaisir il eust en contemplation de ce mariage declaré Boso Archiministre du sacré Empire, qui estoit autant que Lieutenant general, & le premier de tous les officiers Imperiaux. Mais la beauté qui est vn don gratuit de la nature abondant plus aux vns qu'aux autres, a cela de mauuais de causer bien souuent du domage aux humains, & principalement aux femmes ; les iettant dans des precipices fort dangereux ; causant à d'aucunes la perte de l'honneur, à d'autres de la vie, & à plusieurs les deux ensemble : Aussi ceste Dame Augusta estant arriuée en France, & dans la ville d'Arles, saluée de tous les Prouéçaux, Viennois, & Bourguignons : se complaisant trop à sa beauté, & comme vne autre Caliston communicat icelle auec trop de liberté : donna occasion à plusieurs de la tenir en mauuais predicamment, &, à son mary subiect de ialousie, qui attaint de ce mal ne pouuant supporter vne vie si licenciée au preiudice de son honneur, la fit mourir par poison. Ceste Dame estant de celles que Valere compare aux Tygres, les plus beaux des animaux, qui faisant trop de parade de leur

Tacit. l. 3.
Lucian. l. 1.

Ouid.

Valer. Max.

R

beauté n'arriuent iamais à l'accomplissement de ses iours.

Dame Augusta estât morte Boso traicta mariage en seconde nopces auec la Princesse Hermengarde, fille vnique de l'Empereur Louys second, Roy de France fils de Lothaire, (non fille de Louys le Begue comme à voulu Duchesne) & petite niece de l'Empereur Charles le Chauue, qui plus content de ce mariage que du premier donna à Boso en contemplation d'iceluy la Duché d'Arles, & ses dependáces, qu'estoient Marseille, la Prouence, la Bourgongne, la Sauoye, & le Dauphiné à perpetuité, cóme aussi le declara grand Chambelan de son fils Louys le Begue; & luy commist la disposition du Royaume de la Guienne. Ce mariage fut traicté & consommé au chasteau de Mentale, proche de Vienne, ez presences de l'Empereur, quantité de Princes, & grands Seigneurs qui l'accópagnoient : ce chasteau de Mentale auoit esté basti par Charles le Chauue, & à tousiours esté la maison de recreation des Roys d'Arles; les nopces paracheuées l'Empereur alla à Mantoué, où il mourut du poison, que Sedechias Iuif son Medecin luy bailla dans vn medicament, la seconde année de son Empire, & trente-huict de son regne.

Apres la mort de Charles le Chauue succeda immediatemét à la couronne de France son fils Louys le Begue, suiuant les loix de France; mais à l'Empire y eust des grandes brigues; car les Allemans voulans auoir vn Empereur de leur nation; Carloman, ou Charles le Gros Roy d'Italie y pretendoit, bien qu'il fit semblant que c'estoit pour Louys de Germanie; & qu'il eust soubs le nom d'iceluy faict emprisonner le Pape Iean huictiesme, qui fauorisoit le Roy de France, ores que ce ne fut pas pour long temps, car le Pape par son astuce, & l'assistance de ses amis eschappa de la prison, & s'enfuit en France pour estre protegé du Roy Louys.

Arles fut la premiere ville que le Pape aborda; car il vint par mer iusques à l'amboucheure du Rosne, & fut receu par l'Archeuesque Rostagnus, le Duc Boso, la Princesse sa femme, des Nobles, & habitants de la Ville, auec toute sorte d'affection le iour de Pasques, où il seiourna quelques mois attendant l'ordre du Roy, qui estoit à Troye, pour sçauoir si sa Majesté aggreeroit qu'il l'allat trouuer ou non: ainsi qu'appert de l'Epistre que le mesme Pape escriuit, marquée par Brinius, & pendant son seiour il Pontifia, & dit la grande Musse dás la Maistresse Eglise.

Le Pape à Arles.

Brini. Epist.

d'Arles le iour de l'Ascension de Nostre Seigneur, assisté de tous les Prelats circonuoisins de Prouence, qui luy estoient venus rendre les deuoirs, presents Boso, & tous les Seigneurs du païs qui l'estoient aussi venu visiter.

L'ordre du Roy estant arriué, le Pape partit d'Arles accompagné de Boso, & plusieurs Prelats qui le suiuirent iusques à Lyon: & arriué à Troye fut le bien receu du Roy, de la Reyne, & de toute la Cour: & s'estant reposé quelques iours, il y conuoca vn Concile, ou assisterent auec les Prelats François, quantité d'Euesques Italiens, & Allemans, auquel ez presences de tous; le Pape couronna le Roy Louys pour Empereur, & obligea tous les Prelats de le recónoistre pour tel, & luy iurer fidelité. Et en consideration de ceste heureuse entrée à l'Empire, supplia sa Majesté d'aggreer que le Duc Boso son cousin fut couronné Roy d'Arles, & des Bourguignons, & que ses terres fussent erigées en Royaume, ce que l'Empereur luy accorda facilement.

Le Pape Iean huictiesme ayant le consentement de l'Empereur, enuoya promptement Rostagnus Archeuesque d'Arles, & Primat des Gaules, qui auoit assisté au Concile, pour cou-

des Roys d'Arles. 133

ronner Boso, & le declarer Roy d'Arles & des Bourguignons auec toutes les ceremonies à tel cas requises: ce qui fut promptement executé dans la saincte Eglise Metropolitaine d'Arles, l'an 876. le 25. Aoust, iour & feste du Martyr, sainct Genies, originaire dudit Arles, au veu, & presences de R. P. Mess. Aurelian, Archeuesque de Lyon, qui estoit Exarche, ou premier Prince de la Bourgongne; de l'Archeuesque Ado de Vienne, qui estoit l'Archichancelier; de Messire Rapert Euesque de Valence sur le Rosne, frere du Roy Boso, qui à ses despens auoit fondé l'Abbaye de Carlieu au Lionnois, de la Reyne sa femme, de Theodoric son autre frere, du Clergé, de la Noblesse, & du tiers Estat d'Arles, qui de ioye crioient à gousier ouuert viue, le Roy. *Couronnement de Boso pour Roy d'Arles.*

Le Roy Boso ayant esté couronné, & salué pour Roy dans Arles, s'en alla au chasteau de Mentale, où il conuoqua les Estats Generaux de tout son Royaume, ausquels se trouuerent, l'Archeuesque d'Arles Rostagnus Primat, Aurelian Archeuesque de Lyon Exarche, Ado Archeuesque de Vienne Archichácelier; Rapertus Euesque de Valence frere du Roy: Ratbertus Archeuesque d'Aix en Prouence, Helias Euesque de *Estats Generaux du Roy d'Arles.*

R 3

Vence, Leodoijnus Euesque de Marseille, Germardus Euesque d'Orenge : Ratfridus Euesque d'Auignon, Edolus Euesques de Riez : & tous les Prelats de la Bourgongne, & du Dauphiné, la Noblesse & les Deputez des trois estats des Prouinces dependantes du Royaume, ausquels se faisant reconnoistre pour leur Roy demanda le serment de fidelité, qui tous d'vn cœur ioyal luy presterent, le troisiesme iour d'Octobre 876.

Icy se descouure l'erreur de Paradin qui à voulu dire que les anciens Bourguignons, gens vaillans & bien adroits à la guerre, qui estoient venus des parties Septentrionales en l'Europe du temps de l'Empereur Auguste, ayant embrassé la Foy de Iesus-Christ ; l'an 420. qu'ils auoient esleu Arles pour leur ville capitale, & que leur Roy Gondebaud residoit dedans : ce que ne peut estre attendu qu'au temps qu'il marque la ville d'Arles, & toute la Prouence estoit occupée, ou par les Romains, ou par les Gots, comme à esté dit en son lieu : & Arles ne fut vny à la Bougongne que du temps du Roy Gontrame. Tritaclle, sieur de Sondras, est tombé dans la mesme erreur, voulant suiure l'opinion de Paradin.

Pendant que le Roy Boso faisoit ces magni-

Amm. Marcel. l. 28.

ficences Royalles le Pape continuoit le Concile de Troye, où il institua vn Euesque pour la Prouince de Flandres; que despuis fort peu de temps auoit embrasé la Foy Euangelique, fit des beaux, & saincts Canons pour le bien de l'Eglise: & apres l'auoir paracheué demanda secours au nouueau Empereur pour pouuoir retourner à son Euesché de Latran: à quoy l'Empereur s'accorda librement:& à ce fins enuoya à son parent Boso, Roy d'Arles, la commission pour ce faire; estant luy occupé à vn traicté de paix qui se faisoit en la Lorraine auec Charles le Gros (ou Carloman) pour le different qu'ils auoient ensemble à raison de l'Empire : auquel traicté fut arresté que chacun d'eux possederoit les places qu'ils auoient dás l'Italie, & que la questió de l'Empire seroit remise à vn autre temps.

Le Roy Boso ioyeux de ceste commission prepara vne forte armée, auec laquelle il passa par la Maurienne, le mont Cenis, & trauersa toute l'Italie en face des ennemis, sans qu'aucun osast bouger: Et arriuant à Rome remit le Pape Iean huictiesme en son siege,& chastia ceux qui l'auoiét emprisonné: & pour asseurer le Pape & voir la contenance des ennemis, seiourna auec son armée deux mois à Rome: passez lesquels, prenant congé, & la benediction du Pape, s'en reuint en France tout couuert de gloire d'auoir si bien faict sa commission. Il arriua à Vienne le mois de May année 877. & trouua la Reyne Hermégarde accouchée d'vn fils, qui fut appellé Louys Boso: ce qui luy donna vn extreme côtentemét. Faut noter que le Pape Iean huictiesme pendant son Pontificat couronna trois Empereurs sçauoir, Charles le Chauue à Rome, Louys le Begue en France, & Charles le Gros aussi à Rome; ce que iamais aucun autre Pape n'a faict.

Le Roy Boso n'eust pas plustost solemnisé le Baptesme de son fils, qu'il receut la nouuelle que Carloman fils bastard de l'Empereur Louys le Begue luy auoit declaré la guerre, pour raison de la Comté d'Authun, que Charles le Chauue luy auoit donné comme incorporée à la Bourgongne: aux forces duquel il s'en alla pormptemét opposer. Et dautant que cela pouuoit alumer vne grosse guerre l'affaire fut traicté à l'amiable par l'entremise d'amis communs (les armes bas) où Hugues l'Abbé, arbitre du different, adiugea la Comté au Roy Boso, & en demit Carloman, mais comme la malice des hommes a ceste force de leur faire mespriser la

raison

raison, & les rendre semblables aux Taupes qui n'ont point des yeux qu'apres la mort. De mesme la malice de Carloman pressa si auant dans son cœur que l'Empereur son pere estant mort; & que son frere Louys, & luy bien qu'illegitimes, se furent faicts couronner Roy de France, & regnoient ensemblement soubs vne mesme couronne; resolut pour euiter diuorce, de partager le Royaume auec son frere, & voulant nuire au Roy Boso, print pour sa part l'Aquitaine, la Bourgongne deça la Saosne, & tout le Royaume d'Arles auec intention d'en iouïr, & faire quiter à Boso le nom de Roy que l'Empereur son pere luy auoit donné.

Le partage faict Carloman enuoya vn Heraud au Roy Boso pour le sommer de quitter toute ses terres, pour les reunir à sa couronne, & se retirer promptement en sa Comté d'Ardene, qui est en la Gaule Belgique, la plus belle forests du Royaume, & patrimoine de sa maison; à cause, disoit il, que son pere n'y l'Empereur Charles le Chauue; ne pouuoient desmembrer de la couronne de France, Arles, ny la Prouence, qui auoient estez cõquis par le Roy Childebert sur les Gots: moings la Bourgongne, qui auoit esté vnie à la couronne des François par le

Declaration de guerre au Roy Boso

Cesar de bis- le Gallet l. 6.

S

mariage qu'auoit esté contracté entre la Princesse Clotide, fille de Chilperic Roy des Bourguignons, & le Roy Clouis premier, qui en demeura pacifique possesseur apres auoir tué Gondebaud qui l'auoit vsurpée : & au cas qu'il ne
quittat promptement le nom de Roy, & le Royaume d'Arles, qu'il luy arriueroit ce qu'arriua
à Ctesiphon reginbant à coups de pieds contre
le Mulet, ou bien comme à Milon Grotoniate
qui se fiant trop à sa force, à cause qu'il gaignoit
toutes les luittes des ieux Olympiens ; & voulant fendre à force de bras vn chesne, se treuua
pendu par ses doigs ; aussi s'il vouloit desmembrer le Royaume de France qu'il l'en feroit repentir, & luy declaroit la guerre. Le Roy Boso
voyant ceste lettre bien que iuste & equitable,
eslognée toutesfois de ses volontez, la reietta
comme indigne de responce, disant à part soy
que ce qu'à esté faict par vn Prince Souuerain, &
confirmé par son successeur ne peut iamais estre
retracté d'aucun autre : voulát dire que Charles
le Chauue luy auoit donné son Royaume, & que
le Roy Louys le Begue le luy auoit confirmé:
ce qu'occasionna Carloman ioint auec les forces de son frere le Roy Louys, de venir dans la
Bourgongne deça la Saosne, & iusques à Lyon,

Plutarq.

des Roys d'Arles. 139

d'où il en chassa Boso, & ne luy demeura plus que Vienne, Arles, & la Prouence, les confins des Sauoyards, tout le long du Rosne: ce qui le constraignit de faire son seiour dans Vienne, & se bien fortifier dedans.

Pendant que ces deux freres s'efforçoient de faire la guerre au Roy Boso: Les Normands vindrent deça la Saosne dans la France soubs la conduitte de leur Roy Sigesfroy, auec intention de conquerir le Royaume, & en deposer Louys & Carloman; mais Louys qui estoit tout plain de courage s'opposant promptement à ceste nation leur dóna sus, pres de la forests Charboniere, où la plus part furent tuez, & le reste mis en vaude routte, & peu de temps apres ce Roy Louys fut assassiné, par ses propres domestiques en l'année 881. & par le moyen de cest assassinat Carlomá demeura seul Roy de France. Le Roy Boso ce voyát si mal traicté ioint à luy Beroaldus Prince de Piemont neueu du Duc de Saxe, qui se voyát disgracié de l'Empereur Charles le Gros auoit quitté son pere, & sa maison, pour l'assister, firent ligue auec les Normands contre Carloman, & tous ensemble luy donnerent la chasse iusques aux portes de Paris, auec intention de luy oster la couronne, & le reduirent en tel estat

Normáds en France.

S 2

qu'il fut contraint d'achepter d'iceux la paix: & laisser le Roy Boso pacifique dans la Bourgongne & tout son Royaume: comme aussi il accorda treue auec les Normands, pour douze ans: mais il n'en iouit que quatre car il mourut l'an 885, estant tué par vn sanglier.

 Ceste paix accordée le Roy Boso tout plain d'aise reuint à Vienne trouuer la Reyne, le Prince Louys son fils, qui tous ensemble remercie-rent Dieu de ceste paix: & pour action de graces le Roy donna à l'Eglise Metropolitaine de Vienne vn chef de sainct Maurice martyr qu'il fit faire d'or pur, & du poids de XXXVI. marcs: & voulant reconnoistre le Prince Beroaldus de l'assistance qu'il luy auoit donné, le declara son Lieutenant, & Vicaire general sur tout son Royaume; l'enuoya en Arles, ville capitalle, pour y faire son ordinaire seiour, & auoir soing de la ville, & de toute la Prouence.

Chef de S. Maurice en or donné à l'Eglise de Vienne.

 Le Prince Beroaldus arriué en Arles, & reconnoissant le bon naturel des habitans, s'efforça de captiuer l'amitié d'vn chacun, les rendans si affectionnez à son endroit qu'il ne s'estudioient qu'à luy defferer toute sorte d'honneur: mais il n'y seiourna gueres; car estant allé à Marseille pour visiter la Ville, & reconnoistre l'ordre que les habitans tenoient pour se garder de surprinse (apprehendant que les Mores, & Sarrazins que l'Empereur Charles le Gros chassoit des Italies, ne les attacquassent en retournant en Espagne) il fut saisi d'vne grosse maladie, de laquelle il mourut dans peu de iours; son corps fut porté en Arles, & enterré au Cimetiere d'Alyscamp dans l'Eglise de sainct Honnorat au tombeau de marbre blanc qui se voit encores pres de la porte de la dicte Eglise, sur lequel sont resleués deux Griffons rampans contre vne vrne d'vn costé: deux satyres contre vn Lion, de l'autre & vn Harpie à chasque bout.

Apres la mort de ce Gouuerneur le Roy Boso iouit encores du benefice de la paix six ans, pendant lesquels il ne s'adonna qu'à toute sorte de pieux exercices; car il fonda l'Hospital de sainct Fortunat de Vienne, & donna des grands dons, & priuileges aux Eglises Metropolitaines d'Arles, & de Vienne, il estoit souuent visité par lettres, & Ambassadeurs de l'Empereur Charles le Gros (qui auoit succedé par l'entremise du Pape Iean huictiesme, à Louys le Begue) auec qui il auoit vne grande confederation, & amitié: mais la mort qui n'espargne d'auantage les Roys que les subiects; les grands que les petits;

les riches que les pauures: & qui faict aussi peu d'estat du sceptre, & couronne d'or d'vn Monarque, que de la houlette d'vn Berger, qui comme dit Claudian rend esgaux tous les hommes de la terre; attaqua le Roy Boso au soixante-troisiesme an de son aage, & dixiesme de son regne par vne maladie, de laquelle il mourut dans son chasteau de Mentale l'an du monde 4852. & de grace 888. le 14. Ianuier ayant peu de jours auant sa mort faict son Testement, & ordonné en iceluy que ses heretiers restitueroient, à l'Abbaye de Carlieu, que son frere l'Euesque de Valence auoit fondé quelques rentes qu'il leur auoit vsurpées despuis la mort de sondit Frere, & laissa le Prince Louys son fils vnique, successeur de sa couronne; & de tous ses biens: son corps fut enterré dans l'Eglise de sainct Maurice de Vienne, où il auoit faict election de sepulture, comme apert de l'Epitaphe qui se lit encores sur son tombeau, laquelle comme les chapeaux de fleur que le Grand Alexandre fit mettre sur le tombeau d'Achilles sert d'heraut à la renommée, pour nous chanter dignement la gloire d'vn tel Prince.

L. 3. de rapt Proserp.

EPITAPHE DV ROY BOSO.

Regis in hoc tumulo requiescunt membra Bosonis
Hic pius, & largus, fuit, audax opem benignius,
Sancti Maurici caput ast circundedit auro,
Ornauit gemmis, claris superatque coronam.
Imposuit tota gemuis auroque nitentem.
Huic dum vita fuit bona dum valitudo maneret
Munera multa dedit, patrono carmine digno,
Vrbibus in multis deuoto pectore magna
Contulit, & Sancti pro Christo nomine dona.
Stephane prime tibi Sceptrum Diadema parauit
Lugduni proprium rutilat velut hic nicominus.
Sol quamuis hunc plures voluissent perdere Reges
Occidit nullus : sed viuo pane refertus
Hoc linquens obijt Christi cum sanguine regnum
Quem Deus ipse potens cœli qui alimata finxit
Cœtibus Angelicis iungat per secula cuncta.

OBIIT III. IDVS IANVARII.

Apres la mort du Roy Boso la Reyne Hermengarde enuoya en Arles le Comte Tibaud pour Gouuerneur & Lieutenant de Roy de tout le Royaume, qui fit reconnoistre le Roy Louys Boso sonmaistre, & tira de tous les Proçaux le serment de fidelité.

Contenance du Royaume d'Arles soubs le regne du Roy Boso.

LE Royaume d'Arles souz le regne dû Roy Gontrame estoit ioint au Royaume d'Orleans, qui contenoit la Bourgongne, le long du Rosne, le Dauphiné, Arles, & la Prouence; comme a esté dit au regne d'iceluy; mais l'Empereur Charles le Chauue diuisa la Bourgongne en trois parties : l'vne qui est deça la Saosne qui s'auoisine à la Champagne, & contiét les Comtés d'Authun, de Dijon, de Macon, de Chalon, & celle de Lyon : qui fut pour le domaine de France. L'autre est la Bourgongne Transyuraine, qui est delà le mont Iura, dit de sainct Claude, se confrontant auec les Allemagnes, & les Alpes qui contient, les Suisses, les Grisons, les Comtes de Ferreté, Montbeliard & les Allobroges; & c'est la Bourgongne Alpine, qui fut donnée à Conrad frere du grand Robert, & d'Huges l'Abbé Duc de Paris. La derniere, fut la Bourgongne de la la Saosne que nous appellons present la Franche Comté, & s'estendoit en la Sauoye, à Vienne, le Dauphiné, tout le long du Rosne iusques en Arles, à la mer, & toute la
Prouence

Prouence; c'est ceste troisiesme partie que Charles le Chauue donna à Boso en contemplation du mariage auec sa niece la Princesse Hermengarde : que fut erigée en Royaume par le consentement du Roy Louys le Begue Roy de France, & Empereur, neantmoins le Roy Boso auec la permission dudit Empereur Louys auoit occupé la Bourgongne deça la Saosne : ce qui à faict dire à Paradin qu'au traité de paix d'entre Carloman, & le Roy Boso, fut arresté que Boso laisseroit à la couronne de France, ceste partie de la Bourgongne deça la Saosne iusques à Lyon, & que luy ioüiroit de lautre part pacifiquement auec le reste cy dessus designé, & s'en pourroit librement dire Roy. C'est pourquoy le Royaume d'Arles contenoit sept Archeueschés; sçauoir celle d'Arles, qui est la premiere Metropole de la France, & auoit souz soy les Euesques de Marseille, de Tolon, de sainct Paul trois chasteaux, d'Orange, d'Auignon, de Cauaillon, de Capentras, & de Vaison.

La seconde estoit l'Archeuesché de Vienne, qui estoit la Chancelerie du Royaume, & auoit souz soy les Euesques de Grenoble, de Valence sur le Rosne, de Moriene, & de Geneue.

La troisiesme estoit l'Archeuesché de Lyon,

T

Exarchat du Royaume, qui auoit souz soy les Eueschez d'Authun, de Châlons, de Mascon, & de Langres.

La quatriesme estoit l'Archeuesché de Besançon, qui contenoit les Diocéses de Basle en Suisse, de l'Ausane, & de Belay en Sauoye.

La cinquiesme estoit l'Archeuesché de Monstier en Tarantaise, auec les Eueschez de Seon, & d'Ouste.

La sixiesme estoit l'Archeuesché d'Ambrum, contenant les Eueschez de Digne, de Nisse, de Grasse, de Serres, & de Vence.

Et la septiesme estoit l'Archeuesché d'Aix en Prouence, qui contenoit les Eueschez d'Apt, de Freius, de Riez, de Gap, & de Systeron.

De Louys Boso, second Roy d'Arles.

LOVYS BOSO fils vnique du precedant, & de la Reyne Hermengarde fille de l'Empereur Louys second, Roy de France, succeda au Royaume d'Arles, & à l'heritage du feu Roy son pere, à l'aage de huict ans: Il fut reconnu Roy d'Arles, & des Bourguignons incontinent apres la mort de son pere, & proclamé tel dans la ville d'Arles, qui estoit la ville capitalle de tout le Royaume: (Ores que Paradin aye voulu dire qu'il ne fut reconnu que deux ans apres, à cause que les Prelats de la Bourgongne vouloient que la couronne vint par election, non par succession, & que l'Empereur Arnoux parent de la Reyne Hermengarde fauorisât ce ieune Roy, auoit solicité les Prelats de donner leur consentement) ce qui est directement contre l'opinion de tous les autres Historiens, qui assurét que Louys Bolo fut reconnu Roy d'Arles incontinét apres la mort de son pere: mais il ne fut solemnellement couronné qu'en l'année 894. quatorsieme an de son aage: qu'il vint en Arles accompagné des plus grands de sa Cour, & des principaux Seigneurs de son Royaume, pour estre coronné, comme il fut dans la Maistresse Eglise de sainct Estienne de la main de l'Archeuesque Rostagnus, qui auoit couronné son pere, ayant la Reyne Hermengarde enuoyé Tibaud, gendre de Lothaire en Arles pour Gouuerneur incontinent apres la mort du Roy Bolo son mary.

Ce Roy, ayant esté couronné dans Arles, par l'Archeuesque, & ez preseces du Clergé, de toute sa Cour, & du peuple, declare Majeur pour gouuerner son Royaume, assembla ses Estats, & se fit prester le serment de fidelité à tous ses subiects dans la mesme ville, donna aussi ordre

T 2

pour la conseruation des places, instala par tout des officiers pour l'administration de la Iustice, afin qu'vn chascun iouït en paix de ce qui luy appartenoit : Et retournant à Vienne trouua la Reyne Hermengarde sa mere malade, qui mourut en peu de iours, aagée de soixante huict ans, & fut enterrée dans l'Eglise de sainct Maurice au mesme tombeau du Roy son mary : ayant laissé par testement à la dite Eglise la plus part de ses precieux ioyaux, afin qu'on priat pour son ame & celle du defunt Roy.

L'an 899. l'Empereur Arnoux, fils bastard de Carloman où Charles le Gros mourut, qui estoit le 12. an de son Empire, la mort duquel causa de grandes guerres, & mal-heurs par toute l'Italie, l'Empire des Romains estant mis au concours des armes entre Berenger Duc de Friul, & Guy, Duc d'Espolette, qui s'entrebatoient pour sçauoir lequel des deux seroit le Roy des Romains: l'Italie estant par ce moyen diuisée, & foulée en tous ses cantons, car les vns soustenoient vn parti, & les autres deffendoient l'autre, ce qui donna subiect à Albert Marquis de Toscane, ioints à luy les François, de faire entrer Louys Boso Roy d'Arles vn des descendans de Charlemagne auec vne forte armée dans l'Italie, pour

des Roys d'Arles. 149

conseruer l'Empire aux bons François ; qui d'entrée attaqua Berenger auec telle violance, qui le contraignit de quitter l'Italie, & le Duc d'Espolette de faire alliance, & confederation auec luy, & les armes en main alla à Rome, où il fut couronné Empereur par le Pape Formosius pendant le schisme, & reconnu pour tel par la commune acclamation des Romains appellé Louy 4. du nom, ores que les Allemans eussent reconnu dans leur pays Conrad premier, Duc de Franconie pour Empereur, & mis par ce moyen le schisme dans l'Empire. *Louys Boso couronné Empereur.*

Il ne se faut estonner si en ce temps deplorable la couronne Imperialle estoit au concours des armes parmy les Princes seculiers; puis que la Tyare Papale estoit en dispute entre les Ecclesiastiques, & que leur ambition auoit semé la diuisiõ en l'vnité de la Chaire de S. Pierre: car le souuerain Pontife, Vicaire de Iesus-Christ, qui doit estre vnique, canoniquement esleu du sacré College par l'inspiration du S. Esprit, & doit gouuerner l'Eglise, non par cupidité d'honneur, ou de richesses, mais par vne saincte obeissance, & profonde humilité, à l'exemple de son Maistre; cependant ceste saincte Chaire se trouua pour lors diuisée par l'ambition de Serge 3.

T 3

qui s'estant fait seoir sur icelle, & par force d'armes, & d'amis auoit chassé Formosius qu'estoit le vray Pape, Successeur de S. Pierre, causa par ce moyen le treziesme schisme. Ce mal-heur donna des grands troubles à la Papauté, & fut cause que dans huict ans moureurent dix Papes, les vns ayans estez tuez, & les autres empoisonnez, & fort peu moureurent de mort ordinaire: comme aussi le Clergé estoit dans vn tres-grand desordre à cause de ceste diuision.

L'Empereur Louys Boso Roy d'Arles, comme bon Catholique, voyant ceste diuision, & desirant d'y apporter du remede, fit assembler à ses despens vn Concile dans la ville de Vienne sur le Rosne; afin de reformer l'ambition des Ecclesiastiques, & conseruer le bien de l'Eglise; veu que la pluspart des Seigneurs de France, & d'Allemagne ne faisoient conscience d'vsurper les benefices, & les posseder en titre hereditaire; mesmes que Hugues l'Abbé, Duc de Paris, auoit annexé dans sa maison toutes les Abbeyes, & bons benefices qui estoient le long de la Saosne; l'Abbé Gaslin celles des Allemagne, & plusieurs autres en auoient fait de mesme (bien qu'ils fussent mariez) employans le patrimoine du Crucifix à la nourriture de leurs femmes &

13 schisme.

Platin.

Concile de Vienne.

enfans. A ce Concile le Pape Iean IX, y enuoya deux Legats à sa place, & par la determination des Peres, les Antipapes furent de nouueau declarez perturbateurs de l'vnité de l'Eglise : & ceux qui detenoient les biens, & la iurisdiction Ecclesiastique excommuniez, & priuez
de la communion des fidelles ; ainsi que l'a remarqué le Cardinal Baronius, sur la fin du hui- *Baron. An.*
ctiesme siecle. 889.

Quelque peu de temps auant ce Concile
l'Empereur se maria auec Edgiue, fille du Roy
d'Angleterre, de laquelle il eust vn fils qui fut
appellé Charles Constantin, & vne fille qui eust
nom Berthe, ce qui apporta du contentement
à tout le monde, & sembloit qu'aux cinq premiers ans de l'Empire de Boso, que la fortune
l'ayát enuisagé, se fust rendüe amoureuse de luy,
car toutes choses luy estoient prosperes : veu
que dans ce temps il gaigna deux batailles rengées dans la Lombardie contre les Hongriens,
qui estoient vn peuple belliqueux, & le plus redouté qui fist guerre de son temps, & chassa
Zenimbardus, fils bastard de l'Empereur Arnoux de l'Austrasie, à cause de ses tyrannies.

Berenger voyant tant de bon-heur accompagner l'Empereur Boso, & gardant dans son

cœur le souuenir de sa honteuse fuite d'Italie, & le desir d'y reuenir : se met deuant les yeux (à la façon d'*E*paminundas Capitaine Grec) les diuers euenemens de la guerre, qui font d'aucunes fois triompher le vaincu de son vainqueur ; resolut de dresser vne armée, reprendre ses forces, animer son courage, & reuenir dans l'Italie attaquer l'*E*mpereur, auec intention de vaincre ou de mourir ; & auec ceste resolution pressa si viuement l'*E*mpereur, qu'il l'obligea de faire retraicte de ville en ville, & d'vn lieu en l'autre auec grande perte de ses gens, iusques dans Veronne, où il fut promptement assiegé, & trahi par les Italiens, ses plus affidez, qui le liurerent prisonnier à Berenger ; lequel non seulement le deposa de l'Empire, mais par vne cruauté trop inhumaine, le voulant rendre miserable le reste de ses iours, & luy oster toute sorte de contentement dans le môde, luy fit creuer les deux yeux, *Volgos.lib.9 cap.6.* le priuant de la lumiere naturelle, qu'est la plus noble partie de la puissance sensitiue : vsant enuers ce Prince de mesme barbarie que Sapore *Hist. Tripart* Roy de Perse auoit vsé enuers l'Empereur Valerian. Et asseurement cet infortuné Roy pouuoit dire comme le bon Tobie estant deuenu aueu- *Tob. cap. 5.* gle. *Quale gaudium mihi erit qui in tenebris sedeo, & lumen*

lumen Cœli non video. Et comme cela l'enuoya à sa maison apres auoir receu vne bonne somme de deniers pour sa rançon. Ce desolé Roy arriua à Vienne, où la Reyne sa femme, le Prince Charles Constantin, & la Princesse Berthe ses enfans (bien que fort ieunes) l'attendoient tous plongez en larmes. Ce mal-heur arriua le 8. an de son Empire, & ne fut plus appellé Louys 4. Empereur, mais Louys l'Aueugle Roy d'Arles, & de Bourgongne.

Tob. csp. 5.
Abb vsperg
Blond. Cusp.

Ce fut dans la ville de Vienne, où ce Roy print la resolution, de passer le reste de sa deplorable vie auec la Reyne, & le Prince Charles, qui tout ieune qu'il estoit commençoit, de donner des esperances de sa valeur, & d'estre le Restaurateur de tous ses Estats : car ayant atteint l'aage de douze ans, demanda la permission au Roy son pere, d'aller visiter le Royaume, & recognoistre Arles, Marseille, la Prouence, & la Bourgongne ; ce qui luy fut accordé souz la conduitte d'Hugues son Cousin, Fils du feu Empereur Lothaire, qui auoit esté esleué dans la maison, auec le Roy Louys : mais estant de retour, il fut atteint d'vne grande maladie, de laquelle il mourut dans le Chasteau de Mentale, & fut enterré à Vienne, dans l'Eglise de sainct

Maurice. La mort de ce ieune Prince, fut vn augmentation des douleurs au Roy, & à la Reyne, qui se voyás destituez d'enfans masles, pour succeder à la Couronne, deslibererent de despartir leurs biens aux œuures pies, & sur tout aux Eglises, pour l'augmentation du seruice Diuin. Et donnerent à l'Eglise de S. Maurice de Vienne, le lieu & iurisdiction des Crottes, duquel les Chanoines reçoiuent encores à present les reuenus; Renouuellant à l'Archeuesque d'Arles, qui estoit Manasses Boso son parent, & à tous ses Successeurs Archeuesques, tous les Anciens droicts, & priuileges donnez, tant par son feu Pere le Roy Boso, que autres à sõ Eglise; adiousta à la dõnation le passage du Rosne au port de Fourques; qu'il dõna aux Archeuesques d'Arles, auec la fabrique des monoyes, & le droict des Iuifs: ainsi qu'appert de ses lettres patentes faictes dans Vienne, le 20. de son Empire, qui commencent; *Ludouicus Serenißimus Augustus*, &c. car il ne quitta iamais le nom d'Auguste pendant sa vie. Faut noter qu'anciennement, le port de Fourques se passoit auec vn pont faict de tables de bois: comme celuy du grand Rosne d'Arles; ainsi qu'à esté iustifié l'année 1618. au mois de Feurier, que les eaux estans fort basses

Manasses Archeuesque d'Arles.

à cause des gelées ; on vit cinq piles rangées, qui paroissoient sur l'eau environ vn pan : & la presente année 1639. au mois d'Auril ; l'eau y manquant entieremét, & à esté passé à sec: ce qui n'auoit esté veu despuis que C. Marius fit faire le canal. Ce manquemét d'eau à causé des grands dómages à la Camargue, à ceux d'Aigues-morte, & des sainctes Maries, que n'ayant point d'eau douce pour boire, estoient contraints d'en venir chercher auec des charrettes, dans le grand Rosne aupres d'Arles, qui se compte sept grandes lieuës : & empeschant la traicte du sel de Pecaïs par bateau, à incommodé tout le Royaume.

Ce Roy ayant disposé de ses biens, Dieu le tira de la tenebre de ce monde, pour le faire iouïr de la lumiere de la gloire, dans le Royaume des viuants, & mourut à Vienne l'an 914. ayant regné 27. ans Roy d'Arles, 8. ans Empereur, & porté le nom d'Auguste vingt-vn an : son corps fut enterré au sepulchre du Roy son Pere, où peu auant sa mort il auoit faict election de sepulture. Et par son testament, il laissa son Royaume à Hugues son Cousin, à qui il auoit ja donné la comté de Prouence beneficiere, & hómageable à la Couróne, en reconnoissance de

V 2

ce qu'ils s'estoient nourris ensemble pendant leur ieunes ans: ce qu'à faict dire à Onuphre, qu'Hugues à esté le premier Comte hereditaire de la Prouence; laissant sa fille Berthe souz la conduite de la Reyne sa chere femme, & de Ma-
<small>Io sist.l.4.</small> nasses Archeuesque d'Arles son parent. Ce Comte Hugues estoit fils bastard de l'Empereur Lothaire, & de Vualdrade sa concubine (qui luy auoit fait quitter sa femme, la Princesse Trelhberge, fille du Comte Boson de Bourgongne, Transyuraine pour habiter auec elle) &
<small>Herman. Epom. Ros. l. 1 not. Begall.</small> estoit Frere d'vn autre Hugues, qui fut aueuglé, de peur qu'il ne troublat l'Estat: ce Comte Hugues fut enuoyé fort ieune en Arles, au Roy Boso, qui le voyant Cousin de sa femme l'entretint à sa Cour, pres de son fils Louys.

D'Hugues surnommé, le courageux troisiesme Roy d'Arles.

<small>Onuphr. in fast. l. 4.</small> HVGVES surnommé, le courageux fils bastard de l'Empereur Lothaire, & de Vualdrade sa concubine: fut fait Roy d'Arles apres la mort de Louys l'aueugle son Cousin; suiuant le testament & disposition de derniere volonté d'iceluy, l'an 914.

La Reyne Douairiere voyant Hugues Roy d'Arles, qu'elle auoit tousiours tres-affectueusement aymé, à cause de son bon naturel, estant vn Prince beau de corps, genereux de courage, d'esprit subtil, prudent en ses actions, solide en ses conseils, & courtois à tout le monde; desira de l'aduancer outre, & par dessus ce que le Roy son mary luy auoit donné; & auec le conseil, & aduis de Manasses Boso Archeuesque d'Arles, resolut de le marier auec la Princesse Berthe sa fille aagée de 20. ans: ce qui s'accorda auec la dispence du Pape, au quatriéme degré: ce mariage apporta du contentemét à tout le Royaume, (bien qu'on aye voulu dire, que cette fille fut mariée auec Rodulphe Roy de Bourgongne Cysalpine, ce qui n'est pas).

Le Mariage accordé, les Epithalames chantées, & les noces solemnisées dans la ville de Vienne (seiour ordinaire de la Reyne) à la ioye de tous. L'Archeuesque Manasses Primat de Bourgongne, fit assembler les Estats generaux dans le chasteau de Mentale, où assisternt tous les Prelats, Comtes, Barons, Nobles, & Deputez, du tiers estat du Royaume; qui tous presterent le serment de fidelité au Roy Hugues, & le reconnurent pour leur Roy, & Prince Souuerain (bien qu'on ne trouue qu'il y aye esté solemnellement couronné comme les Roys precedens) ce qu'arriua l'an 916. du regne de Charles le simple Roy de France.

Non seulement ce mariage apporta de la ioye à ces nouueaux mariez au iour de sa solemnité; mais aussi en apporta à tout le Royaume, la seconde année par la naissance d'vn fils que Dieu fit naistre d'iceluy, qui à la requsition de la Reyne Berthe sa femme, & de la Reyne Edgine sa belle mere, fut appellé Lotaire Boso, portant le nom de ses deux ayeuls, pour faire reuiure le nom du fondateur du Royaume. Le temps de l'acouchement finy, le Roy Hugues voulant donner des marques de sa valeur, alla faire la guerre aux Hongrois, qui estoient entrez dans la Prouince Narbonnoise, du costé du Languedoc, où ils exerçoient toute sorte de cruautez; & par sa force, & bonne conduitte les enchassa honteusement, apres en auoir tué 30000. tout prés de la ville de Beziers : Ce qui a fait dire à du Chesne que Raymond Comte de Tolose, & de la Gothie, luy auoit rendu hommage de ses terres en reconnoissance de ce biéfait, & l'auoit assisté au voyage de l'Italie. Cette victoire ne contenta pas ce Roy, qui desireux

des Roys d'Arles. 159

de s'acquerir de la gloire, & augmenter sa couronne pour faire porter le nom d'Auguste à son enfant, passa en Italie, & alla faire guerre à Rodulphe Comte de la Bourgógne Cysalpine, qui auoit passé les Alpes, & rauageoit tout le pays auec intention de se faire couronner Empereur, se preualant du diuorce qui estoit entre les Seigneurs Italiens apres la mort de Berenger; chacun pretendant à l'*Empire*. *Luimprand. l. 4. c. 12.*

Le Roy Hugues partant de Vienne pour les Italies, pria l'Archeuesque Boso de le suiure, le faisant son grand Chancelier, & principal Conseiller de ses affaires: à quoy l'Archeuesque s'accorda librement:& arriuant aux Italies donna d'entrée telle terreur à tous, que Rodulphe, & les autres pretendans prindrent la fuite deuant luy à grandes iournées; Il assiegea, & print en peu de iours la ville de Pize, où s'estoit reffugié Berenger 2. neueu de celuy qui auoit aueuglé le Roy Louys, qui à la faueur de la nuict se sauua par les murailles. Il print aussi la ville de Veronne, qu'il vouloit brusler, & tous les habitans à cause de la trahison qu'ils auoient faite à son beau pere; print encores Milan, & plusieurs autres places: ce qui donna occasion aux autres villes de luy enuoyer les clefs au deuant, les Seigneurs Italiens de faire ligue auec luy, & le Pape Iean XI. des Legats pour le prier de venir à Rome receuoir la couronne Imperialle (ores que les Allemans, qui disoient l'Eslection des Empereurs leur appartenir, eussent declaré Henry l'oyselleur pour Empereur).

Pendant que le Roy Hugues agumentoit sa gloire au hazard de sa vie, les armes en main, l'Archeuesque Manasses poussé par trop d'auarice, & abusant de l'authorité Royalle retenoit à soy tout autant de bons benefices qui venoiét à vacquer, & fut le premier d'introduire dans l'Eglise de Dieu le desordre de l'incompetance des benefices, contrre la doctrine de l'Apostre, qui veut que l'Euesque soit mary d'vne seule espouse qu'est l'Eglise, sans auoir ny les deux ny les trois Eueschez, afin de la regir auec plus de diligence, suiuant les sacrez Canons : car il estoit Abbé des Abbayes de Cruas sur le Rosne, d'Aniane en Languedoc, & de Senenche au Diocese de Cauaillon, Euesque des Eueschez de Trente en Suisse, de Veronne, & de Mantoüe en Italie, & Archeuesque des Archeuesches d'Arles, & de Milan.

C. de Cleri.
v. residen.
sliset.

Epist. ad
Tmot c. 3.

Le Roy Hugues estant dans les Italies, la mort donna son deffi à la Reyne Edgiue sa belle mere

des Roys d'Arles. 161

sa mere, & la priua de cette vie l'an 921. qui fut grandement regrettée de tout le Royaume, & enterrée au tombeau des precedens. La nouuelle luy en estant arriuée, & ayant rendu les deuoirs, à quoy l'alliance, & sa qualité l'obligeoit; & se voyant dans le comble de son bonheur, la gloire de son nom estant releuée au plus haut siege du temple de l'honneur, print la resolution de suiure sa pointe, & venger les iniures qu'on auoit fait au feu Roy Louys Boso son beau pere, & prest à l'execution de son dessein, il reconneut que les Italiens auoient changé leur affection en dédain, leurs belles apparences en simulation, leurs reuerences en mespris, & leur fidelité en reuolte; & que se plaisant naturellement en la nouueauté des superieus, ils auoient souz main enuoyé à Berenger 3. fils de Berenger 2. de venir aux Italies souz la promesse qu'ils luy faisoient de tenir son party, oubliant le serment de fidelité qu'ils auoient fait au Roy Hugues; mesmes que plusieurs villes s'estoient ja rebellées, & que ses propres parens, & seruiteurs le pressoient de faire paix auec Berenger, & se retirer à son Royaume, à quoy il s'accorda (quoy qu'à contr-cœur) à condition toutes-fois, que son fils Lothaire Bo-

X

so aagé de 18. ans seroit reconneu pour Roy des Romains, regneroit Empereur egalement auec Berenger: & apres se retira à son Royaume. Cet accord a esté remarqué au long par Alphonce d'Elbene Euesque d'Alby, dans son histoire, lors qu'il parle des Roys d'Arles.

D. Elben. de Reg. Ardat.

Le Roy Hugues s'estant retiré à Vienne delibera de marier son fils l'Empereur Lothaire Boso auec la Princesse Adalaide, fille de Rodulphe, Comte de la Bourgogne Cysalpine qu'il auoit fait fuir des Italies, laquelle estoit vne des plus belles Dames de son temps; & apres que le mariage fut accordé, & consommé, le Roy Louys de France dit Doultremer leua guerre contre le Roy Hugues, & les heritiers de Rodulphe, afin de les deposer entierement de la Bourgogne, & s'estant saisi de quelques bonnes places vouloit receuoir le serment de fidelité du reste: ce qu'occasionna le Roy Hugues de se liguer auec les Normands qui tous ensemble allant, contre le Roy Louys, le constraignirent de laisser en paix la Bourgogne tant deçà que delà la Saosne, & faire treue auec iceux pour dix ans.

Cette treue estant faite arriua au Roy & à la Reyne la funeste nouuelle de la mort de l'Empereur Lothaire Boso leur fils, qui estoit mort

des Roys d'Arles. 163

dans la Lombardie de maladie; mais comme la mort des enfans penetre plus profondement le cœur de peres, & des meres que toute autre affliction du monde, aussi cette deplorable mort perça si viuement l'ame du Roy, & de la Reyne, qu'ils en penserent mourir; toutes-fois se conformant à la volonté de Dieu, & ayant satisfait aux honneurs funebres, firent ensemblement resolution d'employer partie de leurs biés en des œuures pies, & entre autres ayant ja donné du viuant de leur fils, à l'Eglise de Vienne le lieu de Castanet auec tous ses droits & dependences; ainsi qu'appert de la donnation en datte du troisiéme de Ianuier année 945. signée par Gisenopdius Euesque substitué de Manasses, Archeuesque d'Arles, Archichancelier; Ils fonderent de nouueau l'Abbaye de S. Pierre de Vienne, & l'ayant fait bastir depuis les fondemens, la dotterent des rentes suffisentes pour l'entretien de l'Abbé, & de 36. Religieux de l'Ordre de S. Benoit, qu'ils obligerent de prier Dieu à perpetuité pour leurs ames, ainsi que Huicmarus Archeuesque de Rheins l'asseure dans la vie de Charlemagne.

Leo. off. in chron. & hist. eccl. Vienn.

Cassiod. l. 8. c. 64.

Masso. par.

Le Roy Hugues bien que ja fort vieux, fasché de voir son fils mort, & que Berenger regnoit

X 2

seul dans l'Empire, resolut de retourner aux Italies auec intention d'y mourir, ou d'y regner Empereur, & deliurer sa belle fille Adelaide que Berenger la voyant vefue, l'auoit faite rechercher de mariage; à quoy elle n'ayant voulu consentir, l'auoit faite prisonniere dans Pauie, craignant qu'elle ne se sauuast en France; ce cruel amoureux ne permettant mesmes qu'elle parlat à personne; mais comme ce bon Roy arriua en Italie, pressé de vieillesse, & du trauail, fut atteint d'vne maladie dans la ville de Size, où il mourut, & y fut enterré l'an 947. aagé de 80. ans ayant regné 33. ans Roy d'Arles, & 10. ans Roy des Romains; Il laissa par son testament la Reyne Berthe sa femme heritiere sur tous ses biens, & luy substitua Conrat fils de Boso 2. Comte de Bourgongne Cysalpine son petit neveu, & fils de sa niece.

 La mort de ce Roy ne fut pourtant la cause de la deliurance de la Princesse Adelaide, car au contraire Berenger la tenoit plus estroite que deuant; dequoy l'Empereur Othon 2. qui estoit aux Allemagnes aduerti, vint aux Italies auec vne forte armée, d'où il chassa Berenger, & deliura la Princesse, au veu de laquelle il ne s'en rendit pas moins amoureux que Beréger : mais auec plus d'honneur, & de discretion, puis que deux ans apres il l'espousa au veu & contentement de toute la Cour: ce mariage neantmoins ne fut pas fortuné à cette Princesse, car Lintolfus fils aisné de l'Empereur Othon faché de ces secondes noces, & craignant l'augmentation d'heritiers dans la maison, leua guerre à son pere, & luy donna des troubles vn fort long temps.

Des opinions qu'on a de Rodulphe premier, & de Boso 2.

TOVT ainsi que l'Histoire des Roys d'Arles a esté negligée des son commencement, aussi est il difficile à present de la mettre en bon ordre : car si nous suiuons l'opinion d'aucuns historiens modernes il faut mettre deux Roys entre Hugues le courageux, & Conrad fils de Boso 2. M. Claude de Rubis Conseiller du Roy au Seneschal de Lion en l'histoire qu'il a fait de cette ville a dit que le Roy Hugues estant allé aux Italies la premiere fois, pour estre fait Empereur : que Rodulphe Comte de la Bourgongne Cysalpine y estoit desia pour le mesme subject (comme nous auons dit) se faisant guerre l'vn contre l'autre, & prests à se donner bataille, les bons François leur Capitaines s'y opposerér, & les exhortans à la paix leur representent que tout autant d'hommes qui mourroient en cette bataille, que s'estoit autant affoiblir leurs forces, & qu'iceux estant affoiblis les Italiens leur donneroient à dos, & à leur confusion les chasseroient d'Italie. Ces paroles furent agreables à ces deux Princes, & les obligerent de faire accord ensemble; à condition que le Roy Hugues donneroit son Royaume d'Arles, & de Bourgongne au Comte Rodulphe, se reseruant à soy la Comté de Prouence, qu'il promettoit de garder souz l'hommage des Roys d'Arles, à cause que c'estoit le premier titre hereditaire qu'il auoit eu; laquelle Comté il vouloit donner à vn sien fils naturel appellé Guillaume; & que luy demeureroit seul Empereur aux Italies: C'est ce Comte Guillaume par qui les Comtes de Prouence ont prins leur commencement souz l'hommage des Roys d'Ales.

 Le sieur Cesar de Nostradamus Gentil-homme de Salon de Crau, dans son histoire de Prouence a fait de belles remaques de Boso 2. & dit qu'il mourut à Marseille des blesseures qu'il auoit receuës à la Bataille nauaille qu'il gaigna

des Roys d'Arles. 167

prés de Vintimille l'an 950. & 5. de son Regne contre les Mores, & Sarrasins, & luy donne son frere, pour successeur Rodulphe bien qu'il eust vn enfant masle, qu'est Conrad, ce qui est ridicule: car s'il s'appelle Boso 2. ce n'est pas à raison du Royaume d'Arles, mais bien de la Comté de la Bourgógne Cysalpine, nostre Boso premier l'ayant possedée deuant luy.

Le sieur du Chesne dit, qu'il y a eu vn Boso Marquis de Toscane, & vn autre Euesque de Plaisance ; mais il ne les appelle pourtant Roys d'Arles, ny de Bourgongne. Dans l'Abbaye de Sainct Victor de Marseille se lit aux vieilles escritures de l'ánée que Boso 2. fils de Retobaldus fut Comte de Prouence, releuant du Royaume d'Arles, pere de Guillaume premier, lequel Guillaume fut pere de Godefroy, & Godefroy de Bertrand, qui tous successiuement furent Comtes de Prouence.

D'autres ont dit que Boso 2. ne se nomma jamais Roy d'Arles, pour ne desplaire au Roy Hugues, ny à la Reyne Berthe, à cause qu'il auoit espousé leur niece ; bref il y a tant à desmeler en cette histoire, procedant de la conuenance des noms, que ie l'ay laissé à la croyance d'vn chacun, & me suis contenté de descrire le regne de

Conrad premier, que i'eſtime eſtre le vray ſucceſſeur du Roy Hugues, & quatriéme qui a porté la couronne du Royaume d'Arles, les autres n'eſtans que Comtes de Prouence.

De Conrad premier du nom, quatriéme Roy d'Arles.

CONRAD premier du nom fils de Boſo 2. Comte de Bourgongne Cyſalpine, & d'vne autre Berthe niece du defunt Roy Hugues, & ſon heritier teſtamentaire, fut fait Roy d'Arles par le conſentement de la Reyne Berthe, l'année 950? tant pource qu'il eſtoit le plus proche parent du Roy ſon mary, que en conſideration de la bonne affection qu'elle luy auoit touſiours porté, (s'eſtant acquis cette bonne affection par le moyen de ſes vertus:) car outre qu'il eſtoit grand d'eſprit, noble de cœur, & genereux de courage, il eſtoit encores grandement obligeat & s'eſtoit dés ſa ieuneſſe touſiours ſoulmis à la volonté de la Reyne.

Ayant eſté declaré Roy d'Arles, & des Bourguignons, la Reyne le voulant entierement aduancer traicta de le marier auec la Princeſſe Matilde, ſœur du Lothaire, Roy de France, & fille du

des Roys d'Arles. 169

du Roy Louys dit Doutremer, qui porta au Roy Conrad pour dot la ville & Comté de Lion, que son frere le Roy Lothaire luy donna en don- emplation de ce mariage. *Belle ferist. l. 2. c. 83.*

La ville d'Arles qui estoit la capitalle ville du Royaume, fut la premiere qui reconneut le Roy Conrad, & à qui fut donnée la nouuelle de son heureux mariage, pour lequel ils dresserent des feux de ioye souz la croyance qu'ils estoient arriuez dans vn siecle fortuné, & que cette Prin- cesse deuoit, comme la Deesse Pelonie, chasser bien loin les ennemis de l'Estat, & leur ame- ner vne si grande posterité, qui leur ferme- roit le temple de Iannus, & les rendroit iouys- sans d'vne asseurée paix. Dans le mesme temps la Reyne Berthe, qui estoit vne des plus habil- les Princesses de son temps, fit aussi accorder le mariage d'entre sa petite fille la Princesse Em- ma, fille vnique de feu Lothaire Boso Roy des Romains son fils, auec le Roy Lothaire de Fran- ce, & le mariage de la Reyne Adelaide sa belle fille, mere de la Princesse Emma, & vefue de Lo- thaire Boso, auec l'Empereur Othon 2. qui l'a- uoit deliurée des prisons de Berenger. *Bellas A- lisances.*

Tous ces mariages accordés, les noces so- lemnisées, & chacun retiré à sa maison auec tou-

Y

te forte de contentement: la Parque inhumaine fafchée de n'auoir esté inuitée à la feste, enuoya son heraud à la Reyne Berthe, qui luy causa vne grãde maladie, & en peu de iours elle mesme s'y trouuãt, couppa le filet de sa vie, & la contraignit de quiter le Royaume de la terre pour aller aux noces du Ciel: car elle mourut l'ã 953. aagée de 63. ans & fut enterrée dãs l'Eglise, de l'Abbaye de S. Pierre de Vienne, qu'elle, & le Roy Hugues auoient fondé à leurs despens.

Linterand. l. 4 c. 12.

Apres la mort de cette Princesse, Manasses Archeuesq; d'Arles, mescontent de voir tant aduãcé le Roy Cõrad, mesmes que la Reyne Berthe par son testament luy auoit donné la plus part de ses biens, se retira de la Cour en son Archeuesché d'Arles: où estant disputa la presceance dans la Saincte Eglise, & aux actions publiques, auec le Roy: disant, que les Archeuesques d'Arles, Primats des Gaules, & de Bourgongne ne pouuoient estre precedez que des Papes, qui estoient les Vicaires de Dieu en terre; & pour mieux fortifier son dire, aduançoit que la Prelature excelloit la Royauté; pource que Dieu auoit dit au Prophete Hieremie en la personne des Prelats: *Ego constitui te super gentes, & super Regna*; & que les Euesques n'ont iamais esté sa-

L'Archeuesque d'Arles dispute la presceance contre le Roi

Hier. c. 1.

des Roys d'Arles. 171

crez par les Roys, ains les Roys par les Euesques, Il n'oublia de produire les exemples du grand Alexandre, qui donna la préseance au Prestre Iadus à la prinse de Hierusalem: celle du grand Constantin qui honnoroit le Prestre sur tous les grades, & dignitez de la terre, & comman- doit par loy expresse de les honnorer de la sorte, l'authorité de l'Apostre, de l'Empereur Iustiniã, de S. Gregoire, & des raisons naturelles: auec vne Rethorique si persuasiue que le Legat Apo stolique enuoyé expres du Pape Leon V.III. qui tenoit le siège, pendant qu'on auoit chassé Iean XII. de Rome, à cause de sa trop grande liber- té de vie, fut cõstraint d'adiuger la preseance à l'Archeuesque, (de laquelle il ne iouyt iamais) car il mourut l'an 962. ayant esté Archeuesque d'Arles 45. ans, de Milan 28. Euesque de Tren- te, de Veronne, & de Mantoüe, 29. Abbé des Abbayes de Cruds, d'Aniane, & de Senen- che 38. ans, sans demeurer que bien peu en re- sidence en sa legitime espouse, qu'estoit l'Eglise d'Arles; l'absence de ce Prelat causa des grands dommages à la mense Archiepiscopalle, & au corps de la Saincte Eglise: car le Seneschal auoit vsurpé la plus part de sa Iurisdiction, les particu- liers s'estoient appropriez les biens, & reuenus

Dist. 96. c. cũ kĩ.
ad Tim. c. 5.
In scripturā 1. 2. Epist.

Y 2

de la messe, & du Chapitre; & le Clergé par vne dispense trop grande s'estoit esloigné du deuoir qu'est porté par les Saincts Canons; & asseurement en ce temps se pouuoit dire de l'Eglise d'Arles, ce que le Prophete disoit en la personne du Messie. *Diuiserunt sibi vestimenta mea, & in vestem meam miserunt sortem*: Ce qui donna vne grande peine à l'Archeuesque Yterius son successeur; qui pour en auoir la restitution luy fallut auoir recours au Pape Iean XIII. qui luy donna vne excommunication contre ceux qui detenoient aucune chose de la mense Episcopalle, & de son Eglise; s'ils n'en faisoient proprement la restitution. Ce Pape Iean par sa Bulle qu'il enuoya à l'Archeuesque yterius appella l'Eglise d'Arles premiere de toutes les Eglises de France, & seconde chaire de Rome.

Apres la mort de la Reyne Bertho, & dans la mesme année, la Reyne Matilde, femme du Roy Conrad s'accoucha d'vn fils qui fut appellé Rodulphe; la naissance duquel amena toute sorte de contentement au Roy, à la Reyne, & à tout le Royaume; estimant que ce successeur à la couronne empescheroit beaucoup de guerres qui pourroient arriuer. Il eust aussi vne fille appellée Gisele, qui fut mariée à Conrad le

Psalm. 21.

Yterius Archeuesque d'Arles.

Autentic. capit. Arel. fol. 2.

des Roys d'Arles. 173

Salique, Duc de Franconie, & apres Empereur, succedant à Henry le Sainct. Et d'autant que le Roy Conrad ne pouuoit subuenir à tous les affaires de son Estat, enuoya en Arles pour son Lieutenant General, Guillaume son cousin, fils d'vne autre niece du Roy Hugues, & Legataire d'iceluy de la Comté de Prouence, hômageable à la couronne d'Arles, (bien qu'on l'aye voulu qualifier son bastard). Ce Comte Guillaume auoit soin de tous les affaires, & rien ne se passoit dans l'Estat que par son aduis, & conseil: Il posseda cette charge quinze ans, pendant le regne du Roy Conrad, & douze ans souz son fils le Roy Rodulphe, que font vingt-sept ans, sans dôner suiect à personne de se plaindre: car il rendoit bonne iustice à tous, & entretenoit les Prouençaux, & les Bourguignons au deuoir de vrais subiects.

Ce Côte mourut dans Arles, ayant auâ sa mort fait son testament, par lequel il substituoit en tous ses biens le Monastere des Religieuses de S. Iean à present dit S. Cesaire, apres la mort de la Dame Adalaix, fille de Fouques Comte d'Anjou sa femme, & de Guillaume son fils. Ce testament fut fait l'année 992. escriuant Amilius Prestre, ez presences d'Annonus Archeues- *Annonius Archeuesque de la sainste Egli- se.*

Y 3

que d'Arles successeur d'Yterius : & de Roubaud, Comte de Folcarquier : de son Frere : de deux autres Archeuesques : trois Euesques, six chanoines, cinq Prestres, de Gui'laume son fils : d'autre Guillaume Comte de Tolose : d'Adalaix sa femme : & plusieurs autres grands Seigneurs. Ce Comte laissa aussi vne fille appellée Constance qui fut mariée en secondes noces auec Robert, Roy de France, fils d'Hugues Capet, de laquelle nasquit Henry premier, qui succeda au Royaume de France apres son Pere.

Guerre entre Lothaire, & l'Empereur Othon 2.

Iusques icy nous n'auons parlé que de paix, mais le Diable enuieux du repos des humains suscita certains flateurs, qui mirent dans l'esprit du Roy Lothaire de reauoir le pays de la Lorraine, que les Allemás luy detenoiét depuis long temps, & à ces fins alla auec vne forte armée attaquer l'Empereur Othon 2. mary en secondes noces de la Princesse Adelaide sa belle-mere, lequel voulant empescher ce dessein donna la Lorraine au Prince Charles, frere du Roy de France, en intention de semer le diuorce parmy eux; sçachant que le moyen de regner est de mettre la diuision entre ceux qui peuuent nuire. Cela ne garda pas le Roy de passer outre,

& aller auec son armée iusques à Aix la Chapelle aux Allemagnes, où il pensa surprendre l'Empereur, qui pour en auoir son reuanche employa toutes ses forces, & ses amis d'Allemagne, pour auoir raison de cette brauade, & donna la chasse au Roy Lothaire, le poursuiuant iusques aux portes de Paris, auec intention de prendre la ville, & faire le Roy prisonnier.

Conrad Roy d'Arles son beau-frere estant aduerty de cette presse, & voulant monstrer au Roy de France les vrayes marques d'vn bon parent, partit promptement de Lion (où il faisoit son seiour ordinaire depuis son mariage) auec vne forte armée, & se iettant contre l'Empereur, l'obligea de prendre la fuite, & faisant sa retraite le Roy Conrad poursuiuit l'Empereur iusques à la riuiere d'Oyse, qui ne pouuant passer, ny se retrancher à cause qu'elle estoit debordée, y perdit la plus part de ses gens, & luy se sauua à la desbandée à trauers les champs auec crainte d'estre reconneu.

L'Empereur s'estant retiré à sa confusion, le Roy d'Arles desirant d'entretenir la paix entre ses deux beaux freres, le Roy de France, & le Prince Charles, leur moyenna vn accord qui fut que le Roy Lothaire laisseroit iouyr son fre-

Paix entre le Roi Lotaire & son frere Charles.

re Charles de la Lorraine, suiuant le don que l'Empereur Othon luy en auoit fait; & que chacun d'eux viuroit en amitié fraternelle enuers & contre toute sorte d'ennemis. Cette paix estat faite esleua si fort le cœur du Prince Charles que voulant vser de brauade, & monstrer que rien ne pourroit luy resister à l'aduenir, fit mettre à ses armes vn bras armé de fer sortant d'vne nuë, comme voulant dire. Que le Ciel protegeât ses desseins, personne ne pourroit euiter la force de son bras. Ces armes luy furent grandement dommageables, car l'année 982. que son frere le Roy Lothaire, & son neueu, Louys 5. furent morts sans enfans masles, les Estats Generaux de France assemblez dans Paris, pour pouruoir à la Couronne: se trouua vn qui proposa de donner la Couronne de France au Prince Charles, comme frere, & plus proche parent en ligne masculine du Roy, à qui de droit, selō & les coustumes des François elle appartenoit; Irrita si fort le courage des assistans, que s'opposans à son dire, luy pensa arriuer le mesme qu'arriua à Iulius Cesar, lors qu'il faisoit l'oraison funebre de Iulia sa tante, loüant en icelle Marius son mary, en representant les statues qu'on auoit dressé à son nom, que tout le peuple mescontent

des Roys d'Arles. 177

tent de son discours le voulut assommer, disant que la loy deffendoit par exprez de faire memoire, ny donner aucun loüange à ceux qu'auoient esté conneus pour ennemis de l'Estat. Aussi les *Estats* de France faschez contre le Prince Charles le reietterent & reconneurent pour Roy de France, Hugues Capet Comte de Paris, de la race de Clodion le Cheualier (qui tout premier casa; & domicilia les François en Gaule.) & fils d'Hugues le grand Duc d'Anjou, & petit fils de Robert 2. fils d'Hugues l'Abbé; prenant pourpretexte que le Prince Charles s'estoit escheu de la couronne, en faisant ligue auec les ennemis des François, & que par ses armes il menaçoit de vouloir regner plus auec le bras de fer, que le lys de la clemence.

L. interdum.

Le Roy d'Arles ayant accordé ces deux freres s'en retourna à Lyon, & de la à Vienne, faisant à son retour la visite de son Royaume de Bourgongne, Comté de Lyon, & du reste delà la Saofne, qui pendant son regne ioüit du benefice de la paix. Arriué à Vienne il y fut receu auec toute sorte d'allegresse, par la Reyne, & son fils Rodulphe: Et ja deuenu vieux, & voulant obliger le Chapitre de Sainct Maurice dudit Vienne de prier pour son ame, leur don-

Belleforest l. 2. c. 51. Reges. in l. 2.

Z

na ez presences & du consentement de la Reyne, & du Prince Rodulphe son fils; le lieu de Lusigna, auec ses droits, & appartenances; & dans la mesme donnation; la Reyne donna à la Sacristie dudit Chapitre, vn encensoir, & vne Croix d'or, vne couronne de lampes d'argent pour tenir dans la chapelle du sepulchre de nostre Seigneur, qui est dans l'Eglise de Sainct Maurice; & peu de temps apres la mort luy fit payer le dernier tribut de la nature, aagé de 67 ans: car il mourut le 20. Octobre année 978. pendant l'Empire d'Othon 2. & le regne de Lothaire Roy de France: ayant regné Roy d'Arles 35 ans, & fut enterré dans S. Maurice de Vienne; laissant son fils le Prince Rodulphe aage de 21. an successeur de sa couronne, auquel il commanda d'honnorer la Reyne Matilde, sa mere, faire estat de ses conseils, & d'estre doux, & clement enuers ses subiects. La Reyne ne vesquit que fort peu de temps apres ce Roy; comme se peut voir de l'Epitaphe qu'est posée sur son sepulchre aux Cloistres de Sainct Maurice qui commence. *VI. Kalend. Decembris. obijt Matildis vxoris Regis Conradi qui obijt XIII. Kalend. Nouembris.*

De Rodulphe cinquiéme Roy d'Ales.

RODVLPHE fils vnique du Roy Conrad, & de la Princesse Matilde, fille de Louys 4. dit Doutremer Roy de France, & sœur du Roy Lothaire: fut le cinquiéme Roy d'Arles, & des Bourguignons, succedant à son pere l'an du monde 4936. & de grace 980. quatriéme an de l'Empire d'Othon 3. A l'entrée duquel tout le Royaume receut autant de ioye, & de bon-heur qu'il auoit eu d'affliction, & de la perte à la mort du Roy son pere. Il vint l'année 981. en Arles pour estre couronné, & receut la Couronne dans la Saincte Eglise des mains de l'Archeuesque Yterius, assisté de plusieurs Prelats, de Guillaume Comte de Prouence son parent, des principaux Seigneurs, Comtes, & Barons du Royaume: qui tous le reconnoissant, luy prestèrent le serment de fidelité. Ce Roy ayant veu l'affection de ses subiects, & receu d'iceux le serment de fidelité, resolut de s'en retourner promptement à Vienne pour y faire son ordinaire residence; non à cause de la beauté & antiquité de cette ville, bien qu'elle eut esté colonie des Romains, bastie au bord du Rosne par

Z 2

Venerius Affriquain (ny pour cause de sa fertilité) car la ville d'Arles capitale de son Royaume l'excelloit de beaucoup, tát en antiquité de fondation, beauté d'edifices, grandeur de murailles, fortificatiõ de place, estenduë de terroir, abondance de viures, delicatesse de fruicts, fait de cõmerce, & temperature d'air : mais encores la surpassoit en nombre, & ancienneté de noblesse, & quantité d'habitans : ains ce qui occasionnnoit ce Roy de resider à Vienne, n'estoit autre, que pource qu'il estoit au milieu de son Royaume, où il pouuoit facilemẽt sçauoir tout ce qui se passoit dans son Estat.

Estant arriué à Vienne il donna ordre à la conseruation de toutes les places de son Royaume, & ayant atteint l'aage de 25. ans se maria auec la Princesse Irmengarde, fille du premier lict de l'Empereur Othon 2. & sœur d'Othon 3. de laquelle il eut vn fils, qui à sa naissance fit esclairer tout le Royaume en feux de ioye, & ouyr infinité de chants d'action de grace par toutes les Eglises, qui fut nommé Robert. Le Roy sçachant, que l'education des enfans est vne autre nature qui les incline à ce à quoy ils sont eleuez dés leur tendre ieunesse, proposa d'esleuer ce sien enfant en toute sorte de vertus, & crainte de Dieu;veu que pour bien regner au Royaume de la terre, il faut penser à l'acquisition de celuy du Ciel; & que pour estre craint, aimé, & honnoré des subiects, il faut craindre, aimer, & honnorer Dieu sur toutes choses: & pour ce faire, il luy bailla vn bon precepteur pour luy enseigner la vertu disant qu'vn pere qui laisse la vertu à son enfant, luy laisse vn heritage bien asseuré, qui n'est subiect à la pluye, à la tempeste, à la force des hômes, ni à la iustice humaine, & que la plus grande Seigneurie qu'vn Prince puisse auoir est, d'estre familier des gens vertueux.

Pendant ce temps le Roy receut la nouuelle de la mort du Comte Guillaume de Prouence, de qui nous auons parlé, qui estoit mort en Arles le 27. May 995. (ores que du Chesne aye dit, qu'il s'estoit retiré du monde, & fait Religieux dans l'Abbaye de Cluny, sous la Discipline de l'Abbé S. Mayent) ce qui l'obligea d'enuoyer le ieune Prince Robert son fils pour estre Lieutenāt General du Royaume, & faire sa residéce en Arles: mais tout ainsi comme tous les arbres qui sont plantez dans vn jardin bien que sortis d'vn mesme tronc, nourris de mesme terre, & arrousez de mesme eau, ne rendent pas le fruict esperà à son maistre (ores qu'il aye prins beaucoup de peyne pour les cultiuer) aussi ce ieune Prince bien qu'il eust esté instruit, & esleué en toute sorte de vertueuses actions, suiuant sa qualité: Il ne rendit pourtant dans Arles aucun fruict esgal à l'esperance qu'on en auoit eu despuis sa naissance, ains viuant dans cette ville en toute sorte de liberté, offençoit le Clergé, la Noblesse, & le tiers estat, donnant à chacun suiet de plainte: ce qui occasionna l'Archeuesque d'Arles appellé Vdo (fils bastard selon aucuns du Roy Rodulphe son pere) de le chasser du throsne Royal, & de la ville, apres l'auoir souuent admonesté.

Fils du Roi chassé d'Arl. par l'Archeuesque.

Vuolfrago Lez in hist. transmigrant.

Ce ieune Prince se voyant hors d'Arles, hay des habitans, & de toute la Prouence, s'en alla aux Italies trouuer le Roy son pere, qui auoit accompagné l'Empereur Othon 3. son beau frere venant à Rome pour chasser Crescensius Consul Romain, qui se vouloit faire reconnoistre pour Roy d'Italie. Dans le mesme temps que le Prince Robert arriua à Rome, les Empereurs de de l'Orient, Basile, & Constantin, qui regnoiét ensemblement, demanderent secours à Othon 3. contre les Mores, & Sarrazins, qui auoient prins la Poüille, la Calabre, & la Sicile sur les

des Roys d'Arles. 183

recs: ce qu'occasionna l'Empereur Othon d'y enuoyer son neueu, le Prince Robert, fils du Roy d'Arles, auec Guillaume Comte d'Arques, en teste d'vne forte armée, à condition que tout ce qu'ils conquerroient en cette guerre seroit partagé entre eux; mais le mal-heur porta pour ce ieune Prince qu'il mourut bien-tost en cette expedition à faute de prudence militaire; le 24. an de son aage; la mort duquel affligea grandemét ses pere & mere, & principalemét le Roy qui se voyant destitué d'heritier pour succeder à sa couronne, print la resolution de se retirer chez soy, & ne plus se mesler de guerre, ny d'affaires d'Estat; ce qui fut la cause qu'on l'appella du depuis, Roduldhe le lasche. *Fer de la lãce de N. S. donné au Roi d'Arles.*

Le Roy Rodulphe estát aux Italies eut en present du Comte Sanson, le fer de la lance qui auoit percé le sacré costé de nostre Seigneur, l'ayant apporté de Hierusalem accompagnant le Prince Robert de Normandie, frere du Roy Robert de France: lequel fer ce Roy gardoit en grande veneration; mais à la persuasion de ses amis, il fut comme constraint de la donner à Henry premier Roy de Fráce, fils de Robert, qui le porta à Paris, & le tenoit pour le plus precieux relique de son Royaume. Paradin s'est en- *Luitprand, hist. papien.*

cores trompé au don de ce precieux Relique, difant, que c'eſtoit Rodulphe premier Comte de Bourgongne Cyſalpine, qui l'auoit donné au Roy Henry premier, d'autant que ce Roy n'eſtoit pas encore au monde, ny Hugues Capet ſon ayeul n'auoit encores eſté appellé à la couronne de France: ce qui fait voir la verité du Prouerbe, qu'il faut diſtinguer le temps pour accorder les eſcritures.

L'Empereur Othon ayant mis l'Italie en paix, & voyant que le Roy d'Arles s'eſtoit retiré à ſa maiſon, s'en retourna aux Allemagnes, ayant auparauant que partir fait reconnoiſtre Brunus fils du Duc de Saxe ſon couſin pour Pape apres la mort de Ieá XVI. qui fut appellé Gregoire V. mais il ne fut pas retiré à Aix, que Creſentius fauſſant la foy, & iurement de fidelité, qu'il auoit preſté à l'Empereur retourna plus que deuât à faire des brigues, & ambitionnât l'Empire faiſoit ſouſleuer le peuple contre le Pape à cauſe qu'il eſtoit Alleman, & preſſa l'Eueſque de Plaiſance d'occuper par force la Chaire de S. Pierre, le faiſant declarer Antipape, & nommer Iean XVII., qui chaſſa le Pape Gregoire de la ville de Rome, & cauſa le 17. Schiſme.

Le Pape Gregoire ſe voyant chaſſé de ſa Chaire

Chaire, de son Euesché de Latran, & de la
ville de Rome; s'en alla tout triste aux Allema- 17 Schisme.
gnes, dire ses griefs à l'Empereur, & au Duc de
Saxe son parent: qui esmeus de compassion,
& poussez d'vne iuste colere côtre ce faussefoy,
vindrét assieger Rome, la mirét en peu de iours
à la faim: ce que voyans les Romains resolurent
de demander pardon à l'Empereur, & luy ouurir les portes de la ville. L'Antipape Iean, &
Crescentius se reffugians dans le Chasteau S.
Ange qu'ils auoient fait fortifier, en furent
bien-tost denichez: car Crescentius y fut tué,
& son corps pendu à vn gibet: l'Antipape y fut
fait prisonnier, (& puis assommé par le peuple,)
& Gregoire qui estoit le vray Pape, fut restitué à
son siege, où il vesquit encores trois ans.

Le Pape Gregoire estant restabli, couronna
l'Empereur Othon de la Couronne Imperialle Institution
dans l'Eglise de Sainct Pierre, & conuocqua vn des Electeurs
Concile dans Rome, auquel furent instituez les de l'Empire.
sept Electeurs du sacré Empire, & ordonné
qu'autre qu'eux ne pourroit eslire l'Empereur,
ains que celuy seul qu'ils auroient nommé, seroit
reconneu, & non autre: ce qui affligea grandement les Italiens, qui se voyans priuez du droit
de nommer les Empereurs, que de si long-temps

A a

ils auoient eu, ils iugerent leur authorité grandement reculée.

Le Pape donna cette qualité d'Electeurs à sept grands personnages, les noms desquels sont à present inconnus: mais ceux de present sont, trois Archeuesques, trois Politiques, & vn Roy. Les Archeuesques sont, celuy de Mayence, celuy de Colongne, & celuy de Treues: celuy de Mayence entre à l'Electorat pour tous les Prelats d'Allemagne, & donne la couronne à l'Empereur: celuy de Cologne entre comme Archichancelier du sacré Empire, & celuy de Treues comme Archichancelier de France, pour le Royaume d'Arles: ce qui monstre clairemēt, qu'au temps de l'institution des Electeurs le Roy d'Arles estoit vn des sept qui furent destinez à cét office. Les Politiques sont le Comte Palatin du Rhin, le Duc de Saxe, le Marquis de Brandebourg, & le Roy de Boheme, qui est comme arbitre.

En cette institution d'Electeur, le Pape Gregoire imita Moyse, qui à l'heure de sa mort ordonna de choisir sept vieillards pour gouuerner & auoir le soing d'eslire des Iuges au peuple, ou bien il fit à la façon des Perses, qui toutes les années eslisoient sept Princes dans le Royaume, qui sans l'assistance d'autres ne pouuoient creér vn Roy, au cas de vaccance, & determiner pédant l'interregne de tous les affaires de l'Estat. Il fit encor comme les Spartes qui élisoient auec leur Roy, sept Ephores pour conseruer la liberté publique, & empescher que l'authorité d'vn seul n'incommodast tout le reste.

Apres l'institutió des Electeurs, l'Empereur se iourna quelque temps à Rome, & empescha le dessein des Grecs qui se vouloiét ietter dás l'Italie: & pendát son seiour les Italiens chercherent toute sorte de moyés pour le faire mourir, se seruant d'aucune-fois de la rebellion: d'autre-fois de soufleuement du peuple: & bien souuent de secrettes trahisons pour l'assassiner: mais ne pouuans venir à leur dessein, se seruirent de l'astuce des fommes, sçachant que les Philistins ne peurent vaincre Sanson que par le moyen de Dalila: que les Roys, Dauid, & Salomon par leurs Concubines: Olofernes par Iudith, & tant d'autres grands capitaines auoient esté honteusement descheus par le moyen des femmes; pratiquerent la vefue de Crescentius, qui estoit la plus belle femme de son temps, & qui sous vn masque simulé faisoit semblát d'aimer l'Empereur (voire auoient ils eu quelques secretes fa-

Iudic. c. 16.
2. Reg. c. 11
3. Reg. c. 10

miliaritez enfemble) à laquelle repreſenterent
le reſſentiment qu'elle deuoit auoir en ſon cœur
de la mort de ſon mary, & l'obligation de venger icelle, puis que facillement elle le pouuoit
ſans courre danger de ſon honneur, de ſa
vie, ny de ſes amis : ces paroles ſe gliſſerent
à la façon d'vn venin mortiferé dans l'eſprit de
cette impudique, qui prenant ſes auantages de
la trop grãde familiarité qu'elle vſoit auec l'Empereur, reſolut de l'empoiſonner, & ayant fait
mettre du poiſõ à vn gan de ſenteur, le luy pre-
ſenta au nez en forme de careſſe pour le ſentir:
cette ſenteur empoiſonna l'Empereur d'vn venin
ſi fort, que dés trois iours après il mourut, & par
ce moyẽ elle vangea la mort du parjure Creſentius ſon mary, & ſoula la rage des Italiẽs, ce qui
arriua l'an de grace 988. & de ſon Empire, le 15.

Les Allemans voyans l'Empereur Othon 3.
mort ſe ſeruirent du Decret du Pape Gregoire,
& eſleurent pour Empereur Henry ſurnommé
le Sainct, qui eſtoit Duc de Bauiere, & fut
couronné dans Aix la Chapelle, par l'Archeueſque de Mayence, & ſon eſlection approu-
uée par le Pape Benoit VIII. qui le couronna
apres dans Rome le 10. an de ſon Empire. Cét
Empereur print à femme la Princeſſe Cunegon-
l.

de, fille du Comte Palatin, auec laquelle il garda perpetuelle virginité : (ainsi qu'elle le monstra estant faucement accusée d'adultere,) que pour oster la ialousie à l'Empereur, & le soubçon de sa pudicité à tout le monde, se soubmit de marcher pied nud sur vne barre de fer enflámée du feu dans la forge : sachant que Dieu auoit donné la force à la virginité des trois enfans de la fournaise de Babylonne, & de Saincte Genevievfue de Paris, de suspendre l'ardeur du feu : L'Empereur la voyant ainsi marcher sur le feu sans se brusler reietta cette fausse opinion, & luy demandant pardon du soubçon qu'il auoit conceu d'elle, fit punir par feu les faux accusateurs, & peu de temps apres il mourut de maladie le 12. an de son Empire, ayant pendant son mal prié les Electeurs de faire electió apres sa mort de Conrad Duc de Franconie autrement appellé le Salique, beau frere du Roy d'Arles qui estoit Prince tres-vertueux & de bonne conuersation, & l'Imperatrice sa femme voulant continuer le Sainct voeu qu'elle auoit fait se retira dans vn Monastere où elle mourut, & apres sa mort Dieu a manifesté sa bonne vie, par des grands miracles qui se sont faits aupres de son sepulchre, qu'est cause qu'elle a esté en-

Daniel c. 3
Surius.

rollée dans le Cathalogue des Sainctes Vierges, comme le remarque Baronius au 3. de Mars.

Dons faits à l'Eglise de Vienne.

Reuenant au Roy Rodulphe, qui se voyant sans enfans, delibera de departir ses biens en des œuures pies, & sachant que les Eglises sont des maisons Royalles, appellées par les Grecs Basyliques à cause que dans icelles le Roy des Roys y est seruy, & adoré, & que necessairemét les Roys doiuent contribuer de leurs biés pour les edifier, & pour l'entretien, & nourriture des Prestres, qui y font le seruice Diuin; à l'exemple de Pharaon Roy d'Egypte, & de Salomon Roy d'Israël, l'vn qui auoit affecté le plus liquide de son Royaume, pour la nourriture des Prestres Egyptiés, (quoy qu'idolatres) & l'autre qui auoit tant employé d'or, & d'argent pour la fabrique de ce magnifique temple de Hierusalé, qui surpassoit les plus beaux edifices qui l'auoiét deuancé, & n'a iamais peu estre egalé d'aucun qui soit esté fait depuis son fondement : mesmes que l'Apostre exhorte les Chrestiens d'auoir soing des Ecclesiastiques, sur tout des Euesques, qui ne doiuent estre necessiteux comme les autres Prestres. Ce Roy donna à S. Brouchard Archeuesque de Vienne, son Chancelier, la

Gen. c. 30.

3. Reg c. 6.

Hebre. c. 31

Comté de Vienne, ſes droits, & dependances,
& au Chapitre de Sainct Maurice la iuriſdiction,
& Seigneurie du Chaſteau de Gomenay, le Chaſteau de Chanaux, & le Chaſteau de Pipet, ainſi qu'pappert de deux Bulles de donnation, l'v-
ne du 4. des Kalédes de Iuillet 1013. 20. an de ſõ
Regne, & l'autre du 18. des Kalédes d'Octobre,
1023. & 30. an de ſon Regne, leſquelles Bulles
commencent par ces paroles. *In nomine Sanctæ,
& indiuiduæ Trinitatis, Rodulphus Diuinæ fauente
clementia Rex &c.* qui ſont encores gardées dans
le Chapitre Metropolitain de Vienne : & par
leſdites Bulles le Roy declare qu'il fait les ſuſ-
dites donnations, pour obliger Sainct Brouchard, ſes ſucceſſeurs Archeueſques, & le Chapitre, de prier pour la remiſſion de ſes pechez, &
de la Reyne Imengarde ſa femme, tant en cette
vie, qu'apres leur mort. Cette donnation ſemble
deſtre chocquée par du Cheſne, qui dit, que
L'Empereur Conrad le Salique, de qui nous
parlerons cy apres donna la Comté de Vienne
à Huber Archeueſque dudit Vienne, apres en
auoir chaſſé d'icelle Guillaume Comte de Maſ-
con, à cauſe qu'il ne le vouloit reconnoiſtre :
Toutes fois il en parle en hiſtorien veritable,
puis que la Comté de Vienne eſtoit en ce temps

departie en trois Comtez, l'vne defquelles appartenoit au Roy d'Arles & de Bourgongne, l'autre à Gerard de Viéne, fils du Comte d'Aufonne, & la troifiéme à Guillaume, furnommé Tefte-hardie, Comte de Mafcon, & l'Empereur Conrad donna à l'Archeuefque Hubert la portion de Guillaume, à caufe de fa rebellion. Il fit auffi rebaftir le Monaftere des Religieufes de S. André, depuis le fondement, & donna des grands dons pour l'entretien des Religieufes. La Reyne donna auffi à l'Eglife de S. Maurice vne chapelle entiere d'Ornemés de la Meffe de drap d'or, parfemé de perles precieufes, enfemble vn Calice, & vn Encenfoir d'argét d'oré: & fit reftituer à Guigonius Abbé de S. Pierre, les vignes, que les Officiers de l'Empereur Henry 2. ja mort luy auoient vfurpées fouz certaines pretentions. Enfin l'vn, & l'autre de ces deux Royalles perfonnes, ne s'eftudioient qu'aux œuures charitables, & viuoient au monde fans aucun gouft de la mondanité: mais la mort attaqua ce Roy tout premier pour le tirer de cette vie, le 25. d'Aouft l'an 1030. du feptante-fixieme de fon aage, & 36. de fon regne fouz le Pótificat du Pape Ieá 19. le fecond an de Conrad le Salique, & le 3. du Regne de Héry 1. Roy de

Hift. Vieñ.

e France: & d'autant qu'en luy la noble race
e Thierry grand Chambelan de France, du re-
ne de Charles le chauue finiſſoit : il auoit peu
de temps auant ſa mort fait ſon teſtament, &
declaré heritier, & ſucceſſeur de ſa couronne
Henry le noir, fils de ſa ſœur Giſele, femme de
l'Empereur Conrad le Salique (& à la façon des
anciens Empereurs Romains qui enuoyoient
la ſtatüe de leur Deeſſe Fortune toute d'or
maſſif, à celuy qui les deuoit ſucceder) enuoya
à ſon neueu les enſeignes Royalles, qui ſont, la
Couronne, le Sceptre, & ſon eſpée : & déjetta
de tous ſes biens Odo ſon petit neueu, & fils du
Comte de Cháp agne, bien qu'il fut petit fils de
ſon autre ſœur; & le reſte de ſes biens furent à la
diſpoſition de la Reyne Imengarde, qui ſe voyant veſue d'vn ſi bon mary, ne ſuruelquit que
deux ans apres, & mourut le 4. de Septēbre année 1028. tous deux eſtans enterrez à meſme ſe-
pulchre dans l'Egliſe de Sainct Maurice, ainſi
qu'appert de leur Epitaphe qui comméce. *Octa-*
ue Idus Septembris. Anno 1026. obijt Rodulphus Rex,
& 6. Kalend. Septembris. Anno 1028. Irmengarda
Regina uxor eius, &c.

Bb

De Geraldus, ou Beraldus sixiéme Roy d'Arles.

GERALDVS, ou selon aucuns Beraldus, neueu de Boso, Marquis de la marche, & proche parent du Pape Gregoire V. de la maison de Saxe, & de l'Empereur Othon 3. fut le sixiéme Roy d'Arles, & des Bourguignons (ores qu'il ne fut pas reconneu en la Bourgongne.) Il paruint à la couronne d'Arles, non par legitime succession, quoy que descendant de Boso 2. en ligne collateralle, & de Boso Marquis de la Toscane; moins par Election : mais par vne pure vsurpation.

Faut sçauoir que Beraldus estoit dans Arles Gouuerneur, & Lieutenant general pour le Roy Rodulphe; despuis que l'Archeuesque Vdo. auoit chassé le Prince Robert, & s'estoit si bien porté à sa charge, que tout le monde l'aymoit grandement : car il deffendit par ses victorieuses armes le Dauphiné des Sarrazins, qui s'efforçoient d'y entrer par le mont Ginebre; Il assista toute la Prouéce dans vne grande famine; faisant venir du bled à ses despens par la Saosne & Lisere iusques au Rosne, & Arles; pour soulager tous les Prouençaux; outre qu'il estoit bon iufticier: ce qui l'auoit rendu recommandable à tout le Royaume, & aux habitás d'Arles: mais la nouuelle de la mort du Roy Rodulphe fon maiftre luy eftant arriuée, & aduerty que le Roy auoit laiſſé par fon teftement la fucceſſion de fon Royaume, & de fes autres biens à Henry le noir, fils de Conrad le Salique Empereur: print la hardieſſe de fe faifir du Royaume, & fe voyant dans la ville capitale, qu'eftoit Arles, fe donna le titre de Roy, fouz le pretexte du par-heritage: & fe voyant bien-aymé fe fit recon-noiftre de tous les Prouençaux: Et ayant gaigné par fes fubmiſſions le cœur de l'Archeuefque Pontius de Marignane, qui pour lors gouuer-noit la Sain&te Eglife, quelques Prelats, & des principaux de la nobleſſe,fe fit couronner,& de-clarer Roy d'Arles,& des Bourguignons, dans l'Eglife Metropolitaine, de S. Eftienne.

Geraldus fe voyant couronné, & de ferui-teur deuenu maiftre, difoit que perfonne n'ofe-roit luy côtefter la courône, puifque le feu Roy n'auoit laiſſé aucun enfant maſle, pour luy fuc-ceder: Et comme Philippe le hardy eftoit d'opi-nió, que Royaume, Terre, Seigneurie, & femmes eftoient au premier occupant, prenant l'exem-ple du Roy Rodulphe, Comte de Bourgongne

Cyſalpine, qui auoit vſurpé le Royaume de Fráce ſur Louys Doutremer, fils de Charles le ſimple, Roy de Fráce, il regna dans cette opinion trois ans Roy d'Arles, ſans eſtre querellé de perſonne, l'Empereur Conrad eſtant occupé aux Allemagnes contre ceux qui s'eſtoient rebellez à ſon eſlection; qui les attira à ſoy, ou par force d'armes, ou par clemence, ou par preſens (car c'eſtoit vn tres-bon Prince.) Il fut auſſi occupé au voyage d'Italie, allant à Rome auec Creton, Roy d'Angleterre, & autres grands Seigneurs Allemans, pour y eſtre couronné par le Pape Iean XIX. ayant laiſſé ſon fils, Henry le noir qu'il auoit ja fait receuoir aux Electeurs pour Roy des Romains; afin de gouuerner l'Empire en ſon abſence, & empeſcher les brigues qui ſe pouuoient faire dans l'Eſtat, ne croyant pas que Geraldus ambitionnat le Royaume d'Arles, qui appartenoit à ſon fils. l'Empereur Conrad fit vne planche bien aſſeureé à ſes ſucceſſeurs, faiſant receuoir ſon fils pour Roy des Romains, puis que c'eſt le vray acheminement à l'Empire; car les Electeurs ayans reconnu vn Roy des Romains, ſont obligez de ne nommer autre qu'iceluy pour tenir touſiours ces deux couronnes inſeparables.

Moien de garder l'Empire aux enfans des Empereurs.

Geraldus voyant que la fortune luy estoit fauorable, & que personne ne le querelloit en la iouyssance du Royaume d'Arles; (bien que ses Commissaires eussent estez refusez à Vienne par la Reyne Irmengarde; qui faschée de cette vsurpation, auoit enuoyé à la Bourgongne de faire le mesme:) ce que voyant les Bourguigons deça la Saosne; aymerent mieux se laisser prendre au Roy Henry premier de France, qui les querelloit, que de tenir pour vn Prince Tyran. Et contant de ce peu qu'il auoit, qu'estoit la Prouence, & vne partie du Dauphiné, du costé du mont-Genebre, & iusques à Valence sur le Rosne, s'estimoit plus heureux, de posseder cette petite estenduë du Royaume en paix, que tout l'Empire du monde auec guerre. Il se maria auec Catherine fille de Lodulphe, Duc de Sueue, ennemy de l'Empereur Conrad, de laquelle il eust vn Fils qui mourut en fort bas aage.

Mais comme les honneurs changent les mœurs des hommes, & bien souuent en detraquent aucuns de leurs naturelles actions: aussi Geraldus, se voyant Roy, & allié auec des personnes resleuées, de qui il pouuoit attendre beaucoup d'assistance, au cas de besoing: aug-

Honneurs changent les mœurs.

menta si fort son courage, & se rendit si arro-
gant que personne ne le pouuoit souffrir: car il
offençoit ceux mesmes qui plus l'auoient assisté
en l'vsurpation de la Couronne: ce qui fut la
cause que Dieu, qui resiste d'ordinaire à ceux
Iserb.c.4. qu'on le cœur trop esleuez par superbe, & ne
Pro.c.29. permet aux meschants d'arriuer iusques à la
Esal 54. moytié de leurs iours: s'opposa à la malice de ce
Tyran, qui à la façon d'vn Lucifer vouloit esleuer son Sceptre au Throsne de la Diuinité, &
anneantir l'honneur qu'il estoit obligé de rendre aux Prelats de l'Eglise, qui sont les Vicaires
de Iesus-Christ, Peres Spirituels des Roys, & de
tous les Enfans de l'Eglise; Puis que malicieu-
sement au grand mespris de Dieu, & l'escadale
du peuple, se dispença de donner vn soufflet
au Seigneur Archeuesque Pontius de Marignane, dans la saincte Eglise d'Arles, au pied du
sacré Autel, vestu en Pontificat, sortant de celebrer la Messe de minuit le iour de Noël.
(Ce Prelat outre le caractere Sacerdotal, la
dignité d'Archeuesque qu'il possedoit, & la
bonne renommée qu'il auoit : estoit grandement recommendable, à cause de la Noblesse
de sa maison : car il estoit sorty de la Noble, &
ancienne famille des Seigneurs de Marignane,

des Roys d'Arles. 199

le long de l'eſtang du Martigues, & eſtoit tres-bien aymé de tout ſon Clergé, & de ſon Dioceſe d'Arles.)

La cauſe de ce ſoufflet, arriua de ce que l'Archeueſque le ſoir de Noël, ayant retardé aſſez de temps de commencer la Meſſe de la minuit, pour attendre le Roy, qui auoit enuoyé d'y vouloir aſſiſter; & voyant que l'heure preſcripte paſſoit, il commença la Meſſe, diſant n'eſtre raiſonnable de retarder le ſeruice du Roy du Ciel; pour attendre la commodité d'vn Roy de la Terre : dequoy ce Roy irrité, ſe plaignant auec colere à ce Prelat, de ne l'auoir attendu; qui luy fit reſponce d'auoir fait ſon Office à l'heure que l'Egliſe luy auoit ordonné, & qu'il ne pouuoit ny ne deuoit attendre dauantage: ſur leſquelles parolles le Roy leua la main, & luy donna vn ſoufflet, l'accompagnant d'iniures attroſſes, ſans reſpect du lieu, ny de ſa qualité; faiſant de meſmes qu'auoit faict le Roy Sedechias, au Prophete Michée, que pour luy dire la verité, & deffendre la gloire de Dieu, le ſouffleta en la preſence de toute la Cour : ce ſoufflet luy fut grandement preiudiciable & luy cauſa, ce que nous voyons ordinairement des fleurs des champs, que celles qui s'eſcloſent le

Soufflet donné à l'Archeueſque d'Arles.

2. Paral. 6. 1.

plus viste, sont le plustost fletries de la bise, ou du Soleil. Aussi l'esplendeur Royalle de ce Roy, faicte à la haste, n'auoit dequoy subsister dás vn vent de superbe si impetueux; (ainsi qu'on verra sa fin.) Monsterus parle de ce soufflet bien qu'il manque au temps, & au nom de celuy qui le donna.

Couronne de fer donnée à l'Empereur.

Ce pauure Prelat, se voyant si mal traicté au escandale de toutes ses ouailles, & craignant d'vn plus grand excez en sa personne, sortit promptement d'Arles, & s'en alla à Milan treuuer l'Empereur Conrad, qui estoit venu pour receuoir la Couronne de fer du Royaume de la Lombardie: ainsi que les Italiens, le faisoient practiquer à tous les Empereurs: & demendant Iustice à sa Majesté Imperialle, contre ce Tyran, le supplia de venir en Arles, pour luy oster le Royaume, qu'injustement il vsurpoit à son fils Henry, le noir, comme heritier testamentaire, & Neueu maternel du defunct Roy Rodulphe; l'asseurant qu'à son arriuée tous les habitants luy seroient fauorables, & ne feroient aucune resistance contre luy.

l'Empereur entendant la iuste plainte de ce Pasteur, & se voyant sur pied vne forte armée, print l'occasion de venir en Prouence, & d'aller

assieger

des Roys d'Arles. 201

assieger ce Tyran dans Arles: qui d'arriuée blocqua la ville de tous costez, & d'autant que Geraldus ayant appris la venuë de l'Empereur, auoit emprunté quelques regiments de guerre pour se deffendre, le siege demeura trois mois deuant; que passez iceux la ville fut prinse d'assaut, Geraldus fait prisonnier, & deposé du Royaume & titre de Roy. Fut confiné en prison perpetuelle, ou il mourut de rage quelque mois apres (bien que d'aucuns ayent voulu dire qu'il fut tué à la prinse de la ville) son corps fut enterré sans aucune pompe funebre, au Cimetiere d'Alyscamp dans l'Eglise de S. Honorat à la Chapelle de S. Genies, ce qu'arriua l'an 1031. le troisiesme an de son supposé Regne, & cinquiéme de l'Empire de Conrad.

Il y a des Historiens que traictant des faits heroïques de l'Empereur Conrad disent entre autres choses qu'il conquit le Royaume d'Arles, & deposa le Roy Boso d'iceluy voulant par ce moyen que le Royaume d'Arles eust finy à celuy qui luy auoit donné commancement: ainsi qui se lit au liure des portraicts des Empereurs fait par Thomas Treterium Chanoine de S. Marie *Transtiberim*, qui dit l'auoir ainsi tiré des Manuscrits: Le sieur Cesar de Nostradamus en so histoi- *Erreur d'aucuns touchée la deposition du Roy d'Arles.*

Villor. l. Imag. Imp.

Cc

re de Prouence est tombé dans la mesme erreur; car en la premiere partie de son liure parlant du soufflet donné à l'Archeuesque Pontius par le Roy d'Arles: dit que ce fut Boso II. qui le donna, à cause dequoy il fut deposé par l'Empereur Othon II. & confiné dans vn cloistre ou il mourut; sans se prendre garde qu'il se contrarie au mesme liure disant que Boso II. estoit mort à Marseille des blessures qu'il auoit receu en la bataille nauale cõtre les Mores, pres de Vingtmille, plus de nonante ans auant Othon II. Semble que Monsterius aye voulu suiure cette opinion lors qu'il parle du soufflet donné à l'Archeuesque d'Arles; mais l'vn & l'autre se sont trompez: car Othon II. Othon III. & Henri le sainct estoient morts en ce temps; & si Boso I. Roy d'Arles eust des grandes guerres à démesler auec Carloman & son frere Louys Roys de France, il n'a pourtant iamais perdu son Royaume ny le titre de Roy, ainsi qu'a esté dit dans le Regne d'iceluy, estant plus de cent quatrevingts ans deuant Conrad & Othon. Que s'il se trouue que Conrad aye deposé le Roy d'Arles, cela ne peut estre autre que Gerardus vsurpateur de la couronne qui se faisoit appeller Boso, prenant le nom du premier Roy, sçachant qu'ē

Noster. l. 2. Cosmograph. de Arelate.

fait de Roy, & de Royaume, l'antiquité du nom est grandement importante; ainsi que l'asseure Ambricus autheur Grec. Il suiuit en cela l'exem- ple des anciens Roys qui prenoient le nom de leur fondateur; car les Roys d'Ægypte s'appel- loient Pharaon: ceux de Babylonie Nabucho- donosor: ceux de Perse Darius: ceux de la Iu- dée apres que la race de Iuda fut priuée de la couronne, Herodes: les Empereurs Cesar: les Comtes de Bourbon Archimbauds: & ceux de Vermandois Huberts: aussi en ce temps le vul- gaire appelloit le Roy d'Arles Boso, à cause que celuy qui tout premier cerna sa teste de cou- ronne Royalle s'appelloit ainsi. Ce qui mon- stre euidemment que l'Empereur Conrad ne deposa autre que Gerardus, qui sans droict auoit vsurpé la couronne.

Ambric.

Ce Gerardus n'auoit esté seul d'vsurper le Royaume d'Arles: car Eude Comte de Cham- pagne, fils de Berthe, autre sœur du feu Roy Rodulphe s'estoit saisi de la plus part de la Bour- gongne, & en portoit le titre de Roy: qui fut aussi querellé par l'Empereur Conrad le Sali- que, qui auec vne grosse armée le venoit atta- quer, mais l'affaire fut accordée dans Lyon par l'entremise des amis communs, ou Eude promit de quitter le nom de Roy, & tout ce qu'il tenoit de la Bourgongne, à quoy il ne tint sa parolle, car l'Empereur estant allé aux Allemagnes il se rebella plus que deuant, que fut la cause que Gezelon Duc de Lorraine, & Gerard Comte de Mets, aliez de l'Empereur, le tuerent à la plaine de Bar, l'an 1037.

Duchesne Hist. Bourg.

De Conrad. II. dict le Salique Empereur, septiesme, Roy d'Arles.

CONRAD second, dict le Salique Empereur, fut le septiesme Roy d'Arles, & des Bourguignons; ayant deposé Geraldus du Royaume, qui non seulement luy, & son fils Henry le noir ont possedé, mais encore les enfans de son fils, & ses petits neueus, ont porté le tiltre de Roy d'Arles, iusques à Federic II. & l'ont successiuement possedé sans contradiction, l'espace de deux cens quinze ans.

L'Empereur estant dans Arles, & ayant confiné Beraldus dans la prison, assembla tous les Prelats, & la Noblesse de la Prouence, & en presence d'iceux, se fit couronner dans l'Eglise de S. Trophime par l'Archeuesque Pontius de Marignane, au contentement de chacun, que fut l'an 1032. pendant le Pontificat de Benoist VIII. (contre lequel le 18. schisme arriua par Syluestre III. & Iean XX. Antipapes,) ainsi qu'appert des vieilles escritures de ce temps.

C'est en ce Roy ou l'on peut connoistre com- *Ambition des couron-* bien l'ambition des couronnes, & le desir de re- *nes.* gner est grand, puis que comme vn feu bruslant enflamme le cœur des hommes, & fait que le deuoir du droiɛt diuin, naturel, & humain est mesprisé, faisant que le frere n'espargne son frere, l'enfant le pere, & le seruiteur son maistre: puis qu'Abimelech fils bastard de Gedeon, & *Iudic.c.8.* d'vne sienne esclaue, fit tuer les septante enfans legitimes de son pere, pour regner en Sichen, qu'Absalon aye voulu rauir la couronne à son pere le Roy Dauid, que Romulus fit assassiner *2.Reg.c.15.* miserablement son frere Remus, pour estre sans compagnon: & l'Empereur Conrad monstre que le pere ambitieux des couronnes se veut ad. uantager sur son propre enfant: veu que non content de la couronne Imperialle, que fraichement il venoit de receuoir dans Rome, & d'estre esleué au plus majestueux throsne de l'Vniuers: mais par vne trop grande ambition de regner, a voulu encores retenir à soy le Royaume d'Arles, qui appartenoit à son fils Henry le

Cc 3

Noir, comme heritier du Roy Rodulphe son oncle, & de qui il auoit ja receu les enseignes Royalles.

L'Empereur estant couronné Roy d'Arles, seiourna encore quelque mois dans la ville, recreant son esprit à la visite de son terroir qu'il trouuoit grandemét aggreable, & disoit n'estre estonné si les anciens Empereurs auoient esleu la ville d'Arles pour leur siege Imperial: car s'estoit vrayement le delice de l'Europe, la perle de la Chrestienté, & la plus belle ville du monde: ce fut dans Arles que les deputez de Marseille pour la Prouence, de Vienne pour le Dauphiné, de Lyon, & partie de la Bourgongne luy vindrent rendre hommage, & prester le serment de fidelité lesquels il receut auec toute sorte de clemence & Royalle bonté: & partant d'Arles le mois de Iuin de l'année 1032. alla droict à Vienne pour y voir le chasteau de Mentale que l'Empereur Charles le Chauue auoit fait bastir, & duquel il auoit tant oüy parler.

Gautier en sa chron. satul. 11.

Arriuant à Vienne, il fut le bien receu de l'Archeuesque S. Brouchard qui viuoit encore, & de tout le peuple Viennois: & voulant recouurer la Bourgongne que le Roy de France luy auoit occupé pandant qu'il estoit aux Italies, apres la mort du Roy Rodulphe, & du temps que Geraldus regnoit en Arles, soubs pretexte que la Bourgongne appartenoit à la France par droict de reuersion: à cause, disoit-il, que le Roy Lothaire ayant donné la ville de Lyon, & la Bourgongne deça la Saone à Conrad quatriesme Roy d'Arles, pour le dot de sa sœur Matilde, que Conrad ny sa femme n'en pouuoient estre qu'vsufructuaires, & se trouuant cette race sans enfans masles, le tout deuoit estre reuny au Domaine de la couronne de France, suiuant les anciennes coustumes: d'autant que le Roy Rodulphe fils vnique de Conrad, estoit mort sans enfans masles.

Ces raisons ne contenterent pas Conrad le Salique, mais voulant ioüir de ce que ses denanciers Roys d'Arles auoient possedé, amena son armée dans la Bourgongne, attaqua toutes les plus fortes places, & les emportant par armes, ce qui obligea Eude Comte de Champagne qui auoit pris le nom de Roy, comme i'ay dit, & les autres de recourir au pied de sa clemence, & luy prester le serment de fidelité dans la ville Lyon, où il faisoit son seiour ordinaire: tellement que dans deux ans apres qu'il fut party de Rome, il conquit le Royaume d'Arles, & remit en iceluy toutes les places qu'on en auoit desmembré.

Estats generaux tenus à Lion.

Il fit assembler les estats generaux du Royaume d'Arles dans la ville de Lyon, où assisterent Pontius Archeuesque d'Arles, Primat de Bourgongne, Bruchard Archeuesque de Lyon, autre Bruchard Archeuesque de Vienne, Gaucher Archeuesque de Bezançon, Estienne Euesque de Clairmont, Tredelon Euesque du Puy, Geofroy Euesque de Chalon, Lambert Euesque de Langres, Gaslin Euesque de Mascon, Guigues Euesque de Valence, Hermand Euesque de Viuiers, Raibaud Euesque d'Vzés, Estienne Euesque de Carpentras, Odalric Euesque de Trois-Chasteaux, Geraud Euesque de Gap. Pierre Euesque de Vensse, Edelbert Euesque d'Auignon, & Almerad Euesque de Riez. Tous les Comtes, Barons, Gentils-hommes, & ceux du tiers estat, où il se fit reconnoistre à tous, & retira le serment de fidelité d'iceux. Ce fut à ces Prelats à qui le Pape Benoit VIII. enuoya vne Epistre, les exhortant tous de prier pour la conseruation & prosperité de l'Empereur, de qui il se disoit grandement obligé, comme appert de la Bulle qui commence. *Dilectissimis fratribus Pont. Bruchardo, Bruchardo, Gaucherio, &c.*

raportée

raportée par Baronius. Pendant que l'Empereur seiournoit dans la Ville de Lion, reconnoissant que tout le bon-heur que l'auoit accompagné procedoit de Dieu, & n'en voulant demeurer ingrat, donna en actiõ de grace la Ville, la Comté, & toute la Iurisdiction de Lion, & ses dependences au Seigneur Archeuesque, & au Chapitre de Sainct Iean. Hommageable toutesfois à la couronne d'Arles, & à l'Empire. Surquoy faut sçauoir que l'Empereur Conrad auoit eu trois fils de la Princesse Gisele, le premier estoit Henry le noir Roy des Romains, qui le succeda à l'Empire, & au Royaume d'Arles: Le second fut Brochal, qui se faisant homme d'Eglise fut Archeuesque de Lyon : & le troisiesme fut Bertholde, qui fut Comte de Zeringen, Brisgouu & Nuithland, au pays des Suisses. Ce fut à cét Archeuesque à qui il fit la donnation de Lyon ; obligeant luy, son Chapitre, & leurs successeurs de prier Dieu sa vie durant pour sa conseruation, & pour le repos de son ame apres sa mort : & afin que cette donnation fut auec plus d'efficace, la fit confirmer à son Fils Henry le noir, à qui de droict la couronne d'Arles appartenoit : Comme aussi il erigea des Comtes dans la Bourgongne, pour

P. Ænigl. in Henrit. 1.

Donation de la Comté de Lion au Chapitre de S. Iean.

empefcher que le Roy de Fräce ne le peut nuire.
Cette inftitution de nouueaux Comtes penfa eftre la caufe d'vne grande guerre entre l'Empereur, & le Roy de France: mais Dieu permit qu'elle fut empefchée par les Seigneurs circonuoifins, qui moyennerent la paix entre ces deux couronnes; à condition toutesfois que l'Empereur donneroit fa fille Matilde en Mariage à Henry premier Roy de France, & luy remettroit la ville de Lyon & la Bourgongne deçà la Saone, & luy ioüiroit de l'ancien Royaume d'Arles : & que le Roy de France confirmeroit la donnation faicte à l'Archeuefque Brochal, & au Chapitre de S. Iean de la Comté de Lyon, & fes dependences : hommageables à la couronne de France, non plus au Roy d'Arles, ny à l'Empereur;& depuis les Chanoines de S. Iean fe font appellez Comtes de Lyon. Cette paix a fait dire à Robert Guaguin, que la Bourgongne auoit efté diuifée pour le bien de paix entre Conrand le Salique, & le Roy Henry I. fans fe prendre garde que cette portion que le Roy de France recouuroit, auoit toufiours efté du domaine de France, (comme à efté dict au temps de Bofo premier Roy d'Arles). Il eft vray que la Princeffe Matilde fille de l'Empereur

Guaguin l 15.

Conrad, fut mariée auec le Roy de France: mais elle ne consomma iamais son Mariage pour estre morte fiancée; ce qui affligea grandement le Roy & sa Cour, attendu que c'estoit vne vertueuse Princesse.

Non sans cause l'Empereur Conrad donna le nom & titre de Comtes à l'Archeuesque, & Chanoines de S. Iean de Lyon qu'ils ont tousjours gardé, & conserué du depuis, car ça esté le plus beau, & plus venerable Chapitre de toute l'Europe, voire de tout l'Vniuers, (ainsi que le docte Chopin l'assure en son Traitté de *Doma-* *l.2.c.9.* *nio*;) puis que Massonius assure qu'en l'année 1245. du regne de S. Louys Roy de France, ce Chapitre estoit composé de septante quatre Chanoines auec l'Archeuesque, l'vn desquels estoit fils de l'Empereur Guillaume, Comte d'Hollande, qui succeda à Henry l'Angraue de Turinge; neuf fils de Roys, quatorze fils de Ducs, trente fils de Comtes, & vingt Barons, & tous licenciez aux Decrets, (qu'estoit pour lors vne grade, en plus grande estime qui n'est pas à present.) Et auiourd'huy ce Chapitre est grandement esclatant en sa grandeur; puis qu'il est estimé le Theatre des seruiteurs de Dieu, le College de la pieté de l'Eglise Gallicane, le se-

Beauté du Chapitre de Lyon.

minaire de la Noblesse, l'exemple de la premiere discipline de l'Eglise, l'ornement du Clergé de France, & la preuue des nobles familles; veu qu'aucun ny est receu pour Comte, ou Chanoine, qui ne soit noble de pere, & de mere & de trois generations sans interruption de noblesse: mesmes que le Tres-Chrestien Roy de France, & son Altesse Royalle de Sauoye, honnorent leur corps, & sont du nombre de ce Chapitre; ainsi qu'on la veu practiquer de nostre temps à l'entrée que le Roy Louys le Iuste heureusement regnant, fit dans Lyon apres qu'il eust dompté les Rebelles de son Royaume l'année 1622.

Munster. in chron.

La paix accordée auec le Roy de France, & la conqueste du Royaume d'Arles ne contenterent assez l'esprit de l'Empereur Conrad, qui ayant receu la nouuelle que son fils Henry le noir auoit des grands affaires aux Allemagnes, contre le Duc de Sueue, & autres qui prennent leur aduantage de son esloignement s'estoient rebellez; print la routte des Allemagnes, & y menant son armée, donna d'arriuée vne si grande terreur aux ennemis, qu'aucun d'eux n'osa faire le semblant de se deffendre; ains luy demendent paix, se mirent sous son obeïssance,

des Roys d'Arles. 213

Et voulant retourner à Vienne pour y faire son ordinaire sejour le reste de sa vie, il eust la nouuelle que certains Seigneurs Italiens s'estoient de nouueau reuoltez, & auoient enuoyé quester le secours d'es Hongrois, & des Esclauons, ce qui l'obligea d'y aller promptement auec son armée, afin de s'y treuuer sus auāt que leur forces fussent arriuées: & ayant puny quelques vns des chefs de la Rebellion, prins les villes de Milan, & de Mantoue, qui luy faisoient resistance, alla par la seconde fois à Rome assister le Pape Benoist VIII. contre ses ennemis, & delà vint droict à Vienne: ou arriué il escriuoit souuent au Gouuerneur d'Arles, & aux habitans, pour la conseruation de la Iustice & continuation de leur fidelité.

De son Regne l'Archeuesque Pontius de Marignagne qui auoit gouuerné trente ans la S Eglise d'Arles mourut, qu'estoit l'an 1035. ayāt pandant sa vie donné à son Chapitre, le Chasteau de S. Hypolite de Crau: son corps fut enterré dans son Eglise de S. Estienne auec toute sorte d'honneur, ainsi qu'vn si bon Prelat meritoit. L'Empereur ayant apprins sa mort enuoya promptement lettre aux suffragances, & au Clergé d'Arles: les priant tous de vouloir

Mort de l'Archeuesque Pontius.

D 3

Patriarche d'Ephese Archeuesque d'Arles.

faire ellection de la personne de Rymbaldus Patriarche d'Ephese, homme noble de race, net de conscience, orné de bonne reputation, docte en la saincte Escriture, & grandement versé aux affaires d'Estat ; qu'il tenoit aupres de sa personne pour luy seruir de conseiller. Les Euesques suffragans voyant la priere de l'Empereur, & estants asseurez des merites de ce personnage l'esleurent pour Archeuesque d'Arles, & enuoyant leur ellection au Pape Benoit VIII. qu'incontinent la confirma : & de plus voulant obliger l'Empereur enuoya le *Pallium*, tiré du corps de S. Pierre à Raymbaldus ; bien que le schisme fut desia esmeu contre luy.

Estant l'Empereur auec l'Imperatrice Gisele, sœur de feu le Roy Rodulphe dans Vienne, & se sentant lassé des fatigues de la guerre qu'il auoit eu durant huict ans, resolut de se donner du repos, & recreer son esprit en ses vieux ans, s'occupant aucune fois à l'exercice de la chasse, d'autre fois à l'agriculture ; se plaisant grandement d'inciser des arbres (car il entendoit fort bien au temps, & à la saison qui falloit inciser) & sur tout s'aggreant de faire des somptueux bastimens : Il fit bastir le Palais Imperial de Vienne, pendant que l'Eglise de S. Maurice se bastissoit de nouueau à la façon qu'elle est à present. Et ennuyé de tant de trauail d'esprit qu'il auoit d'ordinaire pour les affaires d'l'Empire ; que le Pape Benoit, le pressoit par ses Legats de retourner à Rome contre les Antipapes, & que les Ambassadeurs des Roys, & Princes venoient luy demander iustice de toutes parts. Resolut de quitter l'Empire à son fils Henry le noir Roy des Romains, & pria les Electeurs de le receuoir, ce qui fut faict, se reseruant à soy le Royaume d'Arles qu'il remit encores à son dict fils deux ans apres se sentant oppressé d'vne grande maladie, de laquelle il mourut à Vienne le 4. de Iuin 1039. ayant esté douze ans Empereur, neuf ans Roy d'Arles, & porté le nom d'Aguste quinze ans, fut enterré dans l'Eglise de S. Maurice de Vienne ou son Epitaphe se voit encores.

Conrad quitte l'Empire.

D'Henry le noir Empereur, huictiesme Roy d'Arles.

HENRY le noir Empereur fils de Conrad le Salique, & de l'Imperatrice Gisele sœur du Roy Rodulphe : succeda à son pere au Royaume d'Arles, & des Bourguignons, tant en vertu de la remiſſion que ſon pere luy en fit auant ſa mort que comme heritier teſtamentaire de ſon feu oncle le Roy Rodulphe (de qui il auoit receu les enſeignes Royalles) l'an 1038. le ſecond an de ſon Empire: à la reception duquel tout le Royaume receut du contentement: tant en conſideration du bon traittement que ſon pere auoit faict à tous les ſubiects que de ce que tout le monde eſtoit bien informé de ſa bonté, & ſincerité de vie.

Ce Roy ne vint point en Arles receuoir la couronne Royalle comme ſes deuanciers; bien qu'il y entretint touſiours le ſiege Royal, & le gouuerneur general de tout le Royaume, qui eſtoit le Comte Gaufredi, qui fut apres ſa mort enterré à Montmaiour: eſtant luy occupé à ſe demeſler des ſanglantes guerres que le Duc de Boëme, & le Roy d'Hongrie auoient eſmeu contre luy, s'oppoſant à ſon eſlection: auquel il donna bataille, & eut la victoire faiſant priſonnier le Duc de Boheme, & pluſieurs autres, enuers leſquels vſant de Clemence, donna la liberté au Duc, à condition de continuer le payement de la cenſe annuelle de cinquante Vaches, & cinq cens marcs d'argent à l'Empire; comme auoient fait ſes predeceſſeurs, & tira des autres

le

le serment de fidelité : Il dompta aussi le Duc de Lorraine qui s'estoit rebellé contre l'Empire soubs la faueur d'Henry I. Roy de France : Il fit paix, & alliance auec le mesme Roy, dans la ville de Mets où ses Majestez s'embouchereut, & confirmerent l'accord qui auoit esté faict auec l'Empereur Conrad son pere, touchant la Bourgongne deça la Saone & la ville de Lyon. Il se maria auec la Princesse Agnés fille de Guillaume IV. Duc de la Guienne, & d'Agnes de Bourgongne ; ce qu'a faict dire à d'aucuns que l'Empereur Henry auoit esté Roy de la Guyenne. Cette Princesse estoit la plus belle, & vertueuse Dame de son temps, de laquelle il eust vn fils appellé Henry comme luy, qui le succeda à l'Empire & au Royaume d'Arles, & vne fille qui fut appellée Matilde qui fut mariée à Rodulphe Duc de Sueue.

L'Empereur ayant mis ordre aux affaires de l'Empire dans l'Allemagne, & voulant conseruer l'authorité de son Royaume d'Arles, dressa la guerre au Comte Renaud de Bourgongne, de qui il auoit espousé la Niece, qui ne le vouloit reconnoistre pour son Souuerain : mais enfin fut contraint de luy rendre hommage l'an 1044. Et sçachant que Dieu n'a seulement mis le

E e

glaiue de la Iustice temporelle à la main des Monarques, pour faire ioüir vn chacun de ce qui luy appartient, comme Iuges Souuerains de la terre: ny pour l'agrandissement de leur maison, & protection de leurs estats: mais encores le leur a donné pour la deffence, & conseruation de son Eglise. Resolut auec son conseil d'aller aux Italies, non pour y receuoir la couronne Imperialle dans le Vatican comme ses deuanciers: ains touché du zele de la maison de Dieu, pour mettre ordre au desordre auquel l'Eglise se trouuoit en ce temps deplorable par l'ambitieuse inclination des Ecclesiastiques qui auoiét causé le 18. Schisme depuis la mort du Pape Iean XIX. par Sylueftre III. & Iean XX. contre Benoit VIII. qui auoit esté canoniquement esleu: car les Romains qui ne pouuoient viure sans rebellion chasserent Benoit de son Siege le quatriesme an de son Pontificat, & y mirent Sylueftre III. pour Antipape, qui ne tint le Siege que cinquante iours, lesquels passez, Benoit fut restaby; comme estant reconnu plus digne que son competiteur qu'ils chasserent ignominieusement de la ville de Rome. Ce que veu par certains factionnaires se seruãt du terme du Droit *Qua inter duos litigantes tertius gaudet*, esleurent

Monarques doiuent deffendre la maison de Dieu.

Psal. 68.

Platin.

XVIII. Schisme.

De reg. Iur.

vn autre Antipape contre les deux que par violance firent seoir sur la chaire de S. Pierre, & l'appellerent Iean XX. chassant par la seconde fois Benoist de son Palais Apostolique, & de son Eglise, soubs des pretextes supposez.

Ce bon Pasteur Benoist voyant vne si grande persecution contre sa personne, & qui ayant souuentefois manifesté son moleste à l'Empereur Conrad, qui à cause de son aage n'auoit voulu retourner aux Italies : & qu'apres sa mort l'Empereur Henry le noir son fils estoit grandement occupé pour dompter les rebelles de son Empire : resolut de se mettre en repos, & se retirer dans vn Monastere: mais auant que d'y entrer, resigna la Papauté le 12. an de son Pontificat à l'Archeuesque de S. Iean de Leuan qui estoit dans Rome, riche en thresors, & puissant en amis ; Cet Archeuesque ayant la resignation en main troubla plus l'Eglise que tout le reste ; car se faisant mettre, au Throsne Papal par la force, & faueur de ses amis, & nommer Gregoire sixiesme causa beaucoup de meurtres, & seditions dans Rome, & mit les consciences en grand danger. *Platin. Blond. Henric. Gent. in chron.*

L'Empereur estant arriué aux Italies ne pouuant supporter telle diuision fit conuoquer le

Concile de Sutrin.

Concile de Sutrin proche de Rome, ou se treuuerent tous les Prelats Italiens, ceux d'Allemagne, plusieurs François, la plus part des Bourguignons, Prouençaux, & quelques Espagnols: y furent aussi assignez les trois Papes. Pour desduire leur droict soubs de bonnes assurances & saufsconduicts de leur personne (où ils se treuuerent) le Concile assemblé Syluestre III. parla le premier se disant estre le plus ancié, & le vray Pape alleguant sa possession despuis neuf ou dix ans; & disoit auoir esté esleu par le commun suffrage des Romains, attendu que Benoit s'estoit rendu indigne de la Papauté par son mauuais exemple, & qu'à son occasion la chaire de S. Pierre auoit esté prophanée; que s'il auoit esté chassé quelques mois apres son election, ce n'estoit pour aucun subiect qu'il eust donné au peuple: mais c'estoient des particuliers, qui au prochas de Benoit sans que le peuple en fut aduerti l'auoient fait, ce qui ne luy pouuoit diminuer son droict, ny le priuer de la dignité Papalle. Iean XX. au contraire disoit que la Tiare Papalle luy appartenoit de droict, veu que le peuple Romain connoissant l'infamie de Benoit, & que Syluestre par son ambition sans aucun merite, doctrine, ny capacité, auoit vſurpé la couronne Pontificalle: les auoient degradez tous deux comme indignes d'vn ſugrád honneur, & le Siege eſtant demeuré vacquant il auoit eſté eſleu par la pluralité des voix, & mis au Siege auec les ceremonies requiſes, au veu, & contentement d'vn chacun ; ce qui monſtroit euidemment qu'il eſtoit le vray Pape, & que perſonne ne pouuoit luy conteſter cette dignité ſans encourir les cenſures de l'Egliſe.

Gregoire VI. s'oppoſant à ces deux concurráts ſe diſoit eſtre le vray Pape *non Intruſus* comme les autres, mais entré par la porte à la Papauté comme Reſignataire de Benoit VIII. l'eſlection duquel perſonne ne pouuoit mettre en doute qu'elle ne fut bonne, & canonique ſuiuát la vraye forme du droict ; & qu'il auoit eſté reconnu auant qu'iceux pour le vray Pape, & ſucceſſeur de S. Pierre, l'authorité duquel ne deuoit ny ne pouuoit eſtre impugnee ſans eſtre Anatheme: que ſi l'on iugeoit que Benoit entant qu'hóme euſt faict quelque máquemét (ce qu'il ignoroit, & ne croyoit pas) que le iugement n'é appartenoit pas aux Romains, n'y à aucun iugé, puis que perſonne ne peut iuger le Pape ; ainſi que les Peres de l'Egliſe aſſemblez à vn Synode dans la ville de Sienne, le declarerent au Pape

Marcelin, demandant penitéce de la faute qu'il auoit faicte de presenter de l'encens aux Idoles, porté de crainte de la mort pendant la persecution de Diocletian, qui luy dirent, *Tuo te ore non nostro iudica, nam prima Sedes à nemine iudicatur*; car le Pape estant le chef ne peut estre iugé des inferieurs, & par consequét il concluoit que s'estant acquis le droict de Benoit par sa resignatiō, que son tiltre estoit le plus legitime, & sans discrepance chacun le deuoit seul reconnoistre pour vray Pape.

Concila per mund. 2 quæst.4.

Toutes ces raisons entenduës, & meurement desbattuës par les pertes du Cōcile és presences de l'Empereur, fut conclud que Sylueſtre III. & Iean XX. estoient Antipapes schismatiques, excommuniez, & perturbateurs du repos, & vnité de l'Eglise : & que Gregoire VI. ne pouuoit estre Pape par la supposée resignation de Benoit VIII. d'autant que le souuerain Pontife ne resigne iamais : car l'Apostre S. Pierre laissa en sa mort l'eslection de la Papauté à l'Eglise, qui esleurent Lucius pour Pape apres luy ; non S. Clement ; bien qu'il eust assez trauaillé à planter l'Euangile ; Et pour lors tout le Concile declara que le Siege estoit vacquant depuis que Benoit estoit mort dans son Hermitage, & que les trois Papes se-

Trois Papes deposez.

Glos.in § his omnibus q.1.

roient deposez, & qu'on procederoit à nouuelle esle&ion : Et fut esleu l'Euesque de Branberg Alleman, homme grâdement versé aux Droicts, & reconnu de bonne conscience, qui s'appella Clement II. & les Antipapes auec Gregoire VI. furent declarez bannis pour iamais de Rome sans y pouuoir entrer, habiter, ny frequenter à peine de mort.

Ce Pape Clement II. ayant esté esleu, & cou- *Clement II.* ronné en plain Concile és présences de l'Empe- *Pape.* reur, vint à Rome prendre possession de son Euesché de Latran; & dans quelques iour apres il couronna solemnellement l'Empereur Henry dans l'Eglise de S. Pierre, suiuant les anciennes coustumes: l'an IX. de son Empire. Et pour éuiter les schismes declara en plain Consistoire, que nul ne pourroit à l'aduenir estre Pape, qui ne fut esleu de l'Empereur; Ainsi qu'Adrian premier *ca. Adrian.* l'auoit ordonné en faueur de l'Empereur Char- *73. dist.* lemagne. L'Eglise, & l'Italie ayant esté remise en tranquillité, l'Empereur s'en alla auec son armée contre les Sarrazins, qui auoient prins Capoüe, & autres places, pendant que les Grecs & les Romains s'entrebattoient ensemble; Et tout couuert de Benedi&ions, & de vi&oires, s'en retourna en Allemagne pour iouïr du repos pres de l'Imperatrice, qui auoit demeuré plus de deux ans de le voir.

Pandant que le Concile de Sutrin ce tenoit, & que l'Empereur estoit aux Italies, Raymbaldus Archeuesque d'Arles, sçachant que les personnes Ecclesiastiques qui sont destinées pour faire le seruice de Dieu, & chanter ses Diuins loüanges, ne deuoient estre occupés dans les affaires du monde, ny auoir autre soin que de viure exemplairement, & vacquer au deub de leur charge : proposa aux Chanoines d'Arles de son Eglise, de professer la Regle de S. Augustin des Chanoines Reguliers, qui pour lors estoit grandement fleurissante, & pour les mieux occasionner à ce faire, il leur fit donner au Comte Guillaume Vicomte de Marseille, le lieu de Sainct Martin de Crau, le tenement de Galignan, la pesche, les pasturages, & tout ce qui luy appartenoit dans la Crau, à condition toutesfois qu'il viuroient en table commune suiuant la Regle Monastique, ainsi qu'appert de la donnation faicte au mois de Mars 1053. qui commance.

Ego Guillelmus vir Comes Massiliensis prospexi molem meorum peccaminum, & prospexi peccata patris mei & matris, & Dominus Iesus Christus mihi & illis dignetur

Raymbaldus Archeuesque d'Arles.

Donnation de Galignan.

dignetur dimittere omnia peccata nostra mihique & vxoris meæ filijsque meis dignetur dare vitam & sanitatem in hoc sæculo & in futuro sempiterna præmia: Dono Deo & Ecclesiæ sanctæ pretiosissimi Protomartyris Stephani in qua requiescit Trophimus Apostolus almus: & eius Canonicis in vnum manentibus; In presentia D. Raimbaldi præclarissimi antistitis aliquid de meis beneficijs quæ iacent in ciuitate Arelatensis in suburbio eiusdem ciuitatis. Hoc est Ecclesiam sanctæ Dei genitricis Mariæ & Ecclesiam sancti Petri de Galignano cum ferio quæ Rostagnus tenet, &c. Comme appert dans les Archifues du Chapitre.

L'Empereur ne fut pas arriué aux Allemagnes qu'il receut la nouuelle de la mort du Pape Clement II. de celle de Damase II. qui contre son sceu s'estoit fait mettre au Throsne Papal, & n'auoit vescu que vingt trois iours : ce qui l'occasionna de nommer vn Archeuesque Alleman appellé Bruno, & l'enuoya auec lettres patentes, priant le Clergé de Rome de le couronner, ce qui fut faict, & s'appella Leon IX. ce fut contre ce Pape que Grisulphe Duc de Normandie declara la guerre, pour luy oster la ville de Beneuente, qui auoit esté vnie au patrimoine de l'Eglise : L'Empereur receut aussi la nouuelle de la mort de Pierre Roy d'Hongrie que son cou-

Leon IX. Pape.

fin André auoit aſſaſſiné, pour ſe ſaiſir du Royaume & vſurper le titre de Roy : cette nouuelle luy fut facheuſe, & comme iuge equitable voulant que les meſfaits ne demeuraſſent impunis, dreſſa vne forte armée pour aller chaſſer ce Tyran, & luy faire reſſentir les peines que meritoirement eſtoient deuës à ſon malefice : Et pour faciliter ſon voyage fit faire quantité de barques ſur le Danube, & paſſa en Auſtriche le long du Fleuue pour venir à Budée, ou André s'eſtoit fortifié : mais cette entrepriſe ne fut pas heureuſe, car les ennemis preuoyant la venuë de ces barques chargeés de gens de guerre, d'armes, & de munition, appreſterent des nageurs qui pouuoient demeurer long-temps au fonds de l'eau, qui ſans eſtre veus creuerent le deſſous des barques, & firent par ce moyen noyer toutes les munitions, & la plus grande partie des ſoldats ; ce qui fut la cauſe du retour de l'Empereur ſans rien faire. Il fut auſſi affligé des miſeres qui vindrent par tout ſon Empire ; car la famine, & la mortalité y fut ſi grande que la moitié du monde mourut : & luy craignant dans vn ſi grand danger pria les Electeurs d'eſlire ſon fils vnique, aagé de quatre ans, Roy des Romains, & peu de iours apres, luy remit en-

Baſteaux creux ſur le Danube.

tierement tout l'Empire, se reseruant comme son Pere le Royaume d'Arles iusqu'à sa mort, qui arriua deux ans apres, car il mourut à Spire le 40. an de son aage 1056. sortant d'vne grande maladie en aualant vn morceau de pain mal maché, qui le suffoqua ayant esté 17. ans Empereur & quatorzeans Roy d'Arles, à conter du temps que son Pere luy auoit remis le Royaume.

Mort de l'Empereur Henri le unr.

Peu auant la mort de l'Empereur Guigo le Gras, Comte d'Albon en Dauphiné, s'empara de la ville de Vienne, & de tout le pays Viennois, qui est à present appellé Dauphiné, disant luy appartenir de droict comme descendant de Gerard de Vienne, sur lequel le Roy Boso premier l'auoit vsurpé soubs la faueur de Charles le Chauue : & bien que l'Empereur en fut promptement aduerti par le Comte Bertrand son Lieutenant, qui estoit dans Arles, il ne peut pourtant y venir donner remede, tant à cause de sa maladie que des miseres qu'on ressentoit sur les chemins : cela fut vn bon rencontre pour Guigo le Gras ; car luy, & son fils Guigo II. s'attribuerent entierement le titre de Comtes de Vienne, & du Viennois ; & Guigo III. mettant vn Dauphin couronné à ses armes,

Le Viennois desmembré de la couronne d'Arles.

Ff 2

print le nom de Dauphin de Vienne: & du consentement de l'Empereur Henry Langraue de Turinge, & d'Alphonce de Nanſſau, deuint Prince Souuerain de ſes terres, & s'appella Prince Dauphin. A Guigo 3. ſucceda Iean Dauphin, & a Iean Guy ſon Fils, qui fut marié auec la Princeſſe Iſabelle de France fille du Roy Philippe le Long. Enfin cette Souueraineté, fut continuée à cette race, l'eſpace de deux cens cinquante ans, & iuſques à l'an 1343. qu'Hubert, ou Imbert Dauphin, qui ſe rendant Religieux des Freres Preſcheurs de ſainct Dominique, donna le Dauphiné au premier fils du Roy de France Philippe de Valois, à condiction que le Dauphiné ſuccederoit touſiours au premier Maſle, qui n'aiſtroit du Roy de France; & ce Prince Dauphin deuenant Roy, garderoit le Dauphiné iuſques à ce qu'il euſt vn Fils: ſans le pouuoir remettre en aucun autre de ſes Freres: Cette donnation fut pour lors confirmée par le Pape Clemét ſixieſme ſeant en Auignon; Les Empereurs Louys de Bauiere, & Charles quatrieſme.

Dauphiné donné au premier Fils de France.

Le Pape Clement, voulant obliger le Roy de France en cette donnation, donna tous les ordres de Preſtriſe au Prince Hubert; & le declara Patriarche d'Alexandrie la veille de Noël,

des Roys d'Arles. 229

il celebra sa premiere Messe le iour des Roys, dans son Conuent d'Auignon : & quelques iours apres, fut sacré par le mesme Pape, Archeuesque de Rheins.

La mesme annee qu'Henry le Noir Roy d'Arles mourut ; le Pape Victor II. succeda à Leon 9. qui desirant de mettre ordre aux malheurs, que le Schisme de Syluestre 3. & Iean 20. auoient causé dans l'Eglise; enuoya à Raymbaldus Archeuesque d'Arles, Primat des Gaules, & son Vicaire general : d'assembler vn Concile en France, pour la reformation du Clergé, ainsi qu'il iugeroit estre necessaire, & au lieu qui luy seroit le plus commode : ce que fit cét Archeuesque dans la ville de Tholose : où assisterent tous les Prelats, tant du Royaume de France, que de celuy d'Arles : comme aussi plusieurs grands Seigneurs y estoient venus, les vns pour faire des plaintes contre quelques Euesques : & d'autres portez du zele, pour demander la mesme reformation ; sur toutes lesquelles choses, l'Archeuesque d'Arles iugea souuerainement. A ce Concile tous les Euesques y estans assemblés, voulant obseruer les anciennes coustumes, iurerent obeïssance au Seignenr Archeuesque Raymbaldus, & à ses successeurs Arche-

Concile de Tolose par l'Archeuesque d'Arles.

Baron. sub ann. 1056. Tom. Concil. sub victor. 2.

uesques d'Arles, en la forme que s'ensuit. Ego N. Episcopus nunc ordinatus, N. promitto, & super altare propria manu firmo debitam subiectionem, reuerentiam, & obedientiam à sanctis Patribus constitutam secundum præcepta canonũ sanctæ sedis Arelatensis Ecclesiæ rectoribúsque eius; in præsentia domini Archiepiscopi Raymbaldi perpetuo exhibiturum. Ce qui fait clairement voir: comme l'Archeuesque d'Arles estoit le Primat sur tous les Euesques de la France.

Arch. Episc. Arel.

D'Henry II. dict quatriesme Empereur, neufuiesme Roy d'Arles.

HENRY second dict quatriesme entre les Empereurs, appellé vulgairement Henry le vieux, fils vnique du precedent, & de la Princesse Agnes fille du Roy de Guienne, fut le neufuiesme Roy d'Arles, & des Bourguignons delà la Saosne, succedant à la couronne apres la mort de son pere, au septiesme an de son aage, & troisiesme de son Empire. Ce Prince fut le plus grand persônage que iamais soit esté nommé dans les Histoires, veu qu'on n'a leu iusques à present qu'autre Prince, Roy, ny Monarque, aye combattu à enseigne desployee, soixante deux battailles rangees, & auoir touſiours emporté la victoire en icelles, comme luy, ny Empereur qui ſe ſoit treuué plus liberal, plus eloquent & de vif eſprit : ny qu'aye tant ſupporté de la peine, & eu de trauerſes que luy.

Au commencement de ſon Regne il fut regi ſoubs la tutelle de ſa mere, qui par le commun accord de tous les Princes d'Allemagne, auoit eſté declarée Regente de l'Empire, pendant le bas aage de ſon fils. Cette Princeſſe apres la mort de l'Empereur ſon mary, voyant que ſon fils eſtoit Roy d'Arles, enuoya promptement au Comte Bertrand, qui comme Lieutenant general, reſidoit dans Arles la confirmation de ſa charge, le priant de faire reconnoiſtre ſon fils pour Roy, & luy continuer l'affection, & fidelité qu'il auoit porté à ſon feu pere; à quoy ce Comte ſe monſtra grandement diligent, & aſſiſté de l'Archeueſque Raymbaldus, Primat des Gaules, & de Bourgongne, fit preſter ſerment de fidelité à tous les Prelats, au Clergé, à la Nobleſſe, & au tiers eſtat du Royaume en faueur de leur Roy Henry ſecond, Empereur de l'Occident.

L'Imperatrice enuoya auſſi Gilbert pour Gouuerneur aux Italies, qui ſe voulant preualoir du bas aage de l'Empereur, & ne redoubtant la fragilté d'vne femme, se ligua auec d'autres non moins seditieux que luy, contre le deuoir d'vn fidelle subject: dequoy cette sage Princesse aduertie, donna ordre pour empescher ses desseins, & par son industrie sceut gaigner tous les Princes Italiens, & Allemans, attirant d'aucuns par presents; d'autres par complimens:& marques d'affection:& d'autres à force d'armes. Tellement qu'il n'y eust aucun qui osat bouger, contre l'Eslection, & l'Empire de son Fils.

 L'Empereur estant paruenu en l'aage de Majorité, & que la bonne oppinion de soy mesme, (qui est vn mal assez commun aux ieunes gens) l'eut touché; qui comme vn autre Roboan fils de Salomon Roy de Iuda, se fut laissé practiquer à la ieunesse; & suiuant leur conseil, mesprisa celuy de l'Imperatrice sa mere, qui l'auoit si bien conduit parmy son bas aage durant neuf ans; veu que les ieunes gens luy disoient n'estre seant à vn Prince Souuerain, de suiure le conseil d'vne femme; car leur Sexe estant inconstant en leur oppinion, ont l'Esprit volage, & n'ont iamais vn franc propos. Cette Princesse se voyant ainsi delaissée; s'en alla à Rome, fermer

3.Reg.c.11.

Sénèca l. de remed. fortui Iacob. Beneuent. l.15.

mer dans vn Monastere des femmes, pour y finir ses iours. En ce mesme temps, l'Empereur se maria auec Vberte Fille du Marquis Othon de Mont-ferrat; de laquelle il eust vn Fils, & deux Fille, le Fils, fut nómé Conrad qui mourut Gouuerneur aux Italies, apres s'estre reuolté contre son pere. Les Filles furent Agnes, qui fut mariée à Frederic Duc de Sueue, & Mere de Cónrad qui fut Roy d'Arles: & Lympergue, qui se maria auec le Duc de Corinthe. Ce mariage fut heureux à ce Monarque, à cause des vertus de cette Princesse, auec laquelle il demeura dix ans: & estant morte se remaria en secondes nopces, auec la fille du Comte de Bologne, qu'il repudia trois mois apres: ce qui fut la cause que Geofroy Duc de Lorraine, y declara la guerre; se maria la troisiesme fois auec Matilde, qui estoit vefue du Duc de Boheme, de laquelle il eust encores vn fils, & vne fille; le Fils fut appellé Henry, qui poussé d'ambition comme vn autre Absalon, fils de Dauid, luy fit la guerre, & de plus le chas- 2. *Reg.c.15.* sa de l'Empire : sa fille fut appellée Sophie, qui fut mariée au Roy d'Hongrie.

Ce Prince estant declaré maieur, & ayant prins en main touts les affaires de son Empire, desira de venir voir son Royaume d'Arles, &

G

estant arriué à Bezançon & bien receu de l'Archeuesque Hugues, & de son frere Guillaume II. Comte de Bourgongne & de Mascon, tous deux enfans de Testehardie, où il passa les Festes de Noël auec toute sorte de contentement iusques au premier iour de l'An: que la nouuelle luy arriua de quelque souseuement de peuple aux Allemagnes, ce qui l'obligea de s'en retourner & à sa place enuoya Amé II. de Sauoye pour Vice-Roy, auec commission expresse de pouuoir aller par tout le Royaume reconoistre toutes les principales villes, & prouuoir des Officiers en icelles, pour l'administration de la Iustice, & receuoir le serment de fidelité des subjets: qu'à son arriuee fut le bien reçeu en Arles de tous les habitans, & s'acquitta si bien de sa commission au contentement de l'Empereur: qui pour sa recompése le declara premier Comte de Sauoye, Prince de Piedmont, & Vicaire du sacré Empire, l'an de grace 1080.

Amé second I. Comte de Sauoye.

L'Empereur eust des grandes guerres contre le Comte Rodulphe de Rhinsel, qui par la faueur de Ramold Archeuesque de Constance, auoit enleué sa sœur Mathilde, & l'auoit par force espousee, soubs esperance de se faire Empereur: Il en eust encore contre les Saxons qui s'estoient retirez de son obeyssance: Et bien que ce fut la plus belliqueuse nation de son temps: il les remit à leur deuoir iusques à trois fois, qu'ils furent enfin contraints de plier leurs armes; & le reconnoistre pour leur Souuerain. Mais toutes ces guerres ne luy furent que ieux, & comme recreation d'esprit, à l'esgal de celles qu'il eust de la part du S. Siege: car le Pape Nicolas second, fasché de ce que Clement II. auoit donné l'Ellection des Papes à l'Empereur, pour esuiter les Schismes (comme a esté cy-deuant dict apres le Concile de Sutrin) fit assembler vn Concile à Rome de 115. Euesques, auquel le Decret de Clement II. fut reuoqué, & fut ordonné que l'Ellection des Papes, appartiendroit au sacré College des Cardinaux, qui en pourroient eslire vn de leur corps, ou autre; bien qu'il ne fut encores honoré du titre de Cardinal: sans qu'il fut besoin de recourir à l'Empereur: ainsi qu'il est marqué au Canon; *In nomine Domini*. Et en suitte de cette Ordonnance, le Pape Nicolas estant mort le sacré College, crea Alexandre second, Milanois, contre l'Ellection, duquel certains Euesques tenant le parti de l'Empereur s'opposerent, & enuoyerent l'Archeuesque d'Arles au Pape, Alexandre pour le prier de re-

Concile à Rome.

l'Archeuesque d'Arles, inuité au Pape.

G 2

courir pour le bien de paix, & le repos de l'Eglise à l'Empereur, pour auoir de sa Majesté la confirmation de son Eslection ; à quoy ce rendant refusant : Ils esleurent Condolle pour Antipape, & le firent adouër à l'Empereur, qui vesquit cinq ans, & causa le 19. Schisme ; ce nonobstant, Alexandre tint le Siege vnze ans. Apres la mort d'Alexandre fut esleu, l'Archidiacre Hidebaud Moyne de Cluny, qui se nomma Gregoire VII. à la creation, duquel l'Empereur mesme s'opposa ; & solicita l'Archeuesque de Mayence, de conuoquer vn Concile dans la ville de Bresle, ou tous les Prelats d'Allemagne, du Royaume d'Arles, & quelques Italiens se treuuerent (l'Euesque de Saxe excepté) à ce Concile voulant adherer aux volontez de l'Empereur fut conclu, que Hidebaud ne deuoit estre Pape, attendu qu'il ne vouloit reconoistre le pouuoir que le S. Siege auoit donné à la Majesté Imperialle ; Et enuoyant vn Ambassadeur à Rome, qui trouuant le Pape Gregoire assis sur son Throsne au milieu d'vn Concile, qu'il tenoit dans l'Eglise de S. Iean de Latran ; qui hardiment luy commanda ez presences de tous, de la part du Concile de Bresle, & de l'Empereur, de quitter le Siege, & le nom de Pape, &

XIX. Schisme.

Concile de Bresle.

des Roys d'Arles. 237

à tous les Cardinaux d'aller au Concile, où l'Empereur les attendoit pour leur donner vn Pape au contentement d'vn chacun. Ces parolles furent hardies, & offensiues à la dignité Papalle, veu que le Pape ne peut estre commandé d'aucune puissance terrienne ; & à l'Eminence des Cardinaux qui n'ont autre Superieur que le mesme Pape ; Toutesfois ce bon Pasteur Gregoire imitant la debonnaireté de son maistre IESVS-CHRIST, n'vsa d'aucun acte de colere contre cét Ambassadeur ; ains se contenta de l'enuoyer sans aucune responce ; Et pour esuiter la guerre, & les desordres qu'il craignoit arriuer en l'Eglise de Dieu: enuoya diuers Legats à l'Empereur & au Concile : les priant tous de le reconnoistre en la charge que Dieu l'auoit esleué pour esuiter Schisme, & diuision à la Chaire de sainct Pierre ; mesmes qu'il dispença la mere de l'Empereur de sortir du Monastere, pour aller aux Allemagnes moyener la paix, & prier son Fils de vouloir laisser l'Eglise dans le repos de ses anciens priuileges ; à quoy l'Empereur ne volut entendre, ce qui fut la cause, que le Pape Gregoire auec la determination du sacré Consistoire l'excommunia, & auec luy tous les Prelats, qui estoient au Concile de Bresle fauorisant son parti. *l'Empereur excómunié.*

G 3

Le Pape n'estant assez content d'auoir excommunié l'Empereur, & l'auoir interdit des Sacrements, & suffrages de l'Eglise : mais encores pour luy donner d'auantage de la peine, resolu de le deposer de l'Empire ; enuoyant à cét effect vne Couróne d'or à Raoülx Duc de Sueue, autour de laquelle estoient grauées ces parolles; *Petra dedit petro:petrus diadema Rodulpho:* ou bien comme dict Hermode. *Petra dedit Romam petro: tibi Papa coronam* ; & à plain Consistoire le declara Empereur ; Contre lequel Henry comme vn vaillant Hercule s'opposa, & apres auoir gaigné sur luy plusieurs batailles; il le vainquit à la derniere, luy coupant vne main, qui en peu de iours luy causa la mort, & la ruine de son armée. Raoulx estant aux abois de la mort appella tous les Prelats qui suiuoient son parti, ausquels monstrant sa main couppée leur dict; Voilà venerables Pasteurs, la main qui auoit iuré fidelité à l'Empereur, qui criera vengence contre vous qu'auez fait rompre son iurement, & estes la cause, que comme pariure ie pers l'honneur, la vie, & l'Empire à ma confusion.

La mort du Duc de Sueue, ne mit pas fin aux guerres. Car le Pape voyant qu'au Concile de Bresle on auoit esleu vn Antipape, qui se faisoit

Hermod. c. 15.

appeller Clement troisiesme, qui vesquit 21. an
contre Gregoire VII. Victor III. Vrbain II. &
& Pascal II. Il degrada à plain Csistooire l'Antipape, & l'Empereur (& lia d'Anatheme;tous les
Prelats de ce Cócile, & entre autres; il nommoit
les Archeuesques de Narbonne, de Mayence,
& Aycardus Archeuesque d'Arles. C'est Aycardus estoit citoyen d'Arles, de qui les parents
sont encores aujourd'huy ornez du titre de Noblesse, & possedent dans la maison commune
les honneurs, & charges deües à leur qualité. &
depuis ce Prelat, on a tousiours veu de ses parents dans la saincte Eglise d'Arles, posseder des
Chanonies, & dignitez, iusques à present. Nonobstant l'excómunication du Pape cét Archeuesque, fut tousiours en bóne intelligence auec
le Comte Bertrand, Lieutenant general, au Royaume d'Arles de Messire Guillaume Boso, de la
race des Roys d'Arles, Preuost en ce temps de
son Eglise; & les Habitants qui n'aspiroient tous
qu'à la conseruation du droict de leur Roy, suiuant leur iurement.

Mais comme l'Eglise d'Arles, estant la seconde Chaire apres celle de Rome, Primasse des
Gaules Metropole du Royaume d'Arles, celle
à l'exemple de laquelle tous les Prelats de la

XX. scysme.

Aicard Archeuesque d'Arles.

France se regloient. Le Pape Gregoire desira d'y mettre vn Archeuesque à la poste, afin d'affoiblir le parti de l'Antipape Clement III. & pour ce faire, enuoya au Clergé, & à la Noblesse d'Arles; Messire Hugues Euesque de Digne, & Leodegard Euesque de Gap auec vne Epitre qui commence; *Vniuerso clero, & populo Arelatensis Ecclesiæ: Gregorius seruus seruorum Dei salutem; & Apostolicam benedictionem*; par laquelle il exhorte les Chanoines, & habitans d'Arles, de se retirer de l'obeissence, de leur Roy excommunié, & chasser de leur Ville, & du Siege Episcopal; leur Archeuesque Aycard, qui comme le Roy estoit couuert de la foudre spirituelle, & interdit en toute d'Ecclesiastique fonction: & de faire election de celuy que ces deux Prelats leur proposeroient, à quoy personne ne voulut entendre: sçachant que l'Orateur Latin, appelle la foy promise fondement de iustice l'honeur du Ciel, & de la Terre; sans laquelle le monde ne peut subsister: que les Romains auoient posé l'Autel du iurement, tout contre celuy de Iupiter foudroyant; pour monstrer que Dieu se vange des periures: & de faict telle sorte de gens, tombent d'ordinaire dans de grandes necessitez, ainsi que Polibius marque des Grecs, qui pour la moindre

In regno Greg. 7. l'Epist. 21. ann. 1078.

1. Off Cato censor.

moindre chose estoient coustumiers de rompre leur foy iurée. Et prenant l'exemple de Iosué gardant la foy aux Gabaonites ; ne voulurent rompre le iurement de fidelité qu'ils auoiēt fait à leur Roy, où le nom de Dieu estoit interuenu, puis que la memoire est immortelle des hommes qui ont tenu leur serment inuiolable; & conseruerent leur Archeuesque Aycard auec toute sorte d'affection : qui gouuerna la saincte Eglise 28. ans, & mourut l'an 1090. ayant auparant sa mort, tenu son Concile Prouincial dans Auignon, auquel assisterent tous les Prelats de Prouence, du Comté Venaissin, & du Dauphiné, ses Suffragans : & en iceluy S. Hugo fut sacré Euesque de Grenoble.

Quelques iours apres la venuë de ces deux Euesques, Nonces du Pape Gregoire VII. le Comte Bertrand, qui estoit Vice-Roy, dans Arles mourut, & par son Testement donna la plus grande partie de ses biens au Pape Gregoire, & se despartant de la recognoissance qu'il auoit fait de Clement III. le reconnut pour le vray Pape : donna aussi au Chapitre de sainct Trophime, le Prieuré de nostre Dame, des Rats, & laissa son heritier & successeur, de la Comté, de Prouence, & autres bien à Geofroy son Fils,

Hh

& le Pape Gregoire, mourut le 11. an de son Pontificat deux ans apres: mais sa mort n'estouffa pourtât les guerres: car l'Antipape Clement III. entretenant tousiours l'Empereur dans l'humeur qu'il deuoit eslire le Pape, & prouuoir aux Euesché Vacantes des Allemagnes, suiuant le pouuoir donné à son pere, se disoit le vray Pape, & l'épeschoit de reconnoistre autre que luy.

Les Cardinaux voyant le Pape mort, esleurent Victor III. à sa place, qui estoit moine de Beneuente, qui voulât mettre en execution l'excommunication que son deuancier auoit donné contre l'Empereur, mourut dans l'an de son Pontificat: Et fut encores creé Vrbain II. François de nation, qui ne tenant sa personne en asseurance aux Italies, à cause qu'il n'estoit pas en bonne intelligence auec la Princesse Mathilde Contesse de Mantouë, qui estoit tres-puissante parmy les Italiens, & auoit tousiours protegé le Pape Gregoire contre l'Empereur, il se retira en France soubs la protection du Roy Philippe premier, & conuoqua le Concile à Clermont en Auuergne, auquel assisterent les Roys de France & d'Angleterre, & 310. Prelats François. A ce Concile fust conclu contre l'Antipape Clement III. fut faicte la reformation des Ecclesiasti-

Concile de Clermont.

ques; Et l'expedition de la Terre sainéte fut de- *Expedition*
liberee à la requisition du Patriarche de Ierusa- *de la Terre*
lem, & de Pierre l'Hermite, où Goudeffroy de *Saincte.*
Bouillon fils du Duc de Lorraine, fut declaré
Chef de l'armee chrestienne, qui accepta cette
charge auec toute sorte d'affection, disant comme l'Empereur Phocas, que ceux qui mouroiét
dans vne si iuste guerre deuoient estre reputez
Martyrs, & leur mort deuoit estre veneree auec
Hymnes & Cantiques spirituels.

Ce Prince fut suiui en ce voyage des Princes Baudoüin, & Eustache ses freres, d'Hugues frere du Roy de France, de Robert
Comte de Normandie: d'autre Robert Comte
Flandres: d'Estienne Comte de Chartres, de
Raymond Comte de S. Ange: de Behemond
Prince de Tarente: de plusieurs Prelats, & de
plus de 300000. hommes de guerre. A ce voyage Goudeffroy conquit toute la Terre Saincte,
& fut couronné Roy de Ierusalem, le 15. Iuillet
l'an 1099. par le Patriarche Gebelinus, qui auoit
esté Archeuesque d'Arles succedant à Aycard,
non auec vne couronne d'or parcemee de pierres pretieuses comme les autres Roys: mais des
espines à l'imitation de Iesus-Christ Roy des
Roys, qui la porta comme cela dans Ierusalem

au téps de sa passion: car ce Prince disoit n'estre raisonnable qu'il cernat sa teste de couronne d'or, puis que le Sauueur du monde l'auoit cernée des picquantes espines : cette qualité Royalle fut apres conseruée à Goudeffroy, & à ses descendents en paix enuiron quatre vingts ans.

Le Pape en Arles. Le mesme Pape Vrbain retournant à Rome passa en Arles, où il fit l'office Pontifical le iour de Noël dans la S. Eglise, assisté de l'Archeuesque Gebelnius, qui fut apres Patriarche de Ie-
Archeuesque d'Arles fait Patriarche. rusalem : & estant arriué à Rome, il mourut le vnziesme de son Pontificat : A qui succeda Paschal second, qui vint aussi en France, & celebra le Concile de Troye, pendant lequel l'Antipape Clement III. mourut, la mort duquel, qui de deuoit estre la cause de l'vnité, & concorde de l'Eglise, fut vn renouuellement de desordre Puis que les Prelats Allemans tousiours enclins à suiure la passion de l'Empereur, creerent Albert d'Atella pour Antipape, qui vesquit huict ans : L'eslection duquel fut confirmée par l'Empereur, ce qui occasionna le Pape Paschal II. estant de retour à Rome d'approuuer la Bulle d'excómunication que Gregoire VII. auoit laxé contre l'Empereur : Et pour mieux luy donner du trouble le deposa de l'Empire, & declara son

fils Henry qu'il auoit eu de sa seconde femme Empereur: qui porté d'ambition, & poussé par la persuasion du Pape, chassa son pere du Throsne Imperial, & luy fit grande guerre: le constraignant de luy enuoyer les enseignes Imperialles, qu'estoient la lance, l'espee, le sceptre, la couróne, & le globe: pendāt que de l'authorité du Pape il tenoit vne iournee Imperialle à Mayence, & és presances de son Legat se faisoit reconnoistre, & iurer fidelité; Ce pauure Empereur se voyant si mal traicté de son fils, luy enuoya les enseignes, & n'eust autre recours que de tancer d'infidelité tous les Seigneurs qui assistoient à cette iournee, de l'auoir abandonné sans auoir receu de luy aucun mescontentement: & s'estant reserué le Royaume d'Arles, se retira à Liege pour ne plus se mesler de l'Empire, où il mourut de tristesse deux ans apres, que fut le 7. iour d'Aoust 1106. ayant regné Empereur 50. ans & Roy d'Arles 48.

Mais comme il auoit esté persecuté durant sa vie, il le fut encore apres sa mort, & luy qui auoit possedé toute la terre de l'Occident, eut faute de terre pour y loger son corps: car le Pape Pascal II. ayant sceu que l'Euesque de Liege l'auoit fait enterrer dans son Eglise Cathedralle;

luy enuoya commandement de l'oster, & l'enterrer aux champs comme excommunié, suiuant l'ordonnance des sacrez Canons : ce que c'est Euesque fit, & fut mis au milieu d'vn chāp, dans vn Sepulchre de marbre, où il demoura cinq ans; & iusqu'à ce que le Pape estant bien informé par bons tesmoings que ce Roy estoit mort bon Chrestien, & Catholique, croyant d'auoir suffisamment esté absous par l'Antipape Clement III. comme tous les Prelats l'asseuroiēt: Enuoya vn Legat à Lieges pour faire enterrer ce corps auec les pompes funebres comme enfant de l'Eglise, & le porter à Spire au tombeau des Empereurs. Apres sa mort son fils Henry luy succeda au Royaume d'Arles comme ce verra cy-apres.

c Sacris de sepult. & Dist. 2. quæst. 2. ca. sane.

D'Henry III. dict cinquiesme entre les Empereurs, dixiesme Roy d'Arles.

HENRY III. fils du precedent, & de Mathilde vefue du Duc de Boheme, succeda au Royaume d'Arles apres la mort d'Henry le vieux son pere, enuoya la seconde année de son Empire en Arles au Comte Geoffroy, fils du deffunct Comte Bertrand, vne commission pour

des Roys d'Arles.

estre Lieutenant general sur tout le Royaume, & pour tirer le serment de fidelité de tous ses subjects: ce que le Comte effectua promptemét assisté de l'Archeuesque Aripertus, qui auoit esté Euesque d'Auignon, & succedoit au Patriarche Gebelinus à l'Archeuesché d'Arles: Et faut remarquer que nonobstant tant de malheur de guerre qui regnerent aux Allemagnes & dans l'Italie, pendant le regne d'Henry le vieux pere de ce Roy, le Royaume d'Arles qu'estoit la Prouence, le Dauphiné, & la Bourgongne delà la Saosne, ne ressentit aucune incommodité: ains iouït touiours du benefice de la paix, ainsi qui se continua encores du regne du present.

Aripertus Archeuesque d'Arles.

Bien que personne ne querellast le Royaume d'Arles, l'Empereur ne fut pourtant exempt de guerres; car ses estats d'Allemagne se reuolterent contre luy, comme fit encore la Pologne, & la Hongrie, qui refusoient de luy payer le tribut accoustumé: Les Italiens, le Pape Pascal II. qui l'auoit faict Empereur; & Gelase II. luy declarerent la guerre spirituelle, & téporelle comme aussi Louys le Gros Roy de France s'arma contre luy, à cause du Roy d'Angleterre son beau pere; (Dieu le permettant ainsi par son juste iugement, pour punition du tort qu'il auoit fait à feu son pere).

Il seroit trop long de descrire toutes les guerres que cet Empereur supporta durant son regne: Il suffit de faire seulement voir vn sommaire de celles qu'il eust auec le S. Siege, qui ne furent moindres que celles que nous auons cy deuant veu. Car ayant enuoyé des Ambassadeurs au Pape Paschal II. pour confirmer la paix, puis que tout le parti contraire l'auoit reconnu apres la mort de son pere: Les Ambassadeurs n'eurent autre responce, sinon que le Pape viendroit en personne à Ausbourg ville d'Allemagne, treuuer l'Empereur & que là ils confirmeroient la paix, & demeureroient en bonne intelligence: mais le Pape ne se voulant fier aux Allemans ne vint pas; bien que l'Empereur l'eust attendu assez long temps; ce qui fut la cause que ce Prince, pour le bien de la paix, & soulagement du peuple, vint à Rome baiser la Pantoufle au Pape, & receuoir la couronne Imperialle, comme les autres ses deuanciers, suiuant les anciennes coustumes. Le Pape ayant appris la venuë de l'Empereur craignant de sa personne enuoya des Legats au rencontre pour asseurer sa Majesté Imperialle qu'il l'attendoit auec toute sorte d'affection, d'affection pourueu qu'il se desmit du droict d'eslection à la Papauté, & des Inuestitures aux Euefchez vacantes des Allemagnes, que le feu Empereur son pere, & son deuancier auoient tant deffendu depuis le Pontificat de Clement II. l'Empereur entendant cette condition, respondit aux Legats de ne se mettre en peine de pactiser auec luy, car il se promettoit de demeurer d'accord auec le Pape lors qu'ils parleroient ensemble, & auaçant ses iournees arriua plustost à Rome, qu'on ne l'attendoit pas (suiui toutesfois d'vne grosse armee, qui l'empeschoit de craindre rien). A son arriuee le Pape le receut auec toute sorte d'honneur, le couronna solemnellement dans l'Eglise de S. Pierre, & fit accord & alliance auec luy, à condition que l'Empereur se demettoit de l'Election des Papes, nonobstant le Decret de Clement II. & l'a remettoit au sacré Consistoire ; mais qu'il iouiroit des Inuestitures aux Euefchez & Abbayes d'Allemagne à mesme titre & possession qu'en auoient iouy ses Deuanciers, duquel accord Bulles en furent expediees en deuë forme. *Accord du Pape & de l'Empereur.*

 Cet accord passé auec le Pape, le peuple Romain, qui auoit esté dás l'apprehénsion de quelq; *Nauclér. Hist. Ital.*

rumeur de guerre, en firent des feux de ioye, & des solemnelles prieres en action de grace; mais l'Empereur ayant quitté Rome pour s'en retourner aux Allemagnes, fut suiuy à trois iournees par deux Cardinaux Legats à luy enuoyez pour le sommer de se demettre du pouuoir qu'il s'estoit reserué par l'accord des Inuestitures aux Eueschez, & Abbayes d'Allemagne, autrement que le Pape procederoit contre luy, comme rebelle du S. Siege. Ceste Legation n'estonna pas beaucoup l'Empereur, qui creut icelle estre plustost faicte à plaisir, que pour rompre la confederation que le Pape & luy auoient faite ensemble.

Mariage de l'Empereur. Et au lieu de s'en troubler, ny parler d'icelle, il parla de se marier auec la Princesse Matilde, fille de Gamet, qui auoit esté Roy de Dannemarc, & estoit Roy d'Angleterre, ayant deposé Emond & Edouard Freres, & Enfans d'autre Edouard, dit coste de fer. Ceste Hymenee fust solemnisee au contentement de tout l'Empire, & de tout le Royaume d'Arles, qui en fist feste solemnelle.

Les nopces acheuees, & chascun retiré chez soy, l'Empereur retourna dans le souuenir des affaires qu'il auoit à demesler auec le S. Siege, & aduerti que le Pape Pascal auoit assemblé vn Concile dans Rome, auquel tous les Cardinaux

Concile.

deux Patriarches, dix Archeuesques, & cent Euesques auoiét conclu qu'il se deuoit demettre du droict qu'il auoit aux Inuestitures des Eueschez, & qu'en cas de refus, on deuoit fulminer contre luy la foudre du Vatican, mesmes que l'Archeuesque de Mayence, & partie des Euesques Allemás auoient ja fauorisé telle conclusion. Cette nouuelle l'affligea grandement & l'obligea de reuenir à Rome auec sa nouuelle *Espouse* : Federic Duc de Sueue, & Conrad Duc de Franconie ses Neueus: suiui d'vne forte armee, afin que rien ne luy resistat. Le Pape aduerti de cette venuë, & craignant de sa personne, quitta promptement Rome, & s'en alla refugier à la Pouille. Dequoy l'Empereur fasché estant arriué à Rome, luy enuoya de reuenir à son Siege, soubs bonne assurance qu'il n'auoit de rien à craindre : à quoy le Pape se rendit refusant, & occasionna l'Empereur d'enuoyer chercher l'Archeuesque Maurice Espagnol de nation, qui fit eslire Antipape, & s'appella Gregoire VIII. qui occupa le Siege trois ans, auquel il se fit donner l'absolution, & s'en retourna auec l'Imperatrice & toute sa Cour aux Allemagnes.

21. *Schisme.*

Pendant qu'il faisoit ce voyage, la Princesse

Mathilde de Mantouë, qui auoit tant fauorisé le Pape Gregoire VII. contre l'Empereur Henri II. mourut aagee de 70 ans, & en sa mort laissa au Pape, comme Successeur de S. Pierre & S. E. R. la Duché de Ferrare (que Clement VIII. auparauant appellé le Cardinal Aldobrandin, reunit au patrimoine de l'Eglise qui en auoit esté long temps desmembrée); & les plus belles villes que l'Eglise possede à present aux Italies. La nouuelle de ceste mort, auec celle du despart de l'Empereur arriuee au Pape Pascal II. luy donnerent courage de venir à Rome chasser l'Antipape Gregoire VIII. qui a mauuais titre occupoit sa place : mais Gregoire ne se sentant pas le plus fort quitta Rome, & s'en alla aux Allemagnes pour estre deffendu de l'Empereur. Et Pascal arriué à son Siege, mourut de ioye vn mois apres son arriuee, le 18. an de son Pontificat. Luy succedant Gelase II. natif de Caiette, qui d'entree au Pontificat, sans moyenner aucune paix, ny vser d'aucune admonition excommunia l'Empereur, & l'Antipape Gregoire, & se voyát tancé par les Italiens de ceste precipitation, craignant quelque tumulte dans Rome, il s'enfuit en France, où il mourut le second an de son Pótificat, & fut enterré dans l'Abbaye de Cluni.

Gelase estát mort fut esleu en Fráce l'Archeuesq; de Vienne pour Pape, appellé Guy de Bourgongne, fils de Teste hardie, & de Gertrude fille de Theodoric Comte de Luxembourg, subject du Roy d'Arles, qui s'appella Calixte II. lequel pourtant ne fauorisa en rien l'Empereur, sçachát que comme le Souuerain Pontife peut estre esleu de toute nation (ainsi que l'asseure S. Bernard au Pape Eugene) qu'aussi en qualité de Pape il ne doit regarder à droict ny à gauche, ains seulement ce qui regarde la gloire de Dieu, & le bien de son Eglise. Estant reconnu Pape il conuoqua vn Concile en la ville de Rheims, ou luy mesme presida, & assisterent en iceluy tous les Prelats François, ceux du Royaume d'Arles, (bien qu'aucun d'iceux tinsent le party de l'Antipape Gregoire) quantité d'Euesques d'Angleterre, d'Espagne, & d'Italie, iusques au nombre de *363*. sans les Docteurs, & Graduez, qui y furent conuoquez. A ce Concile fut principallement traicté de l'excommunication que Pascal II. & Gelase II. auoient fulminé contre l'Empereur Roy d'Arles : mais l'Archeuesque Atto originaire de Beziers Successeur d'Aripertus en l'Archeuesché d'Arles, qui estoit au Concile comme Primat de Bourgongne, prenant la def,

Bern. lib. 4. ad Eugen.

Concile de Rheims.

Atto Archeuesq. d'Arles deffend le droit de l'Empereur Roy d'Arles.

fence pour son Roy, dit en plaine assemblee, & auec des puissantes raisons que le Pape Pascal II. ayant fait paix auec l'Empereur, & confirmé ceste paix par Bulles Apostoliques, qu'il ne s'en deuoit iamais retraicter, ou s'en retraictant qu'il deuoit chercher des voyes plus aisees pour auoir ce qu'il pretédoit sans vser du fleau de l'excommunication. Pour le Pape Gelase II. on treuuoit de la precipitation à son Decret, puis que nostre Seigneur mesme (à l'exemple duquel les Papes sont tenus de se regler) veut qu'on admoneste vn pecheur les deux & trois fois, auant que de le *Math. c. 18.* charger d'Anatheme. L'Eglise suiuāt cest ordre faict admonester par trois diuerses fois les de- *In c. de sent Exc. c. con- st. D. l. 6. cam Medicinal.* linquants, auant que publier l'Excommunication. Car tout ainsi qu'vn Iuge doit comminer auant que condamner. Aussi le Pape voulant vser d'vn acte de Iurisdiction, mesmes contre l'Empereur, qu'est l'appuy de l'Eglise, deuoit l'ouyr, ou l'admonester auant que le condamner. Enfin il mena de si pressantes raisons, que tout le Concile demeura suspendu, & sans rien determiner contre l'Empereur; L'affaire fut remis au premier Concile.

S. Chamas aux Archeuesques d'Arles   Cest Archeuesque Atto outre qu'il estoit docte, & de bonne maison, il estoit vn grand homme de bien, qui ne vouloit employer les reuenus de sa mense à l'enrechissemét de ses Parens: mais achepta de son espargne le chasteau de S. Chamas pour ses Successeurs Archeuesques d'Arles qui le possedent encores.

Le Concile de Rheims estant paracheué, le Pape vint à Rome souz la faueur des armes du Roy de France Philippe I. & se saisissant de l'Antipape Gregoire VIII. qui habitoit à Sutrin, luy fit faire amende honorable, & le confina en prison perpetuelle, afin qu'il ne troublast de rechef l'Eglise de Dieu (où en peu de iours il mourut).

Dans ce mesme temps l'Empereur fut pressé de grandes afflictions, non seulement du costé du S. Siege, ny de ses Subiects, qui de tous les cantons des Allemagnes se reuoltoient: mais encores il fut grandement troublé par l'Archiministre ou son grand Maistre d'Hostel Imperial, qui trop amoureux de l'Imperatrice; l'auoit pendant le voyage que l'Empereur auoit fait en Saxe, recherchee d'impudicité; & se voyant par elle rejetté, l'accusa faucement d'adultere: & pour fortifier son accusation offroit de se battre corps à corps les armes en main contre ceux qui voudroient soustenir le contraire: Ce

Le Comte de Prouence desliure la Reyne d'Arles.

qui obligea l'Empereur, contre sa volonté, & sa croyance, de mettre en prison l'Imperatrice sa femme, & luy assigner les dilais côpetans pour se iustifier, ou par armes, ou par raisons, ou par tesmoins: autremét qu'iceux passez elle seroit bruslee toute viue côme Adultere, & ayant soüillé la couche Imperialle. La nouuelle de ceste accusation vint aux aureilles du Comte Raymond Bérenger Côte de Prouence & de Barcelonne, hommageable de l'Imperatrice, comme Reyne d'Arles, qui touché de compassion, & sçachant qu'aucun Anglois subiect du Pere de ceste Princesse ne desgnoit de se presenter pour la deffendre, s'en alla auec vn seul Caualier de sa maison, à Aix la Chapelle, sans se faire connoistre, & arriué le iour que le dilay deuoit expirer (ayant par subtil moyen apprins l'innocence de ceste desolee Dame) tout armé à creu, se presente au lieu assigné pour le combat, appelle le faux Accusateur, qui d'abord qu'il entra dans la carriere, fut porté d'vn coup de lance par terre, & si fort pressé par ce genereux Comte, qu'il confessa tout haut sa fauce accusation, & la cause qui l'auoit porté de la faire. Ceste action fut genereuse, qui conserua l'honneur, la vie, & le droict de l'Imperatrice; fit brusler l'Accusateur, mit
l'esprit de

'esprit de l'Empereur en repos, & fit donner mille loüanges à ce braue Caualier, qui sans estre connu retourna à Barcellonne, & quelque espace de temps après fut connu de celle qu'il auoit deliuré par vn Diamant qu'il portoit au doigt, qu'elle luy auoit donné dans la prison soubs l'habit d'vn Hermite, afin de prier pour elle le iour auant sa deliurance, côme se croyant au dernier periode de sa vie.

L'Empereur voyant que Dieu auoit deliuré son esprit de trouble, & l'Imperatrice de la mort, resolut de mettre ordre aux miseres de son peuple, & pour ce faire assigna vne iournée Imperialle dans la ville de Vuiterberg, ou se treuuerent tous les Prelats, Princes, & grands Seigneurs des Allemagnes; en laquelle fut conclu vne paix generalle, à condition que tous les biens qu'auoient esté prins les vns sur les autres seroient rendus;& sur tout les biens de Ecclesiastiques: & pour raison du différent que l'Empereur auoit auec le S. Siege qu'il s'en remettoit au Pape, suiuant la priere que tous les Prelats Allemans luy en faisoient: se desmettant au mesme lieu de toutes telles inuestitures entre les mains du Cardinal Legat qui estoit venu en cette iournee soubs des bons saufsconduicts,

Paix Generalle.

K k

de quoy fut dressé instrument pour estre porté au Pape: comme aussi l'Empereur pria le Legat d'impetrer le benefice d'absolution pour luy, comme enfant, & deffenseur de l'Eglise.

Le Pape voyant l'instrument de dimission de l'Empereur, & entendant qu'il s'humilioit, luy donna l'absolution, & le declara absous en plain Consistoire: luy enuoyant vne Bulle par laquelle il ordonnoit que toutes les Eueschés, & Abbayes qui vacqueroient aux Allemagnes seroient prouueus par l'election de leur Chapitre: mais que l'Empereur pourroit assister en icelles si c'estoit de son plaisir: & que celuy qui seroit esleu reconnoistroit l'Empereur pour le temporel de son benefice; & pour le restant l'Eglise Romaine: cette paix amena l'vnité à l'Eglise, & la ioye par toute la Chrestienté.

La paix que l'Empereur fit auec les Allemans, & auec le Pape, ne l'exempta pourtant de troubles, puis que les Holandois luy causerent des grandes guerres pendant deux ans qu'il vesquit encores, & accablé de tristesse, & de remord de conscience: reconnoissant le tout luy estre arriué à cause du tort qu'il auoit fait à son pere, & se ressouuenant des iustes iugemens de Dieu qui auoit puni Absalon fils de Dauid, que Chan fils

Punition des enfants cruels à leur pere.

2. Reg. c. 15.

des Roys d'Arles. 259

de Noé auoit esté maudit : & qu'Abimelech auoit ressenti les fleaux de la Iustice diuine pour auoir maltraicté leur pere, se iecta dãs l'humeur triste, qui fut suiuie d'vne grande maladie de laquelle il mourut sans enfans, Dieu ne permettant qu'vn si mauuais fils portat le nom de pere: ce qu'arriua le premier Iuillet 1126. le 20. an de son Empire: ayant esté Roy d'Arles 18. ans, & laissa ses heritiers Federic Duc de Sueue, & Conrad Duc de Franconie enfans de sa sœur Agnes ses neueus: Il fut enterré à Spire auec ses predecesseurs: bien qu'aucuns ayent voulu dire (comme se lit dans la mer des histoires) qu'il quitta l'Empire, & se retira dans vn hospital, seruant les paures pour penitence de ses pechez, ou il vesquit plus de six ans; ce qui n'est pas vray semblable, attendu les guerres que ses neueus supporterent, & l'vsurpation qu'on leur faisoit du Royaume d'Arles: qui l'auroient obligé de sortir pour les deffendre, & empescher les desseins des ennemis.

Vn an apres sa mort l'Imperatrice Mathilde sa femme, se remaria auec Geoffroy Comte d'Anjou, de qui elle eut vn fils qui fut Henry second Roy d'Angleterre, à cause qu'elle auoit succedé au Royaume à faute de masles. Le Com-

Gen. c. 17.

Iudic. c. 6.

KK

te Renaud de Bournongne, & Guillaume Comte de Mascon, ayant apprins la mort de l'Empereur Henry Roy d'Arles (de qui ils tesnoiēt en qualité de Roy) se rebellerent pour ne depēdre d'aucune souueraineté, se preualant du trouble que l'Empereur Lothaire donnoit à ses heritiers, qui desdaigné de ce que ceux d'Arles n'auoient voulu recōnoistre ses Commissaires, ayant ja reconnu Conrad, de qui nous parlerōs apres pour leur Roy : auoit donné le Royaume d'Arles, & le tiltre de Roy à Berthol Duc de Zeringen, petit neueu d'autre Berthol fils de Conrad le Salique l'an 1131. les descendans duquel ont gardé le tiltre de Roy d'Arles iusques à Barberousse (bien que sans vtilité ny profit).

De Conrad III. dict II. entre les Empereurs vnziesme Roy d'Arles.

AVANT que traicter au long du Regne de Conrad III. il sera à propos de resoudre vn doute assez curieux, & important à nostre Histoire : lequel a esté proposé de nostre temps en vn affaire d'importance : sçauoir si Lothaire II. successeur à l'Empire d'Henry V. a esté Roy d'Arles ou non ? veu qu'il se treuue de persones qui ont creu cette succession, fondez sur des ieux documens publics escrits dans Arles par es Notaires de ce temps, ou ces paroles sont marquées *Regnante Lotario Rege*, d'autant que c'estoit la coustume comme elle est encores de mettre aux Contracts publics le nom du Roy qui regnoit; Ils se sont encores appuyez sur l'inscription qu'est grauée à vn marbre dans l'Eglise de S. Honorat au Cemintiere d'Alyscamp, où se lisent ces mots, *Anno Incarnationis Domini M. C. XXXIII. Regnante Lotario Rege*, & par ce moyen souftiennent que Lothaire qu'à succedé à Henry à l'empire, qu'a aussi succedé au Royaume d'Arles, & que Conrad son neueu n'a pas esté immediatement Roy aprés luy, & d'autres lisent des vieux historiens, disent que Conrad fils de Berthol, a succedé à Lothaire, & par ce moyen il y auroit deux Roys entre Henry V. & Conrad III.

Pour abbattre cette opinion, faut sçauoir que Othon Euesque de Frisingen, qui suiui d'ordinaire le Roy Conrad pendant son Regne, & son Empire, dict qu'aprés la mort de l'Empereur Henry V. que Lothaire Duc de Saxe, ennemy iuré de de la maison de Bourgongne, practiqua les Electeurs à force de presens & d'amis, pour estre esleu Empereur : craignant que Federic, & Conrad, qui auoient esté declarez heritiers d'Héry, ne fussent preferés à tout' autre: à quoy les Electeurs inclinarent: Lothaire se voyant Empereur, & desirant de nuire d'auantage à ces deux freres, delibera d'vsurper le Royaume d'Arles, & l'annexer à la couronne Imperialle, (ores que ce Royaume ne fut iamais dependant ny annexée à l'Empire), & pour mieux venir au bout de son dessein, enuoya des Commissaires en Arles, & aux principalles villes du Royaume, pour estre reconnu & proclamé Roy d'Arles, & des Bourguignons : mais Conrad auoit ja occupé la couronne vn an auparauant, & depuis la mort de son oncle.

Ces Commissaires de Lothaire causerent vn grand Schisme entre les sujets du Royaume, & principalement aux habitans d'Arles, qu'estoit la ville capitalle ; car d'aucuns suiuant le terme du Droict, tenoient le party de Conrad, legitime successeur de la couronne, attendu le testament de son oncle: d'autres ayant estez corrompus par argent, ou presens, fauorisoient celuy de l'Empereur Lothaire : ce qui causa vne grande guerre ; car les deux freres ne pouuant supporter tel affront, declarairent la guerre à Lohaire, & les armes en main estoient resolu de luy oster l'empire, & le tiltre de Roy d'Arles, que vainement il s'estoit vsurpé; mesmes pour leur donner de plus grands affaires, auoit donné le Royaume d'Arles, & le nom & tiltre de Roy à Berthol, auec pache qu'il resleueroit de l'empire: ce Berthtol ne porta que fort peu le tiltre de Roy, car mourant le second an de son supposé Regne, luy succeda Conrad son fils. Cette guerre fut sanglante, & dura enuiron neuf ans: mais Dieu l'appaisa par l'entremise de S. Bernard Abbé de Cleruaux, qui estoit issu de la Royalle maison de Bourgongne, & parent de Conrad, qui enuoyé du Pape Innocent II. les accorda, à condition que Lothaire seroit Empereur sa vie durant, & quitteroit entierement le nom de Roy d'Arles, & les pretensions du Royaume à Conrad; & qu'apres sa mort luy predecedat, Corad seroit son successeur à l'empire, ainsi qu'en arriua: ce qui fait voir que iamais Lothaire n'a esté Roy d'Arles, & qui n'est besoin de le mettre au nombre d'iceux, moins encores de Berthol Duc de Zeringen, ny Conrad son fils, de qui auons cy-deuant parlé: mais deuons traicter du neueu d'Henry V.

Diuers Roys d'Arles.

Otho Finsing Epist. in vita Conradi.

CONRAD III. du nom, fils de Federic Duc de Sueue, & Franconie: & de la Princesse Agnes, fille aisnée de l'Empereur Héry le vieux, & sœur de l'Empereur precedant, succeda au Royaume d'Arles, & de Bourgongne à son oncle l'an 1126. au mois de Iuillet, & paruint à la couronne, non seulement par droict de parentage comme fils de la sœur aisnée du Roy: mais comme son heritier testamentaire: & bien qu'il fut vn Prince debonnaire, doüé de toutes les qualitez requises à vn grand Seigneur; son arriuée à la couronne n'apporta pas beaucoup de ioye au Royaume, veu les guerres qu'il eut durant neuf ans, auec l'Empereur Lothaire: (mais la paix ayant esté faicte comme a esté dict), & confirmée par le Pape Innocent II. & les Electeurs de l'Empire: la publication d'icelle apporta de la ioye à Rome, aux Allemagnes, & à tout le Royaume d'Arles.

Conrad III. Roy d'Arles.

Cette paix publiée le Roy Conrad enuoya vn vice Roy en Arles pour auoir le soin d'administrer la Iustice à tout le Royaume, & de retirer le serment de fidelité de tous les subiects: Et luy lassé des fatigues des gueres desirant prendre quelque repos se retira à Vienne en Dauphiné

auec

des Roys d'Arles.

auec la Reyne Gertrude qu'il auoit espousée estant Duc de Franconie, de laquelle il auoit ja vn fils qui s'appelloit Henry.

Deux ans & demi apres cette paix, l'Empereur Lothaire II. vint à mourir au vnziesme an de son Empire, venant de Rome la seconde fois de chasser l'Antipape Anaclet, qui auoit vsurpé le Siege contre Innocent II. La nouuelle de cette mort donnée au Roy Conrad le fit promptement courre en Allemagne, & ayant sommé les Electeurs de leur accord, fut par iceux esleu Empereur dans la ville de Comblens, & nommé Conrad second, és presences de Theodoric Legat du Pape Innocent, qui confirma l'election auec les formes requises, & là mesmes tous les Allemans (les Saxons excepté) le reconnurent pour leur Souuerain.

La reception de Conrad n'amena pourtant la tranquillité à l'Empire : car le Diable ennemy de paix, jetta dans l'esprit d'Henry surnommé le Superbe Duc de Saxe, & gendre de Lothaire, l'ambition d'estre Empereur ayant apres la mort d'iceluy apporté dans sa maison les enseignes Imperialles, soubs la vaine esperance qu'il en auroit besoin : & deslors luy, & son frere Guelfon se rebellerent contre Conrad, & commance-

XXIII. Schisme.

Le Roy d'Arles fait Empereur.

Rebelles desfaits en guerre.

rent vne forte guerre : La prudence de l'Empereur se monstra grande en cette action, qui voyant la rebellion de ses deux freres craignant de molester le peuple par des guerres ciuiles, leur ouurit tous les moyens d'vne honneste paix : à quoy ils se rendirent refusants ; & pour plus de brauade luy declarerent la guerre : l'Empereur porté d'vne iuste colere les priua de leur estats, & les poursuiuant les deffit en bataille rangée: ce qui occasionna Guelfon de prendre la fuitte craignant le danger : & se retira à Vvinsberg; ou il fut promptement assiegé.

Ce Capitaine fuyard se sentant assiegé, & voyant qu'il ne pouuoit resister aux forces Imperialles, se sauua soubs la faueur de la nuict, & abandonna les pauures habitans de la ville, qui furent constraincts de se rendre à la discretion de l'Empereur, sans auoir peu obtenir vne plus grande grace, dequoy Henry le Superbe mourut de despit.

Amour des femmes enuers leurs maris.

Les femmes de Vvinsberg entendans cette capitulation, & voyans la perte de leur vie, de leur hôneur, de leurs biens, & de leurs maris: demanderent leur estre permis de sortir trois femmes de la ville, pour aller presenter vne requeste à l'Empereur auant que les portes fussent ouuertes: ce qui leur fut accordé: les fins de leur requeste ne portoit, sinon qu'elles supplioient sa Majesté d'auoir esgard à la fragilité de leur sexe, incapable des armes ny de l'exercice d'hostilité: & qu'il luy pleust de leur donner la vie, & leur permettre de sortir de la ville, auec ce qu'elles pourroient porter sur le dos, sans que personne le leur peut oster à la porte ny aux champs. L'Empereur voyant la ciuilité de cette Requeste, & croyant que ces femmes ne vouloient porter que leur besongnes pour se seruir en la necessité, leur donna l'apointement d'icelle, auec deffence de ne les empescher à la sortie de la ville, ny leur oster ce qu'elles porteroient. A quoy l'Empereur se trouua trompé: car la requeste estant interinée au Commissaire de la porte, on vit venir ces femmes chacune portant sur son dos, qui son mary, qui son frere, qui son enfant, qui son pere, sans se soucier des biens & richesses qu'elles auoient: ce qui donna de l'admiration à toute l'armée, & fut la cause que l'Empereur pardonna aux hommes, donna du loüange à ces femmes, & empescha le pillage de la ville.

Apres cette victoire l'Empereur reuint à Vienne voir sa femme, qu'il n'auoit veüe depuis son

Empire : & à son arriuée confirma à Hubert Archeuesque de Vienne, la donation de la Comté faicte par Rodulphe, & au Chapitre de S. Maurice, les dons, & priuileges que le Roy Boso, & tous ses deuanciers Roys d'Arles leur auoient faicts, (bien que Guillaume Comte d'Albon, se disoit Seigneur du Viennois) donna aussi à son neueu Federic Barberousse, la Duché de Sueue, que fut l'an 1147. fit bastir le Monastere de S. André à Vienne, pour y loger des Religieux Reformez de S. Benoit : & peu de iours apres ce bastiment, l'Imperatrice sa femme mourut, & fut enterrée au mesme Monastere : mourut aussi dans le mesme an, son fils Henry de maladie, aagé de 18. ans, ce qui l'affligea grandement.

Hist. Eccl. Viennen.

Pendant que l'Empereur estoit dans ces afflictions à Vienne, Guelfon voyant qu'il n'estoit à propos de se ruer contre l'eguillon, tascha de faire sa paix, & iura obeissance & fidelité à l'Empereur : cette paix fut la cause du Mariage que l'Empereur contracta en secondes nopces auec la Duchesse de Saxe, doüairiere de l'Empereur Lothaire second, de laquelle il eust vn fils qui fut appellé Federic, qui mourut aussi aagé de 10. ans auant que luy.

La solemnité des secondes nopces estant pa-

des Roys d'Arles.

racheuée l'Empereur vint dans Arles, ville ca- *L'Empereur*
pitale de son Royaume : ou il fut le tres bien re- *en Arles.*
ceu de l'Archeuesque Raymõd de Mõterotõdo,
ou Mont-redon, originaire d'Arles : du Clergé,
de la Noblesse, & du tiers estat, auec toute sorte de ioye : car cent ans s'estoient passez qu'aucun de leur Roy n'auoit esté dans Arles : l'Empereur grandement satisfait de cette gratieuse
reception, & voulant honnorer la S. Eglise, &
l'Archeuesque de ses faueurs: leur confirma tous
les dons, & priuileges que le Roy Childebert de
France, le Roy Boso, & tous les Roys d'Arles ses
deuanciers leur auoient faict : & adioustant à
iceux : donna à l'Archeuesque Raymond, &
ses successeurs Archeuesques d'Arles, tous les *Dons faits*
droicts Royaux qu'il auoit dans la ville, & son *par le Roy*
terroir: qu'estoient l'imposition des Iuifs, la tail- *l'Archeues-*
le, le quintal, le cestier, la Romane, les estangs *que Raymõd*
& Paluns : le pasturage de la Grau, les salins, le *de Mont-re-*
droict des nauires, & la faculté de battre de mõ- *don.*
noye: (En suitte de laquelle donnation l'Archeuesque fit battre les sousRaymondins, marquez dans les vieilles escritures, appretiez à six
tournois piece de nostre monnoye) Donna aussi audit Archeuesque la quatre part des rentes
qu'il auoit dans Arles, ainsi qu'appert de la Bul-

Ll 3

le appellée *Bulla aurea*, que l'Empereur signa de sa main, qui commance, *In nomine Sanctæ & Indiuiduæ Trinitatis*, &c. en datte du 18. de son Regne, & 6. de son Empire année 1144. en cette Bulle se voit le pourtraict du Roy, tenant le Sceptre d'vne main, & le Globe de l'autre sur vn sceau de fin or, qui porte ces mots autour, *Conrad. III. Dei gra. Roman. Rex.* & au reuers les armes Imperialles auec ce vers. *Roma caput mundi regis orbis frena rotundi*, qui est gardée aux Archiues de l'Archeuesché. L'Empereur en qualité de Roy d'Arles infeoda la Comté de Prouence au Prince Hugues des-Beaux, mary de Dame Estephanette, fille du Comte Gilbert, jadis Comte de Prouence, ores que la Comté deut appartenir par droict de succession testamentaire à son beau frere Berenger le ieune, ja Comte de Barcellonne, ce qui causa des grands troubles, & diuisions entre les Prouanceaux.

Infeodation de la Comté de Prouence à Hugues des-Baux.

Les deux mois que l'Empereur seiourna dans Arles, il y trouua toute sorte de contentement, tant de la part des habitans de la ville, que de ceux de la Prouence, qui vindrent rendre leur deuoir aux pieds de sa Majesté, & s'en retournât aux Allemagnes, pour voir l'Imperatice, passa par Vienne, visita la Bourgôgne delà la Saosne,

des Roys d'Arles. 271

& trouua que les officiers du Roy de France luy auoient prins quelques droicts sur ses sujects, mais cela ne l'arresta pas. Il ne fut pluftoft arriué aux Allemagnes, qu'à la place de trouuer du repos, & du contétement aupres de sa nouuelle espouse, que S. Bernard luy vint de la part du Pape Eugene III. porter la nouuelle des oppressiós que les Chreftiens receuoient en la Terre Saincte, & que le Calife de Perse, ligué auec les Turcs auoit prins la ville de Edesse, capitalle ville de la Mosopotamie: le priant de la part de sa Saincteté, d'aller secourir Fouques Roy de Hierusalem, qui eftoit menassé d'eftre affiegé: la mesme priere fut faicte au Roy de France Louys VII. au Duc de Lorraine, & à tous les Princes Chreftiés, qui tous ensemble promirent de faire promptement le voyage.

Voiage de la Terre Saincte.

L'Empereur partit le premier l'an 1147. menát auec luy Federic dit Barberousse Duc de Sueue só neueu, qui fut Roy d'Arles, & Empereur, apres luy le Duc de Lorraine, Guelfon Duc de Saxe, les Comtes de Flandres, & d'Auftriche, de Bauiere, & plufieurs Italiens, 70000. hommes de cheual, & autant de gens de pied: d'arriuée il liura bataille aux Turcs, le long de la riuiere de Meádre, où il euft la victoire: mais à la seconde bataille qu'il donna pres d'Iconie, il y perdit la plus part de ses gens, & sa personne se trouua en tres-grand danger, & bien qu'en peu de iours le Roy de France, & le Roy Baudouin fils de Fouques, se ioignissent à luy pour assister la ville de Damas, ils ne peurent rien faire, & apres y auoir seiourné trois ans furent constraincts chacun de retourner chez soy. Le Pape Eugene III. luy enuoya promptement deux Legats pour congratuler son arriuée, autant en firent les Princes Allemans, le vice Roy d'Arles, & tous ses sujets.

Et d'autant qu'a son arriuee il auoit fait resolution de faire la guerre à Guelfon Duc de Saxe, qui l'auoit laissé à la Terre Saincte, & pendant son absence s'estoit rebellé contre le iurement qu'il auoit fait: Dieu le disposa au voyage commun, qu'est celuy de la mort, car il mourut à Comblens l'an 1152. ayant esté Roy d'Arles 26. ans, & 15. ans Empereur, son corps fut porté à Vienne sur le Rosne, & enterré au Monastere de S. André proche le grand Autel, ou son Epitaphe se voit encores. Auant sa mort fit son testament, & voyant que son fils Federic, qu'il auoit eu de sa seconde femme estoit mort pendant qu'il estoit à la Terre Saincte, laissa Federic Barberousse Duc de Suque son neueu heritier, sur son

Vign. in chr.
Burg.
Oth. Frising.
l. c. 62. & l.
2. c. 11.

des Roys d'Arles.

son Royaume d'Arles, & ses autres biens.

Au temps que l'Empereur Conrad arriua d'outre mer pour la deffence de la foy, l'Archeuesque de Mont-redon translata dans Arles les Reliques de S. Trophime Disciple de nostre Seigneur, & premier Euesque, qui tout premier auoit planté la foy en cette ville, ainsi qu'a esté dict cy-deuant; qui auoient demeuré au Cemitiere d'Alyscamp dans l'Eglise de S. Honorat, vnze cens ans : les ayans tirez de son Sepulchre, qui se voit encores dans ladite Eglise, les porta dans la maistresse Eglise, qui estoit pour lors, & depuis sa fondation, appellée l'Eglise de S. Estienne Protomartyr : & en posant dedans ce sacré thresor y changea de nom, & l'appella l'Eglise de S. Trophime, comme elle s'appelle de present. A cette Translation assisterent auec l'Archeuesque d'Arles, Vvalfredus Euesque d'Auignon, Bernard Euesque d'Orange, Berenguier Euesque de Vaison, Pierre Euesque de Marseille, & plusieurs autres Ecclesiastiques de Narbonne, d'Aix, & d'Ambrun : accompagnez des Barons, & Gentilshommes d'Arles, de Prouence, & des Dioceses circonuoisins : ce qu'arriua l'an 1152. le 27. Decembre, du Pontificat du du Pape Eugene III. le 15. du regne de Conrad, &

Translation des S. Trophime

14. de son Empire, ainsi qu'apert au Breuiaire de la S. Eglise.

Breuis. S.
Arel. Eccl.

De Frederic Barberousse douziesme Roy d'Arles, & Empereur.

FREDERIC premier dit Barberousse, fils de Frederic Duc de Sueue, & neueu de l'Empereur Conrad, succeda au Royaume d'Arles à son oncle, suiuant la disposition de derniere volonté que Conrad auoit fait l'an 1152. Il estoit vn Prince vrayement parfait en toutes choses, car il estoit de haute taille, robuste, & agile de corps, bien proportionné des membres, ayant la face belle & riante, la barbe & les cheueux roux, (à cause de quoy il estoit appellé Barberousse) estoit homme de grand entendement, d'esprit prompt, eloquent en paroles, heureux en memoire, de douce & plaisante conuersation; liberal, vertueux, & magnanime: mesprisant le danger, adroit aux armes, bien experimenté à la guerre, & amateur de la gloire: Ce qui obligea tous les Electeurs apres la mort de son oncle, de l'eslire pour Empereur, & luy donner la premiere couróne Imperialle dás Aix la Chapelle, qu'il receut de la main de l'Archeuesque de Mayéce.

des Roys d'Arles. 275

L'Autheur moderne de l'histoire des Empereurs Romains, s'est grandement trompé, de dire que les Electeurs auoient fait tort à Frederic fils de Conrad, en cette eslection : car ce Frederic estoit mort auant son pere, comme a esté dict cy-deuant.

L'Empereur Frederic n'eust pas plustost receu la premiere couronne de l'Empire, qu'il couronna de ses propres mains le Roy de Danemark, qui auoit eu le Royaume par succession hereditaire ; à condition qu'il resleueroit de l'Empire ; & de fait presta auec tous les Princes & grands Seigneurs Allemans, serment de fidelité à l'Empereur. Peu de iours apres on accorda le mariage d'entre la Princesse Alisette, fille vnique de Diepold, Marquis de Vigsperg, auec l'Empereur: mais s'estant treuuez parens en consanguinité au degré deffendu : le mariage fut dissolu par la determination d'vn Concile tenu à Cóstance, l'an *1158.* & fut permis à l'Empereur de se marier à vne autre, que fut la Princesse Agnes, fille vnique de Renaud Comte de Bourgongne, (bien que du Chesne l'aye voulu appeller Beatrix) de laquelle il eut quatre fils, sçauoir Henry, qui le succeda à l'Empire : Philippe qui fut Roy d'Arles, Conrad qui fut Duc de Sueue : &

Dissolution du mariage de l'Emp.

Mm 2

Othon Comte Palatin de Bourgongne. Le sieur du Chesne s'est grandement trompé de dire que l'Empereur repudia la Princesse Alisette, l'accusant d'atultere, car cette fille estoit tenüe en tres-bonne reputation: mesme que leur mariage ne fut iamais consommé: elle monstra assez la pureté de son cœur, puis qu'apres la dissolution du mariage, elle se ferma volontairement dans vn Monastere, pour y viure soubs l'habit de Religion, & garder sa virginité le reste ses iours.

L'an huictiesme de son Empire, & dixiesme de son Regne, il vint en Arles auec l'Imperatrice sa femme, où il fut receu auec toute sorte de contentement des habitans, & principalement de l'Archeuesque Raymond de Bolena successeur de Mont-redon, qui auoit quelques iours auparauant receu vne commission du Pape Adrian IV. par laquelle il estoit declaré Legat Apostolique, pour luy donner la couronne Imperialle, auec celle de Roy d'Arles; ainsi qui fut *Couronnement de l'Empereur en Arles.* fait dans l'Eglise de S. Trophime: où ce Prelat couronna l'Empereur, & l'Imperatrice le 25. Iuillet 1162. iour de Dimanche à la grande Messe, assisté du Roy de Boheme, de l'Archeuesque de Cologne, vice-Chancelier de l'Empire, d'Eraclius Archeuesque de Lyon, Exarche pre-

des Roys d'Arles. 277

mier Prince du Royaume d'Arles, & de Bourgongne, à qui l'Empereur auoit donné l'office suiuant les anciennes coustumes, d'Estienne Archeuesque de Vienne, Archicancelier, d'Ode Euesque de Valence, de Geoffroy Euesque d'Auignon, des Euesques de Basle, de Versel, de Fardrense, de Leodiscée, de Vaison, de Troischasteaux, de Marseille, d'Orange, de Grenoble, & de Digue: les Abbez d'Hirserdens, Destabulense, de Vienne, de Cruas, sur le Rosne, & de Montmaiour: des Ducs de Sueue son neueu, & de Saxe, du Marquis d'Austriche, du Comte Palatin, de Berenger Comte de Prouence, & du Prince de Baux, tous vestus de leur ordre: y auoit encores quantité de Barons, Seigneurs, & Gentilshommes d'Arles, de Prouence, du Viennois, & de la Bourgongne: qui tous honorant cette feste, demeuroient rauis d'vne si celebre solemnité: l'Archeuesque d'Arles donna donc à l'Empereur ces deux Couronnes, en l'vne le declara Roy d'Arles, son Prince, son Souuerain, & legitime successeur de son oncle, le Roy Conrad: en l'autre comme Legat Apostolique: le declara Empereur de l'Occident, premier protecteur & deffenseur de l'Eglise, & le Blouquier de la Chrestienté: ce couronne-

Radeuic. Frisings in Frederic. l. 3. Raymond de Boleme Archeuesque d'Arles.

Mm 3

ment ne fut seulement suiui de feux de ioye, de tournois, & d'allegresse dans Arles: mais encores fut confirmé dans Rome l'année suiuante par le mesme Pape, leurs Majestez y estans allez pour y baiser la pantouffle, visiter les saincts lieux, & se faire reconnoistre par toute l'Italie, suiuant les anciennes coustumes.

Quatre mois se passerent que l'Empereur & l'Imperatrice seiournerent dans Arles, où ils re-
Comte de Prouence fait hommage au Roy d'Arles. ceurent toute sorte de plaisir: & pendant leur seiour desirans laisser la Prouence en paix, ils accorderent le different qu'il y auoit entre les Princes de Baux, enfants d'Hugues, & de la Princesse *Estephanette* & Berenguier, le ieune Comte de Barcelonne, à condition que la Prouence demeureroit au Comte Berenguier, & que les terres Bausenques, Berre, & autres places, seroiēt aux enfans d'Hugues, & que chacun fairoit hommage de ses terres au Roy d'Arles, comme resleuant de sa couronne: ce qui fut faict. Et d'autant que Guillaume Comte de Forcalquier, ne voulut prester l'hommage comme les autres: fut demis de la Comté de Forcalquier, qui fut donnée au Comte Berenguier, son propre pa-
Tiltre de Roy d'Arles osté aux enfons de Berthold. rent.

Cet accord fait, & les hommages rendus,

des Roys d'Arles. 279

l'Empereur, & l'Imperatrice partirent d'Arles grandement satisfaits de tous les habitans, & allerent à Vienne où estant arriuez, l'Empereur fort fasché que Berthol fils de Conrad, & petit fils d'autre Berthol Duc de Zeringen, portat comme son feu pere, & son ayeul, le nom & tiltre de Roy d'Arles, qu'ils auoient ja gardé enuiron cinquante ans (bien que sans fruict) luy declara la guerre, & prests à combattre l'affaire fut accordée par amis communs, à condition que Berthol quittoit pour luy & les siens, le Royaume & tiltre de Roy d'Arles, à Frederic Barberousse, & aux siens descendans de sa maison: & luy fut donné pour recompense les Eueschez de Lusane, Geneue & Sion prés des Suisses ; qu'on appella la petite Bourgongne, hommageables toutesfois au Roy d'Arles, & par ce moyen l'Empereur fut seul Souuerain au Royaume d'Arles. *Otho. Ep. Si-ring. & Bla-sij hist. Bourg. Gunter. sub ann. 1178.*

Cette paix estant faicte l'Empereur & l'Imperatrice prindrent la resolution d'aller à Rome, où le Pape Adrian les receut fort courtoisement, & y ayant seiourné quelques iours, s'en retournerent aux Allemagnes tous remplis d'aise de leur heureux voyage : mais comme les affaires de ce monde sont suiettes à diuers changemés,

& que le iour qu'on croit d'auoir trouué le repos, le trauail menasse les hommes: aussi ces deux Royalles personnes ne furent pas plustost arriuez à leur pays, que croyans d'auoir trouué le repos dans leur maison, que le tout fut chágé en fatigue, & trouble d'esprit: veu qu'ils receurét la nouuelle que les Lombards qu'à son passage d'Italie luy auoient iuré fidelité, s'estoient reuoltez, & que le Pape vouloit vnir la Lombardie au Domaine de l'Eglise; mesmes que plusieurs Romains joint auec eux, battoient la campagne pour s'opposer aux forces Imperialles, au cas qu'on voulust empescher ce dessein: ce qui occasionna l'Empereur d'y courir sus auec vne grosse armée, qui les treuuant en campagne les chargea si viuement, que plus de douze mille Romains y furent tuez; & le reste print la fuitte au vau-deroute: de quoy le Pape Adrian fasché, excommunia l'Empereur: ce qu'alluma vn grand feu de guerre par toute l'Italie, & causa la mort du Pape, qui mourut le 4. an de son Pontificat, attendu la peine qu'il prenoit pour nuire aux desseins des Imperiaux. Le Pape mort on proceda à la creation d'vn nouueau Pape, & fut crée Alexandre III. natif de Sienne, qui d'entrée confirma l'excommunication de l'Empereur,

pereur sans luy donner temps de l'ouyr en ses causes iustificatiues.

Ce Prince comme bon Catholique ne voulant demeurer lié, d'vn lien d'excommunication si preiudiciable à sa vie, à ses biens, à sa qualité, comme estant le plus grand mal qui puisse arriuer au monde, plus redoutable que les carreaux foudroyans, que la tempeste agitant, que la gresle destruisant, ny que le feu gregois tousjours bruslant: Mal qui non seulement se faict ressentir sur l'excommunié, mais encores s'estend sur la femme, les enfans & descendans d'iceluy; ains se voulant monstrer vray enfant de l'Eglise, voyant ce nouueau Pape vint à Rome luy demander l'asolution, & prosterné deuant luy, les genoux pliez, & la teste contre terre, disant le Psalme, *Miserere mei Deus*, le Pape luy mettant le pied sur la teste, dit en le pressant ces paroles de Dauid, *Super aspidem & basilycum ambulabis & conculcabis leonem & draconem*, ce qu'obligea l'Empereur fasché de ce qu'il estoit pressé de dire, *non tibi sed Petro*, & le Pape pressant plus fort que deuant repliqua, *& mihi & Petro*, cette action outre le tumulte, qui causa dans l'Eglise de S. Pierre, apporta des grands malheurs à la Chrestienté tant en le spirituel qu'au temporel.

Maux d'excommunication.

6 quæst. 1. Infam. 24. quæst. 1. quocumque & 11 quæst. 3 nemo se mare. c. 16.

Psalm. 50.

Psalm. 90.

Nn

En l'spirituel puis que cette action fut la cau-

XXIV. Schisme. se du 24. Schilme, attendu que d'aucuns Prelats Italiens mal contens de ce qu'Alexandre auoit esté crée Pape, & se preualant du diuorce de l'Empereur, & de l'absence du Pape, qu'auoit par crainte fuy de Rome, crearent Victor IV. pour Antipape, qui vesquit quatre ans : Apres Victor fut crée Pascal III. qui occupa le Siege cinq ans, & apres iceluy Calix III. qui vesquit sept ans, que furét seize ans que l'Eglise fut troublée par ces trois Schismatiques. Pendant ce ce temps le Pape Alexande s'en alloit refugier d'vn lieu en l'autre : qui enfin fut constrainst

Le Pape sert dans vn Hospital. pour conseruer sa vie, de se mettre en habit inconnu dans vn Hospital à Venise pour la dedans y seruir de Prestre, & administrer les Sacremens aux pauures ce qui faisoit croire qu'il estoit mort.

L'Empereur croyant le Pape Alexandre mort fit conuoquer vne assemblee des Roys, Princes Souuerains, & des Prelats de toute nations dás la ville de Bezançon, afin de faire reconnoistre l'Antipape Victor IV. mais les Roys d'Espagne & d'Angleterre ne si voulurent treuuer : & le Roy de France Louys VII. voulant garder la promesse que Henry Comte de Champagne son

des Roys d'Arles. 283

Ambassadeur auoit faicte qu'il s'y trouueroit, s'y *Albert Cran* acheminae de nict, & trouuat les portes de la vil- *l. 6. Saxon.* le fermées se laua les mains dans le fleuue, qui passe le long de ses murailles, & print vn Berger pour tesmoing de cette action, & s'en retourna.

Il y ent du malheur au temporel, puis que plusieurs villes d'Italie, ceux de Milan, & les Lombards s'estoient reuoltez contre l'Empereur, à la sollicitation de Guillaume Roy de Sicile : ce qui amena vn grand meurtre d'hommes, embrasement & sacagement des villes, & perte de biens; ainsi que les histoires de ce temps l'ont remarqué ; car Spolete fut bruslée : Milan fut saccagé apres auoir enduré la famine deux ans, & toute l'Ancone & la Lombardie furent foullées.

Ceux de Milan s'estant rebelllez, l'Imperatri- *Sale action* ce vouloit tascher de les remettre à leur deuoir, *de Milanois.* & pour ce faire vint dans Milan tres bien ornée, & montée sur vne haquenée blanche richement arnachée, soubs la croyance que sa presence abbatroit le feu de la Rebellion allumé par ceux qui vouloient gouuerner dans la ville, & oster à l'Empereur le droict de Souueraineté qui luy appartenoit : n'estant pas plustost entrée dans la ville que la porte fut fermée, & elle prinse, & descendue de son haquenee grandement moc-

Nn 2

quée,& môtée à caualcô sur vn mulet sans couuerture,tournée la teste à la queue qu'ils luy mirét en lamain pour bride,& côme cela la sortirét par vne autre porte auec toute sorte de derisiô. Dequoy l'Empereur iustement irrité assiege la ville, qui fut en peu de iours saccagé, & les principaux condamnez de tirer auec les dents des figues pendues entre les genitoires d'vn mulet fantasque & grandement ombrageux, & ceux qui ce rendoient refusans de ce faire, estoient mis à mort. D'où la coustume des Italiés est venuë,de mettre le poulce entre deux doigts,& dire par mocquerie *Eco il fico*, & le prouerbe, *à bon Asne,bon aiguillon*, *à peuple rebelle Prince seuere.*

Couronnement du Roy Philippe dit S. Trophime.

Pendant ces malheurs l'Empereur & l'Imperatrice reuindrent en Arles auec le Prince Philippe leur troisiesme fils, à qui il auoit donné le Royaume d'Arles, pour le faire couronner Roy auec les ceremonies requises : car cet Empereur voulant euiter guerre entre ses enfans, auoit fait receuoir son fils aisné appellé Henry, aux Electeurs pour Roy des Romains & successeur à l'Empire : auoit donné à Conrad son second fils la Duché de Sueue,qu'estoit le patrimoine de sa maison : à Philippe le Royaume d'Arles : & à Othon le plus ieune, la Comté de Bourgongne,

& l'appella Comte Palatin de Bourgongne: qui fut marié auec Marguerite de Blois, grand Seneschal de France, & gouuerna le Royaume d'Arles en qualité de Vicaire generalde l'Empire pendant le voyage que l'Empereur fit à la Terre Saincte, comme ce verra apres. Quand leur Majeſtez furent arriuez dans Arles l'Archeueſque Raymond de Bolene couronna le Roy Philippe dans l'Eglise de S. Trophime, ou comme d'aucuns ont dict, fiſt toutes les ſpirituelles ceremonies, ſuiuant la forme preſcrite, & l'Empereur meſme luy mit la couronne ſur la teſte au grand contentement de tous les deputez du Royaume d'Arles de ſa Cour, & de tous les aſſiſtans, qui de ioye chacun s'efforçoit à rendre cette feſte ſolemnelle, ce qu'artiua le 25. de May année 1178. le 27. an du Regne de ſon pere, & le 24. de ſon Empire.

La meſme année que le Roy Philippe fut couronné, le baſtiment du pont d'Auignon fut cómancé par le ieune Paſtoureau Benezet, à ce incité par reuelation Diuine: qui pour faire accroire à l'Eueſque & aux Magiſtrats de la ville, que ſon deſſein venoit de Dieu qui l'auoit enuoyé, pour ce faire chargea ſans ayde de perſonne ſur ſon dos vne groſſe pierre de treize pieds de lon-

Pont d'Auignon.

gueur, & sept de largeur, qu'estoit au deuant du Palais à present appellé le Chasteau de la Vicegerence, & la porta au bord du Rosne, ou il marqua le fondement du pont, & cette pierre fut la fondamentalle d'iceluy.

Vinc. de Beauuais l.39.c. 21.

L'Empereur ayant faict couronner son fils Philippe, & iceluy reconnoistre aux estats generaux du Royaume assemblez dans Arles, où le Comte de Prouence, ceux du Viennois, & de la Bourgongne luy prestarent le serment de fidelité. Voulant recompenser l'Archeuesque Raymond de Bolene : luy confirma tous les dons & priuileges que son oncle Conrad Roy d'Arles, auoit donné aux Archeuesques, & Chapitre de la S. Eglise : & adioustant à la donnation : donna au Seigneur Archeuesque & à ses successeurs Archeuesques d'Arles, toute la Iurisdiction, & droict de Regalle qu'il auoit dans la ville, son terroir, son Diocese, & à Montdragon, ce qui fut approuué par l'Imperatrice & le Roy Philippe son fils nouuellement couronné.

l. rubro fol. 5.

Ramire II. Roy d'Aragon sorti du Cloistre.

Cependant que l'Empereur faisoit la feste dans Arles, de la couronnation de son fils, receut la nouuelle que les estats d'Aragon auoient sorti de l'Abbaye de S. Pons de Tomieres en Languedoc, Ramire II. fils de Sanse Ramire Roy

des Roys d'Arles. 187

d'Aragon, où il auoit demeuré Religieux Profez quárante ans; pour auec la dispense du Pape Calixte III. luy faire prendre la courône Royalle (son pere n'ayant laissé autre successeur pour estre Roy) luy enuoya en Ambassade, le Comte de Prouence Berenguier, & l'Euesque d'Versel pour le congratuler. Comme aussi il eust nouuelle que les Venitiens auoient reconnu dans leur ville le Pape Alexandre III. seruant de Prestre dans leur hospital, par la descouuerte qui en fit vn sié aumosnier qui le cherchoit d'vn costé, & d'autre & l'auoient prins en protection. Ceux qui ont escrit du Roy Ramire II. disent qu'estát sorti du Cloistre, il fut constraint d'y retourner, les Estats le iugeant mal propre pour estre Roy: car allant à la guerre il tenoit son bouclier d'vne main, l'espée de l'autre, & la bride du cheual auec les dents.

Les Venitiens ayant le Pape dans leur ville enuoyerent prier le Roy de France Louys VII. & plusieurs autres Princes Chrestiens, de moyéner la paix entre le Pape, & l'Empereur, pour mettre fin au desordre qui se voyoit dans la Chrestienté. Cette paix estant moyennée par le Roy de France, fut conclüe entierement dans Venise, où le Pape & l'Empereur s'embrasserent, *Paix entre le Pape & l'Emp.*

& se iurarent amitié : de quoy les Venitiens grandement aises, non seulement dresserent à l'Empereur la plus magnifique entrée que se soit iamais veuë à Prince du monde : mais encores en firent feste solemnelle, accompagnée de toute sorte de tournoirs : dequoy l'Antipape Calixte aduerti en mourut de despit : & Alexandre vint à Rome soubs la conduitte des Venitiens, où il ioüit encores cinq ans du benefice de la paix, & mourut le 22. an de son Pontificat, ayant veu la fin de trois Antipapes qui l'auoient tourmenté seize ans. (Ce Pape a plus vescu qu'aucun autre Pape depuis S. Pierre). Il y à eu des historiens qui ont dict que cette paix fut faicte à cause que le Prince Conrad Duc de Sueue, second fils de l'Empereur, ayant apprins que les Venitiens auoient prins la protection du Pape, resolut d'y aller sus : mais les Venitiens le preuenant, y allerent auec leur armée naualle au rencontre, & luy donnant la charge, deffirent vne partie de ses gens, le prindrent luy prisonnier, & le menerent à Venise entre les mains du Pape, qui le voyant, & exerçant l'office de Paternité l'embrassa, & luy fit toute sorte de caresse, le priant de moyenner la paix auec son pere, pour le bien de l'Eglise de Dieu, ce que ce Prince effectua.

La paix

La paix estant faicte entre le Pape, & l'Empereur que chacun viuoit en asseurance, que les consciences estoiét en repos par la fin des Schismes: la guerre des Turcs, & des Sarrazins s'enflamma contre les Chrestiens au quartier de l'Asie, & en la Palestine: car le Pape Lucius successeur d'Alexandre, fut aduerti que Saladin Sultan d'Egypte y faisoit des grāds dommages, & se disoit jaRoy de Damas, d'Alep, & de l'Armenie; qui auoit occupé la Cilicie, & la Mosopotamie: ce qui l'occasionna d'exhorter l'Empereur, & les Princes Chrestiens, d'entreprendre le quatriesme voyage de la Terre Saincte, pour empescher les desseins des Infidelles, & conseruer la saincte Cité de Hierusalem, que Goudeffroy de Bouillon auoit conquise au prix de la vie de tant de braues Caualiers: ce que l'Empereur accorda facilement, & suiui de plusieurs Roys, & Princes, alla outre mer, ou d'arriuée gagna trois batailles rengées; conquit la Cilicie, donna la fuitte à Saladin; & chassa les Sarrazins de la petite Armenie: ce qui le rendit si redoutable que les Barbares trembloient à la seule prolation de son nom: mais le mal-heur porta pour la Chrestienté que ce Prince lassé du trauail & eschauffé du Soleil, se voulant rafraichir dans vne petite riuiere, il se

4. voyage de la Terre Saincte.

Mort de l'Emp. Barberousse.

noya en nageant le 10. iour de Iuillet année 1189. ayant regné 37. ans Roy d'Arles, & 30. ans Empereur : mourut aussi en ce voyage Conrad Duc de Sueue, son second fils, & le Roy d'Arles Philippe, fut bien malade à Constantinople.

Henri 6. Empereur.

Apres la mort de l'Empereur Barberousse, son fils Henry Roy des Romains receut la couronne Imperialle dans Aix la Chappelle du consentement des Electeurs : & se maria auec Constance, que le Pape Celestin troisiesme, qui auoit condamné les Heretiques Vaudois, auoit dispensé du veu de Religion (car elle estoit nonnain) & fermée dans vn Monastere, laquelle luy porta pour dot le Royaume de Sicile qu'elle auoit eu

Godiffr. Viterb. Platin.

par droict de succession apres la mort du Roy Guillaume son frere.

Roy d'Aragon Chanoine d'Auignon.

A ce mesme temps Idelphons Roy d'Aragon, & Comte de Prouence, esmeu de deuotion ayant donné la Seigneurie du lieu de Noues à l'Euesque d'Auignon, & prins en protection les Prestres de Frigolet, Tarascon, & Laurade, à cause qu'on leur vouloit oster leur Prebande : & se voyant ja aduancé en aage, se fit Chanoine Regulier de nostre Dame des Doms d'Auignon, où il mena vne vie tres-saincte, ayant auant son vœu quitté son Royaume d'A-

ragon & la Comté de Prouence, à Idelphons II. *Ioseph. Texe hist. reg. Arago.*
son fils aisné.

De Philippe fils de Barberousse treiziesme Roy d'Arles.

PHILIPPE fils de l'Empereur Federic Barberousse, & de l'Imperatrice Agnes de Bourgongne: fut le treziesme Roy d'Arles, & des Bourguignons, ayant receu la couronne Royalle dans l'Eglise de S. Trophime, és presences de ses pere & mere, de la main de l'Archeuesque Raymond de Bolene l'an 1178. au contentement de tout le Royaume, veu que ce Prince donnoit des grandes marques de bonté, & faisoit esperer toute sorte de soulagement aux subiects de l'estat: estant d'vn naturel fort doux, grandemēt discret en ses actions, liberal & iudicieux: auoit la face belle, & riante, le corps maigre de moyenne grandeur, & son courage tout Royal & magnanime.

Estant couronné il suiuit son pere à Venise, & au voyage d'outre mer: il assista son frere l'Empereur Henry VI. à toutes les guerres qu'il eut au commencement de son Empire, tant contre ceux de Cologne qui s'estoient rebellez, qu'au

O o 2

recouurement du Royaume de Sicile, qu'estoit le doüaire de l'Imperatrice sa femme, vsurpé par Tancrede fils bastard du Roy Guillaume : en laquelle guerre il se porta si genereusement, que par sa valeur & bonne cõduitte, l'Empereur eut la victoire contre les ennemis; Tancrede, & son fils Roger furent mis à mort, & son petit fils aagé de trois ans, que les Siciliens auoient reconnu pour Roy le iour que son pere fut tué, eust les yeux creuez, les genitoires arrachez, & mis en prison asseurée pour ne troubler iamais l'estat; & par ce moyen l'Empereur demeura pacifique au Royaume de sa femme.

Tancrede vsurpateur du Royaume de Sicile déposé.

Le Roy d'Arles ayant ainsi rendu des bons offices à son frere, se maria du consentement d'iceluy auec la Princesse Irenée fille de l'Empereur de Constãtinople, Manuel Commene vefue de Roger, fils de Tancrede cy dessus nommé, de laquelle il eust quatre filles, & point de masles : ces filles furent toutes aduantageusement mariées : car l'aisnée espousa Othon, qui fut Roy d'Arles, & Empereur apres le Roy Philippe : la seconde fut femme du Roy de Boheme : la troisiésme du fils du Duc de Brabant, & la plus ieune de Richard Comte de Thoscane, Duc d'Espoletto, & & neueu du Pape Innocent III. qui porta à son

Mariage du Roy Philippe.

mary le pays d'Ancone pour son dot.

L'an 1198. l'Empereur Henry VI. vint a mourir, & laissa vn fils qu'il auoit eu de l'Imperatrice Constance Reyne de Sicile, aagé seulement de deux ans, nommé Frederic, soubs la charge & tutelle de son Frere le Roy d'Arles. Et les Electeurs assemblez, sans auoir esgard à l'amitié qu'ils auoient porté au Pere de ce ieune Prince Frederic, firent election de Philippe Roy d'Arles oncle paternel d'iceluy; qui fut couronné à Aix la Chapelle, & appellé Philippe II: dequoy l'Imperatrice sa belle sœur fachee se sauua secrettement auec son petit enfant à son Royaume de Sicile, où elle mourut bien tost apres. {Roy d'Arles fait Emp.}

Comme les choses du monde sont tousiours dans les trauerses & contrarietez, aussi l'election de ce Roy fut dans l'vn & l'autre, parce qu'il y eust des Electeurs qui donnerent leurs voix à Othon Comte de Brunsvic, fils d'Henry le Superbe, & d'vne sœur de l'Empereur Henry V. & par ce moyen tous deux se disoient Empereurs, bien que le Roy d'Arles eust emporté la pluralité des voix. Ceste diuision causa vne grande guerre à l'Empire, veu que l'vn & l'autre des partis, estoient soustenus par des puissans amis. Othon estoit deffendu par le Roy d'Angleterre

Guerre pour l'Empire. son parent, le Comte Palatin du Rhin, du Duc de Liuonie, des Comtes de l'Impurg & de Flandres: de l'Archeuesque de Cologne, ses Suffragans, & du Pape Innocent V. qui le conseilloit, & l'assistoit d'armes & d'argent. Le Roy d'Arles estoit fauorisé du Roy de France Philippe Auguste, de l'Archeuesque de Mayence qui l'auoit couróné, du Roy de Boheme, des Ducs de Saxe, d'Austriche, de Bauiere, de Lorraine, & de Brabát qui estoient fraichement arriuez du voyage de terre saincte. Toutesfois Othon se fit couronner dans la mesme ville d'Aix par l'Archeuesque de Cologne apres que l'Empereur Philippe en fut party, le Pape approuuant sa coronnation, enuoya vne excommunication à Philippe, le declarant Anatheme, en cas qu'il ne se desmit de l'Empire pour en laisser iouyr Othon, mais le conseil de ses amys porta au contraire, qui tous ensemble l'assisterent de si grande affection, & presserent de si pres Othon, qu'ils ruinerent ses forces, & luy firent quitter les Allemagnes pour fuyr en Angleterre.

Paix entre le Roy d'Arles, & le Cóte Othon. Les amys communs voyans Othon ruiné, & le Roy d'Arles tout couuert de gloire, prindrent resolution de traicter la paix pour le bien & repos du public, à laquelle le Pape presta volon-

des Roys d'Arles. 295

tiers l'oreille,& fut conclud que le Roy d'Arles iouiroit sa vie durant de l'Empire: que les Esleêteurs receuroiét Othõ pour Roy des Romains: & que la fille aisnee de l'Empereur Philippe seroit mariee auec Othon,& qu'en contemplation de ce Mariage le Royaume d'Arles luy seroit donné pour dot: fut aussi accordé le mariage de Richard Duc d'Espolette, auec la plus ieune des filles de l'Empereur: & qu'elle auroit pour dot l'estat d'Ancone, qui auoit esté desmembré du Patrimoine de l'Eglise par les precedents Empereurs:& par le moyen de cét accord le Pape donna l'absolution à l'Empereur, & Othon fut fait Roy d'Arles, ce qu'arriua l'an 1199. le 20. an du Regne de Philippe,& second de son Empire.

Cette paix dura cinq ans, & apporta toute sorte de contentement à l'Empire: mais le Diable cherchant le moyen de la rompre, porta dans l'esprit d'Othon Comte Palatin, de Vvitespac, le mauuais dessein de tuer l'Empereur, & pour en venir au bout,vint à la Cour soubs couleur de rendre ses deuoirs à sa Majesté, que c'estoit en la ville de Bramberg, où auec toute sorte de marque d'affection, attendoit le temps d'executer son desloyal coup: & vn iour faignant de vouloir saluër l'Empereur entra dans

Assassinat de l'Emp.

la chambre, & le treuuant sur le lict, à cause qu'il s'estoit fait tirer du sang, n'ayant auprès de sa personne que l'Euesque de Spire son Vice-chācelier, & vn page : ce parricide tira promptement sa dague, & endonna deux coups dans le cœur de ce pauure Empereur qui perdit tout à coup, & la parolle. & la vie : tua encores le page qui le vouloit arrester à la porte de la chambre, & comme cela se sauua hors du Palais: ce qu'arriua le 21. Iuin 1026. le dixiesme de son Empire. L'Imperatrice Irenee voyant ainsi son mary qu'elle aimoit passionnement assassiné, en mourut de tristesse huict iours apres.

Prinse de Hierusalem par Saladin d'Egypte.

Pendant que l'Empereur Henry VI. fils de Barberousse, deffendoit son droict en l'Empire, & que les guerres de Philippe, & d'Othon se continuoient en l'Occident, l'Infidele Saladin Sultan d'Egypte prenant ses aduantages de telle diuision, & de la mort de l'Empereur Barberousse: ramassa vne nouuelle armee, & ligué auec les Turcs retourna en la Terre-saincte, assiegea & print par armes la saincte Cité de Hierusalem, qui despuis Goudeffroy de Bouillon auoit esté possedée par huict Roys Chrestiens, pendant quatre vingt & six ans: & ayant fait prisonnier le Roy Guyon, entra triomphant dans

dans la ville le 12. Octobre, & allàt droit au Temple de Salomon qu'il fit lauer dedans & dehors auec eaux musquees, fit reffaire les murailles, & en fit la mosquee de sa religion: cóme aussi fit abbattre toutes les autres Eglises qui auoiét esté basties par la deuotiõ des Chrestiens dás Hierusalé; l'Eglise du Sepulchre de N. Seig. excepté, à cause que les Suriens qu'en auoient la charge l'achepterent du maistre d'hostel du Sultan. La triste nouuelle de ceste prinse fut la cause que le Pape Vrbain III. en mourut de douleur le premier an de son Pontificat.

Le mesme Pape donna vne Bulle aux Chanoines d'Arles pour prendre entierement la vie Reguliere, & faire les trois vœux soubs la Regle de S. Augustin, laquelle ils mirent en entiere execution viuans & possedans les rentes du Chapitre en communauté, estant pour lors Archeuesque de la S. Eglise Petrus Isnardus originaire de la ville, qui auoit esté euesque de Tolon, & c'est suiuant la proposition qui leur en auoit ja esté faicte par l'Archeuesque Raymbaldus, cent cinquante ans auparauant, & ont gardé ceste Regle enuiron trois cens ans, & iusques au Pontificat d'Innocent VIII. estant Archeuesque Nicolas Cibo.

Chanoynes d'Arles faits Reguliers

Pp

D'Othon gendre de l'Empereur Philippe, quatorziesme Roy d'Arles.

OTHON fils d'Henry le superbe Duc de Saxe, & de la Princesse Lympergue fille d'Henry le vieux, & sœur d'Henry V. Roys d'Arles, & Empereurs, paruint à la couronne, & Royaume d'Arles par le moyen du mariage qu'il contracta auec la Princesse Angelique, fille aisnee de l'Empereur Philippe (estans au prealable dipensé du parentage au troisiesme degré de consanguinité par le Pape Innocent III.) qui ayant consommé le mariage, & l'Empereur Philippe luy ayant remis le Royaume pour le dot de sa fille : s'en vint en Arles, ville capitale, la seconde annee de son regne, accompagné de plusieurs grands Seigneurs, ses parents, & amis, pour se faire couronner Roy, & se faire reconnoistre à tous ses subiects : où il fut le bien receu de tous les habitans, & principallement de l'Archeuesque Imbertus de Aqueria, qui le couronna solemnellement dans l'Eglise de S. Trophime le 9. Nouembre 1200. iour de Dimanche, assisté des Archeuesques de Vienne, & d'Ambrun, des

Othon couronné Roy, dans sainct Trophime.

Euesques de Vaison, Carpentras, Orange, Marseille, & Tolon, & autres Prelats qu'il auoit fait venir; & és presences de tous Iceux; & des Seigneurs de sa Cour; de plusieurs Comtes, Barons, Cheualiers, & Gentils-hommes de Prouence, du Dauphiné, & de la Bourgongne: le salüa, & proclama pour Roy d'Arles, & des Bourguignons, (orés qu'vne partie de la Bourgongne fut ja occupee par le Roy de France) qui tous de ioye crierent viue le Roy Othon.

Cét Archeuesque de Aqueria, ou d'Aiguieres succeda à Petrus Isnardus, & estoit originaire d'Arles, & de l'Illustre famille d'Aiguieres, qui encores auiourd'huy est des plus anciennes familles de Prouence; il fut esleu Archeuesque l'an 1192. que son frere Pierre d'Aiguieres estoit Potestat de la Ville: qui de ce temps tenoit le rang, & l'authorité de Vice-Roy dans Arles, & estoit en charge quatre ans secutifs, & tout autant qu'il plaisoit au Roy de le continuer: il fut le premier qui porta le nom de Potestat, & exerça la charge de Vice-Roy (les Comtes de Prouence qui iusques à luy l'auoiét exercée en estans interdis) à cause qu'Arles suiuant la permission que leur auoit esté donnee par les Roys Frederic Barberousse, & Philippe, sõ fils cõmençoit de viure en

Imbert d'Aiguieres, Archeuesque d'Arles, & de la famille de cette maison.

Pp 2

forme de Republique, sous l'obeïssance toutesfois du Roy, auquel on prestoit le serment de fidelité, il y auoit encores sous le Potestat trois Consuls, qui estoient esleus par les Habitans, & se changeoient tous les ans.

Le Roy Othon estant dans Arles, bien que d'humeur melancolique, il y print vn grand contentement: & sur tout voyant les honneurs, que toute la Noblesse d'Arles, de Prouence, du Dauphiné, & d'ailleurs luy venoient rendre, qui comme fidelles subjets faisoient, à qui mieux mieux, pour marque de leur affection: ce qui fût la cause qu'il y sejourna tout l'hyuer, & ne partit qu'à la fin de Mars, pour aller droict à Saxe, treuuer la Reyne sa femme, qui l'attendoit auec impatience, & chemin faisant visita Vienne, & quelques autres places sans s'arrester, ayant laissé le Comte Guillaume de-Baux Prince d'Orange, Gouuerneur general du Royaume.

Othon Roi d'Arles faict Empereur. Le Roy estant arriué à Saxe, y demeura content auec la Reyne enuiron quatre ans, & iusques qu'il receut la triste nouuelle de l'assassinat comis en la personne de l'Empereur son beau pere: ce qui l'occasionna de faire assembler les Electeurs de l'Empire dans la ville de Francfort, destinée pour l'Electorat, qui suiuant l'accord par eux signé l'année 1199. l'esleurent sans discrepance Empereur : & bien qu'il eust esté couronné deux fois Empereur par concurrance pendāt les guerres : il le fut pour lors sans contradiction dans la ville d'Aix, par l'Archeuesque de Cologne le troisiesme mois apres son esleċtion, n'ayant peu plustost à cause que l'Euesque de Spire Chancelier de son deuancier, qui estoit dans la chambre quand l'Empereur fut tué, auoit emporté les enseignes Imperialles, & s'estant fermé dans vn fort chasteau disoit ne les vouloir rendre que le nouueau Empereur ne luy confirmat son office de Chancelier, ce qui luy fut accordé.

Le Roy Othon estant couronné Empereur fut visité des Legats du Pape Innocent III. dans la ville de Vvisbourg, & prié de la part de sa Sainċteté de venir à Rome receuoir la couróne dans S. Pierre, suiuant les anciennes coustumes; (car le Pape croyoit d'auoir vn grand amy en luy, veu la bonne affeċtion qu'il luy auoit monstré pendant les guerres qu'il auoit eu contre só beau pere Philippe): il fut aussi congratulé de tous les Roys & Princes, ses voisins & aliez.

Apres cette congratulation l'Empereur voulant auoir la Duché de Sueue qui appartenoit à sa femme comme la fille aisnee de l'Empereur Philippe, & empescher que Frederic Roy de Sicile, cousin de sa femme ne s'en saisît en vertu d'vne donnation que son beau pere auoit fait quelque temps auant sa mort en faueur de Frederic: dressa vne armee, & alla en personne à Sueue, où d'arriuee chacun le reconnut, soubs la promesse qu'il faisoit d'administrer bonne iustice, abolir les subsides, & leur entretenir la paix: que sont les trois cordes auec lesquelles le cœur du peuple est attiré. Et là mesme condamna à mort Othon de Vvitespac, & ses complices qui traditoirement auoient assassiné l'Empereur son beau pere, & cóme criminels de leze Majesté les degrada (bien qu'absens) de toutes charges, honneurs & dignitez de noblesse: leurs biés confisquez, moitié à la chambre, & moitié aux seruiteurs de l'Empereur: ce qui luy donna de la reputation par tout l'Empire, & osta le soupçon qu'aucuns auoient conçeu, qu'il n'eust de l'intelligence à ceste mort.

Moiens de gagner le cœur du peuple.

Il dressa encorés vne forte armee pour venir à Rome receuoir la couronne de la main du Pape Innocent III. qui l'attendoit auec toute sorte d'honneur: & le couronna auec la plus grande solemnité que iamais eust esté faicte à aucun

autre ses deuanciers. Et en cette coronnation *Iurement d'Othon.*
Othon fit sermét solemnel en presence de Dieu,
des Bien-heureux Apostres S. Pierre & S. Paul,
& de toute la Cour de Rome, d'estre obeissant
au Pape, & saincte Eglise Romaine, de deffendre son droict, d'emplifier, & ne point occuper
son patrimoine, ny les villes qui luy apparte-
noiét: ce qui fut la cause que le Pape, le sacré
College des Cardinaux, tout le Clergé, & l'assé-
blee chanterent de ioye le *Te Deum laudamus*, &
crierent à pleine voix, viue, viue l'Empereur
Othon. Mais pendant que cette saincte solem- *Sedition à*
nité se faisoit dans l'Eglise du Vatican: l'ennemy *Rome.*
de concorde faisoit sa feste à part, qui courant de
ruë en ruë sema dans l'esprit des Romains, vn si
grand soulleuement de peuple qui se ietterent
contre les gens de l'Empereur, & pendant cette
action en tuerent plus de mille au deuant de la
porte de l'Eglise. Cette émotió estonna grandemét Othon, & craignant de sa personne sans prédre cógé du Pape, se mesfiant de luy, sortit de la
ville, & vint promptement à Milan, où il fut receu fort courtoisement: & voulant obliger les
Milanois de tenir son party, leur donna pour gage de son affection les enseignes Imperialles,
desquelles ils firent grand estat.

Othon fait la guerre au Pape, & à la Sicile.

Ayant asseuré Milan à soy, s'en alla conquerir la Toscane, & la marche d'Ancone, faisant beaucoup du rauage au territoire de Rome, soubs la croyance que le Pape luy auoit faucé la foy. Ce bon Pasteur voyant la colere de l'Empereur, & desirant le repos de son esprit, luy enuoya des Legats pour le prier de mettre hors de sa croyance toute sorte de soupçon de son costé, & retenir le souuenir des affections qu'il auoit eu pour luy: le priant de desister de son dessein pour l'honneur de Dieu, & le repos du pauure peuple: de quoy l'Empereur ne fit pas grand compte: mais alla assieger Naples, & declara la guerre à Frederic Roy de Sicile cousin germain de l'Imperatrice sa femme, & sans cause ny raison se saisit de Capoüe, & brusla beaucoup de villes de la Sicile: Cette actió fascha le Pape, attédu que ce Royaume auoit esté rendu feodataire de l'Eglise Romaine; & voyant qu'il ne pouuoit arrester le dessein de ce Prince: fulmina contre luy la sentence d'excommunication, laquelle luy estát inthimee la mesprisa, & pour plus de vengence se rendit par force le maistre de la Calabre, & de la Poüille, auec resolution d'enuahir entieremét tout le Royaume de la Sicile, & mettre en chemise le Roy Frederic. Les vieux Capitaines de son

son armée voyant que cette guerre estoit iniuste, & entendant que le Pape luy proposoit la paix ; le voulurent exhorter d'accepter icelle pour son repos & le bien du peuple, à qui il fit responce. Cherchez par vostre valeur vne glorieuse mort : & laissez moy la conduitte de la paix ou de la guerre, car le soing en appartient aux Roys, & non aux subiects.

Le Pape voyant sa pertinacité, & qu'il estoit occupé à ceste iniuste guerre, enuoya faire la publication de l'excommunication aux Allemagnes, & obligea le Roy de Boheme, l'Archeuesque de Treues, le Duc d'Austriche, & autres grands Seigneurs de quitter son party, attendu qu'il estoit excommunié : la nouuelle de cette publication, & l'apprehension de la reuolte, luy fit promptement quitter la Sicile pour aller aux Allemagnes mettre ordre à ses affaires; mais son voyage ne fut ny heureux ny pfofitable, puis que le Pape apres son depart donna l'Empire à Frederic Roy de Sicile, qui l'accepta par l'aduis & conseil des Roys de France, de Boheme, & de plusieurs Princes, & Prelats qui tindrent incontinent son party : & auec vne forte armee vint en Allemagne, & ayant esté receu Empereur dans la ville de Constance, où il receut d'vn

Othon deposé de l'Empire.

Qq

chacun le serment de fidelité, vint à Aix la Chapelle receuoir la premiere couronne de la main de l'Archeuesque de Mayence, & fit confirmer l'action par le Legat du Pape qui estoit present.

L'Empereur Othon se voyant excommunié du Pape, abandonné des Princes, poursuiui par son ennemy, sans espoir de secours ny d'assistance de personne, fut constraint de se retirer à Saxe dans la ville de Brabán, & abandonner l'Empire à Frederic au cinquiéme an qu'il le possedoit : & se contenta de demeurer Roy d'Arles le reste de ses iours : de quoy l'Imperatrice receut si grand desplaisir qu'elle en mourut quelque iours apres : Et luy ayant encores suruescu trois ans tout honteux de sa lascheté cedda sa vie soubs l'Empire de la mort, renonçant aux ambitions de la terre pour aller au Royaume du Ciel, car il fut absoubs auant sa mort, suiuant la requisition qu'il en fit au Pape par vn Cardinal Legat à ce deputé : ce qu'arriua l'an 1210. ayant esté Roy d'Arles douze ans, cinq ans Empereur, & couronné quatre fois.

De Frederic II. quinziesme Roy d'Arles.

FREDERIC II. fils vnique de l'Empereur Henry VI. & de Constance Reyne de Sicile petit fils de Barberousse, & neueu du Roy Philippe; paruint à la couronne Royalle d'Arles par droict de parentage au second degré de cósanguinité en ligne masculine apres la mort du Roy Othon, à qui il auoit osté l'Empire d'Occident; pource qu'il estoit cousin germain de la Princesse Angelique femme d'Othon : & bien qu'il y eust des enfans des autres sœurs de ceste Princesse, qui pouuoient y pretendre : aucun n'osa luy contester la couronne, attendu qu'il estoit Empereur, & trop puissant pour iceux. La nouuelle de la mort du Roy Othon luy estant arriuee, enuoya promptement le Marquis de Carinthie en Arles, auec bonne commission pour se faire reconnoistre au Comte Guillaume, qui estoit Lieutenant general de tout le Royaume, à Michel de Morosio Archeuesque d'Arles, successeur de l'Archeuesque Imbert de Aqueria, aux Potestat, & Consuls de la ville, & à toute la Noblesse d'Arles, de la Prouence, & de Bour-

Frederic II. reconnu Roy d'Arles.

gongne, qui tous luy rendirent l'honneur qui est deub à vn Commissaire du Roy: & presterent en sa presence le serment de fidelité à l'Empereur Frederic II. le reconnoissant pour Roy d'Arles, & legitime successeur à la couronne: ce qu'arriua l'an 1211. quatriesme de son Empire, la forme du iurement estoit tel: *Nous Potestat Consuls & Republique de la Cité d'Arles, d'vne entiere & seule voix, d'vn consentement de cœur, & de langue, publions & proclamons que le tres-haut & tres-puissant Prince Frederic II. Empereur, & Roy de Sicile est à present Roy d'Arles & des Bourguignons; auquel nous iurons toute fidelité, obeissance & subiection, tant pour le temps de nostre vie, que celle de nostre posterité, priant Dieu de benir sa Royalle personne, pour regner sur nous longues années.*

L'arriuee de cet Empereur à la couronne d'Arles donna vne grande esperance à tout le monde d'estre conseruez en paix, attendu la bonne reputation qu'il s'estoit acquise despuis son Empire, & les vertus desquelles il estoit orné: car outre que la nature grandement prodigue en son endroit l'eut fait naistre beau de corps, gaillard d'esprit, vaillant à la guerre, robuste au trauail: patient aux affaires, & desireux de gloire. Il auoit aussi la connoissance des sciences, veu qu'il parloit Latin, Grec, Arabe, Turc, François, Espagnol, Italien, & Alleman, auec mésme facilité que son naturel language. Il aymoit la Iustice, & ne permettoit à ses officiers de la corrompre en aucune façon: ce qui fut la cause que le Comte Guillaume, l'Archeuesque d'Arles, & la communauté deputerent le sieur Pierre d'Aiguieres Potestat de la ville, auec deux Gentilshommes, pour, & au nom de tous, aller à Basle congratuler cet Empereur de son heureuse entree à la couronne d'Arles, & asseurer sa Majesté de leur obeïssáce, & vraye fidelité; qu'ils le trouuerent dans la ville de Basle, & les receut auec toute sorte de demonstration d'affection. Et pour d'auantage les obliger à son seruice, escriuit des lettres à ceux qui les auoient enuoyez, sçauoir à Guillaume de Baux Prince d'Oráge, luy cófirmát sa charge. A l'Archeuesque Michel de Morosio, la nouuelle ratification de tous les dons que les Roys d'Arles ses deuanciers auoient fait, à ses predecesseurs Archeuesques, & à son Chapitre: & à la communauté d'Arles, la confirmation de tous ses priuileges, & l'administration de la Iustice contentieuse & volontaire, ainsi qu'appert d'icelles donnees à Basle le 22. de Nouembre 1214. L'vne desquelles auoit

Lettres de l'Emp. enuoyees en Arles.

Qq 3

310　　　*La Royalle Couronne*

pour tiltre, *Michaëli sanctæ Arelatensis Ecclesiæ Archiep. Fredericus Romanorum Rex*, & commance, *In nomine sanctæ & Indiuiduæ Trinitatis Fredericus secundus diuina fauente gratia Romanor. Rex semper Augustus. Rex Siciliæ & Arelaten.* La lettre qui va à la communauté a pour tiltre, *Consulibus, militibus & vniuerso populo tam vrbis quam burgi Arelaten. Fredericus secundus Romanor. Rex., &c.* & commance comme l'autre, *In nomine sanctæ & Indiui. duæ Trinitatis Fredericus secundus Rom. &c.* & en

La ville d'Arles appelle principal siege de l'Empire. l'vne, & l'autre l'Empereur appella la ville d'Arles, *Caput Prouinciæ, & sedes principalis Imperij*, en datte du 23. Nouembre 1214. annee premiere de son Regne, & quatriesme de son Empire y pendant le seau d'or ou le portraict du Roy est representé au naturel. Le dessus de l'epitre que l'Empereur escrit aux Consuls d'Arles, fait voir comme le sieur Cesar de Nostradame s'est trompé de dire que le tiltre de Consul soit esté donné en Arles par le Roy de France Louys XI. ayāt acquis la Comté de Prouence au Domaine de la couronne; & qu'auparauant ils s'appelloient à

Le tiltre de Consul n'est nouueau en Arles comme a voulu dire Nostrada: mus. la façon des Hospitaliers, Scyndics, car l'Empereur les califie du tiltre de Consuls, qu'estoit vrayement le tiltre qu'ils auoient tousiours possedé despuis qu'Arles fut conquis par les Romains, & iouyssans des droicts, noms, tiltres, & honneurs de la Republique Romaine, comme a esté dict à son temps.

Frederic estant reconnu Roy d'Arles sans mettre la main à l'espee, delibera d'auoir la Duché de Sueue que son oncle Philippe luy auoit donné pendant son bas aage, & Othon l'auoit vsurpee soubs pretexte que l'Imperatrice Angelique sa femme, estoit la fille aisnee de l'Empereur Philippe, & que par consequent ceste Duché luy appartenoit comme estant l'ancien patrimoine de la maison de Barberousse, & encores apres la mort d'Othon, Arnoux fils du Comté de Braban, neueu de l'Imperatrice Angelique son cousin aagee de 15. ans s'en estoit saisi par droict de parentage, ce qui luy donna de la peine: mais enfin il en fut le maistre: Et desirant de sonder l'affection des Princes Allemans, conuoqua vne iournee Imperialle dás la ville d'Aix, où il se fit couronner par la seconde fois: & és presences de tous il fit vœu solemnel d'aller à la conqueste de la Terre saincte, en action de grace des victoires que Dieu luy auoit donnee: & pour reconnoissance du secours qu'il auoit eu du Pape Innocent III. donna au Domaine de l'Eglise la ville de Fondy en Sicile, ce qui obli-

Promesse de l'Emp:

gea tous les Princes Allemans de luy iurer fidelité, & le Legat du Pape qui accepta la donnation, de l'asseurer de l'affection du Pape, & de la saincte Eglise Romaine.

Il se maria à mesme temps auec la fille du Duc de Saxe, de laquelle il eut vn fils qu'il fit incôtinant reconnoistre aux Electeurs, pour Roy des Romains, & son successeur à l'Empire ; & demeura auec cette Princesse huict ans : apres la mort de laquelle il se remaria du consentement *Mariage de* du Pape Honorius III. successeur d'Innocent, *l'Emp.* auec la fille aisnée de Iean de Brenne Roy de Hierusalem, qui luy porta pour dot le Royaume de son pere, afin de le mieux obliger d'aller effectuer la promesse; il eust de ceste seconde femme vn fils qui s'appella Conrad ; & vne fille qui se rendit Religieuse. Fut encores marié en troisiesme nopces auec la Princesse Bleonor, fille du Roy d'Angleterre, de laquelle il n'eut aucun enfant. Les historiens parlans de ceste Princesse, disent qu'elle n'auoit iamais beu de vin : ce qui fut la cause que les Medecins le luy ordonnerent afin d'auoir des enfans : dequoy l'Empereur aduerti luy manda dire qu'il aimoit mieux vne femme sterile, qu'vne femme subiecte à boire du vin : à qui l'Imperatrice fit responce : tant

que

que ie viurai ie feray obeyssante à l'Empereur mon cher espoux, toutesfois s'il me commandoit d'vser du vin i'aymerois mieux mourir que de luy obeyr, elle auoit tiré cela du Philosophe Heraclitus, qui estimoit que l'ame la plus sage du monde estoit celle qui moins se mouilloit du vin. Et bien que ce Prince se trouuast au commencemét accompagné de toute sorte de bonheur, sa fin fut neantmoins suiuie des plus gráds mal-heurs du monde: car apres que le Concile, qu'on auoit à son occasion conuoqué à Rome, auquel le Pape, les Patriarches de Hierusalem, & Constantinople, 70. Archeuesques Metropolitains, 912. Euesques, 80. Abbez, & les Ambassadeurs des Empereurs de Constantinople, les siens; ceux des Roys de France, d'Arragon, de Cypres, de Hierusalem, & autres Princes, les Deputez des Republiques & Vniuersitez, tant Grecs que Latins y auoient assisté, & faisoient en tout le nombre de 1285. personnes portans voix, & qu'à ce Concile le voyage de la terre sainéte auoit esté arresté soubs ses estandards, fut fini que le Pape Innocent III. qui auoit tant fauorisé son party fut mort, & qu'Honorius III. fut esleu à sa place il ne daigna d'aller à vne si glorieuse conqueste; mais prefe-

Plut. l. de cōmodem. cara.

Plat. tom. 3. Concil.

rant son interest à la gloire de Dieu, vint à Rome, pour estre couronné suiuant les anciennes coustumes.

L'Empereur couronné à Rome.

Le Pape Honorius le voyant à Rome le couronna dans l'Eglise de S. Pierre auec les ceremonies requises, où ez presence du Pape, du sacré College, de tout le Clergé de Rome, & des Princes de sa Cour, il ratifia la promesse que ses Ambassadeurs auoient faicte au Concile soubs Innocent III. & iura de nouueau d'aller à la terre saincte, & de partir bien tost pour se ioindre au Roy d'Hongrie, aux Ducs d'Austriche, & de Bauiere, aux Comtes de la Minerue, & Gauchier, Chambelans du Roy de France, & de Messire Iean Colomnia Legat du Pape, qui en teste de 70000. combatans, s'estoient ja liguez auec Iean de Bresne Roy de Hierusalem, & auoient gaigné la ville de Damiette principalle de l'Egypte contre le grand Sultan, & l'auoient contraint de demander paix ou treue, ne se sentant assez fort pour leur resister. Mais tant s'en faut que cet Empereur allast à la terre saincte, suiuant son voeu, qu'il s'arresta aux Italies pour enuahir les villes du Pape, & chassa les Buelques qu'auoient esté installez d'authorité du Sainct Siege dans son Royaume de la Sicile, disant qu'à luy seul appartenoit l'eslection des Prelats dans son Royaume, ce qui fut la cause qu'apres vne bonne consulte & meure deliberation du sacré Consistoire, estant exhorté suiuant la forme du droict, le Pape le declara excommunié, & forclos de l'Eglise, où il demeura huict ans en cest estat.

L'an 1221. les Massillois faschez de ce que l'Empereur Roy d'Arles estoit excommunié, & qu'il persecutoit le S. Siege, se rebellerent contre luy, dequoy ce Roy irrité enuoya vne lettre au Potestat, & aux Consuls d'Arles, par laquelle il leur commandoit de faire guerre à ceux de Marseille par mer & par terre, nonobstant toute sorte de ligue, paix & confederation qu'ils pourroient auoir faict ensemble par cy dauant, leur donnant les biens & facultez d'iceux en conqueste & represaille, ce qui donna du trouble à toute la Prouence, & principallement à ceux d'Arles alliez des Massillois, qui gardât le prouerbe d'Auguste, qui disoit de bien considerer auât que de faire vne alliance, mais l'ayant faicte il la falloit conseruer inuiolablement: & ne faire comme les Grecs, que bien qu'ils fussent iugez vaillans en guerre, ils estoient neantmoins reprochables en ce qu'ils ne tenoient iamais pro-

Lettre de l'Emp. declarant la guerre aux Massillois.

Sext. Aurel. in Epitom.

Polyb.

Matth. 6. 28

messe à leur alliez : & à la façon des Romains auoient en horreur tel manquement, & tenoiét pour crime ineffaçable le violemét des alliáces, puis que les Hebrieux les appelloient les traictez du sel, pour monstrer qu'elles doiuent estre incorruptibles : ce qui fut la cause que nonobstant le commandement de l'Empereur ils negligerent de prendre les armes contre ceux de Marseille, mais ceste guerre fust plustost finie que commencee par la mort du Pape Honorius, & la creation de Gregoire IX.

L'Empereur voyant Honorius mort, & desirant d'estre rehabilité dans l'Eglise, rechercha les moyens d'auoir l'absolution, & fist à ceste cause des grandes promesses au Pape Gregoire IX. mais en vain, car ses effects ne correspondirent en rien ses promesses : & bien qu'il allast à la Terre saincte apres que tous les Princes s'en furent retournez à faute de son secours, ce ne fut pas pour la gloire de Dieu: ains pour son interest, car d'arriuee qu'il fut à Ptolomaïde, accorda la paix auec le Sultan sans le sceu du Pape, ny d'aucun Prince, au grand desaduantage de la Chrestienté : veu qu'il se contenta de la ville de Hierusalem, que le fils du Sultan auoit desmentelée, & des villes de Nazareth, & Iafta, laissant tout le reste de la Palestine aux mains des Infideles : & sans mettre la main à l'espee se fit couronner Roy de Hierusalem, & comme cela s'en retourna aux Italies, menant auec soy vne Legion de Mores circoncis qu'il auoit prins en l'Affrique pour fortifier son party, ausquels il donna la ville de Nocerre qu'est en la Sicile, pour leur retraicte, auec permission d'abbatre les Eglises, y faire Mosquees, & lire publiquement leur Alcoran : ce qui affligea grandement le Pape, les Princes Chrestiens, les Templiers, & toute la S. Eglise Romaine.

L'Emp. couronné Roy de Hierusalem, & comment.

Le Pape ayant apprins l'arriuee de l'Empereur luy enuoya promptement des Legats, pour le prier de restituer suiuant sa promesse, les villes qu'il detenoit au sainct Siege : qui au contraire d'y satisfaire commença vne nouuelle guerre pour en prendre d'auantage : ce qui occasionna ce Souuerain Pontife de le declarer en plain Consistoire excommunié, & forclos des suffrages de l'Eglise ; & les Allemans entendans cette excommunication de l'abandonner comme membre separé de l'Eglise de Dieu.

Emp. excommunié la seconde fois.

L'Empereur se voyant abandóné de la sorte, ne voulant imiter son Ayeul Barberousse, qui pour le repos de sa conscience, & le bien public s'estoit humilié aux pieds du Pape Alexandre troisiesme augmenta de plus en plus sa malice, & à la façon d'vn vipere accroissant son venin dans la resistance, fomenta le desordre des Guelfes, & Gibelins, qui a duré plus de deux cens ans par l'Italie, & à causé des grands malheurs parmy les Italiens : les Guelfes estoient ceux qui tenoient le party du Pape, & deffendoient le bien de l'Eglise ; & les Gibelins suiuoient les Passions de l'Empereur, bien qu'iniustes & Tyranniques.

Des Guelfes & Gibelins.

Non seulement, ce Prince fut couuert d'Anatheme, la seconde fois par Gregoire IX. mais encores fut par vne troisiesme fois excommunié par le Pape Innocent IV. succedent à Celestin quatriesme, qui auoit vescu dix-sept iours apres Gregoire: car ce Pape Innocent, estât venu en France celebrer le Concile de Lyon, qui fut conuoqué contre les heretiques Vaudois, & pour la reformation du Clergé, où assisterent le Roy sainct Louys de France, quantité de Prelats, Allemans, François, Italiens, & Anglois : & la plus part de ceux du Royaume d'Arles. A ce Concile fut ordonné, que les Seigneurs, Cardinaux porteroient le bonnet, & chapeau rouge; ce qu'il n'auoient encores faict:

Concile de Lyon.

Chapeau rouge aux Cardinaux.

& seroient tenus pour Princes de l'Eglise, & la supreme dignité de tout le Clergé apres le Pape; fut aussi ordonné, que les Festes de la Vierge mere de Dieu, qui estoiét instituees de ce temps, & celles des Apostres, seroient chommables: que sainct Louys pour lors Roy de France, seroit le chef de l'armée Chrestienne en la cinquième expedition de la terre Saincte: Et que l'Empereur Frederic Roy d'Arles seroit cité pour comparoistre en personne au Concile: mesmes que le Pape l'adjournoit à toutes les Predications qu'il faisoit dans l'Eglise de sainct Iean; outre & par dessus les Legats, qu'il luy auoit enuoyez: mais cét Empereur au contraire que de se venir reconcilier auec l'Eglise, qu'il s'efforça d'vser de toute sorte de cruauté contre le Pape, bruslant, & saccageant les Villes, faisant retenir prisonniers les Prelats qui venoient au Concile, & tuer quantité de pauures Innocens.

Tous les peres du Concile, ayans entendu tant d'impieté de cét Empereur, & voyans sa contumace qui comme vn autre Pharaon son coeur endurcissoit parmy les douces admonitions qui luy estoient faictes: prierent humblement le Pape de vouloir le declarer en plain Concile excommunié, maudit, & separé de l'Eglise comme fauteur des Infideles Mahometans, & desobeyssant au S. Siege : ce que le Pape fit de sa propre bouche; le degradant de l'Empire, & de tous ses Royaumes : declara aussi excommuniez, ceux qui suiuoient son party, & dispensa ses subjects du serment de fidelité; ainsi qu'il est marqué dans le droict; *ad Apostolicam sedem* : A ce mesme Concile, le Pape donna dix iours d'Indulgences, à ceux qui prieroient pour les Roys tres-Chrestiens de France, à cause des benefices que la saincte Eglise Romaine, & les souuerains Pontifes ont receu d'iceux comme estant les fils aisnez de l'Eglise.

Le Pape Innocent voulant que l'excommunication & sa Bulle de dispence fut manifestee par toute la Chrestienté, enuoya promptement des Commissaires Apostoliques d'vn costé & d'autre, de quoy les Allemans furent aises; & au veu de ceste Bulle les *Electeurs* ne voulans participer aux censures de l'Eglise, & desirans d'estre obeyssans au S. Siege, firent élection d'vn autre Empereur; qui fut Henry Langraue de Turinge, que l'Archeuesque de Mayence couronna dans Aix la Chapelle, ores que Conrad, fils de Frederic, qui despuis 20. ans estoit reconnu pour Roy des Romains s'y opposast; rejettant

tant par ce moyen l'enfant à cause de la malice du pere.

Les habitans d'Arles qui sont les plus anciens Chrestiens de la France, qui ont tousiours honnoré le S. Siege, obeyà ses loix: & reconnu le Pape pour Souuerain Pontife, & Vicaire de Iesus-Christ en terre : ont par ce moyen redouté la foudre de l'excommunication. Et estans aduertis par la bouche de leur Archeuesque, d'Hugues Boardi originaire d'Arles, qui auoit assisté au Concile de Lyon comme Primat des Gaules, & de la Bourgongne; de l'Anatheme publié contre leur Roy, & ceux qui fauorisoiét son party : ensemble la publication de la Bulle de dispence du serment de fidelité : prindrent ensemblement la resolution, de preferer les biens spirituels aux temporels, ceux de la conscience à ceux de l'estat : obeïssants à l'Eglise se reuolterent contre leur Roy excommunié : & se despartirent de son obeïssance, prindrent entierement l'ordre de Republique que desia ils auoient commencé : viuans sans loix, sans subiection, ny dependance de personne, & n'auoient autres superieurs que les Consuls, le premier desquels estoit le Potestat, ainsi qui se verra à la fin du Regne de l'Empereur Charles

Arles se fait Republique.

S f

quatriefme, qui fut le dernier Roy d'Arles.

Frederic fe voyant abandonné de tout le monde mefmes que le Roy de France auoit prins toute la Bourgongne, pour la reünir au Royaume : que Guigue III. Comte du Viennois s'eftoit fait declarer Prince Souuerain du Dauphiné, & de Vienne par l'Empereur Henry Langraue de Turinge fon Competiteur, & s'appelloit Prince Dauphin de Vienne : que Conrad fon propre fils le perfecutoit : & que le Pape eftoit en France. Eftant à Mets fe voulut vanger des habitans d'Arles, donna le Royaume, & le tiltre de Roy à Guillaume de Baux Prince d'Orange, furnommé le *Cournas*, à condition qu'il refleueroit de l'Empire (ce qu'aucun autre Roy d'Arles n'auoit fait) & qu'il ruineroit tous les Arlatains : mais ce Guillaume, ny Guillaume II. fon fils, ny Raymond fon petit fils ne iouïrent iamais du Royaume, ores qu'ils ayent porté le nom & tiltre de Roy d'Arles, depuis l'annee 1214. iufques à l'annee 1257.

Royaume d'Arles donné au Prince d'Orange.

Le Comte de Tolofe voyant que Guillaume de Baux eftoit pourueu du Royaume d'Arles, ne voulant refleuer de luy pour les terres qu'il auoit au Comtat Venaifin, fit hommage d'icelles à l'Empereur Fredric, pour ne dependre que de

des Roys d'Arles. 323

l'Empire, comme fit encores le Comte Raymond Brenguier beau pere de S. Louys, de celles qu'il auoit en Prouence (bien qu'il s'en démelast tost) car s'estant ligué auec la Republique d'Arles qui s'estoiét rebellez apres l'excommunication, retracta l'hommage qu'il auoit fait, ce qui occasionna l'Empereur de le declarer ennemy de l'Estat, & comme desesperé vint à Rome auec vne forte armee de Gibelins qu'il r'amassa par l'Italie, auec intention de mettre la ville, & les habitans au feu, & sang : mais les Romains qui s'estoient croisez contre luy, comme à l'encontre d'vn Mahometan, s'opposerent genereusement à ses approches : ce qui aigrit d'auantage son courroux, & ayant dans vne escarmouche fait prisonniers le Gouuerneur de Rome auec cinquante autres Romains, tant Prestres que Seculiers, irrité de cette croisade fit couper la teste au Gouuerneur par vn Bourreau en forme de croix, & à la façon de Neron, cruel Empereur comme luy : fit faire vne croix auec vn fer chaud sur la tonsure des Prestres, & aux Seculiers au milieu du front : ce qui le rendit plus odieux que deuant, & anima le courage des assiegez de se bien deffendre. *Abdias Babyl.*

Ne pouuant entrer à Rome, print la routte de

Sf 2

son Royaume de Sicile, afin de s'y refugier dedans: mais il mourut en chemin de poison, que luy bailla vn sien fils bastard, dans vn Chasteau de la Poüille, l'an 1240. le 54. de son aage, ayant regné Roy de Sicile 43. ans, Empereur 34. ans, Roy d'Arles 32. ans, & Roy de Hierusalem 16. ans. Apres sa mort son fils Conrad, & tous les Roys de Sicile iusques au Roy René Duc d'Anjou, & son neueu Charles Duc de Mans, se sont attitrez Roys de Hierusalem comme luy, succedans à la couronne.

De Conrad fils de Frederic.

NOvs ne pouuons parler de Conrad fils de Frederic II. & de la fille de Iean de Breng Roy de Hierusalem (puis qu'Henry, fils du premier lict estoit mort) sans faire voir en iceluy comme dans vn funeste tableau, les efforts redoutables de la foudre de l'excommunication: & comme elle agit non seulement contre les personnes, & biens de ceux contre qui elle est foudroyee: mais encores elle se communique sur les femmes, les enfants, & descendans d'iceux: conformement à ce que Dieu auoit dict

Crime du pere vengé sur l'enfant.

par son Prophete; qu'il vengeroit la malice du père, sur l'enfant: ce qui est confirmé par les Iurisconsultes au crime de leze Majesté: puis qu'apres la mort de Frederic son pere, ce deplorable Prince fut suiuy d'vne infinité de malheurs, & sembloit que la terre se deut ouurir soubs ses pieds, comme Chore & Abiron pour le profonder, & faire sortir des abysmes, toutes les furies infernalles pour luy estre contraires: car ayant esté esleu Roy des Romains pendant l'heureux Regne de son pere, du Pontificat de Gregoire IX. qu'estoit l'asseuré acheminement de l'Empire, l'excommunication de laquelle son pere se trouua couuert, fut la cause qu'il ne peut arriuer à cette dignité, attendu que les Eslecteurs donnerent l'Empire à Henry Langraue de Turinge, & apres luy, à Guillaume Comte d'Holande: moins arriuat il à la pacifique ioüissance du Royaume de Sicile, ny à la Duché de Sueue, à qui la legitime succession appartenoit: puis qu'en y venant prendre possession, & se faire reconnoistre Roy aux Siciliens, & Napolitains: fut empoisonné par vn sien frere bastard, à qui l'Empereur son pere auoit donné le tiltre de Roy de Sardaigne, appellé Manfredus, qui s'empara du Royaume de

Exod. c. 20. & Deut. c. 5. C. ad leg. Iul. magist. l. quisquis.

Naples, & Sicile, & regna en iceux Tyranniquement.

Le Pape Alexandre IV. voyant le desloyal fratricide Manfredus, qui comme son pere s'estoit ligué auec les Gibelins pour faire la guerre à l'Eglise, il l'excommunia, & le declara indigne de la couronne, donnant le Royaume de Sicile à Colimond, fils du Roy d'Angleterre, frere de la derniere femme de Frederic second: à condition qu'il l'iroit conquester, & en chasseroit ce Tyran. Colimond accepta le don que le Pape luy faisoit: mais arresté par lascheté de courage, ou manque d'ambition, ne daigna d'aller immortaliser son nom à vne si glorieuse conqueste: ains ayma mieux couurir son visage d'honte, que sa teste d'vne si riche couronne: ce qui fut la cause qu'Vrbain quatriesme, successeur d'Alexandre, qui institua la feste du tressainct Sacrement de l'Autel, donna ce Royaume à Charles d'Anjou frere du Roy S. Louys de France, qui desireux de la gloire, y alla promptement auec vne forte armee, & conquit le Royaume, tua Manfredus, captiua l'amitié des Siciliens, & fut couronné du mesme Pape auec les ceremonies requises cóme se verra cy apres quand nous aurons parlé de la Republique

Institution de la feste Dieu.

d'Arles, & de l'ordre de ses Potestats: l'ay dit que le Pape Vrbain IV. institua la feste du S. Sacrement, d'autantque ce fut pour manifester le miracle qu'arriua à la ville de Viterbe, où il c'estoit refugié, à cause du malheur des guerres, c'est qu'vn Prestre disant la Messe ayant consacré douta de la vraye transubstantiation, & ne pouuoit croire que l'hostie consacree fut le vray corps de Iesus-Christ: mais faisant la fraction de la saincte hostie, suiuant l'ordonnance de l'Eglise, il vit tomber quantité de gouttes de sàg sur les corporaux, ce qui luy ouurit les yeux de l'entendement, & le tirant de son incredulité, luy fit tout haut confesser sa faute, de quoy le Pape aduerti, institua cette grande solemnité du S. Sacrement, le Ieudy apres le Dimanche de la Trinité vnziesme iour apres la Pentecoste, l'annee 1262.

De l'interregne depuis Frederic II. iusques à l'Empereur Charles IV. qui fut le dernier Roy d'Arles.

BIEN que la ville d'Arles eust prins l'ordre de Republique apres que leur Roy Frederic

II. fut descheu de l'Empire, & de tous ses Royaumes à cause de l'excommunication qu'il auoit encoreu : que le Dauphiné fut à vn Prince Souuerain ; la Bourgongne reunie au Domaine de France : & que la communauté d'Arles se fut donnee au Comte Raymond Berenger Comte de Prouence, & à Charles d'Anjou frere de S. Louys Roy de France : cette couronne ne demeura pourtant d'estre recherchee par diuers Princes : car Adolphe de Nassau estant paruenu à l'Empire apres Rodulphe d'Haspourc, l'an 1292. croyant que le Royaume d'Arles fut annexé à la couronne Imperialle ; à cause que Guigue troisiesme Prince Dauphin luy faisoit hommage pour asseurer sa souueraineté ; declara la guerre au Roy de France Philippe le Bel, soubs la croyance que la Bourgongne deça, & delà la Saosne, Lion, & autres places qu'auoient esté des Roys d'Arles luy d'eussent appartenir : & pour augmenter ses forces contre le Roy Philippe, se ligua auec le Roy d'Angleterre ennemy de la France, & tira argent de luy, auec intention de se faire couronner Roy d'Arles. De quoy les Allemans se mocquerent, disans que leur Empereur auoit tiré solde d'vn moindre que luy. Cet Empereur n'eust pas du bon en cette guerre, puis que

Adolphe de Nassauuien estre Roy d'Arles.

des Roys d'Arles. 329

que les braues François sous la conduitte du Prince Charles de Valois mirent en pieces son armee qui venoit se ioindre à celle des Anglois: & les Allemans le deposerent de l'Empire eslisant Albert fils de Rodulphe pour Empereur, des mains duquel il mourut en bataille rangee, pres de la ville d'Vuorme.

En ce temps le Pape Boniface huictiesme, qui se disoit Souuerain, tant au spirituel qu'au temporel, sur tout le monde, & pretendoit que tous les Roys resleuassent de son authorité: enuoya l'Archeuesque de Narbonne au mesme Roy de France Philippe le Bel, pour le sommer de le reconnoistre, & tenir son Royaume de luy: à quoy le Roy se rendit refusant; apres auoir apprins par la generalle assemblee des Prelats de l'Eglise Gallicane, & la determination de la saincte Sorbonne que la couronne des Roys de France est seule couuerte; & que les Roys François ne tiennenent leur Royaume que de Dieu, & de leur espee, sans iamais auoir esté dependans d'aucun autre superiorité: bien qu'en l'Spirituel ils ayent tous honnoré, & reconnu le Pape pour Vicaire de Dieu, & chef visible de son Eglise en terre. Alleguans pour fondement de leur dire que tous les Royaumes du monde sont,

Masso l.5. ann. Franc.

Le Roy de France ne tesleue que de Dieu.

cap. per venerabil. §. vi. debatur Bald. c.1. n: §. titul de in- ncst in mort. conf. 217. lib. 3.

Tt

ou ont esté electifs, & que celuy de France seul vient, & est tousiours venu par succession & par nature en ligne masculine (car les femmes n'y peuuent entrer) suiuant la loy Salique instituee par Pharamond premier Roy de Frãce dans la ville de Salichain aux Allemagnes, d'où cette loy à prins son nom l'an 424, ainsi qu'anciennement le Royaume d'Israël qui ne pouuoit estre à autre qu'à la tribu de Iuda, comme Salomon le marqua par l'escarlate de laquelle les degrez de son throne estoiét couuerts. Ils dónerent encore l'exemple du Roy Clouis, premier Roy Chrestien de la France, qui voyant la couronne d'or enrichie des pierres precieuses que l'Empereur Anastase luy enuoya par present, le congratulant de ce qu'il auoit receu le sainct lauement de Baptesme, & auoit emporté la victoire contre ses ennemis; qui ne la voulue iamais mettre sur sa teste, craignant que l'Empereur ne s'en preualut au preiudice des Roys ses successeurs; mais pour monstrer qu'il ne tenoit sa couronne que de Dieu, enuoya offrir celle que l'Empereur luy auoit enuoyé aux Princes des Apostres S. Pierre, & S. Paul, laquelle à esté long-temps gardee dans le thresor de l'Eglise de Rome. Le mesme Roy refusa aussi l'estat de Consul

3 Reg. c. 10

Baron. tom. 2

des Roys d'Arles.

Romain, bien que Theodoric Roy des Gots, qui estoit en Arles l'eust accepté : pour monstrer que jamais les François n'ont esté subiects d'aucune nation du monde, & seuls, pouuoient porter la perruque pour marque de leur liberté mesmes, que nos vieux Gaulois ne receuoient aucun present des Roys estrangers pour ne leur estre subjects. Et leur arriuant des lettres d'iceux, les enuoyoient à leur Roy auant que les ouurir, pour monstrer qu'ils n'esperoient autre fortune que de sa main, & comme franc ne vouloient partager leur cœur en aucune façon; (pleut à Dieu que telle fidelité fut encores parmy les François;) Le Roy Clouis pour mieux faire voir son Royaume successif estant proche de la mort le d'espartit à ses enfans sans demander le consentement de personne, & fut le premier Roy qu'imprima son portraict aux monoyes d'or, & d'argent, qu'il faisoit fabriquer, ce qui ne faisoient aucun autre Roy; de peur de ne d'esplaire à l'Empereur. Cette absoluë puissance n'est pas venuë aux Roy de Fráce par vsurpation comme à Iule Cesar, l'Empire des Romains, ainsi que Ciceron en fait plainte : mais par don, & grace de Dieu, qui comme au Roy Dauid, luy enuoya la sacrée onction au iour de son Baptesme, n'y par le mi-

l. annal. c. de seruis §. alins.

Bald. conf. 272. vel. 1.

Procop. de bel. Gotor. l. 3.

Off. lib. 3.

Reg. c. 11. & c. 16.

T 2

nistere du Prophete Samuël ; mais par le sainct Esprit, qui à la veuë de toute l'assistance, fut veu d'escendre du Ciel, en forme de Colombe blanche; comme au baptesme de nostre Seigneur; portant à son bec vne Ampoule plaine de saincte liqueur, de laquelle l'Archeuesque S. Reimy oignit le Roy Clouis: ce qui l'occasióna de mettre à toutes ses patentes, & au tour de la monoye qu'il faisoit fabriquer. *Clouis par la grace de Dieu Roy de France*; (ainsi qui l'ont d'espuis continué ses Successeurs;) monstrant par là que leur Couronne ne resleue d'autre que de Dieu. Ce qui faisoit dire à l'Empereur Charles-quint, qu'il ne desiroit que deux choses, l'vne d'estre Dieu, & l'autre d'auoir deux enfans, pour faire l'Aisné Dieu comme luy, & le Cadet Roy de France, afin qu'ils ne d'espendissent d'aucun.

Procop. de bel. Goth.

L'independence des Roys de France se voit au sacre d'iceux, ou la ceremonie est differente des autres: car les Prelats sacrans les autres Roys, ont de coustume apres leur auoir fait l'onction auec l'huile sacré au bras droit, & au cœur; retiré d'eux la Confession de foy, & le serment d'obeyssance, d'estre fidelles à la saincte Eglise Romaine, & à ceux de qui leur Royaume resleue; de leur donner l'espee en main sous la prolation

de ces parolles; *Accipe gladium de altari sumptũ, &c.* Ponti. Rom.
ce qui monstre que leur Royaume resleue d'autruy: mais l'ors qu'on sacre nos Roys Tres-Chrestiens, & que les onctions sont faictes auec l'huile de la saincte Ampoule, qui est gardée dans l'Eglise de Reims, que les quatre Mareschaux luy ont, suiuant l'anciéne coustume, mis la Couronne sur la teste. Il va luy mesme prendre l'espée Royalle qui est preparée sur l'Autel: & rendent graces à Dieu, promet de deffendre la foy, & conseruer son peuple.

Les Roys de France ont esté si jaloux de conseruer cette independence, que Gontrame Roy d'Orleans, & d'Arles, petit Fils du Roy Clouis: estant aduerty que l'Empereur Iustinian se qualifioit iniustement du titre de *Francicus*, comme se voulant faire à croire qu'il auoit subiugué les François, en fut si fort irrité, que passant les Alpes auec vne forte armee vint aux Italies, print la ville de Pauie, le Friol, Verone, Mantouë, & Viterbe, iusques à la mer Tirrene, en intention de faire quitter à l'Empereur Iustinian ce supposé titre, ou de luy oster la couronne Imperialle de sa teste: & prests à combattre, les amis communs, & la peste qui se mella au trauers des deux armées, & de toute l'Europe, les accorda au

Tt 3

contentement, & aduantage des François, sans que despuis aucun autre de ses Successeurs ayent osé se seruir de ce titre. Agathie Autheur Grec, entre autres loüanges qu'il donne aux Roys de France. Il exalte leur absolue authorité & l'independence de leur Couronne, à cause qu'elle vient par succession masculine, disant ces parolles, *Apud eos*, (parlant des Roys de France) *Ex parentibus filij regna suscipiunt*. Et apres toutes ces raisons fut conclu que le Roy de France ne releuoit de personne.

_{C. l. 2. c. vit.}

Le Pape voyant que le Roy ne le vouloit reconnoistre en ce chef lasça excommunication contre luy, & pour le molester donna le Royaume de France à l'Empereur Albert, qui toutesfois demeura en bonne intelligéce auec le Roy, ores qu'il eust prins quelques villes sur le Royaume, qui furent apres renduës dans le traicté de paix.

Apres la mort de Boniface VIII. fut esleu Benoist XI. qui d'entree au Pontificat donna l'absolution au Roy de France, & moyena la paix entre les deux couronnes, qui fut concluë dans la ville de Vaucouleur en Champagne, où l'vn des articles accordez fut que l'Empereur quittoit au Roy Philippe, & à ses Successeurs

des Roys d'Arles. 335

Roys de France, toutes les pretentions qu'il pouuoit auoir sur le Royaume d'Arles, desaduoüant toutes les recherches, que son Predecesseur Adolphe de Nassau en auoit faict.

Ce Royaume fut encore recherché par Philippe de Valois Roy de France, qui en l'annee 1317. enuoya ses Ambassadeurs à l'Empereur Louys de Bauiere, pour le prier de vouloir accorder que son fils Philippe, Duc de Bourgongne fut declaré Roy d'Arles, relenaht de son authorité, puis qu'aucun n'en portoit pour lors le nom: ce que l'Empereur refusa, auec deliberation de son Conseil, pour ne desplaire au Roy Robert de Naples & de Sicile, Comte de Prouence, qui estoit Seigneur d'Arles (ores que ce fut son ennemy) & comme cela se passa 13. ans d'interregne au Royaume d'Arles. *Philippe de Valois veut le Royaume d'Arles.*

L'Empereur de Bauieres succeda à l'Empereur Henry VII. de Luxembourg, qui auoit esté couronné à Rome par l'Illustrissime Seigneur Arnaud Faulcerius Cardinal de S. Sabine, & Archeuesque d'Arles, Legat Apostolique enuoyé du Pape Clement V. qui premier dressa le S. Siege en Auignon, qui en reconnoissance de ceste action declara Gallardus Saumate Frere de ce Cardinal, & son Successeur en l'Archeuesché *L'Archeuesque d'Arles est Prince.*

d'Arles, & tous ses Successeurs Archeuesques Prince du sacré Empire, & de Montdragon auec souueraine Iurisdiction, adioustant sur ses armes vne couronne, & confirma par Bulle expresse tous les dons & priuileges que les Empereurs ses Deuanciers auoient fait aux Seigneurs Archeuesques, & Chapitre d'Arles.

Ce grade & nom de Prince a du despuis tousjours esté conserué par les Archeuesques d'Arles, qui non seulement ont couronné leurs armes auec vne couronne Ducale, ainsi qui se voit aux armes du Seigneur Illustrissime & Reuerendissime Iean Iaubert de Barrau, cy deuant Euesque de Bazas, qui meritoirement a esté proueu par le Roy de France Louys le Iuste de l'Archeuesché d'Arles l'an 1630. apres la mort de Messire Gaspard de Laurens originaire de la ville, qui auoit auec toute sorte de pieté gouuerné la saincte Eglise 27. ans. Mais encores ceste qualité de Prince c'est monstree aux hommages que les Seigneurs de Montdragon rendoient aux Archeuesques, comme à leur Souuerain à la monoye d'or & d'argent qu'ils fesoient battre audit Montdragon : & à l'authorité qu'ils auoiēt de donner des lettres de Noblesse, & faire des Gentils-hommes par toute l'estenduë de leur
Diocese,

des Roys d'Arles. 337

Diocese : ainsi que Gallardus & ses Successeurs le continuerent iusques au Cardinal Petrus de Fuxo, Legat d'Auignon, Archeuesque d'Arles, qui suiuant la coustume de ses deuanciers donna lettres de Noblesse à Guillaume de Ris de Salon de Crau, & les declara luy & les siens Nobles l'annee 1457. ainsi que l'a tres-bien remarqué le sieur Cesar de Nostradamus dans son histoire de Prouence partie sixiesme.

A Gaillardus succeda à l'Archeuesché Galbertus de Vale, qui fut fait Cardinal, & fit faire la saincte Arche qu'est à l'Eglise de S. Trophime, vn des plus beaux reliquaires de l'Europe, dans laquelle il posa le corps de S. Trophime, & plusieurs autres sainctes reliques.

Comme l'Empereur Charles IV. dernier Roy d'Arles fut couronné dans l'Eglise de Sainct Trophime.

CHARLES IV. Empereur, Fils vnique du Roy de Boheme à esté le sixiesme & dernier Roy d'Arles. Il fut couronné dans la saincte Eglise de S. Trophime l'an vingtiesme de son Empire, & de grace l'an 1367. le vnsiesme Octo-

V v

bre. Ce Prince estoit tres honorable, doüé de science, de prudence, de iustice, de clemence, & de discretion en toutes ses entreprinses: ce qui fut la cause que les Esleêteurs de l'Empire voyans que Frederic d'Austriche estoit mort, l'esleurent contre Louys de Bauiere, que le Pape Iean XXII seant en Auignon auoit excómunié, à cause qu'il auoit suscité le vingt-cinquiesme Schisme dans l'Eglise de Dieu: car cet Empereur Louys estant allé à Rome pour estre couronné, suiuant les anciennes coustumes, & voyant que le Pape n'auoit daigné d'enuoyer aucun Legat pour ce faire, comme Clement V. son deuancier auoit enuoyé pour couronner l'Empereur Henry VII. (ores qu'il l'en eut supplié par lettres & Ambassadeurs.) Cet Empereur fasché fit assembler le Clergé de Rome, & leur persuada de creer vn Pape, qui creerent Frere Pierre de Corbario Cordelier pour Antipape, qui se nomma Nicolas V. de la main duquel l'Empereur fut couronné dans l'Eglise de S. Pierre Cet Antipape fut fait prisonnier dans la ville de Pise par Philippe le Long Roy de France, qui le mena dans Auignon au Pape Iean XXII. où il fit la penitence publique aux pieds du Pape Iean dans l'Eglise des Freres Prescheurs dudit Aui-

XXV. Schisme

L'Antipape fait esmende honorable.

gnon, & ez presences du sacré College des Cardinaux, des Prelats, des Officiers Apostoliques, des Magistrats, & de la Noblesse d'Auignon, se cófessant tout haut Schismatique, perturbateur du repos & vnité de l'Eglise : aduoua que Iean XXII. estoit le vray Pape, Successeur de S. Pierre, & Vicaire de Iesus Christ en terre : protesta qu'il se demettoit entierement & volontairement de la Papauté, demandoit tres humblement pardon & l'absolution au Pape Iean de ses offences : abiuroit & anathematisoit les erreurs dans lesquelles il estoit tombé.

Le Pape Iean voyant ce Schismatique à genoux, la face contre terre, humilié tout plain de contrition deuát luy, exerçant l'office de paternité, suiuant l'expresse parolle de son Maistre, qui a dit. *Qui venit ad me non eijciam foras.* luy donna misericordieusement l'absolution : & pour penitence le confina en prison perpetuelle, en laquelle il estoit traicté en frere, & gardé comme ennemy, de peur qu'il ne retournast au monde troubler l'Eglise de Dieu, mais il mourut au dixhuictiesme mois de sa prison, quatriesme an de son Antipapat, & fut enterré de nuict aux Cordeliers d'Auignon, sans aucune pompe funebre. Le Pape Iean XXII. fonda dans Aui-

Ioan. c. 6.

gnon le Chapitre de S. Agricol, & celuy de S. Remi en Prouence. Il approuua la fondation de celuy de noſtre Dame de Villeneufue que Meſſire Arnaud de Vita auoit fondé, voulant que le Roy de France Philippe le Long, & les Succeſſeurs Roys, fuſſent alternatiuement auec le Doyen dudit Chapitre ordinaires Collecteurs des Canonicats au cas de vacance, ainſi qu'appert ce ſon Codicil dans les eſcritures du Chapitre, en datte du 13. Iuillet 1385.

L'Empereur Charles ayant eſté eſleu, ſon eſlection fut approuuee par le Pape Benoiſt XII. natif de S. Giles, Dioceſe de Niſmes, fils d'vn pauure Muſnier, & Religieux de l'Ordre de Citeaux, qui ſucceda à Iean XXII. mais nonobſtát ceſte approbation, il eut des grandes guerres contre Louys de Bauiere, qui deffendoit l'Empire auec toutes ſortes d'armes, & generoſité de courage ; ce qui dura iuſques au Pontificat de Clement VI. qui donnant l'abſolution à Louys, fit l'accord entre eux pour la poſſeſſion de l'Empire.

Du Pape Benoiſt 12. fils d'vn Muſnier de S. Gilles.

Ceux qui ont eſcrit au long du Pape Benoiſt XII. ont dit entre autres choſes que c'eſtoit vn grand homme de bien, humble, & modeſte en toutes ſes actions. La marque de ſon humilité se monstra apres auoir esté esleu Pape, que les Nobles du Languedoc, circonuoisins de S. Gilles, pensans l'obliger, luy menerent son Pere vestu de velours, & luy defferoient comme s'il eut esté le plus grand Gentil homme du pays: Mais le Pape voyant ceste action, au contraire de faire estat de son Pere, qu'il ne le regarda pas & auec toute sorte d'honneur caressa ceux qui l'accompagnoient : ce qui donna de l'estonnement à toute ceste compagnie, & vne grande affliction à ce bon vieillard de Pere, qui trempant en larmes sortit tout honteux du Palais du Pape, & prenant resolution en soy, quitta ses habits de velours, & reprint son bonnet & ses autres habits blancs de Musnier, s'en vint tout seul dans le Palais, se presente à son fils le Pape, qui faisoit Consistoire au milieu des Cardinaux & plus apparens de sa Cour, qui au iour precedant auoient veu l'action passee. Le Pape voyant d'abord son Pere en cest estat, fit comme Ioseph premier President d'Egypte à l'arriuee de son pere Iacob, qui quitta le Roy Pharaon & toute la Cour pour luy aller au rencontre. Aussi le Pape quitta son throsne, & ez presences de toute la Cour embrassa son Pere, disant ces paroles, *Voicy mon Pere, voicy celuy qui m'a donné l'estre*

Gen. c. 49.

& à qui i'ay plus d'obligation au monde. Ceste action fut grandement loüable à ce souuerain Pontife: puis que par icelle, il faisoit voir la connoissance qu'il auoit de son extraction: il monstra encores sa prudence au despart de son dit Pere, ne luy donnant que deux cents florins, pour d'iceux achepter vn moulin à vent, afin d'auoir le moyen de gaigner sa vie en son mestier; & trois cents florins pour marier vne sienne sœur: & entendant qu'vn Cardinal sien amy luy disoit, que c'estoit peu donné à vn Pere, & à vne sœur du Pape: fit responce, que le bien du Crucifix n'estoit pas destiné pour enrechir les parents du Pape, puis que les gens de bien les auoient donnez pour subuenir à la necessité de l'Eglise ; & que le Pape ne deuoit auoir aucun parent.

3. Roys & leur Cour en Auignon.

Ce Pape Benoist fut visité par les Roy de France Philippe de Valois, qui estoit nouuellement entré à la couronne apres la mort de Charles le Bel, qui mourut sans enfans masles: du Roy de la grand Bretagne; & du Roy de Nauarre, qui vindrent dans Auignon accompagnez d'vn grand nombre de Princes, Barons, & grands Seigneurs, qui furent receus auec toute sorte d'affection du Pape, du sacré College, de la Cour

des Roys d'Arles. 343

Apostolique, & de tout le peuple Auignonois. Pendant le sejour de ces trois Roys, qui fut tout le long du Caresme, le Pape receut la triste nouuelle de la perte du Royaume de Rasse, & de la terre saincte que les Turcs & Sarrazins auoient prins sur les Chrestiens; mesmes qu'on auoit fait mourir par vn cruel martyre le Roy de Rasse, nouuellement fait Chrestien.

Ceste nouuelle fascha grandement ce bon Pasteur, & l'occasionna de prescher la Passion le Vendredy sainct ez presences de leurs Maiestez, leur descouurant en sa predication ce fascheux aduenement, & les larmes aux yeux les exhorta & coniura par les merites de la douleureuse Passion de Iesus-Christ d'entreprendre vn sixiesme voyage pour le recouuremét de la terre saincte, l'exhortation de ce Prelat donna au cœur de ces Roys, & leur fit promettre de se croiser & venger la querelle de nostre Seigneur, comme en effect le mesme iour se croiserent auec les Princes, Barons, & Seigneurs de leur Cour ; les Cardinaux de Perigord, d'Ostie, de Naples, & le Blanc, & tous ensemblement iurerent de prendre les armes pour la deffence de la foy : mesmes que le Pape ouurant les thresors de l'Eglise donna plain Iubilé, à peine de coulpe, à ceux

Croysade preschée par le Pape.

qui confez, & repentents mourroient en vne si sainct occasion, ou contribueroient de leur bien pour l'assistance des Soldats: ce qui fut la cause, que plus de 300000. hommes se croyserent pour suiure ces Roys à la guerre, ou pour contribuer de leurs commoditez.

Mais dans le temps que le Roy de France (que tous auoiét recognu pour chef de l'armée Chrestienne) auoit fait des grands preparatifs de guerre; s'estoit accordé auec le Roy d'Arragon pour raison de quelque different qu'ils auoient (leurs Majestez s'estans parlez dans la ville de Montpelier) & prests à partir; Sathan destourna vne si bonne, & si sainte entreprinse par l'entremise d'vn Diable humanisé, appellé Robert, Comte d'Artois banny de la France, & par ses trahisons condamné à mort par deffaut, les douze Pairs de France assemblez, qui mit dans l'esprit du ieune Edouard Roy d'Angleterre que le Royaume de France luy appartenoit, comme fils de Dame Isabel de France, fille aisnee du Roy Philippe le Bel (bien que la loy Salique aye exclus les filles de la couronne des Fráçois) & par ses persuasions fut la cause que le Roy Edouard declara la guerre au Roy Philippe & que par telle declaration le voyage de la terre saincte

l'Anglois declare la guerre au Roy de France.

des Roys d'Arles. 345

saincte fut interrompu, au grand regret de tous les bons Chrestiens, qui esperoient vn heureux succez d'iceluy, car iamais on n'auoit dressé vne si forte armee contre les infidelles (ie laisse les mal-heurs que la France ressentit par les Anglois pendant non seulement le Regne de Philippe, mais du Roy Iean son fils, qui fut prisonnier 4 ans en Angleterre, la rançon duquel cousta 300000 d'or sans les frais de la guerre, pour le payement de laquelle toutes les femmes du Languedoc donerent tous leurs ioyeaux d'or & d'argent, & firent dueil pendant la prison de leur Roy (ces mal-heurs continuerent à Charles V. fils de Iean, à Charles VI. son fils, & iusques à Charles VII. qui assisté diuinement de Ieane la pucelle chassa les Anglois de Paris qu'ils a- uoient tenu dix-neuf ans, & de toute la France) me contentant de dire que le Pape voyant le vo- yage interrompu en mourut de regret le septies- me an de son Pontificat, & fut enterré dans l'E- glise de nostre Dame des Dons, où son sepul- chre se voit encores.

Anglois chassez de France.

L'Empereur Louys ayant la nouuelle, que le Pape Benoit estoit mort, & qu'on auoit creé Messire Pierre de Roger, Moyne de la Chase- Dieu, & Archeuesque de Roüen, de la maison

Clement VI. creé Pape.

X x

de Canilhac en Lymosin, qui s'appella Clement VI. & se voyant abandonné de tout le monde à cause de l'excommunication, que Iean 22. auoit laxé contre luy: chercha des moyens pour auoir l'absolution, & se reconcilier auec le Pape. Et pour faire cela aisement employa le credit du Roy de France Philippe, qui enuoya ses Ambassadeurs pour prier le Pape, de vouloir absoudre l'Empereur Louys, soubs l'assurance qu'il donnoit de se soubsmettre à tout ce qui plairroit à sa Sainćteté. Le Pape voyant ceste offre, & voulant obliger le Roy de France donna l'absolution à l'Empereur, & traicta la paix d'iceluy auec Charles fils du Roy de Boheme, à condition que tous deux regneroient esgallement à l'Empire leur vie durant, & que le suruiuant demeureroit seul Empereur apres la mort de son compagnon; ce qui fut accordé & signé d'vn costé & d'autre.

Deux ans aprez ceste paix l'Empereur Louys mourut, la mort duquel fut la cause que certains Eslecteurs qui auoient esté absens à l'election de l'Empereur Charles se declarerent opposans, & dirent que l'Empire estoit vacant à cause qu'on n'auoit gardé les formalitez requises: & s'assemblerent à Francfort, ville destinée pour eslire les Empereurs, ils esleurent Gautier Comte de Schuartzembourg, qui mourut dans l'an de son eslection, & Charles demeura seul & pacifique Empereur, sans estre troublé de personne.

Mourut encores dans Auignon Clement VI. le dixiesme an de son Pontificat, à qui succeda Innocent sixiesme, auparauant appellé Messire Estienne Aubert Cardinal de Clermont, qui vesquit neuf ans, & fonda la Chartreuse de Villeneufue, & approuua la fondation du Chapitre collegial de S. Pierre d'Auignon, qui fut fondé par l'Illustrissime Cardinal Pierre de Pratis de la maison de Montpezat, Euesque Prenestin, qui achepta beaucoup de biens pour la dotatió, d'icelui: aprouua aussi la fondatió du chapitre de S. Didier que le Cardinal Bernard Euesque de S. Sabine fonda, & fit bastir l'Eglise en l'estat qu'elle se voit à present, comme aussi permis à Bernard Rascas, Gentil-homme Limosin, de faire bastir à ses despens l'Hospital d'Auignon, qui est contre le conuent des Peres de la saincte Trinité, appellé de S. Bernard.

Fondation des Chapitres de S. Pierre, de S. Didier & de l'Hospital d'Auignon

Ce Pape voyant la grand doleance du peuple d'Auignon, & les plaintes qu'on luy faisoit de certains larrons nocturnes, qui masquez en grande troupe saccageoient les maisons, mia

Latrons pēnus en Auignon.

loient les femmes & filles, voire desroboient les Eglises, battoient & tuoient les habitans qui se vouloient opposer à leurs mesfaicts: ordonna que tous les chefs de maison faisoient vn guet ou patouille secrette, & que tout autant de ces gens masquez qu'ils trouueroient, sans leur leuer leur masque, ny demander leur nom, on les attacheroit pieds & mains, & comme cela les iesteroient dans le Rosne: ce qui fut executé le soir venant vingtiesme iour du mois de Nouembre, année 1359. le cinquiesme an de son Pontificat, & se trouua au lendemain que plus de deux cens ieunes hommes d'Auignon (la pluspart enfans de maison) estoiet perdus sans enseigne: les habitans estoient dessillez d'oppression, & que la Iustice estoit faite sans aucune notte d'infamie.

L'Empereur Charles couronné à Rome. L'Empereur Charles voyant ses competiteurs morts, resolut d'aller à Rome pour estre couronné suiuant les coustumes anciennes, & manda prier le Pape Innocent VI. d'enuoyer vn Legat pour ce faire, ce qui luy fut accordé: car il fut couronné dans S. Pierre l'an 1361. auec le contentement d'vn chascun: peu de iours apres sa couronnation, estant luy encore à Rome, receut la nouuelle de la mort du Pape Innocent, & qu'on auoit esleu à la place Messire Gillaume de Genha

Abbé de S. Victor de Marseille, qui se nomma Vrbain V. Ceste nouuelle l'occasionna de venir en Auignon pour luy faire la reuerence, & receuoir sa benediction. Il passa à Milan où il reçeut la couronne de fer pour le Royaume de la Lombardie, sans donner aucun mescontentement à personne, ains laissoit iouïr chascun de son bien en paix, ce que n'auoient fait ses deuanciers; & arriuát dans Auignon au mois d'Octobre 1362. alla baiser la pantoufle au Pape Vrbain V. qui le reçeut auec toute sorte d'affection, l'embrassant & le benissant par trois fois; l'appella l'appuy & la deffence de l'Eglise. L'Empereur ayant paracheué les ceremonies de Cour, & rendu ses deuoirs au Pape, pria sa Saincteté d'aggreer qu'il allast dans Arles pour y estre couronné Roy de ce Royaume, ainsi que Frederic Barberousse, son fils Philippe, Othon, & Frederic second auoient esté (de la race desquels il estoit descendu à droite ligne) & pretendoit le Royaume luy appartenir.)

Le Pape entendant la priere de l'Empereur la luy accorda librement, & enuoya à Messire Guillaume de Gardia Cardinal, qui auoit esté Patriarche de Hierusalem, & estoit Archeuesque d'Arles de donner la couronne, & declarer

Patriarche en Arles

L'Empereur Charles est couronné Roy d'Arles.

Roy d'Arles l'Empereur, avec les ceremonies en tel cas requises (ores que la Reyne Ieane de Sicile fut Comtesse de Prouence & Dame d'Arles) & que Raymond des Baux Prince d'Orange eut donné à Charles d'Anjou les pretentions qu'il auoit sur ce Royaume par vertu de la donnation que Frederic II. en auoit faite à Guillaume des Baux son Ayeul, ce qui fut fait, car le Cardinal Guillaume couronna pour Roy d'Arles l'Empereur, Charles dans la saincte Eglise de S. Trophime le 20. Nouembre, iour de Dimanche à la grande Messe, où assisterent les Archeuesques d'Ambrun & d'Aix; les Euesques d'Orange, de Marseille, de Vaison de Troischasteaux, de Dignes, de Senes, de Nisse, de Vence, d'Apt, de Riez, & de Sisteron. Louys II. Duc de Bourbon, surnommé le Bon, Amé Comte de de Sauoye, Prince de Piedmont, plusieurs autres Prelats de la cour du Pape: le Seneschal, les Barons, & la Noblesse d'Arles & de Prouence, & les habitans de la ville, qui tous luy rendans ses deuoirs crioient à haute voix, viue le Roy Charles Empereur de l'Occident.

Confirmatiō des priuileges faicts par l'Empereur.

La solemnité paracheuée, que l'Empereur eut reconnu la bonne affection de l'Archeuesque, & des habitans d'Arles, confirma tous les

des Roys d'Arles. 351

dons, & priuileges que ses deuanciers auoient fait aux Seigneurs Archeuesques, au Chapitre de la saincte Eglise, & à la communauté d'Arles; & adioustant aux precedentes donnations donna pouuoir à l'Archeuesque Guillaume de de faire battre monnoye à Montdragon, & de iuger souuerainement les habitans d'Arles (les Barons exceptez (qui pouuoient toquer à l'Empire: puis que les Comte, & Seneschal de Prouence resleuoient du Roy d'Arles, qui en auoit la supresme iurisdiction. Appert de la Bulle à sceau d'or que l'Empereur donna, laquelle est gardee dans les Archiues de la saincte Eglise.

L'Empereur residant deux mois entiers dans Arles, y reçeut toute sorte de contentement des habitans, & comme les Empereurs Romains estimoit ceste ville le delice du monde. De la il alla à Marseille pour voir la ville, & le port duquel il auoit tant ouy parler, & s'en retournant aux Allemagnes repassa en Auignon au mois de Mars pour prendre congé du Pape, qui luy promit d'aller bien tost à Rome voir ses ouuailles, comme il fit l'annee suiuante, accompagné seulement du Cardinal Guillaume de Gardia Archeuesque d'Arles, & quelques siens domestiques en bien petit nombre: où il resida huict

L'Empereur va à Marseille.

mois; & y fut visité du Roy de Cypres, de la Reyne Ieane de Sicile, Comtesse de Prouence, à laquelle il donna la rose d'or beniste le quatriesme Dimanche de Caresme. Ceste rose est vn hommage que les Romains font au Pape toutes les annees au mesme iour, la luy portant dans l'Eglise au commencement de la grande Messe, & le Pape l'ayant receuë la donne au plus grand Prince ou Seigneur qui se trouue en sa Cour, ainsi que plusieurs Seigneurs de France en ont reçeu. Le Pape fut aussi visité de tous les Princes Italiens: qui s'estimoient glorieux de le voir dás Rome, ayans esté priuez de la presence des Souuerains Pontifes plus de 75 ans, & despuis que Boniface VIII. en estoit sorti à cause des guerres.

{Rose d'or donnée au Pape.}

L'Empereur ayant prins la benediction du Pape, s'en alla droit à Paris pour voir le Roy de France Charles V. pour ratifier auec luy la paix & alliance qu'ils auoient ensemble, & moyener la paix entre la France & l'Angleterre, qui despuis long temps estoient en guerre. Le Roy le reçeut auec toute sorte d'affection, & apres auoir confirmé leur alliance, l'Empereur ne pouuant seiourner dauantage à cause de la mort de la Reyne Ieane de Bourbon qui arriua dans ce temps, seulement approuua de nouueau la donnation

des Roys d'Arles. 353

nation que Hubert Prince Dauphin de Vienne auoit faite du Dauphiné au premier fils du Roy de France, comme aussi ratifia l'accord que l'Empereur Albert auoit fait auec le Roy Philippe le Bel pour raison du Royaume d'Arles; & pour mieux obliger le Roy de France declara le Roy Charles & ses successeurs Vicaires du S. Empire, & luy remit toutes les pretentions que luy & les siens pouuoient auoir au Royaume d'Arles, mesmes l'absoluë connoissance sur les euocations, en cas de procez, sans aucune reserue à sa chambre Imperialle, ainsi que les Roys de France l'ont du depuis possedé, ce qui fut fait l'an 1364. Theodoric Niem autheur de ce temps dit que l'Empereur fit ceste remissió pour deux considerations, l'vne pour reunir ce Royaume au patrimoine & domaine de la France, d'où il auoit esté mal à propos desmembré, & l'autre en reconnoissance des bons offices que luy auoit rendu Louys d'Aniou, frere du Roy Charles. *Belleforest l. 4. c. 10. & l. 5. c. 45*

Tous les complimens & ceremonies de Cour paracheuees, l'Empereur print congé du Roy de France, & vint aux Allemagnes; & tint vne iournee Imperialle dans la ville de Metz, en laquelle il fit ces grands Edicts, appellez Edicts de *Iournee Imperiale de Metz.*

Y y

Charles, soubs le nom de Bulle d'or, où entre autres il ordonna l'ordre que les Eslecteurs deuoient tenir pour l'aduenir en l'election des Empereurs, afin d'esuiter semblable opposition qu'on luy auoit opposé apres la mort de Louys de Bauiere: & pria tous les Eslecteurs qui estoiét presens en ceste iournee de receuoir son fils Vvencellas pour Roy des Romains, à cause qu'il le marioit auec la Comtesse Ieane fille du Duc de Bauiere, qui luy portoit pour dot les Comtez d'Holande, & Zelande, ce qui fut fait, ores que ce ieune Prince n'eust atteint que l'aage de quatorze ans, & fut le plus laid de face, grossier d'esprit, & lacif d'action que ieune homme du monde, ressemblát plus vn Magot qu'vn Prince.

La iournee paracheuee, & que chascun se fut retiré à sa maison l'Empereur fut tout remply d'aise se voyant pacifique, & que son fils estoit esleué au plus haut degré de toute la Chrestienté, print resolution de se donner du bon temps, & soulager son peuple par le moyen de la paix. Mais il n'eust pas plustost fait ce dessein, que la mort enuiant son repos luy declara la guerre par vne grande maladie, qui luy fit quiter l'Empire du monde, pour aller comparoistre deuant le thrósne de Dieu eternel : car il mourut à Pra-

des Roys d'Arles. 355

gues le 17. May 1372. & fut enterré au tombeau des Empereurs, fut aussi enterré auec luy le nom & titre des Roy d'Arles, puis qu'il a esté le dernier qui a porté la couronne de ce Royaume.

Bien que le titre de Roy d'Arles aye prins fin à l'Empereur Charles IV. le Royaume n'a esté pourtant aneanti, puis que l'Archeuesque de Treues, l'vn des sept Eslecteurs de l'Empire, entre & porte voix à l'Eslectorat, en qualité de Primat & Archichancelier de France pour le Royaume d'Arles : ainsi qui se voit aux ceremonies gardees dans la ville de Francfort l'an 1612. en l'eslection de l'Empereur Mathias. La voix, le titre & le rang de cest Archeuesque a prins sa force desspuis que l'Empereur Charles IV. declara le Roy de France Vicaire general du sainct Empire, & luy donna toute souueraineté sur le Royaume d'Arles.

Le Royaume d'Arles n'est du tout aneanti.

Fin des Roys d'Arles, & de la seconde partie.

LA VILLE D'ARLES
FAITE REPVBLIQVE,
la façon de son gouuernemement, & comme elle se donna aux Comtes de Prouence.

TROISIESME PARTIE.

A Communauté d'Arles s'estát retiree de l'obeyssance de leur Roy Frederic II. l'an 1245. craignant de participer à l'excommunication que le Pape Innocent IV. auoit fulminé contre luy, & contre ceux qui tenoient son parti (ainsi qu'à esté dit cy deuant.) La Noblesse & les habitans d'Arles, de l'aduis & conseil de leur Archeuesque prindrent ensemblement la resolution de viure en Repu-

des Roys d'Arles.

blique, sans dependre d'aucune souueraineté; bien qu'ils en eussent ia le commencement despuis leur Roy Othon: & esleurent pour leur Souuerain leur Potestat, qui estoit le premier Consul, qui seul estoit creé par la generalle voix des habitans, & pouuoit apres vn an estre confirmé, ou deposé, selon le bon ou mauuais gouuernement qu'il auoit fait: & les autres Consuls estoiét creez par l'Archeuesque, & les Conseillers ordinaires. Ceste authorité de creér les Consuls ayāt esté donnee à l'Archeuesque Raymond de Bolena par l'Empereur Frederic Premier, dit Barberousse, Roy d'Arles.

Le Potestat estant creé pouuoit eslire vn Iuge pour administrer la Iustice. Il auoit la preseance deuant tous, donnoit l'ordre en tous les affaires, tant pour la guerre que pour la police, & estoit souuerain en ses iugemens. Estant esleu par la voix du peuple alloit prester serment de bien & duement faire sa charge, entre les mains de l'Archeuesque, qui vestu en Pontificat l'attendoit à la porte de l'Eglise de S. Trophime, & luy presentant les saincts Euangiles faisoit le serment comme s'ensuit.

Ie N. esleu Potestat, d'Arles, iure à vous R. P. en Dieu Mess. N. Archeuesque de vous estre fidelle tout le temps — Iurement des Potestats d'Arles.

Yy 3

de mon office, de garder & deffendre la ville, vostre personne, celles de vos Chanoines, les francshises, immunitez, biens, & priuileges des Ecclesiastiques, des Gentils-hommes, Bourgeois, & Habitans d'Arles: ainsi m'ayde Dieu, & ses saincts Euangiles, qu'il touchoit auec les deux mains. Le Iuge, & les autres Consuls prestoient leur serment entre les mains de l'Archeuesque, ou de son Vicaire, la seconde feste de Pasques qu'ils entroient en charge.

S'ensuit les noms & la suitte des Potestats d'Arles, le temps & l'ordre de leur charge.

PREMIER POTESTAT.

PIERRE d'Aigulores à esté le premier qui a porté le titre de Potestat d'Arles, du Regne de Philippe, fils de Barberousse, d'Othon, & de Frederic II. Roys d'Arles, & continua sa charge douze ans, car le Potestat pour lors estoit Viceroy & chef de la Iustice dans Arles, veu que les Comtes de Prouence n'estoient plus Lieutenans Generaux de tout le Royaume, bien qu'en ce temps la ville tint forme de République, & que le Potestat fut esleu par le commun suffrage des

des Roys d'Arles.

habitans: il falloit neantmoins que ce Poteſtat fut confirmé par le Roy d'Arles, entre les mains duquel il alloit iurer de garder la ville pour ſon ſeruice, & les habitans à ſon obeiſſance & ſubiectiō. Le ſieur Pierre d'Aiguieres eſtát Poteſtat reçeut dans Arles le Roy Othon, & aſſiſta en teſte de toute la Nobleſſe à ſon couronnement, auec le rang & ſeance deu à ſa charge. Meſſ. Imbert de Aqueria ſon frere eſtoit pour lors Archeueſque d'Arles, qui couronna le Roy Othon. Ce Poteſtat fut depputé de l'Archeueſque Michel de Moroſio, ſucceſſeur de ſon frere en l'Archeueſché d'Arles, de Guillaume des Baux Prince d'Orenge, & de la Communauté, pour aller feliciter l'Empereur Frederic II. de ſon heureuſe entrée à la couronne d'Arles aprés la mort d'Othon, & l'aſſurer de leur obeyſſance, & fidelité.

Le meſme Archeueſque Moroſio entre tant de choſes memorables qu'il fit pendant dix-huict ans qu'il gouuerna la ſaincte Egliſe d'Arles, deſirant de faire reuiure la gloire du ſainct Cimetiere d'Alyſcamp, & reparer pour la ſeconde fois l'Egliſe de S. Honorat (que Charlemagne auoit deſia reedifiée apres la ruine des Sarrazins, à cauſe de tant de corps Saincts qui y sont enterrez, & de la vieillesse du bastiment qui menaçoit ruine) delibera de faire vne queste generalle par toute l'estenduë de sa Primasse, & prier tous les Prelats d'exhorter les fidelles à contribuer leurs charitables aumosnes pour vne si saincte œuure, ainsi qu'appert de son Epistre requisitoire, qui commence.

Venerabilibus Fratribus Archiepiscopis, Episcopis, Abbatibus, Præpositis, & dilectis Filijs Prioribus Ecclesiarum Rectoribus, Capellanis, & vniuersis Catholicis Principibus ad quos præsentes Litteræ peruenerint. Michael Dei gratia Arelatensis Archiepiscopus; salutem in eo qui est salus & redemptio animarum nostrarum. &c. Laquelle Epistre i'ay inceree dans ceste Royalle couronne en language vulgaire pour l'intelligence d'vn chascun.

Epistre

EPISTRE REQVISITOIRE
de l'Archeuesque Michel Morosio
aux Prelats de sa Primasse.

AVX VENERABLES Freres les Archeuesques, Euesques, Abbez, Preuosts & bien-aymez Fils les Prieurs des Eglises, Recteurs & Chapellains, & tous les Princes Catholiques à qui ces presentes arriueront. Michel, par la grace de Dieu, Archeuesque d'Arles, en celuy qui est la vraye santé & redemption de nos ames.

AND, & combien y à il des insignes merueilles! par combien de miracles des Saincts l'Eglise vniuerselle est esleuee? la connoissance en estant seulement donnee à ceux qui vont visiter les Saincts lieux: lesquels comme sortant de Babylone ne se taisent point pour l'amour de Sion, & peregrinent pour Hierusalem. Que si ceux là adorent le Pere en esprit de verité se trauaillent pour reconnoistre la verité des Saincts, & reconnoissant Dieu admirable en iceux, quittent le fardeau de leurs pechez, pour à leur exemple estre dauantage excitez à deuotion. Il nous a semblé bon de sortir des cachots la chose fermee, & ne laisser soubs la table la

lumiere qui esclaire parmy nous, pour la faire esclairer deuant ceux qui desirent d'estre dans la maison de Dieu.

Saincts en terres au Cimetiere d'Arles.   Soit donc à tous notoire que hors les murailles de la ville d'Arles au champ vulgairement appellé Elisiens (ou Alyscamp) y a vne Eglise fondee soubs le titre de S. Honorat, que nos Predecesseurs auoient donné à des bons Religieux de S. Victor de Marseille afin que les Saincts qui sont en icelle fussent seruis par les Saincts : Dans ceste Eglise reposent les corps de S. Honorat dans son sepulchre ; c'est le lieu où les gens de bien gardent les Reliques de S. Hilaire Euesque d'Arles ; lieu qui est sanctifié par les sacrez membres des Bien heureux Euesques Aurelius, Concordius, Eonius, Virgilius, Rotlandus, & autres Prelats : comme aussi de S. Genies Martyr, de saincte Dorotee Vierge & Martyre, & d'infinité d'autres Saincts qui sont inhumez dans icelle, lesquels nous taisons de peur que nostre discours ne fut estimé incroyable; tous lesquels Saincts sont autant de fleurs & de pierres precieuses qui ennoblissent ceste terre, laquelle auparauant n'auoit germé que chose de peu d'estime ; & asseurement pouuons dire que les Saincts sont la semence que le Seigneur a beniste.

Ceste Eglise a vn spacieux Cimetiere, au sein duquel reposent les corps de ceux, qui soubs le Bien-heureux Charlemagne, Vvillalme, & Vesian ses neueus se couronnerent en leur sang pour la deffence de l'Eglise pendant leurs triomphantes victoires. Il y a encore dans ceste terre plusieurs autres corps qui sont recómandables, les ames desquels iouyssent de la vision de Dieu.

Benediction du Cimetiere d'Arles.   Il ne faut taire l'antiquité de ce Cimetiere, qui est vn tres illustre spectacle, & vne authorité assez graue pour exciter toutes choses à plus grande deuotion. Le miracle approuué Ciel est admirable, puis que ce Cimetiere par l'admonition de l'oracle Diuin a esté benist par des hommes Apostoliques, imitateurs des Apostres, & sept des Disciples de nostre Seigneur, que sont S. Trophime, qui auoit esté ordonné Euesque d'Arles par S. Pierre & S. Paul Apostres : auec les Euesques Serge de Narbonne, Maximin d'Aix, Saturnin de Tolose, Front de Perigord, Martial de Limoges, & Eutrope d'Orange : en la presence de Iesus-Christ qui luy apparut en corps le cósacrant (ainsi que saincte Marcelle

des Roys d'Arles. 363

seruante de saincte Marthe l'a laissé par escrit au premier & second liure des actes de la vie d'icelle, en ayant fait vn volume en Hebrieu) lequel Cimetiere contient vn mille en longueur, comme se lit aux gestes de Charlemagne. La foy de ce miracle, & plusieurs autres ont esté attestez par diuers tesmoings occulaires & par des hommes de tout aage & condition, comme l'antiquité du lieu le fait voir.

En ceste Eglise de S. Honorat est encores annexee la Chapelle que S. Trophime predecesseur de S. Denis de Paris, cousin de S. Paul, de S. Estienne, & de Gamaliel, auoit fondé pendant son viuant à l'honneur de la Mere de Dieu, & au lieu ou les pieds de nostre Seigneur auoient touché : auquel lieu il fit vn autel de terre, & le consacra en presence de plusieurs Saincts, & des Euesques & Disciples de Iesus-Christ nommez : les priant tous que venant luy à mourir ils l'enterrassent dans ceste Chappelle, pource qu'il voyoit qu'en ce lieu la dextre de Dieu faisoit des vertus, & la gloire de sa Majesté y resplendissoit ; comme quelques annees apres il y fut enterré, accompagné de plusieurs saincts Prelats, du venerable Clergé d'Arles, d'infinité de peuple, & plus de mille Nobles. Si les choses visibles peuuent faire foy ! quels lieux plus anciens & de plus grande succession de temps que despuis 1130. ans, les noms desquels sont marquez de Dieu, où aucune chose ne perit? Les lettres connües & inconnües qui sont en cet autel tesmoignent la saincteté du lieu : & les actions que nous auons auiourd'huy veuës, faites par des hommes Grecs, qui lisant ces lettres esleuoient les mains au Ciel, & se fermoiēt le corps d'admiration contre terre, comme se voulant ioindre & enfermer dans icelle : on peut dire de ce lieu des choses plus grandes tenuës entre les merueilles de Dieu : car dans ceste Eglise s'est entenduë la voix des Anges, chantans (ainsi que la vie du Bien-heureux Quinin Euesque d'Vsez le tesmoigne) & auiourd'huy il y a des gens de bien qui nous ont asseuré l'auoir ouy.

Chapelle de nostre Dame & l'autel de terre.

Voix des Anges ouyes dās l'Eglise de S. Honorat.

Nous ne laisserons soubs silence comme de toutes les Regions & lieux, tant loingtains que circonuoisins ; dés le commencement de ce Cimetiere y apportoient les corps morts pour y estre enterrez (n'ayant iamais esté practiqué de la façon en autre part) ainsi que le grand nombre des tombeaux qui sont dessus & dessoubs terre le marquent, qui est si grand, qui surpasse l'entendement de ceux qui le voyent ou l'entendent dire.

Morts viennent sur le Rosne. On peut considerer combien en ce lieu la vertu de Dieu paroist admirable; puis qu'on ne faisoit que mettre les corps morts dans leur biere, & comme cela les exposoient au fil de l'eau du Rosne, sans conduite de personne, qui ne s'arrestoient iamais qu'ils ne fussent arriuez au bord du Cimetiere : & pour grande & desbordee que fut l'eau, n'auoit moyen de faire passer les corps au delà des limites d'Alyschamp, ny contre son naturel les faire aller contre mont (ceste terre les attirant à soy pour les mettre dans son sein) ce qui fait vrayement voir que les choses sensibles & insensibles honnorent leur Autheur, & descouurent la vertu de celuy qui les a crees.

Larcin fait deuan le chasteau de Roquemaure. Il nous a esté asseuré par plusieurs, que certains poussez d'auarice ayans desrobé l'argent qu'on auoit mis dans la biere d'vn mort pour satisfaire à ses funerailles, la voyant passer sur le Rosne, ne peurent iamais apres leur larrecin faire tenir son chemin à la biere, ores qu'ils s'en fussent grandement penez de la pousser au fil de l'eau: & roula tousiours au deuant du Chasteau, ou les larrons estoient, sans bouger d'vn lieu, iusques à ce que le larrecin fut descouuert, & la restitution des funerailles fut faite.

Mais pource que ceste Eglise, fondee par S. Trophime, agrandie & dotee par Charlemagne, est despuis peu d'annees en danger de tomber, & ne peut sans des grands frais estre reparee. Nous vous prions, & deuotement supplions au nom du Seigneur que lors que les depputez d'icelle viendront à vous, qu'ils soient benignement reçeus, & que par vos sainctes admonitions ils reçoiuent les aumosnes de vos subiets, afin d'accomplir auec effect la chose pour laquelle ils vous sont enuoyez. Vous venerables Freres Euesques donnez leur lettres fauorables & acceptables par tous vos Dioceses, afin que par le merite des susdits Saincts, & les merites que vous auez d'en haut vostre recompense soit augmentee dans le Ciel.

des Roys d'Arles.

II.e Fauquet Reynaud de la maison d'Alen fut le second Potestat apres Pierre d'Aiguieres, & fut approuué par l'Empereur Frederic II. Roy d'Arles, la seconde annee du Regne d'iceluy, & demeura dix-huict ans en charge: de son temps l'Archeuesque de Morosio reçeut dans Arles les Religieux de la saincte Trinité de la redemption des captifs, l'an 1212. La mesme annee ce Potestat fit treue pour seize ans auec la Republique de Plaisance, à cause que les Pizentins, les Catalans & ceux de Genes redoutoient grandement l'armee nauale que la Republique d'Arles entretenoit en ce temps, ainsi que l'asseure Zurite parlant des Arragonois, & dit que ceux d'Arles estoient les plus vaillans Corsaires qui fussent en toute la mer Mediterranee. Accompagna le mesme Archeuesque au Concile de Montpelier, qui fut composé de quatre Archeuesques, sçauoir celuy de Narbonne, celuy d'Aix en Prouence, celuy d'Aux en Gascongne, celuy d'Ambrun en Dauphiné, & celuy d'Arles qui presidoit auec vingt-sept Euesques, leur suffragant, vn Legat du Pape, & l'Euesque de Magalonne ordinaire de Montpelier. A ce Concile les heretiques Albigeois furent condamnez & declarez ennemis de la vraye foy & croyance de l'Eglise.

2. Potestat.
Trinitaires, Frescheurs, & Cordeliers en Arles.
Armee nauale d'Arles.
Zurit. in reb. Arag.

Zz 3

Ce fut à Fauquet que l'Empereur Frederic II. enuoya lettre de faire guerre par mer, & par terre, à ceux de Marseille : comme a esté dit au regne d'iceluy. Bailla son consentement à Hugues Bouardy Archeuesque d'Arles, qui auoit esté Preuost de Marseille, pour receuoir les Peres Prescheurs de sainct Dominique dans la ville d'Arles, au Conuent que le St. Pierre Amantius leur fit bastir au Bourg-neuf, où est à present la porte de la Caualerie : à cause de la doctrine, & bon exemple, duquel les Religieux de cét ordre estoient ornez. Comme aussi au mesme temps Raymond de Baux Seigneur de Trinquetaille, fonda le Conuent des freres Mineurs de sainct François, au bord du Rosne tout contre son Chasteau, au lieu à present appellé la Ponche, où est la vieille Eglise de sainct Pierre de Trinquetaille. Ce fut en ce Conuent où frere Monal vit le Seraphique sainct François en l'air, lors que sainct Anthoine de Padua preschoit au Chapitre Prouincial.

Aliance auec le Roy & le Pape. Ce Potestat fit alliance auec le Roy de France Louys VIII. Pere de S. Louys, & le Pape Gregoire IX. en la personne du Cardinal Sincaugre son Legat, afin de faire la guerre aux Albigeois qui estoient dans Auignon, & au Comte Raymond de Tolose, qui s'estoit rendu chef & deffenseur d'iceux. La Republique d'Arles s'estimant glorieuse d'auoir pour allié le premier Roy des Chrestiens : & le Roy ne faisoit pas moins d'estat des alliances d'Arles, que iadis le grand Alexandre de la Bourgoisie de Corinthe, que Demetrius Roy d'Asie & Denis de Siracuse de celle d'Athenes, attendu la grande reputation que ceste Republique s'estoit acquise dans peu de temps. Le contract de ceste alliance fut fait au camp du Roy tenant le siege deuant Auignõ, au mois de Iuillet de l'annee 1227. qui fut signé par le Potestat & douze Gentils-hommes d'Arles. Le Roy ayant campé soixante-quatre iours autour des murailles d'Auignon, resolut auec son conseil de guerre de donner l'assaut le quinziesme iour d'Aoust, iour & feste de l'Assomption de nostre Dame, & ayant ouy la Messe & damandé l'assistance de la Mere de Dieu, força les murailles, & entra miraculeusement dans la ville, les ennemis n'ayans le moyen de se pouuoir mettre en ordre de deffencé : estant le Roy dans Auignon fit abbatre quantité de tours, partie des murailles, trois cens maisons, & fit vne seuere iustice cõtre les Heretiques, ce qui occasiona vn Poete de ce temps de faire ce Distique.

Albigois chassés d'Auignon.

*Quinque quater iunctis & sex cum mille ducentis
Iusto iudicio corruit Auenio.*

Le Roy estant dans la ville, voulant exalter la gloire de la Croix, soubs l'estendard de laquelle il auoit emporté ceste ville, donna (auec l'approbation du Legat du Pape) le commencement à ceste deuote confrairie des seculiers de la saincte Croix, qui du despuis, les confrairies d'icelle augmentans leur zele, ont prins l'ordre de congregation soubs l'habit de Penitens gris, qui est à present vne des fameuses compagnies du Royaume; en faueur de laquelle le SS. Peres les Papes ont donné des grands priuileges & sainctes Indulgences.

Penitens gris d'Auignon.

Non seulement le Roy chassa les Albigeois d'Auignon, mais encores assisté du mesme Cardinal Legat, du Comte de Montfort, de plusieurs grands Seigneurs, & de la Noblesse & habitans d'Arles, les chassa de Beziers, de Carcassonne, & autres lieux iusques à quatre lieuës de Tolose, où le Comte Raymond estoit.

Le Comte Raymond ayant esté admonesté par le Pape Gregoire, le Roy de France, & autres de ses amys de quitter le parti des Heretiques, & s'en estant rendu refusant, fut declaré excommunié, & ses terres furent donnees au premier occupant:

occupant. La donnation & fulmination de l'excommunication estant publiee, le Pape & le Roy se despartirent toutes les terres de cest excommunié: sçauoir que tout ce que Raymond auoit au delà du Rosne au costé du Languedoc appartiendroit au Roy, & seroit vny à la couronne de France: & ce qui estoit deça au Comté Venaissin, ou terres adiacentes, que sont les Baronnies de S. Auban, Montelimar, & Romans seroient vnies à l'Eglise Romaine: & deslors le Comtat fut au Pape, & le Languedoc au Roy, comme appert de l'Statut Venaissin, bien que le fils de ce Comte se ietta dans le Cotat, & iouyt sa vie durant (le mieux mal qu'il luy fut possible) de quelques rentes qu'il apperceuoit d'aucuns lieux pour son appanage. Ce Potestat presta encores son consentement à l'Archeuesque Hugues Bouardi pour faire la ville du Martigues, que fut l'an 1232.

Ioan. graf. Episc. Rubio.

III. Isnard D'Entrauenes d'ou sont sortis ceux de Ponteués, & le Seigneurs de Sault fut créé 3. Potestat par le cōmun suffrage du peuple, & fut approuué de l'Empereur Frederic II. à qui il presta le serment de fidelité, & demeura soubs l'obeissance d'iceluy trois ans, & iusques à l'année 1245. mais il fut le premier des Potestats qui

3. Potestat

furent souuerains, ne despendant d'aucune superiorité : car Frederic II. Empereur, & Roy d'Arles, ayant esté excommunié la quatriesme fois au Concile de Lyon, par le Pape Innocent quatriesme. La ville d'Arles print entierement l'ordre de Republique, & n'auoit autre superiorité que le Potestat.

Confederation faicte par ceux d'Arles auec les Venitiens.

Plutarque.

Armes de la Ville.

Ce fut ce Potestat, que sçachant qu'vn des principaux moyens qui font subsister vne Republique est de suiure le Conseil, que Phocion donnoit aux Atheniens, qu'estoit d'estre les plus forts, où d'estre munis de la faueur des plus grands amis : fit aliance auec la Republique de Venise, & receut de la Seigneurie pour gage de leur affection, & paternelle amitié, le menton ou mandibule du chef de sainct Marc Euangeliste, qu'aux despens de la communauté d'Arles, fut enchassé dans vn chef d'argent, & posée dans l'Eglise Collegialle de nostre Dame la Majour (qu'estoit pour lors la Parroisse de la maison commune) où elle est à present tenuë en grande veneration, & pour lors la Ville print pour armes le Lyon d'or sur d'argent, ainsi qu'à esté dit au feuillet 64. où toutes les armoyries sont d'escrites, sans s'arrester à ceux qu'on voulu dire (bien que sans fondement) que le grand

Constantin auoit donné pour armes à la Ville, vne croix de gule tenuë par vne main, qui sortoit d'vne nuee, afin de retenir la memoire de la vifion qu'il auoit heu au sainct Cimetiere. Et que Cordube Roy des Sarrazins, ayant effacé toutes les armees de la Ville, luy auoit ordonné cinq faces humaines rangees, en façon de croiffant, ou demy lune, ainfi qu'il les portoit fur d'argent au tour de son bouclier, & les auoit efleuees fur les portes. Nous sçauons que ce Payen auoit ces cinq faces par trophee de cinq grands Seigneurs Chreftiens qu'il auoit tyranniquement fait mourir en Espagne, & que Conftantin auoit mis fur la porte de fon Chafteau de la Troulle cefte Croix. Mais il ne se treuue point que la ville d'Arles les aye tenuës pour armes. Ce Poteftat fit auffi alliance auec le Pape Innocent IV. la Prouince Narbonoife, plufieurs grands Seigneurs, & communautez, afin d'auoir le moyen de se deffendre contre leur Roy excommunié, & contre les heretiques Albigois, qui toufiours faifoient du rauage : il démoura huict ans en charge, sçauoir trois ans foubs le Roy Frederic II. & cinq ans chef de la Republique.

IV. Taulere de Strata fut le quatriefme Po- 4. Poteftat.

Aaa

testat esleu par la voix du peuple; & demeura trois ans en charge: ce fut à luy que le Vicôte de Narbonne escriuit vne lettre, par laquelle il luy demandoit la confirmation des alliances faictes auec son deuancier: laquelle lettre commence par ces parolles; *Nobili & venerabili viro domino Taulero de Strata Dei gratia Potestati Arelatensium: Consules & probi homines. Aymarus eandem gratia Vicomes Narbonæ salutem, &c.* Cette lettre est encores bien gardee dans les Archifues de la Ville.

5. Potestat. V. Draconet de Mont-dragon fut le cinquiéme Potestat, & demura cinq ans en charge: Ce fut à luy que la Republique de Pise escriuit pour le supplier de faire la paix auec la Republique d'Arles, qui auoit dressé vne armee contre eux, à cause de certain tort que ceux d'Arles presuposoient d'auoir receu des Pizentins, ou à tout le moins de leur renouueller la tresue pour seize ans que Fauquet Renaud, & l'Archeuesque de Morosio leur auoient accordé, ce qui fut fait: car ce Potestat & la Republique proroge-

Tresue pour 24. ans auec ceux de Plaisance. rent la tresue pour vingt-quatre ans, ainsi qu'appert du contract receu par Guillaume Peyre Notaire public d'Arles, par lequel est porté que les Pizentins s'obligent de deffendre les terres, mers, eaux, & naufrages de ceux d'Arles : & reciproquement les Arlatins promettent le mesme pendant le terme de la tresue : & au cas que l'vne des Republiques en general, ou les habitans d'icelles reçeut aucun dommage de l'autre, la partie offencee deuoit faire plainte & information au Poteſtat du delinquant, qui dans quarante iours apres en deuoit auoir rendu Iuſtice exemplaire, comme contre les ennemis de l'Eſtat : & fut accordé que pour toute forte de marchandiſes d'Arles, ne ſe payeroit à Pize que quatre deniers d'entree ou de fortie.

La cauſe de ceſte treſue fut que ceux de Pize ayans prins vne barque de marchandiſe d'Arles occaſionna la Republique de les attaquer auec leur armee naualle, & ioincts auec les Maſſillois ſes alliez faiſoient des grandes courſes ſur les mers des Pizentins, bruſloient leurs vaiſſeaux, ſaccageans & tuans quantité de leurs habitans, ce qui leur fit demáder treſue. Ce Poteſtat auoit pendant ſa charge Draconet de Quiqueran qui eſtoit Iuge ſoubs luy, qui à la façon des premiers Preſidens de noſtre temps iugeoit ſouuerainement ſans appel.

VI. Guillaume Obriaco Nigro fut le ſixieſme *6. Poteſtat.* Poteſtat, & demeura dix ans en charge. De ſon temps Bertrand Archeuesque d'Arles successeur d'Hugo Bouardi vendit le chasteau de Beaucaire au Roy S. Louys de France pour la cense annuelle de cent liures payables par le Seneschal de Nismes au Seigneur Archeuesque d'Arles, & à ses successeurs. Ceste vente fut faite ez presences de Messire Hugo Euesque d'Auissene Legat à ceste cause deputé par le Pape Alexandre IV. & de Guillaume Archidiacre de la saincte Eglise, Procureur du Seigneur Archeues. Bertrand.

Chasteau de Beaucaire vedu au Roy de France.

Ce Potestat fit ligue & confederation auec Odratus Potestat de la Republique des Genes, ainsi qu'appert dans les escritures de vieilles notes de Raymond Armandy Notaire public d'Arles, soubs l'an 1237. où se lit, que la Republique de Genes promet à Raymond Dalmasio Ambassadeur, & Nonce de la Republique d'Arles; vraye paix, alliance, & amitié pour dix ans; & que pendant ce temps ceux d'Arles ne pourroient encourir aucun dommage, tort, ny n'aufrage de ceux de Genes : ains qu'ils pourroient aller, venir, entrer, sortir aux ports, mer, & terres de la Republique : seroient immunes de toutes charges, & impositions, tant mises qu'à mettre (le peage excepté) pourroient sortir toute sorte

Ligue & confederation auec ceux de Genes.

de marchandise, de bois pour faire vaisseaux, viures, & prouisions pour les vendre, & transporter ou bon leur sembleroit (pourueu que ce ne fut aux Massillois, auec lesquels ils auoient guerre denoncee) & que ceux d'Arles tiendrojét vn Consul de leur ville à Genes, deuant lequel ils pourroient auoir recours en cas de procez ou different: si vn habitant d'Arles mouroit à Genes sans faire testament, & que le Consul fut absent de la ville, le Potestat de Genes estoit obligé de prendre garde aux biens du mort, & le mesme pache estoit accordé par la Republique d'Arles à ceux de Genes.

Du temps de ce Potestat Obriaco l'ambition commença de toucher le cœur des Nobles, chacun desirant & se croyant capable d'estre Potestat pour commander la Republique, sans penser que les degrez des charges sont difficiles, & doiuent estre montez les vns apres les autres, & que celuy qui commande doit estre semblable au serpent du Bresil (qui auoit deux testes en vn corps, vne conforme à la grosseur du corps, & l'autre aussi grosse que tout le corps & la teste; aussi celuy qui a le gouuernement d'vne Republique doit auoir vne teste comme membre de l'Estat, & vne autre remplie de sçauoir, d'expe-

Ambition des Nobles d'Arles.

riance, & de resolution, comme chef de la Republique) ains chacun pretendoit au plus grand degré d'honneur : ce qui causa du tumulte & de la diuision parmy eux : car le peuple estant pratiqué par les Nobles faisoient des brigues, & se diuisoient en telle façon, que peu s'en falut qui n'arriuat vn grand meurtre : non seulement les Nobles poussoient la populace, mais comme en fait de sedition toute sorte de pretexte sont propres, & les choses qui de son commencement semblent petites deuiennét fort grandes & dangereuses : aussi les originaires de la ville, soubs le masque d'vn bien public, ne vouloient permettre que ceux qui estoient nouueaux habitans, ayans maison & famille dans la ville fussent admis à la nomination du Potestat, disans que tels habitans nouueaux venus ne regardoiét iamais le bien public, & n'auoient deuant les yeux de leur volonté autre obiect que de remplir leur bource, & leur propre interest. Que si les Romains, suiuant l'Ordonnance de Pescenius Niger, ne permettoient aux estrangers qui s'habitoient dans Rome de gouuerner la ville, ny de donner voix à la creation des Magistrats (bien que declarez Citoyens) de peur que l'ancien ordre de la police ne fut embroüillé dans des cou-

Dispute entre les Originaires d'Arles & les habitans nouueaux venus.

stumes

stumes estrangeres; que aussi eux estans suiuant leur vieux priuileges, & ordre de leur Republique dans la liberté du senat Romain, deuoient vser de mesme façon, & ioüyr de mesme priuilege. Et auec Thucides crioient à gousier ouuert *Thuc.l.1.* *Gardons inuiolablement les traditions, que nos peres nous ont laissees.*

Au contraire les nouueaux habitás disoient, que la Cité qui n'est peuplee que de ses enfans, est semblable à vn jardin qui n'a que des arbres qu'ont esté germez dans sa terre, qui n'est iamais si fructueux, que lors qu'on le peuple des arbres empruntez ailleurs, attendu que la trop grande familiarité qu'ils ont des leur n'aissance auec l'humeur de sa terre les rend infertiles. Aussi la Cité ne peut estre riche si elle n'est habitee des estrangers, qui font fleurir le negoce, & attirent les nations esloignees pour leur apporter du profit: Et qu'en vain ils se trauailleroient, & leur sembleroit d'estre plustost esclaues que libres, si comme vrais habitans ne participoient aux honneurs, & priuileges des originaires; puis que leur vie, & leur bien, se consomment pour le bien public; ils amenoient l'exemple de Ioseph, qui fut fait Viceroy, & orné de la Pourpre Royalle dans l'Egipte, bien

Bbb

qu'estranger: & que les originaires d'Arles habitans à Rome, estoient tenus pour Senateurs, & ioüissoient des honneurs de la Republique, bien que Gaulois, & peuple de conqueste.

Mais cét affaire quoy que grand, & de grande consequence fut par la bonne diligence du Seigneur Archeuesque Iean Baussianus successeur de Bertrand appaisée: car connoissant que l'accroissement des seditions est perilleux: & son issuë funeste; & que comme d'vn œuf qui n'est plus gros que celuy d'vn oye n'ait vn Crocodile de dix-huict coudees de long; qu'aussi d'vn subject debile sort la sedition qui à vne suite ardante, & vne fin tragique. Et prenant l'exemple de sainct Louys Roy de France qui regnoit de son temps; qui accordoit toutes les querelles de ceux de sa Cour; craignant que ce ne fut vne fievre oculte qui se cachat dans leur cœur, & se rendit difficile à guerir; aussi ce Prelat exhorta ce peuple auec telle affection, & auec des raisons si pressantes qui les accorda, & les fit transiger ensemble d'estre tous, autant les nobles que les roturiers, les originaires que les nouueaux habitans, bons amis, freres, & citoyens; ainsi qui se verra dans la transanction, à la fin du discours des Potestats.

des Roys d'Arles. 379

VII. Bernard le Rougé qui demeura trois ans *7. Poteſtat.* en charge, & print la protection de Roſſolin de Foz, Vicomte de Marſeille, & de nouueau fit aliance auec les Maſſillois : ce promettant les *Alliance auec les Marſilloy.* vns aux autres, deffence contre toute ſorte d'en- nemis : diſant comme Saluſte, que les hom- mes en particulier, & les Republiques ne ſe peuuent acquerir trop des amis.

VIII. Guillaume Augier d'Oſſa, qui ne de- *8. Poteſtat.* meura en charge qu'vn an, fut le huictieſme Po- teſtat, & fit ligue auec ſainct Louys Roy de France, pendant que ſa Majeſté faiſoit baſtir le fort d'Aigues-mortes.

IX. Perceual d'Aurie fut le neufieſme Pote- *9. Poteſtat.* ſtat: ce fut luy qui au nom de la Republique mo- yena la paix d'entre le Comte de Tholoſe, & le Comte Berenguier de Prouence, qui eſtoient preſts à ſe faire vne ſanglante guerre; apres la- quelle paix ce Poteſtat mourut dans l'an de ſon office; la mort l'ayant empeſché de laiſſer quel- que choſe de plus recommendable de luy pour le bien du public.

X. Bourgouin de Tretis de qui la maiſon de *10. Poteſtat.* Sault à herité les biens; fut le dixieſme Poteſtat, & demeura deux ans en charge, pendant ſon temps. Sainct Louys faiſoit ſes preparatifs de

Bbb 2

guerre contre les Turcs, au voyage de la terre saincte.

11. Poteſtat. XI. Rouſſet de Trucé fut le vnzieſme, & ne fut qu'vn an en charge: ce fut à luy que le Comte Brenguier de Prouence beau pere du Roy ſainct Louys, demanda la permiſſion de faire leuée des gens de guerre dans Arles, afin d'aller auec ſainct Louys à la conqueſte de la terre ſaincte à ſon premier voyage: ce qui luy fut accordé où ſe croyſerent plus de cinq cens Nobles cù Bourgeois de la ville d'Arles, pour ſe treuuer à vne ſi ſaincte expedition. Et le Roy partit de Marſeille le premier de Mars 1246 ayant laiſſé l'adminiſtration du Royaume à l'Abbé de ſainct Denys, à Simon Comte de Nalle, & au Comte de Vandoſme.

Quinzvingts de Paris au voyage de la terre ſaincte.

Mais le malheur arriua pour la Chreſtienté, que le bon Roy fut priſonnier au ſiege de Maſ-*Chron. fran.* ſurre du Sultan d'Egypte; ayant ja deffaict les Mamelus, & emporté la ville de Diamette: outre ce la peſte s'eſtant miſe dans ſon armée preſque tous ſes pauures ſoldats moururent: & luy pour venir querir ſa rençon en France, laiſſa en hoſtage quinze vingts gentils-hômes de ſa Cour. auſquels l'infidelle Sultan fit creuer les yeux, à cauſe que ceux qui portoient la rançon furent par le mauuais temps retardez sur la mer de d'eux iours de la promesse: ce qui affligea grandement ce Roy, & l'occasionna de fonder l'Hospital des quinze-vingts aueugles de Paris, en memoire de ces braues François.

Quinze vingts aueugles de Paris.

XII. Roland George fut le douziesme Potestat d'Arles qui demeura en charge trois ans, & pendant ce temps Guillaume de Baux Prince d'Orange, à qui le Roy, Frederic II. se voyant chassé de tout le monde auoit donné le Royaume d'Arles (comme à esté dit;) vint se presenter à la porte de la Ville, suiuy d'vne bonne compagnie de gens de guerre pour entrer dedans, & se faire couronner Roy suiuant sa donnation: mais ce Potestat qui ne vouloit depédre d'aucune souueraineté, & desiroit conseruer la liberté de la Republique, non seulement luy reffusa la porte: mais à force d'armes le repoussa sans que iamais luy, ny les siens eussent le moyen de ioüyr de ceste couronne: ny posseder la moindre partie de ce Royaume; attendu que le Roy de France tenoit toute la Bourgogne: Guy s'estoit rendu le maistre du Dauphiné ; le Comte Brenguier auoit la Prouence ; Arles estoit Republique, & les autres places s'estoient données à diuers Seigneurs: ce qui fut la cause que Ray-

12. Potestat.

mond de Baux Prince d'Orange, fils de Guillaume second donna toutes les pretentions qu'il auoit sur le Royaume d'Arles, à Charles d'Anjou frere de sainct Louys, l'an 1269. bien que luy, son pere, & son ayeul, eussent sans profit porté le nom, & tiltre des Roys d'Arles cinquante sept ans.

13. Poteſtat. XIII. Roland de l'Estan de Parade fut le troiziesme Potestat d'Arles, & demeura quatr'ans en charge de son temps ; le Comte Brenguier assiegea la ville de Marseille, à cause qu'on ne le vouloit reconnoistre ; la Republique d'Arles sçachant que le propre des amis alliez est d'estre faschez des troubles qui arriuent à leur amis, & de tascher d'enuoyer promptement des personnes pour traicter leur accord, où leur donner par leur force assistance ; ainsi que le Tyran Phera fit enuers les Oritiens; deputerent ce Potestat qui auec les Euesques de Tolon, & d'Antibou à present dit de grace moyena la paix, & fut la cause que le siege fut osté deuant Marseille, que le Comte fut reconnu, & qu'vn chascun iouyt de ce qui luy appartenoit. De son temps se renouuellerent les diuorces parmy les habitans d'Arles auec plus grande violance que deuant: car le peuple est subject à escrire les

bien-faits sur les ondes, afin que la souuenance
en soit tost perduë, & de grauer le moindre injure qu'on leur fait sur l'arain: aussi ce peuple oubliant tant de bien que cePotestat auoit fait à la
Republique, se mutinerent, le voyant confirmé
pour la quatriesme fois.

XIV. Aubert de Lanau fut le dernier Pote- *9.Potestat.*
stat d'Arles, & demeura en charge cinq ans &
demy; de son temps la Republique print fin à
cause du discorde des habitans, ne pouuans d'a- *Vnion aux*
uantage subsister, puis que le conseil des sages *habitans re-*
estoit m'esprisé, qui à la façon de Zénophon *Zenoph. de*
leur disoient, que le bon-heur des Villes, la *vectigal.*
subsistance des Republiques, & l'asseurance des
Monarchies, consistoient en l'vnion, & bon accord des habitans, & rien autre ne rendoit la liberté durable que la paix entre iceux: à cause *Plutarq.*
dequoy Brutus apres l'assassinat de Cesar fit battre vne espece de monoye, qui auoit d'vn costé
vn ieu de violes, & au reuers *libertas*; les violes
representent que par le moyen de l'accord des
habitans la liberté estoit entretenuë. Et Pausa-
niasRoy des Lacedemoniens, voulant monstrer
à ses enfants le moyé qui faut garder pour auoir
la paix & entretenir la liberté, leur presenta vne
trousse de flesches pour les rompre tout à la fois:

ce qu'ils ne peurent faire : puis les leur donnant vne apres l'autre les rompoient facilement ; ce fut par cette demonstration, que Pausanias dit à ses enfants, tant que vous serez vnis, & que l'vnion, & l'accord sera parmy vous, vous serez inuincibles, & iouyrez de la liberté de Lacedemone: mais si vous vous desvnissez par diuorces vous ne pourrez subsister.

Inconstance du peuple. Cette façon de République sembloit d'estre quelque chose de beau dans Arles à son commencement: mais ne fut pas profitable: car l'ambition de commander, que les nobles auoient les vns contre les autres, excioient la populasse qui est vn monstre à plusieurs testes, vn Promothée changeant, & vn Camaleon, qui s'imprime autant de couleur qui luy sont opposees; Populasse à qui le present d'esplait, l'aduenir les trauaille, le bien estre les importune, & le mal les afflige ; voire bien souvent murmurent contre la clarté du Soleil; & semblables au cours des fontaines, que la moindre chose qui se jette deuant dissipe les eaux ; çà & là aussi la moindre fantasie qui se glisse dans leur cerueau les met en confusion, & hors de leur deuoir: ce qui faisoit *Socrat. de* dire à Socrates que le peuple ne deuoit estre ad-*dist. & fast.* mis du gouuernement des affaires publiques, ny à ny à l'Election des Superieurs à cause de leur legereté.

Aussi la populasse d'Arles, ayant le pouuoir de nómer le Potestat se laissant porter à la passion des Nobles, estoient en tel desordre qu'on ne voyoit que querelles, & partialitez par toute la Ville, voire à l'extremité : Mais Dieu qui a tousiours assisté la ville d'Arles, & par les prieres de tant des saincts Prelats qui l'ont gouuernée, la heuë en la singuliere recommandation : appaisant cette diuision par l'entremise de leur Archeuesque Iean Baucian, qui auoit esté Euesque de Tolon, & succedoit à l'Archeuesque Hugue Boardy, la derniere année de Guillaume d'Obriac le Noir; qui par ses remonstrances, & sainctes exhortations les accorda, & leur fit iurer fraternelle amitié, les vns aux autres, confirmant leur iurement par acte public, qui commance par ces mots; *Anno incarnationis domini M. CC. X X X V I I. I X. Kal. Iauna. Frederico Schismatico imperante; & Domino Guillelmo Obrico nigro Potest. Arelat. existente*: ce qui monstre qu'Arles ayant fait reuolte contre Frederic II. ne le conneurent plus pour leur Roy; mettant à la place *de regnante imperante*: & qu'à toute sorte de contracts le nom du Potestat y estoit apposé.

Cét accord où transaction publique, pourtoit par exprez, que les Gentils-hommes, les Bourgois, & tout le reste des habitás se iuroient, & promettoient les vns aux autres, amitié fraternelle, protection, & deffence enuers tous, & contre toute sorte d'ennemis: comme aussi tous ensemblement promettoient de garder, & deffendre la Ville, les personnes, & biens du Seigneur Archeuesque, des Chanoines, & des Ecclesiastiques: voulant par accord general, que celuy qui se trouueroit deffaillant au serment de la fraternelle amitié, & contreuiendroit aux termes de la transaction : qui fut excommunié, que sa maison fut abbatuë, ses vignes razées, ses arbres couppez, ses bleds, & jardins gastez: & que sa femme, & ses enfants fussent pour iamais bannis de la Ville: ainsi qu'appert à son original dans les escritures de M. Raymond Arnaudy, Notaire public de la Ville, soubs l'année 1337.

Transaction des habitans d'Arles.

Bien que ceste transaction fut saincte, iuste, & salutaire au public, iurée de tous ez presences du Seigneur Archeuesque auec marque d'affection, elle ne peut pourtant bannir de la ville le monstre d'ambition, ny la pomme de discorde qui auoit causé le desordre parmy les habitans, ou les ayant chassees pour quelques annees ;

Diuision en Arles.

faut croire, qu'elles y r'entrerent foubs la faueur de la nuict par deſſus les murailles auec le courdon rouge d'vne charité fainte, comme les explorateurs de Hierico, & ſe logerent ſecrettement dans le logis de la Simulation, iuſques au temps de Rotland de l'Eſtan de Parade, d'où elles ſortirent couuertes du manteau du bien public, & du zele de la Republique: faiſant auec beaucoup plus d'effort qu'auparauant renouueller les brigues, les partialitez & querelles parmy les habitans, qui ſe ietterent dans vn plus grand mal-heur qu'ils n'auoient encores eſté: ſe battás & s'outrageans les vns les autres lors qu'il eſtoit queſtion de creer ou confirmer vn Poteſtat: méſmes que les querelles ſe formoient de parent à parent, de frere contre frere, & du pere contre l'enfant. Les plus ſages de la ville voyans ce deſordre, & ſçachans que le Regne diuiſé en ſoy ne peut auoir ſubſiſtance, firent treuuer bon à tous de quitter ceſte Democratique façon de vie, afin qu'vn chaſcun veſquit en repos: & donnerent tous les biens de la Communauté au Comte Raymond Berenguier beau-pere de S. Louys, qui eſtoit Comte de Prouence & de Barcellonne; & par ſa valeur auoit rendu tributaires douze Roys Sarrazins; & eſtoit ja Seigneur du

Ioſué c. 2.

Arles au Comté Raymond Berenguier.

Bourg d'Arles: qui prenant la ville & les habitans soubs sa protection & deffence, leur promettoit par acte public de les cōseruer auec toutes leurs coustumes, priuileges, & immunitez sa vie durant, & tout autant de temps qu'il plairroit au Seigneur Archeuesque, & à la Communauté de le continuer leur Protecteur; promettoit aussi de deffendre la ville, l'Archeuesque, les Chanoines & personnes Ecclesiastiques & Religieuses, enuers & contre toute sorte d'ennemis; & principallement contre les Heretiques Vaudois qu'on auoit chassé d'Auignon. Appert de ce contract aux escritures de Guillaume de Graueson Notaire public, l'an 1245.

Nous ne pouuons parler de la transaction passée entre les habitans d'Arles & le Comte Raymond Berenguier, sans descouurir (à la façon des enfans de Noé) la honte de nos Peres, qui se voyans en liberté apres auoir quitté le party de ses Roys imaginaires en la personne de Frederic II. qui sans droit ny legitime titre que celuy de la donnation que Charles le Chauue auoit faite à Boso contre les loix de France les auoient tenus desmembrez de la courōne Françoise ja quatre-cens ans: & connoissant que leur diuision ne permettoit subsistance à leur Repu-

des Roys d'Arles. 389

blique, ils se deuoient remettre dans leur deuoir, & se soubsmettre à l'obeissance de S. Louys, pour lors Roy de France qui estoit leur legitime Prince, comme Successeur du Roy Childebert, qui les auoit annexez au domaine de sa couronne, non pas quitter la bonne odeur du sacré Lys François, pour se donner à vn Seigneur subalterne. Vn Comte de Prouence, qui iusques à ce iour auoit releué de la Royauté de leur ville, mémes qu'à la façon d'vn Loup, rauissoit tous les biens fonciers & mobiles de la Commune & la despoüilloit de toute sorte de commoditez, tout ainsi que le plus chetif vilage du pays, afin d'empescher les habitans de iamais pouuoir sortir de ses mains, ainsi qu'appert de l'acte de conuentiõ faicte auec le Prince Charles d'Aniou gendre du Comte Raymond l'annee 1251.

Des Heretiques Vaudois.

LES heretiques Vaudois estoient au commencement appellez les pauures de Lion, pource qu'ils ne vouloient auoir ny possessions, ny richesses en propre ; disans comme les Iurisconsultes, *Quapropter proprietatem, & hoc meum, &* C. de vit. To. cncl. l. 2.

Ccc 3

La propriet- *tuum venerunt discordiæ & litigia;* imitâs les hereti-
tez des pre- ques appellez Apostoliques, qui detestans tou-
stres. tes les richesses du monde ne vouloient rien
auoir: & comme les Nicolaistes, & Platoniciens
estimoient les femmes, & les richesses commu-
Hist. eccl.l.3. nes, afin de conseruer entre eux vne plus grande
c. 26. amitié, & oster de leur esprit tout soupçon de
jalousie: & comme le Philosophe disoient, que
les biens en commun estoient plus excellents
qu'en particulier: ce qui fut la cause que le Pape
Celestin III. voyant leur erreur les condamna
comme heretiques à vn Concile qu'il tint à S.
Iean de Lattan, de 300. Euesques; ainsi que la
tres-bien remarqué le Docte Genebrard soubs
l'an 1180. qu'est l'année qu'ils sortirent des a-
bysmes infernaux comme Sauterelles sur la terre, pour troubler le repos de l'Eglise de Dieu.

 Ces Apostats se voyans condamnez de l'E-
glise, resolurent d'instituer des Bardes (ainsi ap-
Hebr 4 c.5. pelloient-ils ses Ministres) ayans tiré ce nom
des vieux poëtes Gaulois, qui s'appelloient Bardes, & contre la doctrine de l'Apostre, (qui ne
permet aux personnes seculieres l'exercice des
Rom c.10. sacrez ministeres, & n'estime la predication orthodoxe, quand le Predicateur n'est legitimement enuoyé des Superieurs:) & commencerent

de prescher contre l'authorité du Pape, & la pureté de l'Eglise Romaine: desnioient le liberal *Liberal ar-*
arbitre, estimans que la perte, & les mauuaises *bitre reietté par les Vau-*
actions des hommes procedoient de la volonté *dois*
de Dieu; voulans par leur fausse doctrine rendre
Dieu autheur du mal; sans se prendre garde de
ce que le sainct Esprit à dit dans l'Ecclesiaste,
Proposui tibi ignem, & aquam ad quod volueris porrigé
manū tuam; ny à ce que l'Apostre dit, que l'hom- *Eccl. 11. 15.*
me est le maistre de sa volonté: comme aussi ils
reiettoient le Sacrement d'Extremonction, les
vases sacrez, les ceremonies de l'Eglise, & l'vsage *Corinth. c. 9*
des ornemens Sacerdotaux! bien que Dieu en
eust ordonné en la loy Mosaïque! & tout autre
chose, que sainctement auoient esté instituées
dans l'Eglise pour la gloire de Dieu, la consolation des ames, & l'excitation de la deuotion.

Les habitans de Lyon voyans que le Pape
auoit anathematisé ceste secte de gens, resolurét
de les chasser de leur ville, qui comme errans &
vagabonds vindrent habiter les mōtagnes de la
Sauoye, & gaignerent tellement le cœur des
montagnards qu'ils se firent vne grande armee,
auec laquelle ils prindrent la ville d'Auignon,
qu'à leur occasion demeura sept ans excommu-
niee, la ville de Viuiers, & autres places, & pas-

lans au Languedoc soubs la faueur du Comte Raymond de Tolose, qui s'estoit déclaré chef de leur party, se rendirent maistres de Beziers, de Carcassonne & d'Alby, où ils firent leur ville capitale (comme les Caluinistes ont fait de Geneue) & pour lors ils ne furent plus appellez Vaudois du nom de leur Heresiarque, ny les pauures de Lyon comme auparauant; mais Albigeois, du nom de leur ville capitalle, & donnerent des grands troubles à l'Eglise de Dieu, & aux bons Catholiques: Mais comme la parolle de nostre Matth.c.16 Seigneur est veritable, & les promesses qu'il a faites à son Eglise sont asseurees; ayant dit à S. Pierre que les portes d'Enfer ne pourroiét vaincre son Eglise, & que les conseils des meschans seroient aneantis: aussi Dieu voulant deffendre son Eglise, & purger le monde de telle vermine, suscita les Roys Tres-Chrestiens de France Philippe Auguste, Louys VIII. & S. Louys pour leur faire la guerre & abbattre leur arrogance par la force de leur bras. Et le glorieux S. Dominique, & les Predicateurs de son Ordre pour confondre les Erreurs par leurs sainctes & doctes predications; car cet Ordre estoit comme il est encores à present le Bouclier de la Foy contre toute sorte d'Heresie.

Arles

Arles aux Comtes de Prouence.

L'An 1245. que le Comte Brenguier eut prins la ville d'Arles soubs sa protection, la mort, sort innesuitable des humains, frappa la porte de son cœur, pour faire aller son ame soubs la protection des Anges, au Royaume des viuants: & le Prince Charles d'Anjou frere de S. Louys, auoit espousé Dame Beatrix seconde fille, & heritiere de ce Comte fut reçeu, & reconnu pour Comte de Prouence de tous les Prouençeaux : & croyant que la ville d'Arles fut annexée à ses Estats par le moyen du contract passé auec son beau pere, vouloit contraindre les habitans de la reconnoistre, & luy faire hommage, comme auoient fait toutes les autres villes de Prouence: mais ceux d'Arles desireux de garder leur liberté, le luy desnierent, disant auec l'Historien Hebrieu: *Iustum & pulchrum est pro libertate mori*: mesmes ne permirent qu'il entrat dans leur enclors craignat de quelque surprinse: ores qu'il les eust sommez diuerses fois, & que le Roy S. Louys son frere y eust employé ses persuasions.

Le Comte Charles voyant qu'Arles, qui estoit la plus belle, & premiere ville de Prouence vou-

Charles d'Anjou Cōte de Prouence.

Ioseph lib. 3. c. 15.

loit tenir bon contre luy, refolut d'y declarer la guerre, & pour plus molefter les habitans fe logea à Tarafcon, afin de pouuoir plus ayfement faire tous les iours des courfes, & de rauage fur le terroir, exerçãt toute forte d'hoftilité pendant dix années contre cefte Ville, auec la perte de plufieurs habitans : ce qui occafionna l'Archeuefque Florétius fuccefleur de Bertrãd premier, & voyant le peuple laffé d'vne fi longue guerre d'affembler vn confeil general (où fut conclu) que pour efuiter tant de molefte, de donner tous les biens, que la communauté auoit heu par droit de reuerfion, apres la mort du Comte Berenguier, au Prince Charles d'Anjou, & le reconnoiftre pour leur Seigneur, foubs les pactes & conuentions, que font encores gardees dans la maifon commune, qu'il iura pour luy, & fes fuccefleurs de les garder, & obferuer de point en point : & pour lors il mit à fes tiltres, Charles fils du Roy de France, Duc d'Anjou, Comte, & Marquis de Prouence, Forcalquier, & Seigneur d'Arles : ce qu'arriua l'an 1251. la Cõuention commẽce, *Nouerint vniuerfi prefentes pariter, & futuri quod cum inter virum illuftrem dominum Carolum Dei gratia comitem Andagauiæ, & Prouinciæ ex parte vna, & Ciues Arelatenfes ex altera,*

des Roys d'Arles.

&c. ainſi qu'appert au liure des Conuentions.

Ceſte conuention ternit grandement le luſtre, & la grande reputation que la ville d'Arles auoit heu parmy tant de ſiecles paſſez, car ayant eſté redoutee de tous ſes voiſins, cherie des eſtrangers, & honnoree des plus Grands de la terre, achepta comme vn autre Menicli- *Aphoriſm.* des la paix pour le prix d'vne ſeuere ſeruitude, & ſe vit ſoubs l'obeyſſance d'vn Seigneur particulier, deſnuee de toute ſorte de commoditez.

L'annee ſuiuante le Pape Vrbain IV. couron- *Regne de Charles d'An-* na le Prince Charles pour Roy de Sicile, à con- *iou frere de* dition qu'il chaſſeroit Manfredus, fils baſtard *S. Louys.* de l'Empereur Frederic II. iadis Roy de Sicile, Arles & Hieruſalem, qui apres la mort de ſon Pere s'eſtoit emparé du Royaume ſans aucun droict, & côme ſon dit Pere auoit fait ligue auec les Gibelins, pour renouueller la guerre aux Italies, & rauir les villes du Pape. Charles eſtant couronné attaqua cet Adulterin auec vne forte armee, compoſee de ſoldats François, Prouençaux, & Italiens, & luy liurant bataille pres de Beneuente, tua Manfredus, & demeura victorieux du Royaume de Sicile : ſe fit reconnoiſtre par tout, & mit des bonnes garniſons dans les places. Le Pape Clement IV. voyant que le Prince Charles auoit genereusement conquis le Royaume de Sicile, le luy confirma par Bulle expresse, soubs la cense annuelle de 40000. ducats, & vne haquenee blanche qu'il s'obligeoit & ses successeurs de payer au S. Siege, de qui son Royaume de Sicile resleuoit.

Conradin de Sueue. Il fut attaqué la troisiesme annee de son Regne par Conradin Duc de Sueue, fils de Conrard, & petit fils de l'Empereur Frederic II. qui vouloit reauoir le Royaume de son Ayeul : mais le Roy Charles l'ayant fait prisonnier, & deffait son armee en la bataille de Marsi en la Comté de Tagliagozzo, le fit apres mourir pour estre en repos.

Il fut encores troublé du costé du Pape Nicolas III. de la maison des Vrsins, qui faché de ce que le Roy Charles ne vouloit consentir qu'il fit ses deux neueux Roys, l'vn de la Lombardie, qui estoit vnie au domaine de l'Eglise, & l'autre de la Toscane, luy osta l'office de Senateur Romain, que le Pape ses deuanciers luy auoient donné, & soubs main practiqua le Roy d'Arragon de luy faire la guerre, soubs l'asseurance qu'il luy donnoit, de l'assister. Le Roy Charles sçachant cela vint à Rome se plaindre au Pape.

des Roys d'Arles. 397

Mais pendant que le Pape l'entretenoit foubs des belles parolles, le Roy d'Arragon gaigna fecrettement le cœur des Siciliens, qui faufans la foy qu'ils auoient iuree à leur Roy firent le maſſacré des vefpres Siciliennes le iour de Pafques, annee 1277. & tuerent tous les braues François que le Roy auoit laiſſé aux garniſons, chafque hofte ayant aſſaſſiné ſon ſoldat, & n'y euſt que le Sieur Guillaume de Porcelet Gentil-homme d'Arles, qu'euſt la vie ſauue pour porter les nouuelles au Roy qui eſtoit à Rome: qui cónoiſſant que cela eſtoit arriué par la practique du Pape en penſa mourir de douleur, & ſortit promptemement de la ville, craignant de ſa perſonne. Ce Pape ne veſquit que deux ans, & luy ſucceda Martin ſecond natif de Tours, qui reſtitua l'office de Senateur au Roy Charles, & excommunia le Roy d'Arragon, à cauſe de ſon vſurpation, donnant ſon Royaume au Prince Charles, Frere de Philippe le Bel. Mais le Roy Charles affligé dans ſon cœur de la perte de ſon Royaume, & de la mort de tant de Vaillants Caualiers, fuſt conſtraint de ceder ſa vie à l'Empire de la mort, l'an 1283.

Vefpres Siciliennes.

A ce Roy ſucceda Charles ſon fils, à qui il auoit ja donné la Prouence, & la Seigneurie

De Chales 2.

d'Arles, qui fut couronné Roy des deux Siciles par le Pape Nicolas IV. Cordelier, successeur de Honorius IV. l'an 1289. le premier iour de Iuin. Estant couronné & voulant donner des preuues de sa valeur, resolut de reauoir son Royaume, & en chasser le Roy d'Arragon, qui contre droict & sans declaration de guerre l'auoit vsurpé à son Pere. A ceste entreprinse il fut assisté de son cousin Philippe III. Roy de France fils de S. Louys, & suiui de toute la Noblesse d'Arles, & des principaux de Prouence, qui bataillans soubs ses enseignes luy firent obtenir la victoire, & chasser du Royaume tous les ennemis. De quoy ne voulant demeurer mesconnoissant donna aux habitans d'Arles toute sorte de franchise à leurs danrees & marchandises : non seulement en les transportás d'vn lieu en l'autre par la Prouence: mais encores par tous les Royaumes de Sicile, de Hierusalem, & autres terres luy appartenant, ainsi qu'appert du priuilege gardé dans les Archiues de la ville soubs la lettre B. & *Verbo nunc, & Verbo Canticum.* Despuis ceste victoire le Roy aymoit grandemét la Noblesse d'Arles, & estoit reciproquement aymé d'iceux.

Franchises en Arles.

Ce fut ce Roy qui trouua par Diuine reuelation les Reliques de la saincte Magdelaine, sœur

des Roys d'Arles. 399

de saincte Marthe & du Lazare (de qui est faite mention dans l'Euangile de S. Iean) au lieu de S. Maximin, Diocese d'Aix, & ez presences de sa Majesté, des Archeuesques de Narbonne, & d'Aix : de dix Euesques, plusieurs Abbez & Ecclesiastiques, des Officiers de sa Cour, du Seneschal de Prouence, & de la pluspart de la Noblesse d'Arles & du Pays, Ces reliques furent tirees de son sepulchre par Messire Bertrandus Maleferratus Archeuesque d'Arles, qui de Vestiaire de la saincte Eglise auoit succedé à l'Archeuesché au Reuerendissime Cardinal Bertrand de S. Martin, de la maison de Chantarcié; qui tout premier des Archeuesques du monde fit porter deuant soy la Croix arboree, tant dans Arles, que par toute sa Prouince : le priuilege luy en ayant esté donné par le Pape Clement IV. François de nation ; afin que l'Archeuesque d'Arles participast à l'honneur du S. Siege, à cause de l'antiquité & dignité de son Eglise ; qui despuis S. Trophime estoit la primasse de France, & seconde Chaire apres celle de Rome. Appert de sa Bulle donnee à Rome l'an troisiesme de son Pontificat 1268.

Ioan. c. 11.

Archeuesque d'Arles premier du monde qu'à porté la Croix deuant soy.

Priuil Apost num. 49 50 &

Les Reliques estans tirees du sepulchre furent mis dans vne chasse, en forme de chef d'argent doré, faite aux defpens du Roy, où elles font encores à prefent tenuës en grande veneration, & vifitees de toutes les Nations de la terre. Comme auffi le Roy donna commencement à cefte belle Eglife qui fe voit à S. Maximin pour y loger les Religieux de S. Dominique, en reconnoiffance de ce qu'ils auoient par leur doctrine confondu les heretiques Albigeois, & s'occupoient d'ordinaire à la predication de l'Euangile pour le bien & falut des ames.

Mariage tres fortuné.

Le Roy Charles fut marié auec la Princeffe Marie, fille d'Eftienne Roy d'Hongrie, de laquelle fortirent quantité de Roys: & femble que le Roy Prophete euft dit d'elle ces parolles. *Filij tui ficut nouellæ oliuarum in circuitu menfæ tuæ.* Car elle euft neuf enfans mafles & cinq filles. Les mafles furent Charles Martel, ainfi appellé par fa valeur, qui fut Roy d'Hongrie, fuccedant à fon Ayeul maternel, & fut marié auec la fille de l'Empereur Rodolphe de Husbourg. Le fecond fut Louys qui profeffa la Regle de S. François des Mineurs, & fut Euefque de Tolofe, qui par fa pieté de vie à efté apres fa mort mis au catalogue des Saincts. Le troifiefme fut Robert, qui fucceda à fon Pere, & fut Roy de Sicile & de Naples, Comte de Prouence, & Seigneur d'Arles.

Pfalm. 127.

Le

e IV. fut Philippe, qui fut Roy de Sardaigne du viuant de son pere: le V. fut Iean Prince d'Achaye : le VI. Tristan Prince de Salerne: le VII. Raymond Viceroy de Naples : le VIII. Louys Duc de Duras, & le neufiesme fut Pierre Duc de Grauie : les filles furent Clemence, mariée à Charles de Valois qui fut Roy de Fráce ; delaquelle les Historiens racótent vn action genereuse, disás qu'apres que le mariage fut accordé d'elle, & du Prince Charles : que ce Prince craignant, qu'elle ne boitast comme le Roy Charles son Pere, qui auoit vne jambe plus courte que l'autre, y enuoya des deputez pour la voir, & reconnoistre si en elle y auoit aucune difformité naturelle: laquelle estant presentée deuant iceux, couuerte seulement d'vne chemise de toille crespée, au trauers de laquelle on pouuoit clairement voir la belle proportion de ses membres, & la rare beauté de son corps : elle toute genereuse d'espoüilla en leur presence cette chemise, & dit tout haut: *Il ne sera dit que pour vne chetifue chemise ie perde la couronne de France.* Et ce faisant voir toute nuë fut treuuée la plus belle Princesse de l'Europe: La seconde fille qui estoit appellée Blanche, fut mariée à Iacques Roy d'Arragon : La troisiesme Eleonor à Frederic

Genereuse action d'vne Princesse.

Eee

Roy des deux Siciles: Marie qui estoit la quatriesme à Iacques Roy de Majorque: & Beatrix qui fut la derniere, print le voille sacré dans le Monastere de saincte Catherine d'Apt: & puis alla fonder le Monastere des Religieuses d'Aix: ce qui fait voir estre sorty de ce mariage la plus belle posterité du monde.

 Le Roy Charles II. venant à mourir, pria le Pape Boniface VIII. de confirmer son Royaume de Naples, & Sicile à son fils Robert, à qui il auoit ja remis la Comté de Prouence, & Seigneurie d'Arles, où à tout cas à Charles Roy d'Hongrie son petit fils, & fils de Charles Martel son aisné. Le Pape inclinant à sa priere, & voulant conseruer cette Couronne à la race Royalle d'Anjou, declara Robert Roy de Naples, & de Sicile, & luy donna l'inuestiture du Royaume.

Regne du Roy Robert. Robert estant declaré Roy de Naples, & Sicile, demeura quelque temps en Auignon, afin d'estre couronné par le Pape Clement V. qui tout premier y auoit de son consentement mis le Siege: (car Auignon luy appartenoit comme Comte de Prouence) il auoit encores auec luy la Reyne Sanse sa femme, qui fonda dans Arles le Monastere de saincte Claire, à presentpossedé par les Religieuses de la Visitation, & pendant son sejour, auoit enuoyé son fils Charles Duc de Calabre soubs la conduitte de S. Elzear de Sabran Comte d'Arian, & mary de S. Delphine, Baronne d'Ansouis à la Cour du Roy de France; Charles de Valois mary de la Princesse, Clemence sa tante, afin de le congratuler de son heureuse arriue à la couronne de France, & luy offrir toute sorte de seruice.

Estant couronné, il partit d'Auignon pour aller en Arles auec la Reyne sa femme (car c'estoit la Ville qui luy aggreoit le plus en toute la Prouence:) où estant, confirma de nouueau les Conuentions, que Charles d'Anjou son ayeul auoit fait auec les habitans; Et accorda dans Arles le mariage de son fils Charles, en secondes nopces auec la Princesse Marie de Valois: (car il auoit ja esté marié auec Catherine fille d'Albert d'Austriche, & n'auoit heu aucun enfant d'icelle:) l'accord de ce mariage fit esclairer toute la Ville en feux de ioye: Et quittant la Prouence apres auoir residé deux ans en Arles alla à Naples à cause des guerres, que l'Empereur Louys de Bauiere faisoit dans l'Italie; où il fut reçeu, auec toute sorte de contentement; & passant à Florence y laissa son fils Charles, &

Eee 2

la Princesse Marie sa femme, qui prinst en protection, & deffence les Florentins: mais ce ne fut pas pour long temps : car il y mourut bien tost, ne laissant que deux filles qui furent Ieanne, & Marie.

La mort de ce Prince affligea grandement le Roy Robert, & la Reyne, qui se voyás ja vieux, & hors desperance d'auoir plus des enfants ne sçauoient comme prouuoir à la succession de leur Royaume : mais comme l'amour des peres se communique bien souuent mieux, & auec plus d'affection aux petits fils qu'aux enfants propres : aussi ce Roy voyant que la posterité de son fils né consistoir qu'en ces deux filles Ieanne, & Marie, & voulant les aduancer dés leur bas aage, fit reconnoistre Ieanne la plus aisnée aux Prouençaux pour Comtesse de Prouence, & à ceux d'Arles pour leur Dame, & chascun d'iceux prestát sermét de fidelité, iuroient qu'au cas que la Princesse Ieanne vint à mourir en bas aage, qu'ils promettoient de reconnoistre sa sœur Marie, qui la deuoit succeder. Ceste Princesse Ieanne fut pendant la vie du Roy Robert mariée fort ieune, auec André frere du Roy d'Hongrie, & sa sœur Marie auec le Duc de Duras ; le tout auec dispence du Pape, à cause de la consanguinité qu'estoit entre eux.

Ieanne, & Marie declarees Cõtesses Prouence.

L'an 1337. le Roy Robert fut sommé, de quitter cette vie mortelle, pour aller comparoistre au Royaume des bien-heureux: car c'estoit vn grand homme de bien : charitable, vertueux, & amy de la vertu, qui disoit d'ordinaire qu'il aymoit mieux ses liures que sa couronne, & tenoit plus chere la science qu'il auoit acquis en la lecture des bons liures, que toutes les richesses du Royaume de Naples: Ce qui faisoit dire de luy à Petrarque qu'il estoit expert à l'Escriture, nourrisson de la Philosophie, egrege Orateur, & incroyable Physicien : outre ce, il honnoroit les Prestres, assistoit les pauures, consoloit les affligez, s'occupoit d'ordinaire à l'Oraison.

L. 2. rerum memorabil.

Peu de temps auant sa mort, l'aissa par testement le Royaume de Naples, & de Sicile, à la Princesse Ieanne femme d'André d'Hongrie: Et obligea les heritiers de ses autres biens, d'accomplir pour luy le pelerinage de Hierusalem, suiuant le veu qu'il en auoit fait : ordonnant qu'on enuoyeroit au Sultan, qui tenoit la terre Saincte vn present, afin d'optenir d'iceluy la permission, de bastir vn Conuent aux d'espens de son heritage sur le mont de Sion; qui comprendroit dans son enclos le Cenacle où nostre Seigneur auoit fait la saincte Cene, auec ses

Fondation du Conuent des freres de S. François en Hierusalem.

Apoftres ; & y permettre la refidance de douze Religieux de fainct François, pour y pouuoir faire le Diuin feruice auec liberté:ce qui fut executé par fes heritiers, & accordé par le Sultan.

Le Pape Iean 22. feant en Auignon, voulant contribuer à cefte faincte œuure comme difpenfateur des facrez threfors de l'Eglife : conceda des grandes Indulgences, à ceux qui vifiteront l'Eglife de ce Conuent, où contribueront de leur bien pour l'entretien des Religieux d'icelle, & le foulagement des pauures Pelerins, qui vont vifiter les faincts lieux; comme appert de fa Bulle qui commence : *Gratias agamus gratiarum omnium largitori* ; en datte du 3. Decembre mefme annee. Les Turcs ont faifi ce Conuent defpuis l'annee 1562. pour y loger leurs Sentins, & en faire Mofquée foubs pretexte qu'il eftoit trop pres du Temple de Salomon.

Regne de la Reyne Ieanne.

Apres la mort du Roy Robert, & que la Reyne Sanfe fa femme fut retirée dans vn Monaftere pour y finir fes iours au feruice de Dieu ; la Princeffe Ieanne fut reconnuë, & proclamée Reyne de Naples, & Sicile, auec l'applaudiffement de tout le Royaume:mais quelque peu de temps apres, elle fut foubçonnée d'auoir fait eftrangler André d'Hongrie fon mary, qu'elle n'auoit iamais guiere aymé : (car il fut treuué pendu, & estranglé à vne fenestre auec vn cordon de soye:) ce qui luy causa des grádes guerres, & des estranges mal-heurs, pource que le Roy d'Hongrie voulant venger la mort de son frere, cherchoit toute sorte de moyens pour la nuire: ce qui l'occasionna pour conseruer sa personne, de venir en Prouence soubs l'abry, & assistance de ses fidelles subjects d'Arles, qu'estoit la Ville, qu'elle auoit le plus dans son esprit suiuant les loüanges, que le feu Roy Robert son ayeul luy auoit donné d'icelle; mesmes qu'on a voulu asseurer (ainsi, que ie l'ay tiré d'vn vieux manuscrit, qu'elle estoit née dans Arles, auant que le Roy Robert, & son pere partissent de Prouence.) Estant venuë par mer de Sicile iusques à l'emboucheure du Rosne, Arles fut la premiere Ville qu'elle aborda en la Prouence, en laquelle fut la bien reçeuë de l'Archeuesque, Iean Bauzian successeur du Cardinal Galbertus: de la Noblesse, & des habitans, auec toute sorte d'honneur, & d'affection; la presomption que la Reyne Ieanne est née dans Arles, n'est pas vaine, puis que le mariage de ses peres & meres si consomma, & qu'elle estoit née auant qu'ils partissent de la Prouence, bien que d'aucuns luy ayant voulu donner la ville d'Aix pour le lieu de sa naissance: mais ils se sont trompez, pource que la ville d'Aix n'estoit encores au lustre, que le Roy René la mit, & qu'elle est à present.

La Reyne Ieanne en Arles.

La Reyne voyant les honneurs, que tous ses bons subjects d'Arles luy auoient rendu, en fut si contente, que pour marque de son contentement, elle fit procuration à Fauquet d'Agoult, Seigneur de Saul, & Hugues de Baux Seneschal de Prouence, (qui auec toute la Noblesse Prouençalle, luy estoient venus rendre ses deuoirs,) pour & à son nom côfirmer toutes les Conuentions, priuileges, & fráchises, que les Roys Charles d'Anjou, Charles II. & Robert son ayeul auoient donné aux habitans d'Arles : comme aussi de passer donnation en faueur du Seigneur Archeuesque d'Arles, & de ses successeurs, de toutes les ayres pour faire du sel, auec pouuoir de le vendre, transporter, où bon luy sembleroit: ceste procuration commence par ces parolles; *Ioanna Dei gratia Regina Hierusalem, & Sicilæ, Ducatus Apuliæ, & Principatus Capuæ, Prouinciæ, & Forcalqueriï ac Pedemôtii Comitissa, & Arelates domina, &c.* en datte du 8. Aoust 1345. huictiesme de son Regne, comme ce voit dans les Archifües, *sub verbo secundum.*

Ceste

des Roys d'Arles. 409

Ceste Reyne estant en Arles, apres qu'elle eust *Arles inse-*
espousé en secondes nopces le Prince Louys de *parable du domaine.*
Tarente l'an 1352. & voyant la crainte que les
habitans auoient de tomber à la puissance des
Seigneurs estrangers : declara de nouueau la
ville d'Arles, son terroir, & ses habitans exempts
de toutes charges, impositions, contributions,
gabelles, tributs, & tailles du pays, tant faictes
que à faire : & ordonna que la ville d'Arles ne
seroit iamais alienée du domaine de la Prouence, & ne pourroit estre donnee, venduë, ny en-
gagee en aucun Seigneur particulier : & au cas
que les Comtes de Prouence ses successeurs vo-
leussent desmembrer la ville d'Arles du domaine, elle permettoit aux habitans de deffendre ce
priuilege par la force des armes, appert au liure
I. de la ville.

La Reyne Ieanne apres son arriuée de Sicile, *Auignon*
ayant sejourné dans Arles enuiron deux mois, *vendu au*
où elle fut visitee de tous ses subjects de Prouen- *Pape.*
ce ; alla en Auignon, qu'estoit la Ville où son
ayeul auoit esté couronné, & luy appartenoit:
en ceste ville elle fut la bien reçeuë du Pape Clement VI. à qui apres auoir demeuré dans Auignon quelques mois elle fit vente de ceste belle Cité, pour le prix de treize mille florins d'ar-

Fff

gent, afin d'estre deschargee de la cense de 40000. ducats, & vne hequence blanche qu'elle deuoit payer au S. Siege pour son Royaume de Naples, & de Sicile, & par le moyen de ceste vente fut accordé, que les Roys de Sicile ne payeroient pour l'aduenir qu'vne hequence blanche pour hommage de leur Royaume, à la creation de chascun des Papes; ainsi que s'obserue encores: Ce qui fut la cause que le Pape Sixte V. Calabrois de nation crée Pape; & voyant que l'Ambassadeur d'Espagne au nom du Roy Philippe luy presentoit au sortir de son Palais l'hequenée blanche pour monter dessus allant à sainct Iean de Latran prendre possession de son Euesché il la refusa; & dit tout aut, *Non è giusto lo scambio mula per regno!*

Hequence blanche donnee au Pape.

Mari de la Reyne Ieanne.
En l'annee 1350. ceste Reyne croyant que l'appuy d'vn mari luy seroit vn grand soulagement de corps & d'esprit, & vn rempart pour estre deffenduë des ennemis, elle se maria auec Louys Prince de Tarente son Cousin, de qui i'ay parlé cy deuant, auec la dispence du Pape: mais ce ne fut pas pour long temps, car ce Prince ne vesquit que fort peu auec elle; ce qui l'obligea de se remarier pour la troisiesme fois auec Iaques Roy de Maiorque: & en quatriesme

des Roys d'Arles. 411

uec Othon Comte de Brufuic, de tous lefquels lle n'euft aucun enfant: & tous eurent de gráds affaires à demefler auec le Roy d'Hongrie, ce qui abregea leurs iours, conformement à la prediction qu'vn Hebrieu Magicien luy auoit faite pendant fes ieunes ans, luy difant qu'elle feroit mariee auec A L I O, adiouftant enfemble les premieres lettres des noms de fes quatre maris.

Non feulement elle fut perfecutee par le Roy d'Hongrie; mais encores par le Pape Vrbain VI. qui faché de ce que les Cardinaux apres la mort de Gregoire XI. (qui auoit tranfporté le Siege Papal à Rome, & l'auoit ofté d'Auignon) auoit creé Clement VII. pour Antipape dans la ville de Fondi en la Sicile, qui à fa faueur eftoit venu tenir fon Siege en Auignon, caufant le 26. Schifme; & qu'elle tenoit fon party: il luy declara la guerre, & la vouloit depofer de fon Royaume. Enfin elle fut miferablement trahie par Charles de Duras fon Neveu, Fils de la Princeffe Marie fa fœur, qui voulant vfurper fon Royaume, & toutes fes terres, la tint prifonniere, & pour plaire au Roy d'Hongrie la fit eftrangler & pendre à la feneftre, auec le mefme courdon de foye que fon mari André auoit efté pendu. Ce qui arriua l'an 1382. le 38. an de fon Regne, & 55. de fon

26. Schifme.

Mort de la Royne Ieanne

Fff 2

aage. Ce fut vn acte cruel, commis parricide-
ment ſur vne perſonne Royalle, contre les Loix
diuines & humaines: car les Roy ny la race Royalle ne peuuent mourir honteuſement par quel
delict qu'ils ayent commis; voire eſtans ſubiu-
guez en la guerre, puis que le Roy Prophete dit
en faueur des Roys & du ſang Royal. *Nolite tan-*
Pſalm. 104 *gere Chriſtos meos.* Les Roys ſont les vrays images
de la Diuinité, pour leſquels l'Apoſtre Sainct
1. Petr. c. 2. Pierre a dit. *Deum timete, Regem honorificate.* Le
Reſpect deu reſpect deu aux perſonnes Royalles ſe voit
aux Roys. au Roy de Babylonne, qui ayant Sedechias,
Roy d'Iſraël priſounier, ſe contenta de le
4. Reg. c. 24. tenir eſclaue ſans le faire mourir. Adonibeſech
auoit ſeptante Roys eſclaues & ne tenta iamais à
Iudic. c. 1. leur vie. Le Roy Saul vſa de trop grand reſpect
au Roy Amalec; car contre le commandement
de Dieu luy donna la vie, à cauſe de ſa qualité.
Hiſt. Tripar. Le Roy de Sicile fut content de tenir le Roy de
Perſe dans vne cage vingt-cinq ans ſans le faire
mourir. Et les Empereurs Romains tenoient à
plus grande gloire de conſeruer la vie des Roys
qu'ils pouuoient rendre captifs, que de la con-
Plutarque. queſte de leur Royaume. Et cependant ceſte deſolee Reyne fut penduë par vn Tyran qui luy
touchoit de ſi pres en parentage, d'vn qui pour

la deffence d'icelle la nature l'obligeoit d'expo-
ser sa vie, ses biens, & ses amis.

Si le Roy Dauid connoissant le respect deu aux personnes Royalles fit mourir l'Amalechite qui luy porta la couronne & le brasselet d'or du Roy Saul, à cause qu'il se iactoit de luy auoir donné le dernier coup de la mort à la deffaite de Gelboé (bien que ce fut à la priere que ce desolé Roy luy fit le treuuant couché sur la pointe de son espee, luy disant ne vouloir plus viure apres la perte de son armee & la mort de son fils Ionatas.) Si le grand Alexandre fit desmembrer Bressus, l'vn des plus vaillants capitaines de ses armees, pour auoir sans respect de la personne Royalle tout premier blessé le Roy Darius son ennemi dans l'effort du combat? De quelle mort & de quelle rigueur de tourments auroit il condamné ce parricide? qui si traistreusement fit mourir vne Reyne, sœur de sa Mere, sa Dame & Maistresse pour plairre à vn Roy d'Hongrie, qui ne luy touchoit en parantage qu'au troiesme degré. Ceste mort a occasionné vn Poete de mettre sur le tombeau de ceste desolee Reyne ceste Epitaphe.

2. Reg c. 1.

Plut. in vit. Alex.

Fff 3

IOANNÆ REGINÆ NEAPOLI-
tanæ & Prouinciæ Comitiſſæ.
Inclita Parthenope iacet hic Regina Ioanna,
Prima prius fœlix mox miſeranda nimiù.
Quam Carolo genitam multauit Carolus alter,
Quę morte illa virum ſuſtulit ante ſuum.

Rebellion de Montpellier. Pendant que le mal-heur touchoit ceſte deſolee Reyne dans la ville de Naples les habitans de Montpellier ſe rebellerent contre le Roy de France Charles V. qui leur demandoit quelques ſõmes de deniers pour ſubuenir aux frais de la guerre contre les Anglois: & en ceſte rebellion tuerent Meſſire Iaques Ponteil Chancelier de Louys Duc d'Aniou frere du Roy & ſon Lieutenant general au Languedoc: Meſſ. Guy de Schory Seneſchal du Rouergue, Arnaud de Lours Gouuerneur pour le Roy de Montpellier & quatre-vingts autres perſonnes de marque, les corps deſquels furent iettez dans vn puits. Dequoy le Duc d'Aniou irrité vint côtre Montpellier auec vne forte armee, auec intention d'expoſer entierement la ville & les habitans au fer & au feu. Mais les habitans le voyant venir & deſirans grace de leur offence y viennent au rencontre, tout le Clergé la Croix arboree en proceſſion, les Officiers du Roy, l'Vniuerſité en corps, teste nuë, les Consuls le hard au col portans les clefs de la ville au Duc, tout le peuple nud en chemise, & les femmes vestues en habit de dueil à pieds deschaux, qui le voyant se prosternerent tous à genoux demandans misericorde. Ceste action donna au cœur du Cardinal de la Lune Legat du Pape Clement VII. seant en Auignon, qui comme eux les larmes aux yeux demanda grace pour ce peuple: ce qui fut la cause que le Duc entra dans la ville sans faire mal à personne, comme il auoit determiné, mais estant dedans declara la ville auoir perdu son Vniuersité, son Consulat, ses Archifues communes, ses cloches, & toute la Iurisdiction qu'elle auoit; condamna les habitans à 120000. liures d'or enuers le Roy, à tous les despens de son armee, & que 600. habitans seroient prins au sort de dix en dix pour estre executez à mort, sçauoir 200. pendus, 200. tranchez la teste, & 200. bruslez, que les biens d'iceux seroient confisquez, que leurs femmes & enfans seroient en perpetuelle seruitude, que la moitié de la ville seroit bruslee, & toutes les murailles & portaux abbatus, sans espoir de iamais les releuer, que les Consuls verroient brusler les armes de la ville, assisteroiét à l'execution des morts, & apres tireroient de leurs propres mains les corps qu'auoiét esté iettez dans le puits. Le Pape sçachant ceste ordonnance enuoya promptement vn Legat au Duc, qui à la priere d'iceluy, & du Cardinal de la Lune, & de plusieurs grands Seigneurs mode. ra icelle, bien que l'execution des 600. hommes fut faite, pour donner exemple aux autres villes d'esuiter la rebellion & d'estre obeyssans à leur legitime Roy. Ce qu'arriua l'an 1378. au mois d'Octobre.

Regne de Louys d'Anjou. A ceste Reyne succeda Louys d'Anjou fils du Roy Iean, & petit fils de Philippe de Valois tous deux Roys de France; qu'elle auoit adopté pendant sa prison, afin que la maison d'Anjou d'où elle estoit sortie gardast l'hóneur de ceste Couronne. Ce Prince Louys ayant son adoption se fit couronner dans Auignon par le Pape Clement VII. & fut par iceluy, & tout son College de Cardinaux proclamé Roy de Naples, & Sicile, Comte de Prouence, & Seigneur d'Arles, dans l'Eglise Cathedralle de nostre Dame de Doms l'an 1381. viuant encores la Reyne Ieanne, qui l'auoit instémment prié de ce faire, soubs l'esperance de pouuoir estre deliurée de sa prison.

Pierre de Crozo Archeuesque d'Arles. Au couronnement de ce Roy, assista Pierre de Crozo Archeuesque d'Arles; qui seul auec ce grand

rand Iurisconsulte Baldus auoit accompagné ce Pape Gregoire XI. lors qu'il transporta le siege à Rome, apres septante cinq ans qu'il fut dans Auignon; pendant le Pontificat de sept Papes legitimement créés; qu'estoient Clement V. Iean XXII. Benoit XII. Clement VI. Innocent VI. Vrbain V. & luy qui le remit au lieu de son ancienne residence. Cét Archeuesque de Crozo estoit venu fort mal content du Pape Vrbain VI. bien qu'il eust rendu des bons offices à son deuancier, & fut en partie la cause de sa creation. Le Pape Clement sçachant son arriuee en Arles, & les mescontentemens qu'il auoit; le manda prier de venir en Auignon, & prendre son party: ce qu'il accepta, en consideration dequoy le Pape le fit Cardinal de sainct Norée, & Achilée, & vn des Principaux de sa Cour Apostolique. Cét Archeuesque se voyant esleué à l'Eminence de Cardinal, & possedant beaucoup de reuenus de l'Eglise; vouleut employer iceux en œuures pies, fonda dans Auignon le College de sainct Marcial de l'ordre de Clugny, où il est enterré: fonda aussi dans l'Eglise d'Arles la Chapelle de sainct Marcial, & laissa les benefices de ladicte Eglise heritiers en tous ses biens.

College de S. Martial d'Auignon.

Apres que le Roy Louys fut couronné, reso-

Guerre à Naples contre Charles de Duras.

lut d'aller venger la mort de la Reyne Ieanne sa mere adoptiue, & declarer la guerre à ce patricide Charles de Duras, qui assisté des faueurs du Pape Vrbain VI. auoit vsurpé le Royaume de Naples & Sicile : & arriué delà auec vne forte armee composee de François, Prouençaux & Languedociens, luy liura bataille en la campagne d'Apulee, mais la fortune luy estant contraire il y fut griefuement blessé, & ses gens furent mis en vauderoute. Ce Roy s'estant fait porter à Talesine y mourut en peu de iours de ses blesseures, que fut l'an 1384. troisiesme de son regne, laissant son fils Louys qui estoit en fort bas aage soubs la conduitte, & regence de la Reyne Marie, fille de Charles de Blois, Duc de Bretagne, sa bienaymée femme, & mere dudit Louys : qui fut appellé Louys II. Roy de Naples, Sicile, & Hierusalem, Comte de Prouence, & Seigneur d'Arles.

Regne de Louys II.

Ce Ieune Roy fut comme son pere couronné dans Auignon par le Pape Clement VII. dans l'Eglise Collegialle de sainct Pierre (nouuellement bastie, & fondée par le Cardinal Euesque Prenestin du Pontificat d'Innocent VI.) à ce couronnement assisterent la Reyne Marie sa mere, les Seigneurs Illustrissimes Cardinaux, les

mbaſſadeurs de France, & d'Angleterre, & au-
res Princes & Seigneurs qui tenoient le parti de
ce Pape. Car ſuiuant la determinatió de la ſainɛte
Sorbonne de Paris, les Roys de France, d'Eſpagne, d'Eſcoſſe, & d'Angleterre, la Reyne Ieanne, le Duc de Milan, le Comte de Sauoye, &
l'Empereur Charles IV. tenoient ſon parti, & le
reconnoiſſoient pour Pape.

 Le Roy eſtant couronné la Reyne ſa mere le
mena à Aix en prouence, où elle conuoqua les
Eſtats generaux, & en iceux fit reconnoiſtre ſon
fils pour Comte, & ſe fit declarer Regente pendant la minorité d'iceluy : retirant de tous les
Prelats, du Clergé, de la Nobleſſe, & du tiers
Eſtat le ſerment de fidelité. Et de là vint en Arles, où leurs Majeſtez furent reçeues auec toute
ſorte d'honneur & d'affection, & pour lors firét
la ſeconde Cōuention auec les habitans d'Arles,
en laquelle fut couché au premier article, que
leurs Majeſtez, mere & fils, promettoient auec
ſerment par eux preſtez ez mains des ſieurs Iean
Rouſtang Gentil-homme, M. Almaric Docteur
ez droicts, Pierre Iſnard, & Iaques d'Vrbane
Bourgeois, Conſuls pour lors de la ville, de ne
iamais faire paix ny accord quelconque auec le
peruers & abominable traiſtre Charles de Duras,

qui tant iniuſtement & à tort auoit deteneu priſonniere, & desherité leur tres honnoree Princeſſe la Reyne Ieanne de ſes Royaumes de Naples & Sicile, & l'auoit tres-cruellement miſe à mort: ainſi que de tout leur pouuoir, eux & les leurs à l'aduenir en pourſuiuront la vengeance: côme auſſi dans la meſme Conuention les Roy & Reyne accorderent aux habitans d'Arles les franchiſes, exemptions, immunitez & priuileges qu'ils auoient auparauât ceſte Conuention. Que les habitans ſeroient exempts de peages, impoſts, gabelles, leudes, tailles ou ſurtailles, charges ordinnaires, viles, ou extraordinaires, auec leurs biens & patrimoines, toute ſorte de beſtail & marchandiſes d'iceux ez lieux d'Aubaron, de la Trouille d'Arles (qu'eſtoit le Palais des Empereurs & des Roys comme a eſté dit) de Taraſcon & de S. Gabriel; & de toutes les villes, lieux, chaſteaux, & villages des Comtez de Prouence, Forcalquier, des Royaumes de Hieruſalem & & Sicile, & toutes autres terres appartenans à leurs Majeſtez, ainſi qu'appert au 9. article de la Conuention, comme auſſi redonna à la communauté d'Arles le chaſteau d'Aureille, qui

Chaſteau d'Aureille.

auoit eſté donné au Roy Charles d'Aniou, premier frere de S. Louys, & Comte de Prouence, à condition que la forteresse seroit demolie, que pour lors tenoit contre leurs Majestez : & falut dresser vn siege pour en chasser ceux qui estoiét dedans: ce qui arriua l'annee 1385. le 10. Decembre, laquelle conuention commence. *In nomine Domini, Amen. &c.*

En haine du premier article de ceste seconde conuention, le capitaine Ferragus, l'vn de ceux que Charles de Duras auoit de son parti dans la Prouence, & commandoit au fort des Baux (la Prouence menaçant de se diuiser à cause du bas aage du Roy Louys) voulant se venger de ceux d'Arles, assembla vne bonne troupe de Taquins, qui estoient des Bádouliers, qui sans apprehension de la Iustice, ny adueu du Prince, les armes en main faisoient toutes sortes de voleries, tant au Languedoc qu'en Prouence; & assisté d'iceux, & d'aucuns traistres qu'il auoit gaigné par argét dans la ville, vint dans Arles sur la premiere heure de la nuict, & auec ses gens entra dans la ville par la porte Agneau, que les traistres luy auoient ouuerte, & d'abord qu'ils furent dedans commencerent à tuer tout autant d'habitás qui venoient à leur rencontre, forcerent les portes des maisons, violerent plusieurs femmes & filles; & despuis la place du S. Esprit iusques à l'E-

Arles sacca- gé par les Ta- quins.

glife de fainɕte Croix (où ceux du bourg s'eſtoient retranchez) ne laiſſerent vne bonne maiſon exempte du ſaccage, meſmes qu'ils tuerent dans le lict, & pendirent à la feneſtre de ſa maiſon le ſieur Manuel de Puget, Gentil homme d'Auignon, qu'eſtoit ceſte annee Viguier d'Arles (car en ce temps le Viguier ſe changeoit tous les ans, & ne pouuoit eſtre originaire ny habitát de la ville) tuerent encor le Prieur de S. Iulien, Religieux de Montmaiour, le Commandeur, & vn Religieux de S. Anthoine le vieux, à preſent dit S. Claude, aucuns Chanoines Reguliers de la faincte Egliſe, pluſieurs Gentils-hommes, Bourgeois, & Habitans, & quelques Femmes; reuenant le tout au nombre de deux cens, & dauantage. Ceux du Bourg eſtoiét bien en peine d'entendre les cris & lamentations de leurs concitoyens, & ne pouuoir ſortir de leur poſte pour les ſecourir à cauſe de la gráde obſcurité de la nuict & impacientement leur falut attendre iuſques au matin, que la Deeſſe Diane les fauoriſa de la clarté de ſa face, & leur donna le moyen de ſe jeter ſur ceſte Taquine & abominable race de Bádouliers, auec telle generoſité de courage, qu'ils leur firent prendre la fuite, & ſortirent de la ville par la meſme porte qu'ils eſtoiét entrez, char-

des Roys d'Arles.

gez des plus beaux & riches meubles des habitans, ce qui arriua le 24 Iuillet au soir, veille de S. Iaques Apostre, annee 1385. En memoire de quoy ceux d'Arles ont tousiours appellé ceste annee, *L'an d'ou mau San Iaume*. Les traistres qui auoient fauori le capitaine Ferragus furent descouuerts par aucuns Taquins qu'on arresta prisonniers dans la ville, & auec iceux en furent executez par mort exemplaire trente six chefs ou complices de la trahison.

Du Regne de ce Roy arriua aussi la guerre de Raymond de Turene, fils du Comte de Beaufort, Viscomte du Vernegue, & parent du defunct Pape Gregoire XI. à cause que ce Viscōte Raymond s'estoit rebellé contre le Roy Louys, & assisté des Nissards, de ceux de Ville-franque, & autres qui tenoient le parti de Ladislas, fils de Charles de Duras, qui se qualifioit Comte de Prouence, auoit dressé vne armee, & à la façon d'vn autre Atilla saccageoit toutes les places qu'il pouuoit prendre, & mettoit à feu & à sang celles qui faisoient semblant de se deffendre, ainsi qui se voit encores d'vn nombre de bons villages qu'il a bruslez & rendus inhabitables dans la Prouence. Mais Dieu qui ne permet iamais aux meschans vne longue duree, enflam-

Guerre de Raymond de Turene.

ma le courage du Roy Louys, quoy que ieune de dix-huict ans, de venir de son chasteau d'Angers (où la Reyne sa mere l'auoit esleué) en Prouence, & les armes en main serra de si près ce desloyal, qui à peine peut il passer à guay la Durence, & se voyant tousiours poursuiui tira contre Auignon, mais les portes luy furent fermees, qui de desespoir craignant de tomber entre les mains du Roy, qu'il voyoit à la croupe de son cheual, se precipita tout armé à creu auec son cheual dans le Rosne, où il se noya miserablement, & toute sa trouppe de rebelles furent tuez ou mis en vauderoute. Ce ieune & valeureux Roy voulant suiure la pointe de sa victoire vint assieger Nisse & Ville-franque, principalles villes de la rebellion, qui se voyans pressez de près enuoyerent demander secours à Ladislas, qui se disoit Roy de Naples & Sicile, qui n'ayant le courage de se mettre en plaine mer pour les venir secourir, leur fit responce qu'il consentoit qu'eux se donnassent à tel Prince que bon leur sembleroit, pourueu que ce ne fut au Roy Louys d'Aniou. Ces rebelles Nissards ayans heu ceste responce, quitterent leur vray & legitime Seigneur, pour se donner au Comte Amé VII. de Sauoye, fils du Comte Verd, & par ce moyen Nisse

Nisse & Ville-franque à la Sauoye.

des Roys d'Arles. 425

iſſe Ville-Franque, furent deſmembrées de la Prouence, & ont eſté du deſpuis poſſedées par les Ducs de Sauoye, qui n'ont autre droict ſur icelles que la poſſeſſion deſpuis l'an 1393.

Apres ceſte victoire le Roy Louys eſpouſa dans Arles l'Infante Violand, fille de Iean Roy d'Arragon, ou la ville ne manqua de faire toute ſorte de feſtes, tournois & ſolemnitez à ceſte Royalle Hymenée. Le Roy Iean qui eſtoit preſent en ceſte feſte, reconnoiſſant l'affection des habitans d'Arles, declara par ſes lettres patentes, les danrées & marchandiſes du creu de la ville d'Arles, franches de toute ſorte de peage, gabelles, doüannes, foraines, impoſts, paſſages, & pontanages, lors qu'elles ſeroient portées par tout ſon Royaume d'Arragon, & autres terres luy appartenant, ainſi que l'a remarqué le ſieur de noſtra-Damus en ſon hiſtoire de Prouence. De ce mariage le Roy Louys euſt trois fils & deux filles, les fils furent Louys, René, & Charles. Les filles furent Marie qu'on maria au Prince Dauphin de Vienne, qui fut en apres Roy de France, appellé Charles VII. & la ſeconde fut Violand, qui eſpouſa le Duc de Bourgongne. Ce Roy quoy qu'allié des grands perſonnages ne peut iamais entrer au Royaume de Naples

Mariage du Roy Louys dans Arles.

Hhh

& Sicile, ores qu'il mist à ses titres Louys II. Roy de Naples, Sicile, & Hierusalem Duc d'Apulee, d'Aniou, de Mans, & de Piedmont, Comte de Prouence, & Seigneur d'Arles, & apres auoir possedé ces titres vingt-deux ans il mourut à Angers l'an 1407. ayant peu de iours auant sa mort declaré Louys son fils aisné heritier vniuersel de ses biens, successeur de ses Royaumes, Comtez & Seigneuries, luy substituant René son second fils, & à René Charles, au cas qu'ils mourussent sans enfans masles, procreés de legitime mariage, & ordonna que tous trois seroient esleuez par la Reyne sa bien-aymee femme.

Regne de Louys III. Le Roy Louys III. voyant son pere mort, & qu'il deuoit posseder ses couronnes, & heriter de ses Comtez & Seigneuries, resolut de venir en Prouence pour receuoir l'hommage & serment de fidelité des Prouençaux, & des habitás d'Arles, qui tous le reçeurent auec toute sorte d'affection, & de là alla à Naples, où il fut adopté de la Reyne Ieanne II. que d'aucuns ont appellé Ianelle, fille de Ladislas, & petite fille de Charles de Duras qui auoit vsurpé le Royaume, & par le moyé de ceste adoption il iouyt de Naples & Sicile, que iamais son pere ny son ayeul n'auoient peu iouyr, bien que la nature & la valeur

des Roys d'Arles.

de ses ancestres le leur eussent acquis: mais la iouyssance de ceste couronne ne fut pas sans des grands troubles; car Alphonce Roy d'Arragon, fils du feu Roy Iean son cousin, que la Reyne Ianelle auoit auparauant adopté & desherité par la reuocation qu'elle auoit faite, à cause que ce Roy là vouloit emprisonner, & la priuer de son Royaume, auant sa mort luy leua guerre.

Ce Roy Alphonce entendant la nouuelle de ceste adoption, & que le Roy Louys estoit dans Naples reconnu pour Roy, desesperant de rentrer en la bonne grace de ceste Reyne, chercha toute sorte de moyens de nuire au Roy Louys, & pour luy desplaire plus dressa vne armee naualle, auec laquelle il vint surprendre la ville de Marseille, qui est vne des meilleures villes de Prouence, à cause du port de mer: car ceste ville est la clef qui doit empescher ou ouurir l'entree à toute sorte d'ennemis; abordant le port soubs la faueur de la nuict, rompit la cadene, & entra dedans, mit pied à terre, planta des eschelles, & força la ville du costé de la Mer. Les Massillois, qui ne pensoient rien moins qu'à cela, entendans l'allarme que la tour de S. Iean leur donna coururent se mettre en deffence, mais trop tard, car pour amuser ces paunres allarmez

Les Espagnols pillent Marseille.

Hhh 2

ce Roy Espagnol mit le feu à toutes les maisons, boutiques, & magasins le long du port, & pendant que le feu faisoit son incendie de ce costé, il donna de l'autre, & entra dans Marseille apres auoir rédu quelque furieux cóbat. Ce Roy estant dás Marseille desroba les reliques du corps de S. Louys de Prouéce, que le Pape Iean XXII. auoit canonisé dans Auignó, & les fit porter en Espagne dans la ville de Valence, & ses soldats plus inhumains que vailllans pillerent la plus grande partie des habitans de la ville, violerent des femmes, & firent dès grádes iniures, voire sans respect des lieux sacrez. Le Seneschal de Prouence ne pouuant souffrir vn tel voisin (ennemy juré de son maistre, qui tenoit plus du Barbare que du Chrestien) conuoqua par le ban & arriereban tous les Barons, Gentils-hommes, Bourgeois & autres du pays de Prouence pour repren-dre Marseille, qui tous ensemblement vindrent autour de ceste ville, auec telle generosité de courage, qui donnerent la frayeur à cet Espagnol, & à tous ses soldats, qui fut contraint de s'embarquer promptement dans ses galeres, qui ja estoient chargees des richesses des Massillois, & se sauua en son pays, laissant le Roy Louys III. pacifique à son Royaume de Naples, & à ses terres de Prouence.

des Roys d'Arles. 429

Le Roy Loüys ayant receu la nouuelle du malheur de la Ville de Marseille en fut grandement afligé, & craignant vne autre entreprinse sur la Prouence, appella son frere Charles d'Aniou, Duc de Calabre, qui faisoit la guerre aux Italies, pour venir Gouuerneur en Prouence, qui arriué se logea à Tarascon, & y fit bastir le chasteau de la façon qu'on le voit à present.

Fondation de la Ville de Tarascon.

La ville de Tarascon n'a prins son commencement ny le nom de ville que despuis le Roy Clouis premier, l'annee 501. que ce Roy tenoit la ville d'Auignó assiegee, à cause que Gondebaud Roy de Bourgongne estoit refugié dedans, estant eschappé de la bataille qu'il perdit à Dijon ; car le Roy Clouis se voyant atteint d'vne grande douleur de reins, & desesperé des Medecins, ne pouuant attendre aucun soulagemect en son mal, & entendant la nouuelle des extraordinaires miracles que Dieu faisoit en la guerison des malades, au deuant du Sepulchre de saincte Marthe, sœur de la penitente Magdelaine, & de sainct Lazare (qui estoit dans

Hhh 3

vne Chapelle au bord du Rosne, que la mesme saincte auoit fait fabriquer, despuis plus de quatre cens ans, qu'est le temps qu'elle & sa seruante Marcelle y habitoient) resolut d'y venir, où estant Dieu le voulant, confirmer en la foy de son Eglise:(car il estoit nouueau Chrestien;) luy enuoya miraculeusement la santé, de quoy ce Roy ne voulant demeurer ingrat, donna beaucoup de bien à ceste Eglise, & commanda d'y bastir vne Ville, comme se verra cy apres.

De la Tarasque & sa forme. La cause que saincte Marthe vint habiter ce lieu fut vn Dragon furieux, de grosseur d'vn Taureau, ayant la teste comme vn Lion, le crain comme vne Iumét, les dents comme des espees, le dos trenchant comme vne faux, la queüe de couleur de vipere, marchoit à six pieds, de forme humaine, estoit couuert d'vne escaille comme vne Tourtue, & tellement hydeux qu'on l'appelloit vulgairement, *La Tarasque*, qui veut dire laid, & difforme. Cet animal se nourrissoit sur la terre & dans l'eau, ce qui estoit la cause qu'il faisoit tant de rauages au bestail de labeur, & aux barques qui passoient sur le Rosne, mesme mangeoit les hommes qu'il pouuoit attraper dans l'eau, ou en la terre ferme.

ex C manusc. antiquissim. Ceux qui ont escrit de ce Dragon disent qu'il

auoit efté engédré d'vn monftre qui fe nourriſ-
foit dans le fleuue du Iordain, appellé Leuiatan,
en l'Afie, & d'vn animal terreftre qui fe nourrit
dans les deferts de Galatie appellé Bonafus, & a-
yant trauerfé la mer Mediterranee entra dans le
Rofne, & faifoit fon feiour dás vn bois qu'on appelloit Nerluc, c'eſt à dire bois noir, où eſt à prefent la ville de Tarafcó (non que ce bois fut noir
ainfi que de la beine) mais à caufe de l'efpaiffeur
des troncs, des branches, & des fueilles qui rendoient ce lieu fort fombre, & empefchoient le
Soleil d'y entrer dedans, où il fembloit que la
nuict y fut d'ordinaire.

Le peuple circonuoifin, voyant les maux
que ce dragon leur apportoit fans qu'il euffent
le moyen de s'en d'efliurer à force d'armes ; &
entendant la renómée des extraordinaires miracles que fainte Marthe, & fainct Maximin
faifoient à la ville d'Aix, l'allerent prier de venir
leur donner fecours : ce que cefte fainte leur
accorda facilement ; & y venant auec fa feruan-
te Marcelle, que l'Euangile dit auoir efté guerie
du fleux de fang à l'attouchemét de la robbe de
noftre Seigneur; voyát d'abord ce Dragó à l'entre de fa cauerne au bord du Rofne, luy commanda au nom de Iefus-Chrift crucifié, qu'a-

uoit crazé la teste au dragon infernal de venir à elle sans faire mal à personne: ce que ce Monstre fit auec mesme douceur que s'il eust esté vn agneau domestiqué. Et se mettant au pied de la saincte se laissa attacher, & mener au peuple, qui le mirent à mort, & se conuertirent à la foy de Iesus-Christ, soubs la predication que leur en fit saincte Marthe.

Breuiar. ant. in vita B Martha.

Ceste Saincte, & sa seruante Marcelle firent eslection de ce lieu pour y vacquer en oraison le reste de leurs iours, y faisant vne cellule de terre & de bois pour leur habitation, où saincte Marthe vesquit sept ans, & y mourut pendant que sa sœur Magdelaine faisoit sa penitence à la Baume de Prouence. Peu auant sa mort elle auoit conuerti la ville d'Auignon à la foy de Iesus-Christ. Apres sa mort l'abondance des miracles qui se faisoient aupres de son sepulchre furent la cause qu'on couppa tout le bois pour y faire des bastimens autour de l'Eglise, à fin de soulager ceux qui de bien loing y venoient rendre leurs vœux. Le Roy Clouis voyant la saincteté de ce lieu, donna tout le terroir, places & chasteaux, tant deçà que delà le Rosne dans l'estenduë de trois mille autour à l'Eglise de saincte Marthe, & deslors se commença le dessein, & le nom de la

des Roys d'Arles. 433

la ville, laquelle du defpuis à efté peu à peu peuplée, & grandement eftimee, ayant efté le fejour de pluſieurs Comtes de Prouéce, puis que Charles Duc d'Aniou Roy de Sicile frere de S. Louys Roy de France, & Charles II. ſon fils, Louys II. & ſon fils Louys III. y ont refidé long temps. Charles frere de Louys III. y fit baſtir le chaſteau: le Roy René ayant perdu le Royaume de Naples y faiſoit la plus grande partie de ſa refidence; & le Roy Louys XI. de France, amoureux de ceſte ville, à cauſe de la ſaincte Relique, y fit baſtir l'Egliſe, fonda les Chanoines, fit faire la Chaſſe ou Chef de ſaincte Marthe, le calice & la patene, le tout d'or de ducat, comme ſe voit à preſent. Et quantité de gens Nobles, & des plus anciennes familles de Prouence ſont habitans de ceſte ville, ce qui la rend recommandable.

Reuenant à la guerre qu'eſtoit entre le Roy Alphonce & le Roy René, pour raiſon du Royaume de Naples, nous dirons que pendant que ce deux Roys s'entrebattoient, l'Empereur Sigiſmond Roy de Boheme deſiroit de mettre la paix & l'vnió à l'Egliſe diuiſee par l'ambition de trois Papes qui regnoient en ce temps, ſçauoir Benoiſt XIII. dit Petrus de Luna dans Auignon ſucceſſeur de l'Antipape Clement VII. Gregoire

I ii

XII à Rome, qui auoit fuccedé à Innocent VII. & Iean XIII. qui auoit efté creé apres Alexandre V. & refidoit à Boulongne. Cet Empereur fit accorder le Concile de Conftance, eftant follicité de ce faire par les prieres du Cardinal d'Embro-

Concile de Conftance ou trois Papes font depofez. gnaco Archeuefque d'Arles, qui auoit efté Legat par le Pape Benoift au Concile de Pife. A ce Concile de Conftance affifterent en perfonne quatre Patriarches, vingt-neuf Cardinaux, quarente fept Archeuefques, fix-cens cinq Euefques, foixante-quatre Abbez, quantité de Docteurs & Deputez des Vniuerfitez, l'Empereur Sigifmond, les Ambaffadeurs des Roys de France, d'Angleterre d'Efpagne, & de Cypres, & les trois Papes veftus en Pontificat, affis en façon que l'vn ne cedoit pas à l'autre,; qui pour le bien & repos de l'Eglife ayans entendu que pour le repos des confciences, le bien de la Chreftienté, & pour efuiter les procez; que le Concile aprouuoit tout ce que par eux & leurs predeceffeurs defpuis Gregoire XI. auoit efté faict, & promettoient que le Pape qui feroit efleu confirmeroit le tout, & le declareroit canoniquement faict: fe defmirent volontairement de la Papauté & fe rengerent au fiege auec les autres Cardinaux felon l'antiquité de leur reception.

Ces trois Papes s'estans desmis le Cardinal d'Embrognaco Archeuesque d'Arles presida au Concile, comme le plus ancien, qui proposa à l'assemblee le besoin que l'Eglise de Dieu auoit d'vn Pasteur: car toute la gloire de l'Eglise prouient d'vn seul Pontife canoniquement esleu, non de plusieurs, qui ne font que la diuiser par leurs schismes, ainsi que nous auons veu, non seulement des schismes precedents, mais en celuy de ce temps deplorable, que pendant cinquante ans, & despuis la mort de Gregoire XI. qui tira le S. Siege d'Auignon pour le remettre à Rome, vray lieu de son ordinaire residence; l'Eglise à esté dans des grands troubles: & les larmes aux yeux supplia tous les Peres du Concile de porter leur vœu sur celuy qu'ils connoistroient orné de science & enflammé du diuin amour, pour la conduite du sacré troupeau, & remettre en bon estat tout ce qui estoit gasté pendant le schysme.

L'Archeuesque d'Arles preside au Concile de Constance.

Ce Prelat ayant paracheué son discours & tous les Peres ayans inuoqué le S. Esprit pour presider à leur assemblee, esleuerent par generalité des voix, & sans discrepance, le Cardinal Othon de Colonne, qui s'appella Martin V. qui approuua & ratifia en plain Concile tout ce que auoit esté faict despuis la creation de Clement VII. seant dans Auignon.

Palais d'A-uignon bruslé L'annee 1405. que sont dix ans deuant la conuocation de ce Concile, l'Antipape Benoist voyant que les Roys de France & d'Angleterre, plusieurs Princes & grands Seigneurs l'auoient abandonné, que les Prelats s'estoient retirez de son obeyssance, que ceux d'Auignon auoient resolu de se rebeller, mesmes qu'on auoit tué vn sien Neueu, qui faisoit toute sorte d'iniures aux habitans, forcené de rage dans son cœur, inuita vn iour solemnel toute la Noblesse Auignonoise auec plusieurs Seigneurs du Comtat, & ayant fait dresser la table dans la grande salle, les fit asseoir pour disner, & luy commençant auec eux à festiner, iusques au milieu du repas, qu'il faignit auoir vn grand affaire, & se leuant promptement, pria la compagnie ne bouger point, & qu'il retourneroit à eux; mais au côtraire que de reuenir, qu'il sortit du Palais & de la ville próptement, & estant hors ses gens firent iouër vne saussisse de poudre, qu'il auoit fait preparer sous la salle, & par icelle toute la Noblesse d'Auignó & du Comtat fut miserablement bruslee, & vne partie du Palais fut porté à terre, ainsi qui s'en voyent encore les vestiges. Ce Pape se sauua au lieu d'Opede, où bien tost apres il fut assiegé de ceux d'Auignon, & du Comtat, & fut constraint de se sauuer de nuict par dessous terre, en faueur d'vne grotte qu'il auoit fait faire expres à cest effect, & s'en alla refugier à S. Victor de Marseille, & de là en Catalogne d'où il estoit issu. *Vide Statut. Comit. Venaissini in fine.*

Apres que le Concile de Constance fut tenu Benoist se retira à Paniscola ville d'Espagne, & fut suiui de deux de ses vieux domestiques qu'il auoit fait Anti-Cardinaux, & bien qu'approuuez de Martin V. ne le vouleurent abandonner, disans comme Seneque, que le vray amy ayme aussi bien en l'aduersité qu'en la prosperité. Mais Benoist mourut dans l'an de sa demission, 30. de son Antipapat. La mort duquel fut la cause que Alphonce, Roy d'Arragon, fasché de ce que le Pape Martin V. auoit confirmé le Royaume de Naples au Roy Louys III. sollicita ces deux Cardinaux, & aucuns autres Prelats Espagnols de creer vn Pape dás ses terres, qui à la priere du Roy creerent pour Antipape vn Chanoine de Barcelonne, Docteur aux saincts Decrets, qui se fit appeller Clement VIII. & tint son siege dans la ville de Paniscola. Mais au quatriesme an de son Antipapat, estant sollicité par M. Pierre de Fuxo

Clement 8. Antipape.

Gardinal, ceda au Pape Martin V. qui luy donna pour son entretien vne bonne Euesché, & par
ce moyen le schisme finit entierement.

 Reuenant au Roy Louys III. qui se voyant
iouyssant de la courône de Sicile se maria auec
la Princesse Marguerite, fille d'Amé de Sauoye,
de laquelle il n'eust aucun enfant, & venant à
mourir le dix-huictiesme an de son Regne, laissa
son frere René Duc de Bar & de Lorraine son
heritier aux Royaumes de Naples & Sicile, Côte de Prouence & Seigneurie d'Arles : ores que
son dit frere René fut deteneu prisonnier de
guerre par Charles Duc de Bourgongne dans la
ville de Dijon, de laquelle il sortit par rançon, &
ayant la liberté attaqua ce Duc, qui luy tenoit

Annual. de la ville de Nancy assiegee, & assisté des Suisses
France. luy liura bataille auec telle generosité de courage, que le Duc Charles & tous ses gens y furent
tuez. Le Roy René ayant treuué le corps d'iceluy parmy les morts le fit enterrer fort honora-
blement, oubliant les iniures fit dueil auec tous
ses gens à ses funerailles.

Regne du Roy Le Roy René estant sorti de prison pour aller
René. prendre possession de ses Royaumes (bien que
desia la Princesse Ysabeau sa femme y fut dedás)
il passa à Rome, & baisant la pantoufle au Pape

des Roys d'Arles. 439

Eugene IV. en print de luy la confirmatiõ ; mais le mal-heur porta qu'il ne iouyt que fort peu de ceste couronne : car le Roy Alphonce d'Arragõ le deposa, en prenant la ville de Naples, qu'il tenoit assiegee, par le moyen d'vn canal de fontaine qui passoit au trauers des murailles, qu'vn traistre de Masson Napolitain luy indiqua apres auoir tenu long temps la ville assiegee.

Pendant le siege de Naples le Roy Alphonce voulant donner prou de la peine au Roy René, & empescher qu'il ne fut secouru de ses fidelles seruiteurs de Prouence, enuoya son frere Don Ioan Infant d'Arragon Roy de Nauarre auec des galeres, qui entrerent dans le Rosne, & à force d'hommes, de cheuaux, & de rames les faisoient monter contremont la riuiere, auec dessein de prendre Arles, qu'ils estimoient la ville plus tenable de Prouence : mais ces Espagnols ne trouuerent pas les Massillois endormis dans l'asseurance de leur port à trauers d'vne cadene : puis que ceux d'Arles se seruans du dire de Democrite, qu'on doit craindre que l'infortune de son voisin ne penetre les murailles pour entres dans la sienne ; tenoient leurs murailles d'ordinaire bien gardees des habitans, & toutes les aduenuës du terroir garnies de bonnes sentinelles,

Galeres sur le Rosne.

qui descouurans les galeres ennemies en donnerent prompt aduertissement à ceux de la ville; aux Gardiens, Bouuiers, & Mesnagers de le Camargue, qui auec leurs ficherons, armes à eux fort communes, & desquelles ils se sçauent fort bien ayder, donnerent si viuement la charge à ces Rodomonts Espagnols, qu'ils les costraignirent de couper les cables de leurs galeres, & promptement retourner en arriere faire voile en plaine mer, auec la perte de beaucoup de leurs gens, & des cheuaux qui estoient employez au tirage.

Estendu du du Royaume de Naples. Non sans cause le Roy Alphonce prenoit tāt de la peine pour auoir le Royaume de Naples, car c'est vn ioyau de tres haut prix, qui contient 784. lieuës en rondeur, & a 1774. villes ou villages, 20. Archeueschez, 124. Eueschez, 10. Principautez, 23. Duchez, 30. Marquisats, 69. Côtez, & 443. Baronnies. Ie laisse l'antiquité de la ville de Naples, qui estoit ja peuplee du temps d'Vlisses, puis que la Sirene Partenopé y fut enterree apres s'estre noyee dans la mer, oppressee de tristesse de la mort de ce grand Capitaine, mesme que suiuant aucuns Autheurs la ville en a porté le nom; comme aussi ie tairray la beauté, la richesse, & la fertilité de son terroir, puis qui

des Roys d'Arles. 441

qui font affes connuës de toutes les Nations.

La mefme annee que le Roy Alphonce entra dás la ville de Naples, & que fans droit ny caufe il euft depofé le bon Roy René de fon Royaume, Dieu permit par fon iufte iugement arriuer vn fi grand & extraordinaire tréblement de terre à Naples, à la Poüille, & en la Calabre, qui fit tomber fi grande quátité de beaux edifices, que plus de cent mille perfonnes de ces pariures Siciliens, qui n'auoient ferui fidellement leur legitime Roy, demeurerent morts au deffous des ruines: ce qui fait prefumer que Dieu (qui touſiours à eu le foin de conferuer fes creatures,& principallement ceux qui marchent deuant luy auec iuftice & verité) permit la perte de ce Royaume pour conferuer la vie de ce bon Roy, & de tant de braues François qu'eftoient en fa cópagnie. Non feulement il y eut vn grand tremblement de terre au temps du Roy Alphonce, pour punition de fa mauuaife caufe: mais encores du Regne de Philippe IV. Roy d'Efpagne, qui regne à prefent, Dieu a permis vn autre tréblement de terre au Royaume de Naples, autant & plus dommageable que le precedant : puis que le 27 iour du mois de Mars, que les Anciens ont dedié à Minerue, annee 16,8. l'an 15. du Pon-

Grand tremblement de terre.

Kkk

tificat d'Vrbain VIII. heureusement seant, sur les trois heures apres midy, suruint en la ville de Missine vn si grand tremblement de terre, meslé auec des vents impetueux que le clocher de la grande Eglise, tomba & enfonça la voute de la dite Eglise, où moururent la plusparr de ceux qui estoient à la predication. Ce mal heur toucha encores à l'isle d'Estrongoli, qui estoit dans la mer, de quatre milles de rondeur, laquelle s'abisma en façon qu'à present on ne trouue aucun fonds au lieu où elle estoit : & à la Calabre vn Archeuesché, & sept Eueschez se sont perduës, où l'on a compté 50. villes ou villages profondez, dans lesquels estoient 32. Conuents de Religieux mendians, 9. de Capucins, 11. Monasteres de Religieuses, quantité de Prestres seculiers, tant aux Chapitres Cathedraux, qu'aux Eglises Parrochialles, & l'on a estimé le nombre des morts iusques à cent cinquante mille.

Pendát que ce mal-heur de guerre oppressoit le Roy René au Royaume de Naples, le Concile de Basle se celebroit contre les Heretiques Husites, autrement Taborites (à cause qu'ils auoient basti la ville de Tabor au Royaume de Boheme) Ces Heretiques, suiuans l'erreur de Iean Hus leur Heresiarque, desnioient la reelle presence du corps de Iesus-Christ au S. Sacrement de l'Autel : reiettoient toutes les festes, hors du Dimanche, & contre la Doctrine orthodoxe de toute l'Eglise ne vouloient confesser le Purgatoire, ce qu'auoit esté la cause que Iean Hus, & Hierosme de Pragues auoient estez bruslez au Concile de Constance. Ce Iean Hus estant dans le buchet & ja enflammé du feu adjourna tous ceux qui l'auoient condamné à mort de comparoistre apres cent ans deuant Dieu, & deuant luy pour reuoir le tort qu'il supposoit luy estre fait à son iugement. Ceux de Boheme suiuans ses opinions, non seulement se reuolterent contre leur Roy ; mais encores firent battre de monoye ou cet adjournement estoit marqué.

A ce Concile de Basle presida comme Legat des Papes Martin V. & Eugene IV. le Bien-heureux S. Louys Allamandus Cardinal de S. Cecile, & Archeuesque d'Arles. En iceluy non seulement les Peres furent occupez à purger l'erreur des Husites, mais encores ils furent troublez par les plaintes qu'on fit contre le Pape Eugene IV. pour raison de certaines emotions de guerre qu'il auoit fait à Rome, d'où il auoit esté contraint de fuyr.

Ces plaintes furent la cause que le Concile

S. Louys Allamandus.

enuoya le prier de venir en personne pour faire ses deffences : qui à la place d'y venir donna vne interdiction au Concile, & vne excommunication aux Prelats qui assistoient en iceluy : ce qui fascha grandement les Peres, qui non seulement dirent à son Legat, que *Concilium semel approbatum minimè reuocari potest.* Mais se seruant du Decret de Martin V. portez de colere le deposerent : & d'vn commun accord esleurent pour Antipape Amedee I. Duc de Sauoye, qui estant vef par la mort de sa femme, & ayant marié son fils auec Anne de Lusignan, qui luy porta pour dot le Royaume de Cypres, se retira auec quatre Gentils hommes des plus fauoris de sa Cour dans vn hermitage, doù les Peres du Concile le tirerent pour luy mettre le Tyare Papalle sur la teste, & s'appella Fœlix IV. & par ce moyen le 27. Schisme arriua à l'Eglise. Mais cet Antipape connoissant son election n'estre canonique cedda l'an dixiesme de son Antipapat la Papauté à Nicolas V. qui auoit esté esleu à Rome apres la mort d'Eugene IV. afin d'entretenir l'Eglise dans son vnité.

27. *Schisme.*

Sainct Louys Allamandus estoit grandemét doüé de l'esprit de Dieu. Il fut deputé par Fœlix IV. pour aller à Aix laChapelle couronner l'Emereur Frederic III. où l'Euefque de Lode s'oppofa à luy comme Legat d'Eugene: mais Theodoric Archeuefque de Coulogne luy fit auoir l'entree de la ville & l'exercice de fa commiſſion libre, auec le rang à tel cas requis: ce Prelat pédát fa vie eſtoit qualifié du nom de S. Prelat, & apres fa mort fe font faicts infinité de miracles aupres de fon fepulchre: car les malades y ont eſtez gueris, les aueugles illuminez, & les paralytiques y ont treuué la confolidation de leurs membres: ce qui occafionna le Pape Clement VII. de Medicis apres deuë informatiõ de le Beatifier, comme appert de fa Bulle en datte du 9. Auril 1532.

Reuenant au Roy René, qui fe voyant depofé de fon Royaume s'en reuint en Prouence auec la Reyne Ifabeau fa chere Efpoufe, de laquelle il auoit eu quatre enfans maſles, & deux filles. Les maſles furent Iean Duc de Lorraine, Louys Marquis du Pont, Charles Comte du Maine, & René, tous lefquels moureurent auant luy. Les filles furent Marguerite qui fut mariee en Angleterre, & Violand qui efpoufa Ferri Fils du Duc de Lorraine, qui l'auoit rauie de la maifon de fon Pere. La Reyne Ifabeau ayant fejourné quelques iours en Prouence, alla au chaſteau d'Angers, où elle fut combatuë d'vne forte maladie, *Mort de la Reyne Ifabeau.*

causée par la tristesse de leur perte, qui luy fit mettre fin à tous ses ennuis: car elle mourut l'an 1453. ce qui donna plus grande affliction au Roy René que la perte de ses Royaumes, & de ses enfans, attendu les vertus qu'auoiét accompagné ceste Princesse, & la constance d'amour qu'elle luy auoit tousiours porté: mais ayant fait les honneurs funebres,& s'estant conformé à la volonté de Dieu ; comme Prince grandement vertueux qu'il estoit ; il changea tous ses entretiens à la deuotion, & au soucy de fonder des Eglises, assister des pauures, soulager ses subjects, & frequenter les gens doctes ; quand il n'estoit embroüillé d'affaires ; il ne faisoit pas comme Europus, Roy de Macedoine, qui occupoit son temps à faire des Lanternes, & autres exercices grandement mecaniques; mais auec des actions resleuées; il se plaisoit à la Poësie (non prophane toutesfois) estoit bon Historien, & tres excellent Peintre, ainsi que ses œuures le tesmoignent par tant de beaux tableaux qu'il a peints, qu'on garde dans les Eglises, auec plus de soin que ceux de Michel l'Ange, Bonarot, du Bassan, & autres, grands Peintres, tant anciens que modernes. Toutes ces belles qualitez, auec l'ordinaire clemence de son cœur, luy auoient acquis le nom

e bon, n'estant appellé par excellence que le
on Roy: & fort à propos! car si l'antiquité appelloit Alexandre le grand misericordieux, Cesar victorieux, Xercez liberal, Cresus riche, Ciceron eloquent, David sainct, Salomon sage,&
Daniel continent, à cause qu'ils possedoient les
qualitez requises à tels noms:aussi toutes les nations de la terre ont donné le nom de bon au
Roy René, pource qu'il auoit en soy la bonté
naturelle.

L'an du dueil,estant finy,il se maria en secon- *2. Nopces du*
des nopces auec Dame Ieanne de Laual, qu'il *Roy René.*
espousa dans la saincte Eglise d'Arles, où le Seigneur Illust. Cardinal de Fuxo Legat d'Auignon, & Archeuesque d'Arles, fit les spirituelles
ceremonies,ez presences des Euesques de Marseille,de Cauaillon,d'Orange, de Gap, & de Cisteron, de plusieurs Barons, & Cheualiers de la
Prouence qui estoient venus rendre leur deuoir
à sa Majesté, & de toute la Noblesse d'Arles, qui
alloient à l'enui, à qui mieux pourroit honnorer
ceste Feste, qui dura vn mois entier, où ne se voyoit que tournois, bals, caualcades, feux de
joye, & passe-temps.

Ce Cardinal Pierre de Fuxo estoit vn grand
Prelat, issu de la maison de Foix, qui dés sa ieu-

Du Cardinal de Foxe.

nesse auoit professé la regle de S. François des Cordeliers, il estoit Docteur en Theologie, & grandement eloquent : fut fait Euesque de l'Escure pres de Tolose,& Anticardinal par Benoist XIII. dit de Luna en sa cinquiesme promotion. Il assista au Concile de Constance,& porta voix à la creation de Martin V. apres que les trois Papes se furent desmis. Fut par le mesme Martin Legat en Espagne à l'Antipape Clement VIII. qu'il persuada de quitter la Papauté. Le Pape Eugene IV. le fit Cardinal Albanense & second Legat d'Auignon apres la mort d'Alphonce Carihli Archeuesque de Narbonne, & continua ceste Legation sous les Papes Nicolas V. Calixte III. Pie II Paul II.& pendant le Schisme d'Amedee, & fut proueu de l'Archeuesché d'Arles apres la mort ou dimission de Iean IX. successeur du Bien heureux S. Louys Allamandus, & de l'Abbaye de Montmaiour. Il permit aux habitans d'Arles de faire repaistre leurs brebis à la Crau en certain mois de l'annee, à condition que chascun luy payeroit vne Brebis, *fiue anouge,* (les Gentils-hommes exceptez) qui les obligea d'aller receuoir les Seigneurs Archeuesques ses successeurs vne lieuë loing de la ville le iour de leur entree,& à la porte de la ville toutes les fois qu'ils

des Roys d'Arles.

qu'ils viendroient, ayans demeuré vn mois dehors, estans à ce aduertis par la cloche qui sonneroit vne heure deuant son arriuee. Il fut des premiers Cardinaux vestus de rouge, suiuant l'ordonnance de Paul second; car les Cardinaux ne portoient que le chapeau, suiuant le decret d'Innocent IV. Il crea des Gentils hommes dans Selon, à Mondragon, & autres lieux de sa Prouince en qualité d'Archeuesque d'Arles & Prince de Mondragon, suiuant le priuilege donné à ses deuanciers par l'Empereur Henry VII. Celebra son Synode Prouincial dans Auignon, où assisterent Robert Archeuesque d'Aix, Pierre Euesque d'Apt, George Euesque de Senes, Gauchier Euesque de Vence, Nicolas Euesque de Marseille, Pierre Euesque de Digne, Pierre Euesque de Glandeues, Palamedes Euesque de Cauaillon, Poncet Euesque de Vaison, Iean Euesque de Ries, Estienne Euesque de Trois Chasteaux, Michel Euesque de Carpentras, Iean Euesque d'Orenge, le Vicaire general d'Auignon, & luy qui presidoit comme Archeuesque d'Arles. Ayant gouuerné la saincte Eglise quatorze ans au gré & contentemét de tous, resigna son Archeuesché au Seigneur Cardinal Philippe de Leui de Ventadour son parent; &

Concile Prouincial en Auignon.

mourut en Auignon apres auoir esté trente-ans Legat l'an 1464. & fut enterré aux Cordeliers dudit Auignon, où son sepulchre se voit encores au milieu de l'Eglise.

Inuentiõ des Sainctes Maries.
Marc c. 16

La feste de ces nopces estant finie, le Roy se ressouuenant que despuis long temps il auoit eu le desir de trouuer les Reliques des sainctes Maries Iacobé & Salomé, desquelles est faite mention dans l'Euangile de S. Marc, puis qu'on luy auoit asseuré qu'elles estoient en Camargue, despuis que la Magdelaine & son frere le Lazare estoient arriuez à Marseille, & dans l'Eglise de nostre Dame de la Mer, jadis bastie par Bertrand I. Côte de Prouence, estant à ce inuité par vne exhortation que luy en fit vn bon Hermite qu'il trouua allant à la chasse le long de la Mer en ce lieu; où despuis furent basties des murailles & des maisons seruans de fort à l'emboucheure de la brassiere du Rosne. Et voulant mettre en execution son dessein, s'en alla accompagné du Seigneur Cardinal de Fuxo, de plusieurs Barons, & Gentils-hommes de Prouence, & des circonuoisins au lieu de nostre Dame de la Mer à sept lieues d'Arles : où arriué, apres auoir entendu la Messe, & demandé l'assistance d'en haut pour pouuoir trouuer ce sacré Thresor, fit chercher

des Roys d'Arles. 451

d'vn costé & d'autre des murailles de l'Eglise sans rien pouuoir descouurir, ce qui l'obligea de faire fouyr la terre iusques aux fondemens de l'Eglise, qu'ils trouuerent estre des pilotis de bois de pin: & au dessoubs du grād Autel dans le Presbitaire furent trouuez les deux sepulchres de pierre, où les Reliques des Sainctes reposoiēt à costé l'vn de l'autre, chacun ayant son inscription, & aux pieds d'iceux le sepulchre de saincte Sarra leur fidelle seruante. L'inuention de ces sepulchres donna vn grand contentemēt au Roy, qui nen permit l'ouuerture à autre qu'au Seig. Cardinal, qui en qualité d'Archeuesque d'Arles les tira de ce lieu, & les porta sur le grand Autel, chantant de ioye & en action de grace le, *Te Deum laudamus*: & les ayans lauez auec du vin blanc, les posa dans vn coffre de bois de cyprez, couuert dedans & dehors d'vn drap d'or, que le Roy auoit fait preparer à cest effect, ou elles sont encores tenuës en grande veneration, & visitees des Catholiques de toutes les Nations; qui y viennent rendre leurs vœux; & aupres d'icelles se font des grands miracles. Le Roy commanda que cette chasse fut fermee à trois clefs, d'où il en print deux en garde, qui sont encores dans la Cour des Comptes à Aix, & l'autre fut

LII 2

donnee à Abbé de Montmaiour, Prieur de ladite Eglise, auec deffence expresse que ceste chasse ne seroit ouuerte qu'en la presence du Roy ou de ses Commissaires, ainsi qu'il se practique encores, ce qui arriua l'an 1448. du Pontificat de Nicolas V.

Vœu de la Vise d'Arles aux sainctes Maries.

Or faut notter que l'annee 1593. que la Prouence estoit grandement foulee des guerres ciuiles, causees par le party de la ligue, que la Camargue auoit esté rauagee, que tout le bestail & les grains qu'estoient encores par les aires auoient estez prins par ceux du Languedoc, que le chasteau d'Aurcille, Monpauon, Mótmaiour, la tour d'Entrescens, le Baron, la Motte, Fourques, & Trinquetaille tenoient contre Arles, &

Plato de leg. 6.

que les seditions se forment (comme dit Platon) de l'inesgalité des personnes, les petits voulans mestriser les grands, & les derniers aspirent au premier rang, estoient si grandes entre les habitans d'Arles, que sans respect de grade, de parentage, ny crainte de la Iustice se tuoient les vns les autres, voire des Magistrats & chefs de Iustice furent miserablement tuez: & la populasse irritee contre la Noblesse, à la sollicitation d'aucuns, auoient exilé de la ville tous les Gentils-hommes, soubs des pretextes supposez:

des Roys d'Arles. 453

ce qui donna dans le cœur d'aucuns des Conseillers de la Maison commune, qui portez de compassion, & apprehendans le danger auquel leur chere Patrie se voyoit menassee, eurent recours au Ciel (implorans la diuine protection) & comme le Prophete Daniel priant pour la deliurance des Hebrieux, demandoit l'assistance d'Abraham, d'Isaac, & de Iacob, afin que ses prieres fussent exaucees. Aussi ces bons Citoyens d'Arles eurent recours aux faueurs des Bienheureuses sainctes Maries, Iacobé & Salomé, parentes de la Glorieuse Vierge Marie Mere de Dieu, & firent vœu que si Dieu preseruoit la ville du commun mal-heur que toutes les autres villes de Prouence auoient ja souffert, & donnoit la paix à la France : qu'ils offriroient à l'Eglise des sainctes Maries les statues des Sainctes, & la ville d'Arles à leurs pieds ; le tout en relief d'argent, pesant 150. marcs; ainsi qu'ils firent l'annee 1595. que la paix arriua en France, par l'heureuse entree à la Couronne du grand Henry. Ce vœu fut accompli, & les images cy dessus designees furent portees en Procession solemnelle du Chapitre de la S. Eglise, & des Penitens Bleus de nostre Dame de Pitié, accompagnez des Consuls, & Magistrats de la ville, & de plus de six mil habitans. Ceste offrande se voit encores dás l'Eglise, qu'est vne piesse des plus belles & des mieux trauaillées du Royaume.

Le Roy René estant de retour des sainctes Maries s'en alla auec sa nouuelle espouse à Aix afin de se donner du repos: mais la mort inexorable l'attaqua au 77. an de son aage, & 47 de son regne pour mettre fin à tous ses trauaux, & le faire iouyr du repos des viuants, laissant son Neueu Charles d'Anjou Duc du Mayne fils de feu Charles son frere heritier testamentaire en tous ses biens, & Royaumes, à cause que tous ses enfants estoient morts; & luy succeda au cas qu'il mourut sans enfans masles, procrées de legitime mariage; Louys vnziesme Roy de France, & les successeurs Roys: ce Roy mourut le 25. Iulliet, année 1480. son corps fut enterré à Aix dans l'Eglise des Carmes, où il auoit fait election de sepulture, & fut grandement regretté de ses subjets d'Arles, & de Prouence. Quatre mois auparauant sa mort, estoit morte dans Aix la Princesse Ieanne de Lorraine, femme de son Neueu Charles, qui fut enterré dans l'Eglise des freres Prescheurs.

Mort du Roy René.

La mesme année, mourut à Rome l'Illustrissime Cardinal Philippe de Leuy de Ventadour,

Referendaire du Pape Sixte IV. & Archeuefque d'Arles, fucceffeur du Cardinal de Fuxo fon parent: (c'eſtoit vn digne Prelat:) qui deffendit le droit de l'Eglife, & de fa menfe, contre les Cheualiers de Malthe, dit pour lors de l'Hofpital, qui d'efnioient de luy payer la decime, bien qu'elle foit ordonnée de droit diuin, & d'eſtince pour l'entretien de ceux qui adminiſtrent les Sacrements: comme auffi à la perfuafion du Pape Sixte IV. il confentit qu'Auignon fut fait Archeuefché, & l'Eglife de noſtre Dame des Doms Metropolitaine, & que les Euefques de Vaifon, Carpentras, & Cauaillon, luy feroient donnez pour Suffragans.

Auignõ fait Archeuefché

La prinſe de Conſtantinople.

TOut ainfi comme Tite-Liue efcriuant l'hiſtoire Romaine, ne laiſſa de meſler parmy fon difcours des affaires eſtrangers, afin de donner du diuertiſſement à ceux qui s'arreſteroient à la lecture d'icelle: auſſi parmy ceſte couronne, i'ay adiouſté l'efmial noir de la triſte perte, que la Chreſtienté fit au temps du Roy René, de la ville de Conſtantinople, jadis concathedralle d'Empire auec la ville d'Arles; ores qu'elle soit esloignée de nous: car pendant que le Roy René prenoit son plaisir dans la ville d'Aix auec sa nouuelle espouse, & que les autres Princes Chrestiens s'entrebatoient dans l'Europe, l'infidelle Mehomet II. fils d'Amurat Sultá des Turcs, ayát dressé vn armée de 400000. hommes, & 250. Nauires, où Galeres, qu'il auoit ramassé dans la Grece, l'Esclauonie, la Bulgarie, la Galatie, & la Cilicie, la plus parts des soldarts estans Chrestiés où en portoient le nom; & auec ceste armee assiega la ville de Constantinople par mer, & par terre, & la pressa si fort que dans 50 iours il entra dedans par assaut, ayant auparauant forcé le port, rompu la cadene, & abbatu les murailles: car il battoit la ville de quatre parts, n'ayant les assiegez moyen de deffendre leurs bresches.

O. in Cr. L.5. Les Turcs entrans dans la ville, à la façon des chiens enragez tuerent tout autant d'hommes, de femmes, & d'enfans qu'ils pouuoient rencontrer, pilloient, & brusloient les maisons, violoient femmes, & filles, sans respect de grade ny de qualité. Et l'Empereur Constantin XI. Roy de Moree, fils de Manuel Palealogue fut treuué mort pres de la porte de la ville, ayant esté suffoqué, par la presse de ses subjets, qui comme luy

vouloient

vouloient sortir pour sauuer leur vie: sa teste fut portée au bout d'vne lance par toute l'armee:& l'Imperatrice sa femme fut prinse dans l'Eglise de S. Sophie, où auec plusieurs autres Damoiselles, elle s'estoit refugiée (estimant que le Turc fut aussi clement qu'Alexandre, qui tua tous les habitans de Tir, & sauua la vie à ceux qui furent trouuez dans le Temple des Idoles, pour n'irriter les Dieux contre luy) & fut menée auec les autres à Mahomet, qui la voyant, sans respect de sa qualité Royalle la retint pour sa concubine sa vie durant, & liura les autres aux soldats, qui les ayans violees les hachoient en pieces comme la chair de la boucherie. Ceste action n'est pas moins odieuse que celle que Brunus Duc de Bulgaire fit à Nicephore Empereur de la mesme ville, qui l'ayant tué en bataille fit garnir le taitz de sa teste d'vne lame d'argent, & beuuoit dedans par trophee en tous ses repas: aussi cet Infidelle retint par trophee l'Imperatrice (legitime Espouse de l'Empereur) pour sa concubine, ores qu'elle fut fille de Roy, & ornee de toutes les qualitez requises à vne femme de bien.

La perte de ceste ville auoit esté presagee l'annee auparauant, puis qu'on auoit ouy hainir par diuerses fois le cheual de S. George, qui estoit

Cheual de S. George.

resleué en pierre dans l'Eglise dediee au mesme Sainct; ainsi qu'il auoit hainí l'annee 1309 presageant la mort de l'Empereur Andronic II. & les mal-heurs qui arriuerent à toute la Grece. Ce presage fut semblable à celuy de la cloche d'Arragon, qui ne sonne iamais d'elle mesme sans pronostiquer quelque grand mal heur, ainsi qu'elle presagea la mort du Roy Alphonce V. celle de Charles V. la perte de Dom Sebastien Roy de Portugal, la maladie du Roy Philippe II. & la mort de la Reyne Isabeau de France fille du Roy Henry II. & sœur des Roys François II. Charles IX. & Henry III. de Valois, sa femme. Dieu se seruant des choses inanimees pour manifester aux hommes son iuste courroux, & l'obliger d'auoir recours à luy par le moyen de la penitence. Tellement que ceste ville, qui auoit esté bastie par le Roy Pausanias, rebastie & embellie par le grand Constantin, qui tout premier y arbora l'estendard de la Croix (apres qu'il eust quitté Arles) qui auoit esté l'espace de 542. ans & iusques au temps de Charlemagne la Metropole de la Chrestienté, la Bibliotheque des sciences, & la retraite des Ecclesiastiques : gouuernee spirituellement par 19. Patriarches, & où s'estoient tenus tant de Conciles, fut soubsmise à

des Roys d'Arles. 459
l'obeyssance du Turc, qu'abbattant ses Eglises y arbora le Croissant pendant l'Empire de Constantin XI. & du Pontificat du Pape Nicolas V. l'annee 1453. & le 29. May.

Il arriua à ceste ville ce qu'vn Oracle auoit predit d'icelle, disant aux Macedoniens que le nom de Constantin seroit fatal à la ville de Bizance, & que les Empereurs de ce nom luy apporteroient & du bien & du mal. Aussi on auoit veu que Constantin le grand, fils de saincte Helene augmenta sa gloire, la faisant siege de l'Empire vniuersel comme Arles: Constantin VI. fils d'Irenee abbaissa son lustre partageant l'Empire auec Charlemagne, & ne demeura que le siege Imperial d'Orient: & Constantin XI fils d'autre Helene Reyne de Burgarie le perdit auec sa vie, & a ja demeuré 120. ans soubs la puissance des Turcs.

Ce Mahomet, quoy qu'il aye esté le plus cruel de sa nation, ayant vescu en Athee, sans Foy ny Religion, estimant tout acte de Religion niaiserie, & son Mahomet faux Prophete. Il a esté neautmoins le plus heureux en guerre de tous ceux de la maison des Ottomans: car outre la prinse de Constátinople il conquist l'Empire de Trebisonde en l'Asie, qui auoit esté commencé par

Mmm 2

Theodore d'Ascaris, apres que les François eurent prins Constantinople l'annee 1200. conquist douze Royaumes, 200. villes, plusieurs forteresses sur les Chrestiens, & assiegea Rhodes qui appartenoit aux Cheualiers de Malthe, despuis l'an 1309. mais il fut repoussé par frere Pierre d'Amboise, François de nation, qui estoit dedans (bien que l'annee 1522. ceste ville fust prinse par Soliman) ne pouuant estre secourue à cause des guerres entre l'Empereur Charles V. & le Roy de France François I.

Despuis la prinse de Costantinople le Turc a mis à ses titres. *Mahomet inuincible & tres-grand Empereur de Constantinople, de Babylone, de Iudee & autres Empires, despuis le Soleil leuant iusques au couchant, le Roy des Roys de toute la terre, né triomphateur, Roy de Hierusalem, d'Arabie, des Medes, & douze Royaumes, Seigneur & Protecteur du sepulchre de Christ crucifié*, & ceux d'auiourd'huy par vne plus grande arrogance s'appellent, *seul Dieu en terre & plain de grace, inuincible. & tres-grand Empereur, &c.* comme se lit aux patentes du grand Seigneur.

Il y a long temps que le Turc tourmente la Chrestienté, puis que ses tyrannies ont commencé au faux Prophete Mahomet, fils d'Ab-

des Roys d'Arles. 461

dala Idolatie, de la race d'Ismael fils bastard d'Abraham, & d'vne Iuifue appellee Humina, en l'an de grace 639. soubs l'Empire de Constantin III. fils d'Heraclius, qui assisté de Iean Nestorien, & Serge Arrien Apostats Heretiques composa son Alchoran, qu'est vn liure plein de blasphemes contre Iesus-Christ: & dans iceluy permit toute liberté de conscience & toute volupté propre pour l'appetit sensuel.

Ce faux Prophete sçachant que pour donner croyance à vne nouuelle loy, que les anciens empruntoient le nom de quelque Deité; afin que le peuple fut plus enclin à l'obeyssance d'icelle; & que Licurgus donna ses loix aux Lacedemoniens au nom du Dieu Apollon, de qui il disoit les auoir receuës. Minos disoit aux Cretes, que les siennes procedoient de la main de Iupiter: Numa Pompilius les donna aux Romains de la part de leur Deesse Iuno, & Solō aux Atheniens de Minerue: aussi Mahomet disoit d'auoir reçeu de l'Ange Gabriël l'Aschorá cóme Moyse les dix Tables; en ce liure il ordonna l'vsage de la Circoncision: comme enfans d'Abraham, rejetta toute sorte d'inuocation des saincts, l'vsage des Images; commande d'adorer le grand *Alla* qu'est Dieu; & honnorer le Soleil: deffend toute

Loix de l'Alchoran.

Mmm 3

forte de difpute, & fciences fpeculatiues, n'admettant autre fçauoir que celuy de la guerre: donne le d'eftin pour croyance, afin de ne point apprehender les coups, ny la mort:(ce qui rend ceux de fa fecte fi hazardeux) prohibé de boire du vin:&permet la Poligamie, qu'eft d'auoir autant de femmes efpoufeez qu'on en peut nourrir par la faculté de fes moyens.

Par cefte fauce doctrine, il defceut premiers les Arabes, qui mefcontants des fubfcides que l'Empereur Heraclius, & fon fils Conftantin III. les auoient chargez, fe rebellerent, & auec les efclaues qui s'eftoient fauuez à l'Ifle de Medine, dreffa vn armee, & chaffa les Romains de la Surie ; vainquit les Perfes, & conquift l'Arabie, & peu à peu à donné tant de troubles à la Chreftienté qui luy fait à prefent poffeder la plus grande partie de la terre.

La Nation des Turcs eft naturellement cruelle : fa cruauté fe voit en ce que fes Empereurs font mourir fes freres apres eftre reconnus de leur vifiers, & Bachaz: comme firent Homain I. Mohomet I. & II. fes freres ; Selym fon pere, Solyman, & Mahomet III. ces propres fils, & Bajafet fes neueux : & aujourd'huy craignant leurs enfans, ont de couftume de tenir celuy qui doit succeder à l'Empire dans vn Chasteau bien fermé sans que iamais il puisse voir sa personne. La cruauté des Turcs se connoit encores en ce que ceste nation a en-contre cœur, l'armonie des Instruments, & la Musique, que l'Aristote asseure estre propre pour arrester les passions, rendre le cœurs ioyeux, & ouurir l'esprit pour apprendre les sciences: eux au contraire ne voulans autre exercice que celuy de la guerre ; ny autre instrument à la feste de ses nopces, que celuy qui les maine aux coups. Ainsi que le Sultan Solyman le monstra aux Musiciens, & ioueurs de violons, que le Roy de France François I. luy auoit enuoyé pour luy recréer l'esprit: qui les entendant chanter, & voyant qu'ils marient leurs voix auec l'armonie des Instruments; il y print vn grand plaisir: mais quand il se print garde que ceux de sa Cour, & le peuple se laissoit charmer en ces accords, & craignant que leur esprit ne s'amusat en cela pour prendre les armes en horreur : renuoya ces Musiciens au Roy apres leur auoir bruslé leur Instrumens, de peur qu'on n'en retint le modelle.

2. Politiq.

Les Turcs ont heu diuers noms estát au commancement appellez Ismaëlites, à cause du pere de Mahomet: apres furent appellez *Turcs*, pour ce qu'ils auoient fuy auec les esclaues dans l'Isle de Medine : car Turc veut dire bandoulier : ce nom les a jadis grandement offencés, & à esté la cause qui se sont appellez *Musalmans*, qui veut dire gens de bonne foy ; & sont estez nommez Mahometans à cause de Mahomet leur faux Prophete. Mais quittant ce discours nous viendrons voir le corps du Roy René dans son Tombeau ; & l'entrée de son neueu Charles d'Anjou, à la Comté de Prouence, & Seigneurie d'Arles.

Regne de Charles III. d'Anjou. Le bon Roy René estant mort, & son sepulchre laué d'vne mer de larmes de ses fidelles subjets. Son neueu Charles d'Anjou Duc du Mayne succeda à ses Royaumes, & Seigneuries, & mit à ses tiltres Charles III. Roy de Naples, Sicile, & Hierusalem, Comte de Prouence, & Seigneur d'Arles : mais ce ne fut pas pour longtemps ; car il n'eust pas plustost cuilly cette couronne Royalle dans le jardin Royal de ses Ancestres : reçeu le serment de fidelité de ses bons subjets de Prouence, & d'Arles : donné ordre aux affaires de son Estat ; fait des preparatifs pour aller conquerir son Royaume de Naples iniustemét detenu par les Espagnols ; & fait ligue auec les Roys de France, & de Portugal, qui luy promettoient

mettoient assistance en ceste guerre, que la Parque inhumaine jalouse de sa gloire sema au deuant de sa porte le funeste cypres de la mort, & le tira de ceste vie pour luy faire conquerir le Royaume des viuants, car il mourut à Marseille le vnziesme de Decembre 1481. premier an de son regne, ayant pendant la maladie (qui ne fut que de douze iours.) declaré le Roy de France Louys XI. & ses successeurs, Roys ses heritiers vniuersels, & successeurs en ses Royaumes, Comtez, & Seigneuries atte3du qu'il mourroit sans enfans, & c'est suiuant la derniere volōté du Roy René son oncle. Et pria par le mesme testement le Roy Louys XI. son heritier, le Serenissime Prince Monseigneur Charles Dauphin son fils, & les Tres Chrestiés Roys de France leurs successeurs, de vouloir auoir en recommādation son païs de Prouēce sa patrie, & terres adjacétes les conseruer, & maintenir en leur pactiōs, cōuentions, priuilèges, libertés, franchises, statuts, chapitres, exēptions, & perrogatiues: comme aussi en lois, vsages, mœurs, stilles, & coustumes; & icelles vouloir accepter, ratifier, & approuuer tout ainsi qu'il les auoit ratifiees, & approuuees, & promis d'accomplir & obseruer par serment solemnel en l'assemblee des trois

Testament du Roy Charles.

Nnn

estats de Prouence, apres la mort du Roy René son oncle, ainsi que plus à plein appert audit testement, fait le 10. iour de Decembre année susdite. Son corps fut porté dans l'Eglise de S. Sauueur d'Aix, où il auoit fait election de sepulture, & fut enterré dans la chapelle, dite à present du baptistaire: & en luy finit la Royalle race d'Anjou, qui auoit dominé la Prouence & Ar: les l'espace de 240. ans, despuis Charles d'Anjou premier frere de S. Louys Roy de France, & gendre du Comte Raymond Berenguier, en l'année 1238.

Fin de la troisiesme partie.

ARLES ET LA
PROVENCE HEVREVSEment reunis à la Couronne de France.

DERNIERE PARTIE.

OVT ainsi comme vn Nautonier, qui à la sortie du port agité des vents & de la tempeste, luy semble d'estre esleué par les ondes de la mer iusques aux nuës, & profondé tout a coup dans les abysmes, qui ayant par force abandonné son anchre, qu'il voit son gouuernail rompu, les voiles deschirées, ses annolis perdus, & soy hors d'esperance de trouuer le calme pour sauuer sa vie, si (dis-je) ce pauure desolé inopinement assisté du Dieu Neptune, se voit remis dans le port asseuré d'où il estoit parti, & que pour y reuenir il auoit tant

Nnn 2

prins de la peine, r'appelle ses esprits, & tout
rempli d'aise saute à terre, prend son gouuernail
rompu, vne partie du cable du vaisseau, & à la
façon des Anciens couppe sa parruque, pour
le tout offrir à ceste Maritime Deité en signe
d'allegresse, oubliant toutes les pertes qu'il peut
auoir receu dans vn si grand danger. Aussi la ville d'Arles, qui à la façon d'vn Nauire mal fretté,
estant sortie du Domaine de la France par le don
que Charles le Chauue Empereur en auoit fait
à Boso, & demeuré 700. ans separee de ceste
Couronne ; qui comme vn haure de grace la
pouuoit conseruer du naufrage; & que pendant
ce temps elle eust esté comme dans vne mer agitée, tantost esleuée iusques aux nuées par le titre
de Royaume & tantost abaissee dās les abysmes
par tant d'incommoditez qu'elle a souffert de
ses Roys. Pendant ce temps elle a parcouru ceste
mer d'vn costé & d'autre, & comme agitee de
tempeste elle vint des Ducs aux Roys, & des
Roys aux Empereurs, qui n'en estoiēt que Roys
imaginaires, & ses habitās comme nauchers ef-
frayez ayans abandonné l'anchre de leur fidelité, rompu le gouuernail de la Iustice, au temps
de Fréderic II. & poussez par vn trop impetueux
vent d'ambition, estendirent ses voiles dans vn

Arles com-
parée à vn na-
uire agité.

ordre, ou plustost desordre de Republique, qui leur fit perdre tout ce que la Communauté possedoit, le donnant aux Comtes de Prouence pour se mettre en repos : & comme hors d'esperance de iamais plus reantrer dans son premier port, furent constraints de se laisser couler soubs le ioug & l'obeyssance d'iceux, où ils ont demeuré l'espace de 250. ans, qu'est le temps qu'-Arles se donna aux Comtes Raymond Berenguier & Charles d'Anjou son gendre. Mais à ce iour fortuné que ceste ville se vit par la mort de Charles III. Roy de Sicile reantrer dans le domaine des François, où despuis mille ans elle auoit esté vnie par la conqueste que le Roy Childeberg en auoit faite sur les Gots. Ce fut pour lors qu'elle reprint sa premiere foelicité, & que ses habitans ayans rendu les deuoirs funebres au Roy Charles, arborerent les fleurs des lys de France sur le frontispice de ses portes, au throsne de ses Magistrats, au mitan de ses estendarts, & au plus haut de leur Maison commune : monstrans que comme l'or demeure tousiours or, & la substance d'iceluy retient sa valeur, ores qu'il aye passé par les mains des souffleurs : qu'aussi les habitans d'Arles auoient tousiours retenu la pureté de leur cœur François, bien qu'ils eussent

Ville d'Arles heureuse d'estre reunie à la France.

Nnn 3

passé par tant de supposez Seigneurs : & tous pleins d'allegresse ont estimé que ce changemét leur apportoit le mesme aduantage qu'oust Diomede en changeát ses armes de cuiure pour celles d'or de Glaucus : car sortans de la seruitude des Princes subalternes, qui n'entretenoient leur grandeur que de leur substance, ils entroiét soubs le throsne d'or de la Monarchie Françoise, la clemence des Roys Tres-Chrestiens, les loix des Francs, & dans la compagnie des vieux Gaulois leurs anciens aliez ; ainsi qu'eux & leurs peres l'auoient despuis si long temps désiré ; oublians leur perte passée, ont tous pleins de joye, du despuis demeuré auec mesme obeÿssance, honneur, & fidelité enuers leur Roy ; que des vrays subjets sont obligez d'estre, & cóme ames vrayement Françoises, & enfans des anciens Gaulois, n'ont partagé leur cœur en autres affections.

Regne de Louys XI. Roy de F. &c. Le Roy de France Louys XI. ayant reuni la ville d'Arles & la Prouence dans le domaine de la couronne Françoise par la mort de Charles III. Duc d'Anjou, enuoya dans Arles, comme la plus ancienne ville de Prouence, vn Comissaire, que fut le sieur Palamedes de Forbin son Lieutenant general, qui au nom du Roy receut du Clergé, de la Nobleſſe, du tiers Eſtat, & de tous les habitans le ſerment de fidelité, & ſuiuāt le pouuoir qu'il auoit de ſa Majeſté, confirma tous les priuileges, exemptions, franchiſes, & immunitez que la communauté d'Arles auoit auparauant, & adiouſtant à iceux, donna à la ville tous les Iſlons, cremens, & aluuions qu'eſtoiēt faits & ſe fairoient à l'aduenir dans le Roſne, deſpuis les murailles de la ville iuſques à la mer, comme appert dans les Archiues de la Maiſon commune au liure intitulé, *Corona*. *Don des Iſles faits à la ville d'Arles.*

Ce Roy pria le Pape Sixte IV. d'ordonner que la cloche fut ſonnee par neuf coups de batail en trois interualles à l'heure de midy, afin que le peuple fut par ce ſon inuité de prier Dieu pour le repos public du Royaume de France, diſant *l'Aue Maria.* Il ne fut Comte de Prouence & Seigneur d'Arles que deux ans & demy, ayant pendant ce temps fait recor... ſtre ſon fils Charles Prince Dauphin pour Roy de France, & ſucceſſeur en ſes Eſtats de Prouence, qui s'appella Charles VIII. Ce qui fut la cauſe que l'aſſemblee des Eſtats generaux du Pays tenuë dans Aix deputerent le Baron d'Entreuenes, le ſieur de Beines d'Arles, & le ſieur de Senas, pour & au nom de toute la Prouéce aller rendre hommage *Annales de France.* *Deppurez d'Arles au Roy.*

au Roy Charles, & luy prester le serment de fidelité, de quoy le Roy Louys son pere bien ioyeux donna pour recompense à ces trois Deputez l'Ordre de S. Michel, qu'il auoit n'a guieres institué, & estoit pour lors le plus grand ordre de France; & ne pouuoit estre donné qu'à trente Cheualiers; mais le Roy Louys voulant obliger les Prouençaux & la ville d'Arles, dispensa ces trois Seigneurs, & les fit supernumeraires dans l'ordre, & furent les premiers qui l'ont porté dás la Prouence, bien que du despuis cet ordre ait esté rendu trop commun. Ce mesme Roy Louys fonda les Chanoines de Tarascon, & fit faire le chef de saincte Marthe d'or de ducats, qu'est le plus riche Reliquaire de la France; & mourut l'an 1485.

Regne de Charles VIII Apres la mort du Roy Louys XI. Charles VIII. son fils, qui auoit esté declaré Roy de France du viuant de son pere, succeda à la Comté de Prouence, & Seigneurie d'Arles. Et voyant la crainte que tous les Prouençaux auoiét de tomber en la puissance des Lorrains, Princes estrangers, qui pretendoient d'auoir droict sur la Prouence, comme parens du Roy René, ou que sa Majesté la donnast à quelqu'autre Seigneur particulier. Ordonna par Edict que la Prouence seroit

des Roys d'Arles. 473

seroit pour iamais incorporee dans le domaine de France, sans en pouuoir estre desmembree. L'annee suiuante ce Roy vint en Prouence, & conuoqua les Estats du Pays dans la ville d'Aix, où se trouuerent tous les Prelats, Barons, Seigneurs, & Gentils hommes: ensemble les Deputez de toutes les Villes pour le reconnoistre: tous lesquels auec vn cœur joujal, & plain d'affection luy iurent fidelité, & obeyssance. A ceste assemblée, se trouua Messire Gauchier de Quiqueran, Baron de Beauieu, premier Cōsul d'Arles, qui obtint de sa Majesté la confirmation des dons faits par le sieur Forbin, & de tous les autres priuileges de la ville, ainsi qu'appert aux archiues.

Ce Baron de Beauieu, auec le sieur Louys Renaud Escuyer, Seigneur d'Alen, conseruerent en Arles les Reliques du glorieux Anachorete S. Anthoine de Thebaide, que les Viennois du Dauphiné vouloient enleuer de Montmajour à force d'armes (car ils auoient assiegé l'Abbaye) Mais Dieu qui a voulu que ceste saincte Relique demeurast dans Arles, & que ce glorieux Sainct fut son tutelaire deffenseur, donna courage à ces deux braues Seigneurs d'aller secourir les Religieux assiegez, & y courans en teste de plus

Du Religieux de S. Anthoine.

Ooo

de six-cens habitans de la ville donnerent la charge à ces Viennois, leur faisant quitter le siege, & à leur confusion prendre la fuite du costé d'où ils estoient venus: & les Reliques de S. Anthoine ayans estez mis dans vne chasse en forme de chef d'argent doré, que la Communauté fit pour lors faire furent portez de Montmaiour en Arles, & posez dans l'Eglise Parrochielle de S. Iulien dependante de l'Abbaye, le 9. Ianuier, 1490. estans Consul Iean Romei, & Floret de Fos Escuyers, Iaques Rouchardi, & Iaques Meinard Bourgeois, où ils sont tenus en grande veneration.

Les Consuls d'Arles entendans les plaintes que tous les habitans faisoient contre les perfides Iuifs, qui habitoient dans la ville, à cause des vsures qu'ils commettoient: car Arles, qui est vne ville de mesnagerie, subjete à la bonne ou mauuaise saison, les Iuifs se seruans de l'occasion offroient de l'argent à l'vsure aux habitans d'Arles, ce qui leur causoit le sommeil d'vne vaine esperance de pouuoir supporter celle tyrannie: mais cela estoit la perte de toutes leurs commoditez. Et comme dans Rome les vsures furent la cause de sedition, ainsi que l'asseure Tacite: aussi dans Arles le peuple s'estoit si fort esmeu qu'on

des Roys d'Arles. 475

euſt beaucoup de la peine d'eſuiter que tous les Iuifs ne fuſſent jettez dans le Rofne. dequoy le Roy Charles aduerty, & deſirant de capter touſ-jours mieux le cœur des habitans d'Arles, chaſſa par ſon edict ceſte maudite race de la Ville, & de ſon terroir l'an 1493.

Deux ans auparauant, les Iuifs ſe voyans grandemét hay en France, & que le Roy Louys XI. les auoit chaſſez de ſon Royaume auant qu'il fut Comte de Prouence; & qu'ils eſtoient menaſſez de meſme exil: eſcriuirent vne lettre aux Iuifs de Conſtantinople, leur demandent conſeil de ce qu'ils auoient à faire; la coppie de ceſte lettre à eſté fidellement tirée ſur vne vieille coppie de Archiues d'vne des plus fameuſes Abbayes de Prouence, laquelle i'ay trouué à propos d'incerer dans ce diſcours à cauſe de la curioſité.

Lettre des Iuifs d'Arles enuoyée aux Iuifs de Conſtantinople.

HOnorablez Iuzious, ſalut, & graci. Deuez ſaber, que lou Rey de Franzo que a de nouueau agut lou païs de la Prouenzo à fach cri public de nos mettre creſtians vo de quita

Ooo 2

fes terrous:& los d'Arlé, d'Aix, & de Marzeillo vuolon prendré noſtras bens, nos menazon de la vida, arrouynon noſtras Sinagogas, & nos fan pron de troublez, ſo qué nos ten confus de zo que deuen fairé per la ley de Mozen: quez la cauzo que vos pregan de voulé ſagiamen noz manda zo que deuen fairé.

Chamorre Rabbin des Iuſious d'Arlé lou 13. de Sabath. 1489.

Ceux de Conſtantinople firent toſt reſponce : mais ce ne fut pas en langue Hebraïque ny Prouençalle: mais en Eſpagnol: car ce langage eſtoit fort bien entendu en ce temps, veu que le Roy René, & ſes deuanciers eſtoient Comtes de Barcellone voyſins des Eſpagnols, laquelle trouuee enſuitte de l'autre i'ay inſeree à ſon langage naturel.

Reſponce des Iuifs de Conſtantinople à ceux d'Arles, & de Prouence.

AMados hermanos en Moiſen, vueſtra carta ricebimos en laqual nos ſignificais les habaijos, & infortunios que padeſcer ; de laſqua-

des Roys d'Arles. 477

les, il sentimiento nos a cabido en tanta parté como a vos otros; il parecer de los grandez Satrapas y Rabinos es lo sequienté.

A lo que dezis que el Rei de Francia os haze boluer Christianos: que lo hagais pues nó podeis otro: mais que se tiene la lei de Moisen el curazon.

A lo que dezis que os mandan quitar vuestras haziendos: hazeds vuestros hijos mercaderos para que, a poco a poco, les quiten las suias; A lo que dezis que os quitan las vidas: hazeds vuestros hijos Medicos, y Apotecarios, paraque las quiten las suias.

A lo que dezis que os destruien vuestras Sinagogas: hazed vuestras hijos Canonicos y Clerigos, paraquie les destruien sus Templos.

A lo que dezis que os hazen otros vexationes: procurais que vuestros hijos sean Abogados y Notarios y que semper intienda en negotios de Republicas: paraque sujagádo los Christianos ganeis tierra: y os podais vengar dellos. Non salgais desta orden que os damos por que per experiencia verreis que de abatidos verneis sertenido en algo.

V.S.S.V.F.F. Principe de los Iudeos de Constantinopola lo XXI. de Casleu.

l'ay trouué à propos de traduire ceste responce à nostre langage François, pour mieux donner à connoistre la malice de ceste nation.

Responce.

Bien aymez Freres en Moyse; nous auons receu vostre lettre, par laquelle vous nous signifiez les trauerses, & infortunes que patissez (le ressentimens desquelles nous a autant touchez qu'à vous autres:) mais l'aduis des plus grands Rabins,& Satrapes de nostre Loy,est tel que s'ensuit.

Vous dites que le Roy de France veut que vous soyez Chrestiens, faites le puis qu'autrement ne pouués faire: mais gardés tousiours la souenance de Moyse dans le cœur.

Vous dites qu'on veut prendre vos biens: faictes vos enfants marchants, & par le moyen du traffic vous aurez peu à peu tout le leur.

Vous vous plaignes qu'ils tantent contre vos vies: faictes vos enfants Medecins,& Appoticaires: qui leur fairont perdre la leur sans crainte de punition.

A ce que dites qu'ils destruisent vos Sinagoges: taschez que vos enfants viennent Chanoynes, & Clercs, pource qu'ils ruineront leur Eglise.

des Roys d'Arles. 479

Et a ce que dictes que supportez des grandes vexasions : faictes vos enfans Aduocats, Notaires, & gens qui soient d'ordinaire occupez aux affaires public, & par ce moyen vous dominerés les Chrestiens, gaignerés leurs terres, & vous vengerés d'eux. Ne vous escartés point de l'ordre que nous vous donnons : car vous verrez par experience que d'abbaissés que vous estes vous serés grandement esleués.

V. S. S. V. S. F. F. Prince des Iuifs de Constantinople le XXI. Decembre 1489.

Non sans cause les Iuifs furent bannis de la France, & de partie des Alemagnes : car en l'annee 1474. ils furent conuaincus d'auoir Crucifié vn petit enfant Chrestien de l'aage de 26. mois en derrision de la Passion de Iesus Christ, dans la ville de Trente, & vn autre à Venise l'an 1477. dequoy plusieurs furent executés, & le Pape Sixte IV. mit cét enfant qui s'appelloit Simon au nombre des saincts Martirs. *Naucles Sabellicus.*

Le Roy ayant mis ordre à tous les affaires de son Royaume de France, delibera d'aller prendre possession de ses autres Royaumes de Naples, & de Sicile, & passant à Rome, le Pape Alexandre VI. le reçeut auec affection, & le declara Empereur de Constantinople (ores que le *Le Roy de France à Naples.*

Turc y fut dedans defpuis Mahomet II.) & arriuant à Naples auec vne forte armee, perfonne n'ofa luy contredire, ains fut reçeu des Napolitains, & Siciliens, & reconnu pour leur legitime Roy, à qui ils iurerent toute obeyffance, fidelité, & fubjection; & pendant vn an qu'il y feiourna, vifita toutes les plus belles Villes, mit des fortes garnifons aux forterefles, & fe croyant dans l'affeurance partit pour reuenir en France.

A fon retour repaffa à Rome, & trouua que le Pape auoit quitté la Ville, craignant de quelque efmotion: ce qui l'occafionna de n'y point feiourner, & chemin faifant fut aduerty que tous les Princes Italiens meflés auec les forces Efpagnoles, auoient fait vn gros pour ruiner fon armee, prendre fes canons, & le faire prifonnier; cét aduertiffement luy fut fauorable, & *Bataille de Fournoue.* le fit tenir fur fes gardes; & rencontrant ce gros pres de Fournoue, leur donna fi viuement la charge, qu'à la honte de tous il gaigna la bataille, & tout plain de trophee arriua en France au grand contentement de la Reyne qui l'attendoit à Grenoble, & de tous les François.

Le voyage, & l'arriuee de ce Roy furent grandement heureux: mais quelque mois apres qu'il croyoit d'auoir trouué les repos, reçeut la trifte nouuelle

nouuelle que les Napolitains Siciliens, & Calabrois, s'estoiét reuoltez contre la teneur de leur serment, pour reconnoistre l'Espagnol,& qu'ils auoient tres-mal traicté les garnisons Françoises : ce qui luy donna de la tristesse, & le porta dans vne humeur melancolique auec vne fiéure lente,qui luy causa la mort dans peu de mois,& mourut sans enfans masles dans la ville d'Amboise regardant ioüer à la paume, assis pres de la Reyne le 7. Auril 1498. à qui succeda Louys XII. son Cousin.

Tout au commencement du Regne de Charles VIII. les Chanoines de la saincte Eglise d'Arles, qui auoient porté l'habit blanc soubs la Regle de sainct Augustin, des Chanoines Reguliers enuiron 300. ans, & depuis leur Archeuesque Petrus Isnardus:se firent secularifer par l'entremise de leur Archeuesque Nicolas Cibo, neueu du Pape Innocent VIII. ainsi qu'appert de la Bulle de secu'a isation,d'onnee par le mesme Pape l'an VIII de son Pontificat.

Chanoines d'Arles secularisez.

LOVYS XII. fils de Charles Duc d'Orleans Cousin, & plus proche parent du Roy Charles VIII. fut appellé à la couronne de France l'an 1498. & à l'entrée de son regne declara de nouueau la Prouëce du Domaine de France,

Regne de Lovys XII.

Ppp

& pour iamais inseparable de la Couronne: confirma à la ville d'Arles les priuileges, dons, franchises, immunitez, exemptions, & conuentions, qu'auoient esté faictes à la Communauté, tant par les Empereurs Romains, les Roys d'Arles, les Comtes de Prouence, que les Roys de France ses deuanciers ; & par exprez incorpora la ville d'Arles dans le Domaine de France auec la clause expresse, que iamais elle n'en pourroit estre d'esmembree. Ce Roy voyant Messire Iean Ferrier Espagnol Euesque de Mesphes en la Pouille, & Legat en sa Cour, enuoyé du Pape Alexandre VI. luy donna l'Archeuesché d'Arles vacante par la mort de Nicolas Cibo, & luy confirma tous les dons qu'auoient estez faits à son Eglise, & à sa mense : institua le Parlement de Prouence, & le plaça dans la ville d'Aix, qu'est tenu pour le plus sub l & clair-voyant Senat de l'Europe, à cause de la bonne Iustice qui se rend en iceluy. Ceste institution fut faite pour le soulagement des Prouençaux, attendu la distance du chemin qu'il y a iusques à Paris, où les appels estoient euoquez.

Institution du Parlemẽt de Prouence à Aix.

Ce Roy conquist la Duché de Milan, gaigna la bataille d'Aiguadel sur les Venitiens, & mena Barthelemy d'Aluiane leur Duc, & Andre Grit-

Annual. de France.

tus prisonniers en France, où il les retint deux ans, & iusques à ce que la paix fut faite auec la Republique, qui du despuis ont tousiours demeuré grands amis. Il s'acquist le nom de grand Capitaine, d'excellent Monarque, de Pere du Pays, & Pasteur de tout son peuple. Il regna dix-sept ans, & mourut sans enfans masles l'an 1514. apres la mort duquel les Estats de France appellerent à la couronne François I. de Valois Duc d'Angoulesme fils de Charles, & de Dame Louyse de Sauoye, petit fils de Iean aussi Duc d'Angoulesme neueu paternel du Roy Charles V. comme le plus proche parent en ligne masculine, suiuant les loix de France, mesmes qu'il auoit espousé auec dispense du Pape Dame Claude de France fille du defunct Roy Louys XI.

Comme c'est la coustume de ceux qui ont beaucoup cheminé dans vn long chemin, & que lassez d'iceluy se voyent proche de leur retraitte; tous plains de courage & desireux du repos taschent de faire leurs dernieres iournees auec plus de diligence qu'ils n'auoient fait les precedentes, & cherchent les plus cours sentiers pour arriuer à leur maison De mesme ay ie osé faire apres auoir beaucoup trauaillé dans la fabrique de ceste Royalle Couronne, & cherché d'vn costé & d'autre des curieuses matieres pour son embellissement, tant en ce

Ppp 2

Royaume, qu'aux terres estrangeres, voire parmy ceux qui sont les plus esloignez de la Foy; & me voyant proche de la fin, & aux pieds de nos Roys Tres-Chrestiens, à la gloire desquels elle doit estre deferee. I'ay pensé d'auācer mes discours, & chercher les plus courtes parolles dans la narration des Roys de France depuis Louys XI. attendu que l'histoire estant de fraiche memoire chacun en sçait plus que moy, & ay pensé de ne parler d'iceux qu'en ce qui me seruira de sujet pour la ville d'Arles, au loüange de laquelle; & par le deuoir d'vn compatriotte ceste œuure a esté commencee.

François I. LE ROY FRANCOIS I. que les historiens ont appellé grand restaurateur de la discipline Militaire, de la Iustice, & des Sciences, estant paruenu à la couronne de France, comme a esté dit cy-dessus. La ville d'Arles voulant monstrer la ioye que tous les habitans receuoiēt de l'heureux Regne de ce Prince, & le desir de luy rendre les obeyssances que des vrays sujets sont obligez de rendre à leur legitime Roy; deputerent le sieur Honoré de Brunet Escuyer premier Consul, & messire Anthoine de Quiqueran Baron de Beauieu, pour & au nom de tous les ordres des Nobles, Bourgeois, & tiers Estat de la Communauté aller offrir leurs vœux, & prester l'hommage de fidelité à sa Majesté: ce

des Roys d'Arles. 485

qu'ils firent dans la Ville de Paris l'an 1515. De-quoy le Roy tres-satisfaict confirma par les Lettres patentes tous les dons, priuileges, franchises, immunitez, & conuentions de la Ville. *Appert au liure sub verbo laus Deo.*

L'annee 1535. le Roy estant dans Arles venant de Marseille de voir le Pape Clement VII. de Medicis, apres que l'Empereur Charles V. eust honteusement quitté la Pouence, auec la perte de son armee; voyant le bon accueil que la Noblesse & les habitans d'Arles y faisoient, & bien informé du trauail & de la despence qu'ils auoient souffert aux fortifications de la ville, à l'entretien des gens de guerre que le Prince de Mesphes, le General Coulonne, & le Colonnel Bonceual y commandoient dedans pour le seruice de sa Majesté: comme aussi fut informé que la pluspart des escritures & vieux documens de la Communauté auoient esté perdus à cause que les Gascons, qu'vn Capitaine Arsac conduisoit, auoient mis le feu à la Maison de ville, en haine de ce qu'on punissoit de peine exemplaire aucuns de leurs compagnons qui auoient desrobé des maisons, & vielé des femmes des habitans: fit vne nouuelle confirmation des precedens priuileges, & entre autres parolles qu'il commanda

Nicol. Ægid. hist. Franc.

La Maison de vil. d'Arles brusler.

Ppp 3

d'estre couchees dans ses Lettres patentes, furent qu'il appelle Arles sa ville, & les habitans ses files & bien aymez sujets.

Ce Roy ayant eu beaucoup des fatigues de guerre, & fait prisonnier dans Pauie, il resista aux efforts de l'Empereur Charles V. venant en personne en Auignō pour l'empescher qu'il ne passast la Durence: deliura le Pape Clement VII. de prison, où le mesme Empereur le detenoit: chassa les Espagnols de Rome: gaigna la bataille de Cerisolles contre les Imperiaux: changea du consentement du Pape Clement l'Euesché de Magalonne à Montpellier, & remit la France en tranquilité. Apres cela Dieu luy voulant donner le repos perdurable l'appella de ceste vie, & mourut à Rambouillet le dernier iour de Mars, annee 1547 le 32. an de son Regne, & fut enterré à S. Denis: & luy succeda Henry Duc d'Orleans son fils, & de Dame Claude de France fille du Roy Louys XII.

Rosard de S. Martin. L'an 28. de son Regne, iour de S. Martin arriua ceste grande innondation du Rosne, qui tomba plus de 150. canes des murailles d'Auignon, le reuelin & la porte de S. Iean de Tarascon, innonda tout le terroir despuis la Durence iusques à la Mer, toute la Camargue, & les mer

des Roys d'Arles. 487

tairies d'icelle furent dans l'eau : & l'on pouuoit aiſément venir de Chaſteau Renard, Eyragues, & S. Remy par bateau : ce qui cauſa vne grande peſte, qui ſuruint apres, où la mortalité fut grande dans Arles. On a appellé du deſpuis ceſte innondation le Roſne de S. Martin.

HENRY II. de Valois Duc d'Orleans, qui eſpouſa dans Marſeille la Princeſſe Catherine de Medicis, Comteſſe de Boulongne, & Niece du Pape Clement VII. l'annee 1534. ſucceda au grand François de Valois ſon Pere à la couronne de France, à la ioye & applaudiſſement de tout le Royaume : car c'eſtoit vn Prince grandement Catholique, & ennemi iuré des Heretiques. Il le monſtra tout au commencement de ſon Regne, que l'hereſie de Martin Luther, iadis Religieux de l'Ordre des Hermites de S. Auguſtin, s'eſtoit ja eſpenduë en pluſieurs parts des Allemagnes, & que cet Apoſtat auoit preſché contre la pureté de l'Egliſe Romaine, l'authorité du Pape, le Celibat des Preſtres, la diſcipline Eccleſiaſtique, & l'vſage des Sacremens. Que Iean Caluin Chanoine de Noyon, & Melchior de Beze Cordelier impugnoient la realité du tres-ſainct & adorable Sacrement de l'Autel, le Purgatoire, les ſuffrages des Sainctz, la priere pour

Regne du Roi Henry II.

Hereſie de Luther & Caluin.

les Morts, l'Abstinence du Caresme, les Images & Croix, l'obeyssance aux Roys, puis qu'ils vouloient rendre la Monarchie Royalle à vne Democratie, ou Aristocratie, contre la doctrine de l'Apostre, qui oblige les Chrestiens d'estre obeyssans aux Roys, à peine d'estre rebelles aux ordonnances Diuines : & auec Luther releuoient toutes les autres heresies passees. Fit deffence par exprez qu'aucun de son Royaume n'eust à suiure leur doctrine, leur donner ayde, faueur, ny support à peine de la vie : & en effect il fit brusler & pendre plusieurs de ces Heretiques dans la ville de Paris, & durant son Regne aucun n'osoit paroistre dans son Royaume.

La ville d'Arles voyant l'heureuse arriuée de ce Roy à la couronne de France : deputerent le sieur Honoré de Lestan de Parade premier Consul, & le sieur Bernard Guinot Escuyers, pour & au nom de la Communauté, aller dans la ville de Paris rendre hommage, & prester le serment de fidelité à ce nouueau Roy : comme auoit esté fait à ses deuanciers : & supplier sa Majesté de vouloir confirmer à la Ville tous les priuileges, statuts, conuentions, & exemptions qu'elle auoit : ce que le Roy leur accorda facilement : comme bien informé de l'amour que le feu Roy son pere

pere portoit à la ville d'Arles, & de l'obeyssance, & fidelité de tous les habitans: ainsi qu'appert de ses Lettres patentes gardees dans les Archiues.

A ce Roy furent aussi deputez de la part du Clergé de la Metropole, & des Suffragants, l'Euesque de Marseille, & Messire Anthoine Aube Preuost de la saincte Eglise. Ce Preuost outre qu'il estoit grandement recommandable par ses vertus, il estoit digne d'honneur à cause de son extraction, pour estre issu de la noble & ancienne maison de R. d'Aube, (que le sieur de Nostra-Dame mal à propos veut apeller Albé) premier Gentil homme de la Cour du Prince Charles d'Anjou frere de sainct Louys, & Comte de Prouence; qui seruit genereusement ce Prince en la bataille qu'il gaigna à Beneuente, où Manfredus Roy de Sicile fut tué, & le Prince conquit le Royaume; la noblesse de ceste maison s'est tousiours maintenuë dans son splendeur, puis qu'entre toutes les Maisons nobles de Prouence a esté fertile en Cōmandeurs & Cheualeries de Rhodes & de Malthe; voire des plus releuez de l'Ordre: a eu quatre Preuosts dans la saincte Eglise pendant vn siecle entier, & iusques à present que Messire Iaques Aube est me-

Qqq

ritoirement prouueu de la Preuosté. La communauté d'Arles ayant reconnu les merites de ceux de ceste maison, puis qu'ils les ont tenus dans le conseil au premier rang des Nobles, & l'annee presente 1640. ont honnoré le Sieur Aube, Seigneur de Roquemartine & du Thoret de la pourpre & authorité de premier Consul & Gouuerneur de la ville, comme ses ancestres l'auoiét esté, Dieu l'ayant ainsi ordonné pour faire voir la noblesse de son cœur, & l'affection toute sainéte qu'il a tousiours eu pour le bien public; mesmes en ce temps deplorable que la ville s'est trouuee affligee de peste, pour à quoy remedier il n'a espargné sa peine, son soin, & sa santé : & comme vn pere de la Patrie, n'a laissé couler l'occasion d'assister les pauures, de consoler les affligez, prouuoir aux malades, & conseruer les biens de tous les habitans. Il s'est trouué grandement assisté du sieur Pein Escuyer, second Consul, & des Sieurs Iaquin & Meynier aussi Consuls au rang des Bourgeois, qui tous esmeus de charité enuers la Patrie ont rendu des tesmoignages de vrays Magistrats, & dignes de telle charge.

Ce Roy regna 13. ans, & mourut l'an 1560. d'vne infortunee blesseure qu'il eust à la iouste par vn tronçon de lance qui luy donna dás l'œil. Il laiſſa quatre enfans maſles en bas aage; ſçauoir François II. qui le ſuccéda, Charles Duc d'Orleans, Henry Duc d'Aniou, & Alexandre, qui tous furent eſleuez ſoubs la Regence de la Reine leur Mere. Euſt trois filles, Yſabeau qui fut mariee au Roy d'Eſpagne, Marguerite qui fut Reyne de Nauarre, & Claude qui fut mariee au Duc de Lorraine.

FRANCOIS II. eſtant reconnu Roy de France, & la Reyne ſa Mere Regente à cauſe du bas aage d'iceluy, qui n'auoit atteint que le treſiéſme an de ſon aage. La ville d'Arles y deputa incontinent les Sieurs Pierre de Sades, Seigneur de Gou, premier Conſul, & le ſieur Trophime du Deſtre Eſcuyers, qui comme les ſuſnommez preſterent au Roy & à la Reyne Regente les hommages & ſermét de fidelité au nom de toute la ville, & obtindrent de leur Majeſté la confirmation de tous les priuileges, & conuentions que la communauté auoit: mais au ſecond an de ſon regne que ce fleuron royal commençoit de donner la bonne odeur de ſon zele, les marques de ſa valeur, & l'eſperance de ſa bonne Iuſtice: qu'il ſe declaroit comme ſon Pere, & ſes deuanciers Roys de France ennemi iuré des He-

Regne de François II.

492 *La Royalle Couronne*

retiques, & deffenseur de la saincte Eglise; que tout le Royaume entroit au comble de la fœlicité (ores que Caluin eust assemblé vn conciliabule dans la ville de Geneue, & conclu en iceluy de faire la guerre contre le Roy, & l'Eglise Romaine, ainsi que l'asseure le docte Genebrad dans sa chronologie: mesmes que prenans leur aduantage du bas aage du Roy, & de la fragilité du sexe de la Reyne, firent l'entreprinse d'Amboise & de Lyon, quoy que par grace specialle du ciel elle ne vint à effect) la mort enuieuse du bien des François flestrit la candide beauté de la vie de ce bon Monarque, qui mourut le dixhuictiesme mois de son Regne, & quinsiesme an de son aage : luy succedant Charles Duc d'Orleans son frere.

assemblée des Heretiques à Geneue.

Le Lys de France, qui à la mort d'Henry II. estoit composé de quatre Royalles fleurs se trouua priué de la premiere par le decez du Roy François II. ce qui fut la cause que Charles Duc d'Orleans son frere, n'ayant encores atteint que l'vnsiesme an de son aage, succeda à la couronne, & fut reconnu Roy de France soubs la Regence de la Reyne sa mere l'annee 1561. & appellé Charles IX. La ville d'Arles ayant la funeste nouuelle de la mort du Roy François, & la fortune de l'ad-

Regne de Charles IX.

des Roys d'Arles. 493
uenement à la courône du Roy Charles, le Conseil deputa promptemét les Sieurs Iean Parisot Escuyer, Nicolas Aubert, & Anthoine Courtois Bourgeois, pour aller à Paris rendre hommage, & prester serment de fidelité au Roy, pour & au nom de toute la communauté d'Arles; & demāder à sa Majesté la nouuelle confirmation des priuileges de la ville, ce qui leur fut accordé.

Ce Roy eust des grāds troubles dans son Royaume, causez par les heretiques Caluinistes, qui se preualans de son bas aage auoient surprins les meilleures villes (& plus sacrileges que les Payens, qui respectoient en tout & par tout les Temples des Idoles) abbatoiét les maisons Sainctes, poudroyoient les sacrez Autels, sacrifioiét les Prestres, prophanoient les choses plus Sainctes, brusloient les Croix, & poignardoient les Images. Et bien que le Roy eust deffédu l'exercice de toute nouuelle Religió, ne voulátque dans son Royaume se professast que la Religion Catholique Romaine; qu'il eust gaigné la bataille de S. Denis contre les Protestans; & fait executer la iournee de S. Barthelemy, fut comme constraint de permettre la liberté de conscience (ainsi qu'auoit fait l'Empereur Charles V. dans les Allemagnes), afin de soulager son pauure

Tit. Liu Decad. l. 1. & l. 2.

Liberté de conscience publie.

Qqq 3

peuple : car l'Admiral de Chaſtillon, auec le Baron des Adrets auoient pillé Lyon, Valence, & venus iuſques au pont du S. Eſprit prindrent Orange, & vouloient venir prendre Auignon, & Arles : mais n'y trouuans leur compte furent conſtraincts de rebroucer chemin. Se fit encores la defaite de S. Gilles, tout pres d'Arles, par ceux du Languedoc, qui tenoient la ſecte de Caluin, que fut l'an 1562. L'Edict de paix eſtant publié le Roy print la reſolution de viſiter ſon Royaume afin de conſoler tous ſes bons ſubjects Catholiques, imitant à cela le Soleil qui ne demeure pas touſiours à vn coing du Zodiaque : ains fait le tour de tout le monde en vn iour, & partage l'annee en douze maiſons, afin que tous les climats de la terre reſſentent ſa vertu : auſſi le le Roy ayant prins ceſte reſolution, vint honnorer la ville d'Arles de ſa Royalle preſence, & y fit ſon entree l'annee 1564. au mois d'Octobre, où il fut receu auec l'applaudiſſement du Clergé de la Nobleſſe des Bourgois, & de tous les Habitans, eſtant pour lors Conſuls les ſieurs de Boche, d'Aiguieres Eſcuyers pour la partie des nobles, Sabatier, & la Voute pour la partie des Bourgois, qui pour honnorer ceſte entree auoient preparé des ſomptueux portaux, des arcs, des

Entree du Roy Charles en Arles.

obelisques, prospectiues, & theatres d'honneur
à la porte de la ville, & par les rues où sa Majesté
deuoit passer, le tout enrichi de belles figures en
bosse & plate peinture, auec des emblemes & di-
uises grandement subtiles: on y voyoit des gro-
tesques, festons, & chapiteaux bastis d'vn excel-
lente simmeterie: le tout dressé par gens doctes.
Les Consuls estoient suiuis de la Noblesse, & de
plusieurs Bourgeois, tous bien montez & parez.
Le Capitaine de la ville & ceux des quartiers
conduisoient vne infanterie d'habitans en tres-
bel ordre, qui saluerent le Roy à la porte par
l'escoupeterie de leurs arquibuses, & furent
suiuis des tonnerres des canons, & de la generalle acclamation du peuple, qui tous tressaillis de
ioye d'auoir la presence d'vn si bon Roy crioiét
à gosier ouuert, viue le Roy.

La mesme annee que le Roy Charles entra *Concile de Trente.*
dans Arles le sacrosainct, & œcumenique Con-
cile de Trente fut paracheué soubs le Pontificat
du Pape Pié IV. qui auoit esté cómencé du Pontificat du Pape Paul III. l'an 1542. incontinant
que l'Apostat Luther eust d'escouuert le venin
de son heresie dans la Duché de Saxe, auquel il
fut cité de comparoistre auec bon sauf conduit
comme furent aussi Iean Caluin, & Melchior de

Beze, qui auoient inuenté nouuelles heresies du Pontificat de Iule II. qui fit continuer le Concile à Trente, veu qu'on l'auoit changé à Bologne, à cause de la preste, ou aucun d'eux ne voulut comparoistre pour donner raison de sa mauuaise doctrine : ce qui fut la cause que les peres trauaillerent en iceluy iusques en l'annee 1564. & ayant bien examiné leur fauce doctrine, & reffuté toutes leurs opinions, les declarerent heretiques, anathemes, & contraires à la vraye foy, & croyance de l'Eglise Catholique Apostolique & Romaine.

Ce Concile fut composé de dix Cardinaux auec le Legat du Pape, de trois Patriarches, de Trente-quatre Archeuesques, de deux cens quarante quatre Euesques, de huict Generaux d'ordre, de cent trente trois Docteurs en Theologie, de plusieurs Ambassadeurs des Roys & Princes Chrestiens, & quantité de Procureurs enuoyez des Euesques deffaillans. A ce S. Concile tous les points de la foy furent decidez pour le repos des ames, les liures des Docteurs examinez, & la discipline Ecclesiastique bien ordonnee : aux Canons, & Ordonnances duquel aucun ne peut contredire sans encourir l'Anatheme.

Du regne de ce Roy en l'annee 1568. le iour de

de sainct Michel l'Archange 29. de Septembre, *Massacre des Prestres à Nesmes.* fut fait le massacre des Prestres de Nismes, d'Aimargues, & Lunel le grand, par les heretiques de Priuas, du Viuarez, & des Seuenes, qui venus dans Nismes soubs la faueur de la foyre auec l'intelligence des Huguenots de la Ville pillerent la foyre, plusieurs maisons des Chatholiques, & les Eglises: & treuuent les pauures Prestres qui entendans l'alarme s'estoient retirez dans la maison Episcopale pour estre pres de leur Pasteur, les jetterent tous l'vn apres l'autre dans le puits de la bassecourt du Palais Episcopal: car ces sanguinaires leur donnoient vn coup de dague à sang froid, & les iettoient dans le puits, mesmes qu'ils n'espergnerent trois petits enfans de chappelle, l'vn desquels ne cessa de chanter. *Christe fili Dei viui miserere nobis*, aussi courageusemés; que s'il eust esté au milieu du chœur de l'Eglise pendant l'office; & auec ce melodieux chant son ame fut associee à la musique des des Anges pendant que son corps descendoit dans le puits auec les autres victimes. Au nombre de ces hosties fut le Pere Quatrebar Docteur Theologal du Chapitre de Nismes, & Religieux des Peres Hermites de S. Augustin, appellé par sa bóne foy, & doctrine le fleau des Heretiques, qui mourant le dernier exhorta à la constance & mort du Martyre tous les autres Prestres, qui estoient au nombre de quarente-neuf, sans les trois enfans de chœur.

L'Euesque de Nismes en Arles. L'Euesque de Nismes qui ne se promettoit pas plus grande grace que les autres, apres auoir veu pillé la maison, eust la vie sauue à cause qu'il estoit parent de la Reyne mere: mais il fut exilé de son Euesché, separé de ses ouuailles, & conduit en Arles, où il fut le bien receu de tous. Au lieu d'Aymargues qui appartient à la maison de Crusol y furent tuez le mesme iour sept Prestres, l'vn desquels estoit à l'Autel, celebrãt la saincte Messe, & ayant ja dict l'Euangile fut prins, & mené auec ses habits Sacerdotaux à la petite porte de l'Eglise, & illec tué à coups d'allebarde, comme furent tous les compagnons, qui comme luy estoient à l'Eglise. Au grand Lunel en furent tuez au nombre de douze. Bref il n'y eust vilage au Diocese de Nismes, d'Vsez, & de Mõtpellier qu'il n'y eust des Prestres tuez, & des Eglises abbatuës, ainsi qui se peut voir encores auiourd'huy.

Cardinal de sancta Cruce La triste nouuelle de la mort de ces pauures Athletes estant diuulguee par tous les cantons de la Chrestienté, occasionna le Pape Pie IV.

d'enuoyer au Roy Charles vn Nonce, que fut Messire Prosper de sancta Cruce Gentil-homme Romain, grand Iurisconsulte, qui auoit esté fait Aduocat du Consistoire par le Pape Clement VII. de Medicis, Auditeur de la Rotte par Paul III. & Euesque *in creta Chisanens.* par Paul IV. pour supplier sa Majesté, comme fils aisné de l'Eglise, d'employer ses forces au chastiement des Heretiques de son Royaume, attendu les maux que l'Eglise Gallicane receuòit d'iceux. Ce Prelat se porta si bien à sa commission que le Pape & le Roy admirerent sa prudence, & en reconnoissance de ses trauaux le Pape Pie V. l'orna à la requisition du Roy de la pourpre de Cardinal soubs le titre de S. Ambroise. Ce mesme Pape luy moyena la resignation de l'Archeuesché d'Arles que luy en fit le Cardinal Hypolite Estensis, qui n'osoit demeurer en France à cause des grands troubles. *Cardinal de sainte Croix Archeuesque d'Arles.*

Ce Cardinal sçachant que le feu Iean d'Embrognaco Cardinal & Archeuesque d'Arles fondant le College de S. Nicolas d'Auignõ, y auoit ordonné place pour quatre enfans d'Arles, ou de sa Prouince, que durant six ans deuoient estre entretenus aux estudes & nourris dás ledit College, & qu'au preiudice d'iceux les places estoiét *Colege de S. Nicolas d'Auignon.*

Rrr 2

donnees à d'autres, en fit plainte au Cardinal d'Armagnac, pour lors Colegat & Archeuesque d'Auignon, qui à sa requisition remit les places suiuant la teneur de sa fondation, & ont demeuré en cest estat iusques à l'annee 1608. que les places ont esté donnees à d'autres.

Le Roy se maria auec la Princesse Ysabeau d'Austriche, de laquelle n'eust aucun enfant masle: il gaigna la bataille de Moncontour contre ceux de la pretenduë Religion l'an 1569. le 3. iour d'Octobre, l'armee estant conduite par son frere Henry Duc d'Anjou, & puis Roy de Pologne & de France. Enfin ce bon Roy qui estoit le Pere des Ecclesiastiques, l'appuy & la desféce des Catholiques, l'ennemy iuré des Heretiques, & la consolation de tout son Royaume, ayant fait des beaux Edicts pour la conseruation de la Paix, l'administration de la Iustice, & la tranquilité de l'Estat. Mourut au bois de Vincene grandement regretté de sa Cour & de tous les bons Catholiques de la France le 14. an de son Regne, & 28. de son aage, l'annee 1574. à qui succeda son frere Henry Duc d'Anjou, & Roy de Pologne.

Regne d'Henry III. HENRY III. surnommé le Liberal Roy de Pologne, frere du Roy Charles IX. succeda à la couronne de France (bien qu'abſent) & fut declaré Roy de France par tout le Royaume, & la Reyne Mere Regente iuſques à ſon arriuee (veu qu'il eſtoit en ſon Royaume de Pologne) A ſon arriuee il trouua la France comme vn arbre batu de la foudre & de la tempeſte, dans le feu des guerres eſmeues, tant par ceux dé la pretenduë Religion, que par les Princes & grands Seigneurs, qui pour ſaouler leur paſſion fauoriſoiēt qui vn party qui l'autre. Ce Roy eſtant ſarcré inſtitua l'Ordre des Cheualiers du S. Eſprit, qu'eſt auiourd'huy, & deſpuis ſon inſtitution le grand Ordre de France, & ce en action de grace que Dieu l'auoit appellé à deux Couronnes dans vn meſme an, & auoit eſté couronné à meſme iour: car l'an 1574. le 15. Feurier, il fut couronné Roy de Pologne, & l'an 1575. au meſme iour fut couronné dans l'Egliſe de Rheims Roy de France.

Pluſieurs ordres ont eſtez inſtituez en France par les Roys tres-Chreſtiens, qui les ont donnez à ſes plus fidelles, pour recompence de leur valeur. Le premier eſt celuy de la Genette qui fut inſtitué par le Prince Charles Martel, qui par ſa valeur reſtaura la Sceptre languiſſante de nos Roys, & deffendit le Royaume contre les Safrazins. Il inſtitua cet Ordre à l'hōneur de ſa fēme,

Ordres des Cheualiers de France.

qui s'appelloit Ieanne, ainsi que l'asseure Haillan; & auoit pour enseigne vne Genette d'or esmaillée de blanc de cendre, entachée de noir, qu'il donna aux plus vaillans Capitaines qui l'auoient assisté, & a esté approuué par les Roys de France iusques à S. Louys.

Le second Ordre fust de l'estoile institué par le Roy Iean de Valois de France, en memoire de l'Estoile qui accompagnoit les trois Roys en la ville de Bethleem, ayant pour diuise tout autour. *Monstra Regibus Astra viam.* qui a duré enuiron soixante ans.

Ordre de S. Michel. Le troisiesme Ordre est de S. Michel Archange, qui est vn collier d'or couuert de coquilles atachées l'vne à l'autre auec l'image de S. Michel pendant, auec ceste diuise. *Immensi tremor Occeani*, que le Roy Louys XI. institua l'annee 1469. faisant transporter la coustume des Anciens Romains, que pour marque de leur noblesse portoient d'ordinaire vn collier d'or; comme en effect ils le faisoient porter aux originaires d'Arles quand ils alloient habiter à Rome, associez à leurs priuileges; la cause de ceste institution fut qu'on auoit veu l'Archáge S. Michel sur le pont d'Orleans qui donnoit la fuite aux Anglois au temps du Roy Charles VII. son pere, & de Ieanne la Pucelle.

des Roys d'Arles. 503

Le quatriesme c'est le grād Ordre du S. Esprit, qui fut institué par le Roy Henry III. l'an 1579. le premier iour de Ianvier qu'est vne croix octogone d'or esmaillée de blanc, ayant au milieu d'icelle le S. Esprit en forme de colombe pendante à vn collier d'or tenant toutes les espaules parsemé de fleurs de Lys, de lamdas, & de flammes. Les Chevaliers qui sont honnorez de cet Ordre pour estre discernez des autres portent d'ordinaire la croix octogone pendante à vn ruban bleud en escharpe, & sur le manteau en broderie d'or & d'argent du costé gauche, qui est le lieu du cœur, pour monstrer qu'ils ont iuré de cœur & d'ame d'estre fidelles au Roy, & deffenseurs de la Foy Catholique Apostolique Romaine, & d'effect aucun de contraire Religion n'y peut estre receu.

Le Roy ayant esté couronné vint à Lion, & de là en Avignon, où la cōmunauté d'Arles deputa le sieur Iean Renaud Seigneur d'Alen premier Consul de la part des Nobles, Louys Borel Consul de celle des Bourgeois, & avec eux Messire Pierre de Chastillon Seigneur de Benies Chevalier de l'Ordre du Roy, le Sieur Valentin de Grille, Seigneur de Robiac, qui a du despuis esté Viguier pour le Roy dans la ville, Iaques Bouzon & Iean Borel Bourgeois, pour & au nom de la communauté rendre les hommages, & serment de fidelité à sa Majesté: luy offrir le cœur, l'affection, les biens, & la vie de tous les habitás, & luy demander la confirmation des priuileges, & conuentions de la ville,

Le Roy voyant ces Deputez, & bien informé de la fidelité des habitás d'Arles au seruice de sa couronne; ayant ja veu l'affection de tous à l'entreé du Roy Charles son frere (car il l'accompagnoit auec le Roy de Nauarre Henry de Bourbon, à present surnommé le Grand, de qui nous parlerons cy apres:) non seulement les reçeut auec visage serain & iouial; mais encores leur accorda leur demande, & confirma tout ce que ses deuanciers Roys de France auoient fait en faueur de la ville d'Arles.

Ce Roy se maria auec la Princesse Louye de Lorraine, qui estoit la plus belle feme de l'Vniuers, l'an 1576. mais il n'eust aucū enfant d'icelle. Il mourut à S. Clou par la main parricide d'vn Religieux Apostat, qui entrant dans sa garderobe luy dóna vn coup de couteau au petit ventre le 15. de son Regne, annee 1589. & en luy la race de Valois finit, à cause que son frere Alexandre estoit mort en Flandres. A ce Roy succeda

des Roys d'Arles. 505

ceda le Grand Henry de Bourbon Roy de Nauarre, fils d'Anthoine de Bourbon, de la race de Capet, neueu de S. Louys, second Duc de Vendosme tres-bon Catholique (qui mourut au siege de Rouën estant Gouuerneur pour le Roy Charles IX. de la Picardie, & Lieutenant general de l'armee Catholique l'an 1562. & de Ieanne fille vnique d'Henry d'Albert Roy de Nauarre, qui auoit apporté à son mary le Royaume de Nauarre pour dot (aussi estoit il despuis son mariage appellé Roy de Nauarre.

Du Regne d'Henry III. que l'alienation du temporel de l'Eglise de France luy fut permise pour faire la guerre aux Heretiques : Trinquetaille qui estoit de la mense de l'Archeuesque, despuis la confiscation faite à Barral des Baux, fut acquise à la cōmunauté d'Arles, & les Sieurs Consuls en furent Seigneurs auec plaine Iurisdiction, comme ils sont encores. Estant pour lors Archeuesque M. Siluio de saincte Croix, neueu du Cardinal, & auparauant Archidiacre de la saincte Eglise, & en l'annee 1580. la ville d'Arles fut grandement affligee de peste, où mourut plus de la moitié des habitans, & sans le bon ordre que les Consuls & Gentils-hommes de la ville mirent au soulagement des pauures, & con-

Trinquetaille aux Consuls d'Arles.

Sss

seruation des habitans on couroit le hazard d'vne plus grande mortalité. Et en l'annee 1583. *Rosne de S. Barthelemy.* arriua ce grand desbordement du Rosne le iour de S. Barthelemy 25. Aoust que l'eau passant sur les chaussees de la Camargue, & de tout le terroir d'Arles noya tout le bestail, innonda les bleds qui estoiét encores par les aires: il n'y auoit meterie dans la Camargue, que ceux qui estoient dedans ne fussent constrainéts de se mettre sur le toiét pour esuiter l'eau, & quantité de personnes furent noyees dans les cabanes: la vendange fut aussi gastee, & le terroir si couuert de l'eau, qu'il fut impossible de semer l'annee suiuante. La vehemence de l'eau estoit si grande qu'elle tomba la plus part des murailles de la Ville le long du Rosne. C'estoit vne chose deplorable de voir passer au deuant les portes de la ville d'Arles sur la riuiere des gerbieres du bled toutes entieres, des couuerts des maisons auec des hommes, & des femmes dessus crians à l'aide, des berceaux auec des enfants dedans, quantité de meubles, & de bestail sans les pouuoir secourir: car il estoit impossible de pouuoir faire nauiger les batteaux.

Et la mesme annee les Catholiques qui auoiét la garde des Villes, de Montpelier, d'Aiguemor-

des Roys d'Arles. 507

tes, de Soumieres, Lunel, Aimargues, & Nismes, furent desarmez, & mis soubs le ioug, & subjection de ceux de la pretenduë Religion, qui iusques à l'annee 1622. que Louys le Iuste les desliura, ayant pendát ce temps enduré infinité d'iniures l'an 1589. le Conuent des Capucins qu'est à present fut commencé en Arles, estant Archeuesque Mess. Siluie de sancta-Cruce, neueu du Cardinal, estans eux logez auparauant à l'Eglise de sainct Honorat. *Couuent des Capucins.*

HENRY quatriesme surnommé le grand, Roy de Nauarre, fils aisné de la maison de Bourbon, succeda à la couronne de France apres la mort d'Henry III. de Valois, puis que la maison d'Orleans des Valois estoit finie, & fut proclamé Roy de France l'annee 1589. Ce Prince fut le plus genereux, & plus hardy qu'aye iamais porté couronne en toute la race des Capets; & bien qu'il trouuast son Royaume occupé par la Ligue, que les voleries estoient frequétes par tout, qu'on ne pouuoit voyager qu'en courant fortune, & des biens, & de la vie, (à quoy les Roys Charles IX. & Henry III. n'auoient peu remedier,) que toute l'Espagne fut en armes pour luy empescher la iouyssance de sa Couronne. Il vint auec l'assistance du Ciel heureusement *Regne du grád Henry.*

Sss 2

au deſſus des vns, & des autres; & rendit les chemins libres, les maiſons champeſtres aſſeurees, & toute la France en repos: obligeant par ſa Clemence ſes ſubjects de loüer Dieu, d'auoir rencontré vn ſi bon Prince, & les occaſionna de luy obeir comme Roy, l'aimer comme Pere, & le craindre comme leur Souuerain.

Ce qui conſola d'auátage tous les bons François, fût de luy voir faire profeſſion de la Religion Catholique Romaine l'annee 1593. & que touché du feu du ſainct Eſprit qui eſt le conſeillier des Roys; il enuoya au Pape Clement VIII. des Ambaſſadeurs, pour eſtre reçeu au giron de l'Egliſe, & luy donner l'abſolution: (car dés ſa ieuneſſe il auoit eſté infecté du Caluiniſme:) ce que le Pape luy accorda au grand contentement du ſacré Conſiſtoire, & la ioye de toute la Chreſtienté.

Arles reçeu-noi le Roy.

Les habitans d'Arles, qui auoient ſuiuy le party de la Ligue, ayans apriuſ que le Pape auoit reçeu le Roy, & l'auoit declaré fils aiſné de l'Egliſe tous remplis d'aiſe en chatèrent le *Te Deum laudamus* auec Proceſſion ſolemnelle, & eſclairerent toute la Ville en fœux de ioye, & eſclairs de canonades, crians tout haut, viue le Roy, Henry de Bourbon: ce qui arriua au mois d'Octobre annee 1594. Et recônoiſſant auec amour ceux qui venoient à la Ville de la part du Roy, les prioient d'aſſeurer ſa Majeſté de leur fidelité, & perpetuelle obeïſſance.

Non ſeulement les habitans d'Arles, monſtrerét leur affection aux Commiſſaires du Roy, & de la Cour, ny à Monſeigneur le Duc de Guiſe Gouuerneur de Prouence, venant faire ſon entree en Arles, le 29. Iuin, iour & Feſte des Apoſtres ſainct Pierre, & ſainct Paul, de l'annee 1595. par tant d'Ars triomphás, eſleuez à la porte de la Ville, de tonnairres des canonades, & des honneurs que toute la Nobleſſe luy rendit : mais encores le Conſeil députa Meſſire Robert de Quiqueran Sieur de Beaujeu, Cheualier de l'ordre du Roy; le Sieur Richard de Sabatier Eſcuyer, & ſecond Conſul M. Anthoine Ferrier Aduocat, & Aſſeſſeur de la Ville, & Anthoine Oliuier Bourgois ; pour & au nom de la communauté, aller en la ville de Paris, offrir les vœux de tous les habitans, rendre l'hommage, & preſter ſerment de fidelité à ſa Majeſté, & la ſupplier treshumblement de vouloir confirmer à la Ville les priuileges, ſtatuts, exemptions, fráchiſes, immunitez, & conuentions qu'elle auoit, ainſi que les Roys ſes Predeceſſeurs auoient fait. Ce Monar-

Le Duc de Guiſe en Arles.

Députez d'Arles bien reçeus du Roy.

que voyant les députez d'Arles, & auparauant leur arriuee estant bien informé de la prompte obeïssance que la ville d'Arles luy auoit presté; leur monstra son affection, & leur fit la mesme caresse que l'Empereur Theodoze auoit fait aux députez d'Anthioche qui les ambrassant leur accorda tout ce qu'ils leur demandoit, & leur promit d'auoir vne particuliere souuenance de sa ville d'Arles. Et pour marque de son affection desirant de rendre ceste Ville dans le lustre qu'elle auoit esté parmy l'antiquité, & exalter son nom seur toutes les villes de la France; ordonna qu'à ses despens elle seroit agrandie du costé des moulins à vent: comme se voient encores les vestiges: car c'est œuure fut discontinuee par la mort de ce grand Roy.

Le regne de ce Monarque à esté si heureux, que la France à iouy pendant iceluy d'vn siecle d'or, pource que dés le iour qu'il entra à la possession de ceste Couronne l'ardeur du feu des heresies fust esteint, la foy fut exaltee, les Eglises furent ouuertes, la Messe fut celebré auec liberté, l'exercice de la Religion Catholique Romaine fait en tous les lieux de son Royaume: les Ecclesiastiques furent reintegrez dans leur bien: donna grace, & abolition à tous les rebelles; & faisant

des Roys d'Arles.

fermer le Temple de Bellonne fit iouyr à tous ses subjets d'vne paix generalle par l'espace de quinze ans sans marque ny demonstration de guerre. Pendant ce temps la Iustice estoit administree auec equité, le traffic se faisoit auec verité, & la societé auec amour. En ce temps la vertu estoit recherchee ; les sciences enseignees, les gens Doctes honorez, les Superieurs respectez, & le peuple soulagé. Bref pendāt son regne il a tenu ses subjets en repos, ses voisins en asseurance, & ses ennemis en continuelle crainte.

Ce Roy se maria l'annee 1600. auec la Princesse Marie de Medecis, estant dispencé du Pape Clement VIII. suiuant le traicté qu'en auoit fait M. Horace Montane Archeuesque d'Arles. Dieu benissant ce mariage, le Roy eust trois fils, & trois filles : sçauoir Monseigneur le Dauphin qui est à present Roy de France, & de Nauarre, heureusement regnant, Monsieur le Duc d'Orleans, qui mourut ieune apres luy, & Monsieur le Duc d'Anjou à present frere vnique du Roy. Les filles furent mariees, sçauoir l'aisnée au Roy d'Espagne Philippe IV. qui regne à present ; la seconde au Roy d'Angleterre ; & la troisiesme à son Altesse Royalle de Sauoye : Mais pendant que la France estoit enyuree dans vne si gran-

Mariage de grand Henry auec Marie de Medicis.

de fœlicité, & qu'elle se reposoit sur la Clemence, & saincte affection de son Roy; qui n'aspiroit qu'au bien de son Estat, & la consolation de son peuple. Ce Diable humanisé: ce Ministre de Sathan, ceste ame la plus noire, & plus abominable que iamais soit sortie des abysmes infernaux; Rauaillac par sa parricide main luy rauit la vie d'vn coup de couteau dans sa ville de Paris le 21. an de son regne, le 10. iour du mois de May 1610. le iour apres que la Reyne auoit solemnellement esté couronnée. Ceste mort fut grandement regrettée en tout le Royaume, par toute la Chrestienté, voire de ceux qui sont les plus esloignez de la foy; car le grand Seigneur en monstra vne tristesse nompareille;

A ce grand Roy succeda Louys le Iuste Prince Dauphin, qui fut reconnu, & salué Roy de France, & de Nauarre; & la Reyne sa mere Regente de la Couronne, à cause du bas aage d'iceluy le vnziesme May mesme annee.

Regne du Roy Louys le Iuste. LOVYS XIII. surnommé le Iuste succeda à la couronne de France, & de Nauarre au grand Henry son pere soubs la regence de la Reyne sa mere, à cause qu'il n'auoit encores attejnt que le neufiesme an de son aage. A qui les habitans d'Arles ayant à son entree iuré fidelité, obeyssance en corps de Ville, dans l'Eglise de sainct Trophime, ez presences du tres-Sainct, Auguste Sacrement de l'Autel, du Seigneur Archeuesque Gaspard de Laurens successeur du Seigneur Horace Montane, & des Magistrats, Comissaires de la souueraine Cour du Parlemét de Prouence. Deputerent le sieur Iean de Quiqueran Sieur de Beaujeu premier Cósul, le sieur François d'Antonelle Escuyer, M. Pierre d'Augieres Docteur, & Aduocat, Assesseur de la Ville, & Robert Vacherin Bourgois, pour aller à Paris au nom de toute la Communauté faire l'hommage, & prester le serment de fidelité au Roy, & à la Reyne Regente; & supplier leur Majestez de vouloir confirmer à la Ville les priuileges statuts, & Conuentions, que le feu Roy, & tous ses deuanciers depuis Louys XI. auoient confirmé: ce qui leur fut accordé. Lannee 1614. le Roy se maria auec l'Infante d'Espagne, Anne d'Austriche heureusement regnante au grand contentement de tout le Royaume, à cause de la bonté toute saincte qu'à tousiour resluit à ceste Reyne.

Ttt

Entree du Roy en Arles.

ET l'annee 1622. le Roy ayant par ses victorieuses armes dompté les Rebelles du Bearnois, du Nauarrin, du Perigord, du Quercy, du Poictou, du Geuaudan, de l'Armaignac, de la Guienne, & du Languedoc: abbattu le souslevement des Móstres Religionaires, que pernicieusement auoient prins les armes contre le seruice de sa Majesté, pillé, & abbatu de nouueau les Eglises, vsurpé les reuenus des Ecclesiastiques, saisi les deniers Royaux, traicté inhumainement les Catholiques, fortifié les places, où ils estoient les plus forts contre leur Roy: & sans exception d'aage, de Religion, de condition, ny de sexe, auoient contraint les bons seruiteurs de la Couronne à leur iniustes fortifications: ce grád Roy dis-je (apres auoir par l'assistance du Ciel triomphé de ces rebelles) honora de sa Royalle presence la ville d'Arles; estans Consuls, & Gouuerneurs de la Ville les sieurs Pierre de Boche, & Nicolas d'Ycard Escuyers, Gauchier Pein, & Claude Genin Bourgois: où il fut reçeu auec toute magnificence le 30. iour d'Octobre, iour de Dimanche.

des Roys d'Arles.

Le Roy bien informé des merites du sieur Gauchier Pein, la honnoré du tiltre de Noblesse, & declaré par ses lettres patétes Gentil-homme: ce qu'à esté la cause que par le commun suffrage des Conseilliers de la ville d'Arles, se souuenant qu'il auoit tant donné des preuues d'vn bon Magistrat en deux diuerses fois qu'il auoit esté Consul au rang des Bourgeois, ils l'ont meritoirement crée Consul au rang des Nobles l'année presente 1640.

C'este entrée du Roy fut magnifique, & tenue pour vne des plus belles entrees qu'on eust encores fait à sa Majesté en aucune ville de son Royaume: car outre que les ruës, & les places, ou le Roy deuoit passer estoient richement tapissees, & le ciel couuert: on auoit encores dressé plusieurs arcs triomphans embelis de peintures enigmatiques, des Hymnes Royaux par vne poësie grandement subtile; le tout de l'inuétion, & dessein de M. Pierre Saxi Docteur en Theologie, & Chanoine de la saincte Eglise, personnage aussi docte qu'homme de son temps. Les fenestres des maisons estoient garnies des Dames de la ville, toutes parees à la mode, afin d'honnorer ce triomphe, & les costez dés ruës remplis du peuple, qui monstroit vne ioye nonpareille à l'arriuee de leur Roy. En toute la ville on n'entendoit que concers d'inſtruments, melodie de Muſique, bruit de tembour, fanfare de trompette, les tonnerres de ſoixante pieces de canons qui tiroient à la fois, l'eſcopeterie de deux mille mouſquets tirés par autant d'hommes tous originaires d'Arles, qui eſtoient conduits par le ſieur Duzane Eſcuyer Capitaine de la Ville, & de l'acclamation de tout le peuple, criant *viue le Roy Louys*, auec ſi grand effort que ſi Iupiter euſt fait iouër ſes foudres, il n'auoit dequoy les faire ouir : & ſi la Colombe de Tyr fut encores paſſee pour porter nouuelles aux nations eſtrangeres contre l'eſtat de ce Iuſte Roy, elle ſeroit de nouueau tombee eſtourdie dans vn bruit ſi eſclatant. Tout le Clergé d'Arles la Croix arboree, alla au deuant de ſa Majeſté, le receuoir hors de la porte de la Ville ; & la Nobleſſe faiſoit à qui mieux mieux pour rendre ceſte feſte ſolemnelle.

Lentree du Roy en Arles. Le Roy arriuant à deux cens pas pres de la porte dicte de la Caualerie, entra dans vne ſalle Royalle, que la ville auoit fait faire de charpenterie enrichie de belles colonnes, de corniches, & des beaux tableaux, parcemee des fleurs de lys d'or : où le troſne de ſa Majeſté eſtoit reſleué

des Roys d'Arles. 517

soubs vn daiz de satin, richement couuert de passements, & frange d'argent: à ceste salle les harangues furent faictes par les Consuls, & les Magistrats. Le Roy vit passer deuant icelle toute la Caualerie, & l'Infanterie de la Ville à vn tres bel ordre; ce qui luy donna du contentement, & luy fit dire que non sans cause la ville d'Arles estoit anciennement tant renommee, & sa Noblesse appellee le peuple Martial.

Toute la milice ayant passé, & les harangues paracheuees, le Roy sortit de ceste salle Royalle, & montant à cheual pour venir côtre la porte de la Caualerie, où le sieur Iaques de Grille Seigneur de Robiat Viguier pour le Roy de la ville, Messieurs les quatre Consuls, & le sieur Iean de Quiqueran sieur de Beaujeu Capitaine ceste annee de la Tour du Tampan (qu'est vn fort de la Ville dans la mer à l'emboucheure du Rosne) l'attendoient pour luy bailler les clefs de la Ville, faictes d'argent d'vne tres-belle, & aggreable forme, lesquelles luy furent presentees par le sieur de Boche premier Consul, luy disant ces parolles.

Sire voicy les clefs de vostre ville d'Arles, & auec elle le cœur de vos subjects, la matiere est leur fidelité, & la forme leur obeïssance: auec l'vne & l'autre, il pro-

Ttt 3

testent de demurer inuiolablement attachez à vos commandemens.

Le Roy print ces clefs auec affection, & les donna au Marquis de Mony pour les mettre dans son cabinet à Paris, on luy presenta encores suiuant les anciennes coustumes les liures des priuileges, statuts, & Conuentions de la Ville, qu'il ratifia en entrant dans la porte.

L'ordre gardé à l'entree du Roy Louys le Iuste en la ville d'Arles, l'année 1622. le 30. Octobre.

PRemierement marcherent 2000. mousquetaires enfans de la Ville, conduits par le sieur Duzane Escuyer Capitaine de la Ville en ceste annee, accompagné des cinq Capitaines des cartiers.

2. Six trompettes habillez de iaune, liuree de la Ville, auec leurs banderolles de satins blanc, & vn Lyon en broderie d'or, suiuis de six vingts Gentils-hommes, & plusieurs Bourgois de la Ville tous à cheual, bien montez, & couuerts d'habits, rengez de deux à deux.

3. La procession des Religieux Minimes de sainct François de Paule, Capucins, Recollez, Mineurs, ou Cordeliers, Carmes, Augustins, Tribitaires, & freres Prescheurs de S. Dominique, les neuf Parroisses, le Chapitre Collegial de la Majour, & le Chapitre de la saincte Eglise, marchant tous soubs la Croix de la Metropole suiuant leur priuilege, & l'ancienne coustume.

4. Monsieur le grand Preuost de l'Hostel, suiuy de cinquante Archers auec son trompette tous à cheual.

des Roys d'Arles.

5. Cent Suisses de la garde conduits par leur Lieutenant, auec leur tambour battant à leur mode le *Colitampon*.

6. Monsieur de Launay Lieutenant des garde du corps, qui menoit les Hocquetons blancs à pied.

7. Six trompettes de sa Majesté habillés de sa liurée à cheual.

8. Quatre Herauts d'armes auec la tocque de velours noir, & le cordon d'orpheurerie en teste, leur casaque de velours violet parcemees de fleurs de lys en broderie d'or, & le baston fleurdelysé en la main.

9. Deux massiers portant la masse d'or couronnee à l'Imperialle, vn peu deuant le poiste suiuis de Messieurs les Marescbaux de Pralin, de Bassompierre, & du Comte de Schomberg.

10. Monsieur de Liancour portoit le baston du grand Maistre le baudrier, & l'espee Royalle fleurdelysee, à la place de Monsieur le Grand.

11. Immediatement venoit le Poisle, que la communauté auoit fait faire d'vn beau satin blanc chamarré de fleurs de lys dor, à six bastons, d'or bruny, qui estoit porté par Messieurs les Viguiers, Consuls, & Capitaine du Tampan : soubs lequel le Roy marchoit monté sur vn petit cheual blanc, ayant l'harnez de broderie reaussee, & esmaislee de plaques d'or plus beau, & plus superbe que le cheual Bucefalle, que le grand Alexandre montoit; aussi portoit-il vn plus grand Roy que luy.

12. Le Roy estoit couuert d'vn pourpoin de satin blanc, & son haut deschausse, & sa mandille de pourpre reaussee de broderie entremeslee d'vn luisant d'or, qui le faisoit paroistre vn Soleil: la face, & posture du Roy tenant en sa main vn baston morné d'argent appuyé sur sa botte, qui le faisoit ressembler à vn Ange.

13. Deuant le cheual du Roy marchoient les Valets de pied teste nuë ; les Escuyers bottez à pied, & vn peu à costé Monsieur le Marquis de Mony, le Lieutenant, & Enseigne des gardes du corps, & les Escossois au tour de la persône du Roy tous à pied.

14. Monsieur de Vendosme estoit apres le d'aiz, & à ses costez Messieurs les Ducs de Mont-morancy, & d'Espernon.

15. En suitte estoient le reste de la Cour, qui n'auoient peu gaigner le deuant.

Le Roy entrant dans la ville, admira la porte de la Caualérie, qui est vne des belles portes de ville du Royaume, laquelle n'auoit autre ornement que les armes de la Majesté dans vn feston de laurier: & ayant fait quelque pas dans la ville eust en rencontre vn arc triomphant d'ordonnance; Toscane auquel estoit le tableau d'Andromede attachée au rocher, à demy couuerte d'vne robbe fleurdelysée trempante en larmes de l'apprehension qu'elle auoit d'estre deuorée du Monstre marin, qui à gueule ouuerte s'en venoit à elle. Et Persée, qui esmeu de compassion s'obligeoit par serment de ruiner ce Monstre, & tirer du peril la vie de cette pauure desolée.

1. Arc triomphant.

La paralelle de ce tableau estoit la France, despuis que l'heresie y a esté introduitte dedans, laquelle s'estoit à demy despoüillée de la fidelité qu'elle doit à son Roy: se rendant attachée aux factions, & partialitez: ce qui faisoit tremper dans les larmes les bons, & fideles François, apprehendans la ruine que le Monstre de Rebellion pouuoit apporter dans la France. Persée est le Roy Louys le Iuste, que Dieu a esleué à la couronne Françoise, qui s'oblige de ruiner les desseins des Rebelles, & mettre son Royaume en liberté.

A la place dicte du Bourg-nou, proche l'Eglise de sainct Anthoine, le Roy eust en rencontre le second Arc, qu'estoit en façon d'orique soustenu par quatre grandes collonnes; le tableau duquel representoit le combat de Persée, auec le Monstre-marin, l'esmotion de la mer; & la pauure Andromede qui suspenduë entre la crainte, & l'esperance, contemploit auec ses yeux à demy offasquez de larmes, vn si furieux combat. Au costé gauche de l'arc estoit dans vne niche la statuë de Constance, beau-frere de l'Empereur Honorius, qui fouloit aux pieds le tyran Constantin, auec l'assistance des habitans d'Arles, (comme a esté dict à la premiere partie de ce liure.) Et au costé droict l'estatuë du Roy, estoit representée foulant aux pieds l'heresie par la valeur de ses armes; à quoy la ville d'Arles auoit contribué de ses moyens, pour l'entretien des gens de guerre au siege de Mont-pelier.

2. Arc.

Aupres de la grande Boucherie, le Roy eust en rencontre le troisiesme arc, qui estoit representé à la Gothique, à cause que les Goths auoient dominé dans Arles l'espace de septante huict ans, y ayans fait restablir les murailles pour s'y fortifier dedans.

3. Arc.

En

des Roys d'Arles.

En cét arc estoit depeint Phinee desesperé, de voir qu'vn estranger Persee eust par sa valeur emporté la proye qu'il croyoit y estre asseurée: & rengé auec ses adherans pour attaquer ce vainqueur, qui se voulant d'esmesler de leur mains, leur monstra la teste de Meduse, qui les changea en statuës de pierre. Cela vouloit dire, que le Roy voyant les Rebelles, qui comme de desesperez Phinees s'estoiét armez côtre sa Royalle authorité; il leur a monstré sa Clemence, & de pierres endurcies qu'ils estoient, les à obligez de deuenir hommes, & se mettre à leur deuoir pour l'aymer.

4. Au quatriesme Arc que le Roy trouua à la ruë des marchands sur l'entree de la grande place, qui estoit fait à la Corinthiene, suiuant l'ancienne façon des Francs successeurs des Gots, à la Principauté d'Arles: estoit representé vn Amphiteatre dans lequel on faisoit des ieux à la loüange de Persee, se reposans apres sa victoire; & les Muses sur la montaigne d'Helicon, qui pour sa recompance fournissoient aux Poëtes des vers pour eterniser la memoire de ce vainqueur, & practiquer tous les ans des ieux; & dôner des prix à sa loüange. Ceste peinture representoit le Roy ayant d'ópté les Rebelles, & reduit soubs son obeïssance toutes les Villes de la Guienne, & du Languedoc; qui ne trouuant plus rien à combattre venoit se reposer, & cueillir la recompance de ses trauaux dans la ville d'Arles, ou l'Amphiteatre des anciens est encores esleué: C'este ville est la vraye montagne d'Helicon, où la fontaine de ses Royalles liberalitez à surgi: & sa bouté à obligé les habitans d'annoncer par tous les cantons de la terre, qu'il ny à subjection au monde plus glorieuse que d'estre soubs l'obeïssance d'vn si Iuste, si Clement, & Debonaire Roy.

4. Arc.

5. Le Roy ayant passé la grande place, qui comme toutes les ruës estoit plaine de gens, vit à son rencontre le tableau de Boso, premier Roy d'Arles, qui estoit à l'entree du plan de la Cour, vestu d'vne robbe Royalle couleur de fuëille morte, garnie d'ermines, & vne espinea ses pieds qui deschiroit ses habits, il tenoit d'vne main vn Lyon attaché auec vn ruban, & de l'autre presentoit sa couronne au Roy Tres-Chrestien. Ce tableau monstroit que la ville d'Arles, ayant contre la coustume de France, esté

5. Art.

d'esmembrée de la couronne des François, elle auoit esté comme la fueille morte, dans les annuits, & n'auoit trouué aucun repos l'espace de 500. ans, & les habitans picqués de l'espine du repentir, desiroient de retourner à leur premier estat : le Lyon au pied de ce Roy estoit la Ville, que bien qu'attachee elle retenoit dans son cœur le souuenir des faueurs qu'elle auoit receu des François au temps du Roy Childebert ; comme à esté dit à son lieu ; puis que Boso plus repentant que du temps de Charloman, & son frere Louys Roys de France presentoit sa couronne au Roy Louys le Iuste, à qui de droit elle appartient.

Arc du triomphe. Le Roy vit aussi à la porte de la Maison commune dans le plain de la cour ses armes enrichies de festons ; & vn trophee en lettre d'or sur l'azeur ; Et tout contre l'horologe, l'arc du triomphe, ayant deux petits arcs aux costez : au tableau duquel estoit depeint Persee, qui rompoit les chaines d'Andromede ; le monstre abbattu à ses pieds se veautrant dans vn Temple fermé : vn chariot à quatre cheuaux : le cocher qui sonnoit vn trompete, ayant sa banderolle couuerte des yeux, d'oreilles, & de bouches ; & Persee sur le chariot, regardant la victoire qui descend du Ciel, qui luy porte vne couronne pour sa recompence. L'explication de ce tableau est, que la France est remise en liberté comme Andromede par la valeur du Roy. Le Monstre de la Rebellion est abbatu ; le Temple de Ianus fermé, à cause de la paix : que les quatre cantons de la terre participent au bon-heur des François : que la renommee du Roy est estenduë par toute la terre : & que Dieu benissant ses actions, luy enuoye l'Ange du Ciel, pour luy donner la couronne de victoire.

Sur l'arc du costé gauche estoit le tombeau de Timothee dormant appuyé à vn arbre, tenant en sa main vn filé dans lequel la fortune enfermoit des Villes : ce qui monstroit que les villes que la fortune mettoit dans le filé de Timothee pendant son someil, le Roy les acqueroit par ses veilles, & par son trauail, & forçoit les hommes, & les Villes, de rendre hommage à sa valeur.

A l'arc du costé droit estoit depeinte la Constelation de Persee logé dans le Ciel, pour mostrer : que si l'antiquité à voulu loger ce fabuleux vainqueur dans le cieux pour recompence de ses trauaux : qu'auec plus de verité, on doit esperer que le ciel, & la

des Roys d'Arles. 523

gloire eternelle seront le loyer de ce Tres-Iuste, & Tres-Chrestien Roy.

Et a l'entrée de la place au Clergé, autrement dicte le marché, *Dernier arc:* le Roy trouua le dernier arc, au tableau duquel sa Majesté estoit dépeinte à genoux vestu à la Royalle, ayant son espee, son sceptre, sa couronne, & la massuë d'Hercule sur vn carreau de veloux, professant au deuant du tres-adorable Sacrement de l'Autel, qu'il n'auoit rien à cœur que l'honneur de ses Autels; puis que par sa diuine assistance il auoit tant abbatu les Monstres que la Rebellion auoient engendrez. Tous les arcs estoient accompagnez des beaux Amblemes que ie n'ay peu recouurer, lesquels on pourra voir sur l'Imprimé que le Docte Saxi en auoit fait faire en son temps.

Enfin le Roy entra dans la place du Clergé, où toute la milice, *Porte de S.* tant de gens de cheual que des mousquetaires de la Ville estoiët *Trophime.* rangez, & estans arriué audeuant de la porte de sainct Trophime, l'entrée de laquelle sa Majesté contemploit fixement pour estre enrichie auec des belles collonnes, à la Corinthienne des statues des Apostres, de la hauteur, & grosseur d'vn homme, vne statué de Dieu le Pere, de plusieurs Anges representent la gloire, des corniches, frizes, & autres beaux ambellissements, le tout d'vn marbre bien poli, qui la fait estimer vne des plus belles entrees d'Eglise qui soit en la France : (aussi ne l'auoit on ambelie que des festons de l'aurier, & des armes du Roy,) ayant au dessoubs ces vers.

Orbis deliciæ Regum Rex inclita salue,
Et Trophimi dextra Gallica templa subi.

Et au dessoubs de ces vers, estoit ceste inscription en or sur l'azeur, laquelle est vn abregé de la grandeur, gloire, & sainteté de l'Eglise d'Arles.

Sancta Arelatensis Ecclesia secunda olim sedes Apostolica Gallico Apostolatu celebris super septendecim prouincias. Childeberti ex Clodouæo procuratione insignis. Burgundionum Regum Regia, Regaliis. Bosonis, & plij priuilegiis inclyta, Imperatorum aquilis, castris, vrbibus, & principatu famosissima. Comitum Tholosanorum hominio, & clientela: illustris. Vicecomitum Massiliensium liberalitate ditata: Comitum Phocenotium, & Regum Gallorum patrocinio integerrima.

Vvv 2

Archiep. Dignit. Perſon. Canonici.

LVD. XIII. Gal. & Nau. Regi Iuſtiſſimo quod eius armis Gallia priſtinam fidem, Robur, gloriam, recuperarit, perpetuam eius preliis victoriam æternam prouinciarum eius Regno acceſsionem, & interminatam eius votis pacem, æternum perpetuum, & interminati, ex animo vouent.

L'Archeueſ-que reçoit le Roy.

CE fut au deuant de ceſte porte, où le Roy deſcendit de ſon cheual, & fut reçeu par le Seigneur Archeueſque Gaſpard de Laurens originaire d'Arles, qui auec ſon Chapitre l'attendoit veſtu en Pontificat, auec de tres beaux, & riches ornemens: (car ceſte Egliſe entre toutes les Egliſes du Royaume en eſt des mieux prouueuës,) qui luy ayant preſenté la croix pour baiſer, & faict vne briefue, & docte harangue, le mena dans l'Egliſe au deuant du Maiſtre-Autel; où eſtoit preparé vn accoudoir, & vn ſiege couuert de ſon parepied, & ſes carreaux de ſatin vert ſoubs vn pauillon de meſme eſtoffe en broderie d'or, ſur lequel ſa Majeſté ſe mit à genoux pour faire ſon oraiſon à Dieu; & pendant que l'orgue, & les inſtrumens jouoient, & que la Muſique chantoit le *Te Deum laudamus*, les yeux du Roy eſtoient occupez à la contemplation des ſainctes Reliques qu'eſtoient ſur l'Autel, que ſont les chaſſes en forme de chef de ſainct Trophime premier Eueſque d'Arles, & de ſainct Eſtienne Protomartyr, pluſieurs reliquiaires, la teſte d'vn des ſainctes Innocens; le chef de S. Genies Martyr originaire de la Ville, le plat-fód de l'Autel, où ſont reſleuez en boſſe l'Image de noſtre-Dame, de ſainct Louys Archeueſque d'Arles, de pluſieurs autres Saincts, de la grande croix, le tout de fin argent doré, y auoit encores à coſté de l'Autel la ſaincte Arche d'or, & d'argent, qui fut faicte aux deſpens de l'Archeueſque Galbertus de Vale Cardinal, pour y loger dedans toutes les Reliques du corps de ſainct Trophime, & quantité d'autres ſainctes Reliques que ce Prelat trouua dans ſon Egliſe mal tenus; qu'eſt vn des plus beau, des plus riches, & mieux eſlaboré Reliquiaire de la Chreſtienté. Et pendant que le Roy entroit dans l'Egliſe fut ſalué par la quatrieſme fois d'vn ſalué de mouſquetades, & de ſoixante pieces de canons, qui auoient de nouueau tout couuert l'air de fumiere.

La Muſique ayant finy, & le Seigneur Archeueſque benyt le

des Roys d'Arles. 525

Roy suiuant la forme du Pontificat Romain, on le conduisit au Palais Archiepiscopal, lieu d'estiné pour le logement de sa Majesté, qui en passant dans la place du Clergé, monstroit vn grand contentement de voir les Gentils-hommes d'Arles à cheual, & les Soldats, tous enfans de la Ville si bien rengez, & auec vne posture toute Martialle: & entendant l'acclamation vniuerselle des habitans, qui crioient de joye *viue le Roy*; sa Majesté repliqua tout haut *viue mon peuple*: estant entré dans la premiere porte du Palais, l'escopeterie, & les canons se firent encores entendre; dequoy le Roy tressaillissoit de joye, & tout le monde joyeux d'auoir veu le Roy, se retira chez soy, en benissant Dieu de ceste heureuse entrée.

Le lendemain Lundy dernier Octobre, le Roy ce prepara pour faire ordres, & toucher les malades: qui suiuant son ordinaire coustume il ieuna: (aussi c'estoit la veille de la Toussaincts,) & le iour de la feste, sa Majesté ayant entendu la Messe, & reçeu la saincte Communion, alla toucher les malades des escruelles, à la basse cour du Palais Archiepiscopal, qui estoient enuiron deux cens: tant l'Espagnols, Italiens, Allemans que de François: estant assisté des Seigneurs Archeuesque d'Arles, l'Archeuesque de Tours, son grand Aumosnier, & des Consuls, & Gouuerneurs de la Ville.

L'apresdinée de ce iour la Noblesse d'Arles desirant de donner du plaisir au Roy, & luy faire voir l'adresse qu'ils auoient, & le courage de leur cœur, supplierent sa Majesté d'aggreer qu'on

Ieux Tauriliens.

Vvv 3

renouvellast dans Arles, en signe de resiouyssance de son heureuse arriuee, la representation des ieux theatrals, qu'anciennement les habitans d'Arles faisoient à la gloire des Empereurs Romains : ce que leur ayant esté accordé tous les Gentils-hommes de la ville firent entrer dans la place du Clergé plusieurs furieux Taureaux, qu'ils auoient menez de la Camargue, & là dedans comme dans vn Amphiteatre, estant sa Majesté aux fenestres du Palais Archiepiscopal, aucuns des Gentils hommes se trauailloiét à faire mettre en furie les Taureaux: les autres à les attendre corps à corps, & à force de bras (sans aucun instrument) les mettoient à terre, ores qu'ils vinsent contre eux à cornes abbaissees pour les accrauasser: car ces braues Gladiateurs les prenans par les cornes, les arrestoient & mettoient abas, comme si ce fussent des Agneaux : d'autres qui tous bottez & esperonnez se jettoient sur tels Taureaux, & leur donnans de l'esperon leur faisoient faire mille cambades, & des furieux muglements : d'autres, qui pour plus de magnificence piroetoient sur les Taureaux, comme sur vn Genet d'Espagne, bien qu'ils fussent en grande furie. Bref il ne se pouuoit rien voir de gentil en ces ieux qui ne fut representé en son naturel en ceste iournee, sans qu'aucun y print le moindre mal. Ce qui donna vn extreme contentement au Roy, qui tout haut loüa le valeur & l'adresse de ceste Noblesse. Ces ieux Tauriliens furent iadis instituez par Octauian Auguste l'annee que nostre Seigneur nasquist au monde, comme se voit des medailles que les Romains firent faire, qui auoient d'vn costé l'Image de l'Empereur, & au reuers vn Taureau en furie courant contre vn homme, comme a esté dit; & en memoire de telle institution Arles en con-conserua la practique pour la recreation de leurs Roys. *Sebast. Eris- se traikté des Medailles.*

 Le Roy ayant reconnu la bonne affection de ses subjets d'Arles, & se ressouuenát que la Communauté luy auoit enuoyé à son cáp de Montpellier six canós, & de munition necessaire pour iceux, qu'elle auoit defrayé tant de gens de guerre, & contribué force viures pour la nourriture de ses soldats, leur confirma auant son despart, que fut le troisiesme iour de Nouembre, tous les dons, priuileges, exemptions, conuentions, statuts, & franchises que la ville auoit auparauant, ainsi que luy auoient accordé les Roys de France ses deuanciers: & de nouueau donna pour dix ans la ferme du deux pour cent que sa Majesté reçoit des marchandiſes qui paſſent deuant la ville d'Arles: afin que les deniers prouenans d'icelle fuſſent employez à la reparation des murailles, & embelliſſemét des ruës de la ville, ce qui fait veritablement connoiſtre que la Cité d'Arles eſt la ville plus heureuſe de toute l'Europe.

Bon heur de la ville d'Arles. Trois choſes rendent la ville d'Arles heureuſe. La premiere c'eſt qu'elle a eſté la premiere ville du Royaume qui a embraſſé la Foy de l'Euangile, touſiours obeyſſante au S. Siege, a fait la guerre aux hereſies, a aymé le culte Diuin, & a eſté ſpirituellement regie par vingt-huit Eueſques, & nonante vn Archeueſque, deſpuis S. Trophime iuſques au Seigneur Iean Iaubert de Barrau, qui meritoirement eſt aſſis ſur la chaire Archiepiſcopale. Parmy leſquels l'Egliſe en a mis dix-huict au nombre des Sainɛts, que ſont S. Trophime premier Eueſque, S. Denis Areopagite, S. Regule, S. Fœlix, S. Marin, S. Concorde, S. Heros premier Archeueſque d'Arles, S. Ceſaire, S. Aurelian, S. Virgile, S. Policarpe, ſainct Rhotlan, le Bien-heureux Roſtang Gapre, & le Cardinal Louys Alamand, qui d'ordinaire prient dans le Ciel pour la conſeruation de la ville. Il y en a auſſi eu trois Patriarches, ſeize Cardinaux; pluſieurs Vicaires Generaux des

des Papes sur toutes les Eglises de la France, & tous, despuis S. Trophime Primats des Gaules, & de Bourgougne.

La seconde est d'estre vnique au Royaume de France où les Diuins loüanges sont chantez à toutes les heures du iour, & de la nuict par les Ecclesiastiques, qui comme les sentinelles de la saincte Cité sont d'ordinaire en guet pour la conseruation des habitans, conformement à la promesse que Dieu auoit faite à son peuple, disant. *Super muros tuos constitui Custodes: tota die & nocte non tacebunt laudare nomen Domini.* Ecclef. c. 62. Car c'est la ville où les Ecclesiastiques sont les plus honorez, les Religieux les mieux nourris, & les sainctes Nonains conseruees. Dans ceste ville, outre le Seigneur Illustrissime Archeuesque, & son Chapitre Metropolitain, il y a le Chapitre Collegial de la Majour, l'Abbaye de Montmajour, que sont Religieux de S. Benoist (ores qu'elle soit hors la ville) huict Paroisses, neuf Conuents de Religieux, que sont ceux de la Trinité de la Redemption des Captifs, de S. Dominique des Prescheurs, des Hermites de S. Augustin, des Carmes, des Cordeliers de S. François, des Recollects, des Capucins, des Minimes de S. François de Paule, & des Augustins deschaussez,

Xxx

cinq Monasteres de Religieuses, quatre compagnies de Penités, que sont les Noirs, les Blancs, les Bleuds, & les Gris, quatre Commanderies de S. Iean de Hierusalem, & des plus resleuez de tout l'Ordre; vn fameux College regi despuis peu de temps par les Peres Iesuistes; vne Congregation de l'Oratoire de la Doctrine Chretienne; & quatre Hospitaux pour le soulagemét & assistance des pauures, que sont celuy du S. Esprit, qui fut magnifiquement rebasti l'annee 1573. qui ne cede en beauté d'edifice, en l'assistance des malades, education & nourriture des pauures petits enfans, & pauures filles orphelines, en aucun Hospital de la France, puis que dans iceluy la commune charité y est reconnuë; elle a aussi l'Hospital des Lepreux, separez de l'humaine frequentation; celuy des pestez, & celuy des Pelerins, qui sont l'accomplissement des œuures de misericorde, & la vraye maque d'vn bon heur.

Mais le troisiesme & plus grand heur que la ville d'Arles aye heu, c'est d'estre tombee soubs l'authorité des François au temps du Roy Childebert, & reunie à la couronne de France, & soubs l'obeyssance des Roys Tres-Chrestiens au temps de Louys XI. qui comme les oings du

des Roys d'Arles. 531

Seigneur, la deffendront contre toute sorte d'ennemis, la maintiendront dans l'esplendeur de sa liberté, la fermeté de sa foy, le zele de sa deuotion, & la feruceur de sa charité iusques à la fin des siecles; puis que les Turcs croient, suiuant certaine Prophetie qu'ils gardent par tradition, que le Roy de France doit conquerir le *Kezul Amai*, qu'est la pomme rouge de l'Empire de l'Vniuers & doit mettre dans douze ans tout le Regne de leur Sultan soubs son obeyssance. Et que S. Augustin escriuant les marques de l'Antechrist, asseure que les Roys de France doiuent faire fleurir la Loy Euangelique, & le Religion Catholique Romaine iusques à la fin du monde; & que le dernier Prince Chrestien qui finira (peu auant le Iugement) sera vn Roy de France; qui ayant conquis tout l'Empire des Romains, & iceluy remis en son premier lustre: & constraint tous les Roys de la terre de resleuer de son authorité: que la paix generalle sera au monde, & que la Foy de Iesus-Christ sera embrassée des plus eslognez d'icelle. Il s'en ira en Hierusalem rendre ses vœux à Dieu, & sur le Mont de Caluaire, où la Redemption des hommes a esté faite, ayant veneré auec toute humilité le Sepulchre du Redempteur, posera sa Couronne, son Sceptre, &

August. tom. 9. in 2. ad Tessal c. 2.

son Espee sur le rocher tout contre le lieu où la Croix fut esleuee, & tout plain de deuotion les genoux à terre, son cœur, & sa voix esleuez à Dieu, son ame partira de son corps pour aller receuoir la couronne de Gloire au Royaume des viuás: & à l'instát son corps sera enterré par le ministere des Anges, comme celuy de Moyse, tout contre le sepulchre du premier Pere des humains Adam, sans qu'il soit permis à aucun de sa compagnie de le toucher, & trois ans & demy apres que la rage de l'Antechrist, qu'est l'abomination predite par Daniel, & l'Enfant de prediction, duquel parle l'Apostre, sera passee, la fin du monde arriuera.

Dan.c.9.
2.Thes.c.2.

De l'heureuse Naissance de Monseigneur le Prince Dauphin.

De l'inuention de l'Autheur.

REVENANT à nostre bon Roy, qui estant parti d'Arles alla en Auignon, & de là en la ville de Paris: qui ayant demeuré en mariage vingt-cinq ans auec toute sorte de sainct amour auec la Reyne, sans auoir des enfans, ores qu'il eust comme vn autre Abraham presenté vne infinité de vœux à Dieu pour auoir lignee; & que la Reyne à la façon d'Anne, Mere de Samuel, eust employé la pluspart de son temps en prieres, pelerinages, aumosnes, & mortifications, afin que Dieu la rendist feconde, & que toute la France & les amis de l'Estat, eussent fait

Gen.c.15.
1.Reg.c.1.

des Roys d'Arles. 533

des continuels vœux pour la naissance d'vn Dauphin, soubs l'asseurance qu'il seroit le comble des Françoises sollicitez, & que par icelle le Royaume iouyroit de tout ce que les Siecles passez ont peu desirer de fauorable. Dieu qui a tousiours heu en singuliere protection la France, à cause de la saincteté de ses Roys, voulant conseruer la couronne Françoise dans l'esplendeur de son lustre, presta l'oreille aux prieres d'vn chascun, & benissant de nouueau ce Royal mariage, à fait naistre d'iceluy le 5. Septembre 1638. ce beau & tant desiré Dauphin, pour estre la ioye de leur Majestez, la consolation de tous les François, & la terreur des ennemis de l'Estat : Cét ceste fortunee naissance, qui a fait esclairer l'Europe, & tous les cantons de la terre en feux de joye, & des plus artificiels que iamais ayent estez veus en la naissance d'aucun autre Prince du monde; veu que c'estoit l'accomplissement des graces qu'on esperoit de ce S. Himenee, & l'asseurance des fruicts, de toutes les precedentes faueurs, que la France auoit receu du Ciel. La nouuelle de l'heureux accouchement de la Reyne à fait auec infinité de corps de Musique, & des solemnelles processions chanter, en action de grace le *Te Deum laudamus* par tout le Royaume : ou l'on n'entendoit que concers d'instruments, carrillons de cloches, & tonnairres de canons. La ioye de ceste naissance à fait esleuer des Theatres magnifiques, sur lesques sont estez dancés des beaux ballets, & representees des doctes tragedies au loüange de ce grand Dau- *Ballet d'A-* phin; ainsi qu'on a veu dans Auignon. Ce beau ballet soubs la *uignon.* figure du grand Alcandre Gaulois qui par sa valeur, assisté de son Dauphin : auoit desfaict les Cheualiers de la gloire, detenus captifs dans l'Isle des Palmiers, & Metomorphosés en Monstres horribles par la Magicienne Zirphee que Monseigneur l'Illustrissime, & Reuerendissime Frederic Sforce Vicelegat, & Gouuerneur general dudit Auignon, fit dancer dans le grand Palais Apostolique par les principaux Gentils-hommes de la ville sur vn Theatre; qui a excedé tout ce que les anciens auoient veu, & que la renommee auoit jadis annoncé a nos peres : car chacun desirant d'honnorer ceste naissance s'efforçoit à faire le mieux.

La Ville d'Arles qui n'a jamais cedé d'affection enuers son Roy en aucune ville du monde; ayant receu la nouuelle de ceste

Xxx 3

Ioye d'Arles à la naissance de Monseigneur le Dauphin.

heureuse naissance; fit incontinant paroistre au iour l'amour, & la ioye de tous ses habitants: qui comme bons Catholiques, & plains de deuotion accompagnerent la Procession generalle, ordonnee par le Seigneur Archeuesque Messire Iean Iaubert de Barrau, ou son Vicaire general chantent *le Te Deum laudamus*, en action de grace: en laquelle furent portez toutes les Reliques des corps saincts de la Ville, ou l'on comptoit quarante statues entieres, ou chassez en forme de chefs d'or, & d'argent, resleuees à l'honneur de nostre Seigneur, de la Vierge, & des Saincts, & sainctes titulaires des Parroisses, ou des Confrairies, portees dans des licts tres-riches, en grande magnificence, & deuotion; marchant l'vne en suitte de l'autre selon l'ordre de leur ancienneté, qu'estoit la plus belle, & solemnelle procession qui se puisse voir en toute la Chrestienté; ny que jamais ait esté faicte dans Arles, à la naissance d'aucun enfant de Roy. Ceste procession fut suiuie d'vn tres-beau feu de joye, qui fut salué par plus de deux mille mousquetaires, qui coduits par les Capitaines des quartiers se firent voir au deuant de la maison de Ville; ou Messieurs les Consuls, & Gouuerneurs, tous les Magistrats de la Iustice, la Noblesse, & tous les Conseilliers assistoient en tres-bel ordre: ce feu fut encores salué par deux cents cinquante volees de canons, tirees en trois diuerses fois, pendant que le feu brusloit sans comprendre les canonades qu'on auoit tiré en saluant la Procession, passant par les quartiers de la Ville. Bref, il n'y eust dans Arles aucuns habitans, voire des plus pauures, & plus melancholiques, qui n'oubliat toute sorte de tristesse, & ne fit esclairer vn feu de joye deuant sa porte, accompagnant iceluy de mille benediction en faueur de ce fortuné Dauphin. Priant Dieu, que comme la Déesse Thetis l'auoit son fils Achilles dans le fleuue Stix, pour le rendre inuulnerable, qu'aussi, il pleut à la Diuine bonté de le tremper dans la source de ses graces, & le deffendre de danger.

Non sans cause tout le mode à fait feste, & presenté des vœux au Ciel, en la naissance de ce Dauphin Royal: car si la Natiuité de la Déesse Minerue, faisant tomber vne pluye d'or sur la ville de Rhodes occasiona les Rhodiés de faire feste, & si la naissance des autres Dauphins de France, ont tant apporté de la ioye au

des Roys d'Arles.

Royaume; celle-cy les doit surpasser de beaucoup, puis qu'en icelle non seulement nous ressentons la pluye d'or des graces Diuines: mais encores nous la voyons toute mistérieuse, en laquelle le iour, l'heure, le lieu, & le mois sont de vrais presages de bon-heur.

Pindar. & Philostrat.

Le iour qu'est le cinquiesme de Septembre iour de Dimanche, & de repos, que les Theologiens disent estre le premier entre les autres iours, & celuy qui n'a esté precedé d'aucune nuict. Iour auquel Dieu donna commencement à l'œuure de la creation: la loy à Moyse; la Manne aux Hebrieux pour leur nourriture; que le Verbe s'incarna pour faire le rachapt de la nature, qui resuscita ayant ruiné l'Enfer: que le sainct Esprit d'escendit en forme visible de feu sur les saincts Apostres: & que la future resurrection se doit faire au grand & dernier Iugement. Ce iour est le vray presage que ce Dauphin Royal faira renaistre en la France, la gloire des François: qui obeyra aux loix Diuines, faira garder les humaines pour la conseruation de la Iustice: deffendra son peuple d'oppression: & guidé par le sainct Esprit entretiendra ses subjects dans vne paix asseuree.

Iour de la naissance.

In 3. dist. 37. Can quod in die. Dommi- co dist. 75. C. de feriis le 2. Arosim. Origen.

Le Dimanche que les Astrologues estiment estre le plus excellent des autres iours; à cause qu'il est dominé de la plus noble des Planettes qui est le Soleil. Et pronosticant sur icelle disent que non seulement ceste planette donne la perfection au cœur, au sang, & au foye de l'Embrion dans le ventre de la mere les quatre premiers mois: mais encores que celuy qui naistra soubs icelle aymera la Iustice, & sera entrepreneur des grands affaires, desquels il viendra à bout. Ce qui descouure appertement, que ce Phebus des François sera le plus grand Monarque de l'Vniuers, & que sa puissance s'estendra comme la clarté du Soleil sur tous les Empires du monde; voire contraindre les plus eslognez de la foy, de croire en IESVS-CHRIST. Et comme vn autre Alexandre pourra dire *Ortus, & occasus aquilo mihi seruiet, & Auster*, ou comme vn autre Iupiter attirera à soy auec la chaine d'or de sa puissance, tous les autres Monarques de la terre, sans que tous ensemble luy puissent resister; & sera en luy, ou la doctrine du Philosophe se trouuera choquee, qui ne veut que la fœlicité soit attribuee aux enfants, à cause de la suitte des annees, & incon-

Dimanche.

Honor. II ast. Arct. l. 1. de Morib. c. 10.

stance de la fortune: puis que cét enfant du Roy de France iouyt de la fœlicité dés le iour de sa naissance.

L'heure est mysterieuse qui est entre vnze-heures, & midy de l'horrologe de France ; que les Hebrieux appellent l'heure de Sexte : heure en laquelle les Atheniens commançoient le iour, à cause que le Soleil fut crée en icelle, & fit voir sa face à tous les cantons de la terre, chassant par l'esclat de sa lumiere, & la chaleur de ses rayons les bestes nocturnes, & venimeuses: aussi cét Apollon-Royal estant né à ceste heure nous presage, qu'il chassera comme son pere auec l'esplendeur de sa Majesteuse presence les Hibouz de l'heresie, & que les Monstres venimeux de la Rebellion trembleront à la seule prolation de son nom; comme jadis Cassandre trembloit au deuant de l'Estatuë du grand Alexandre, & sera comme vn autre Alxandre coupant le neud Gordien; maistre de tout l'Vniuers.

Plutarq. in vita Alex.

Le lieu de ceste naissance est mysterieux, qu'est le Bourg sainct Germain, ou le Roy Charles IX. nasquit l'an 1538. Bourg que les anciens Gaulois auoient dedié à la Deesse Isis qu'ils appelloient la nourriciere de tout le monde, & la protectrice de leur Nation : ayant edifié vn magnifique Temple à son honneur; qui estoit visité non seulement du peuple Gaulois: mais encores les nations estrangeres y venoient rendre leurs vœux en temps de disette, & necessité de viures. Ce lieu est la marque que les estrangers viendront offrir leurs vœux sur l'Autel sacré de l'authorité de ce grand Dauphin, & qu'il garantira les bons François de danger (aussi le Dauphin en est le Symbole) veu qu'Vlyssez tenoit à ses armes vn Dauphin, & portoit son Image au col comme vn ordre de Caualerie, à cause qu'vn Dauphin auoit tiré de danger son fils Talemachus, qui petit enfant estoit tombé dans la mer agitée.

Le lieu.

Non seulement le iour, l'heure, & le lieu, ont donné des presages de ceste naissance ; & plusieurs propheties qui ont esté trouuees dans des Bybliotheques des vieilles Abbayes, par des reuelations Diuines, ont manifestee icelle : mais encores la terre la annoncee au mois de Mars: quatriesme de la grossesse de la Reyne, puis qu'elle trembla au Royaume de Naples, & Sicile ; comme elle auoit tremblé par toute l'Europe à la naissance du Roy son

Les Roys d'Arles.

son pere; pour monſtrer qu'elle honoroit ſa venuë, & ſautellant de joye le reconnoiſſoit pour ſon Souuerain.

Le mois eſt fortuné, qu'eſt celuy de Septembre que les anciés auoient dedié au Dieu Vulcan fils de Iupiter, & de la Deeſſe Iunon; qui en ſa tendre ieuneſſe auoit forgé des armes à ſon pere pour faire la guerre aux Geans: ce qui monſtre que ce Dauphin Royal dés ſa naiſſance anime le generoſité de courage du Roy ſon pere outre; & par deſſus ce qu'il auoit ſur tous les Monarques de l'Vniuers; pour ruiner les ennemis de ſon eſtat. En Septembre que les Hebrieux appellent Bethany qui veut dire rebuſte: ou ſuiuant vn autre verſion force de la mer: vraye conuenance de la valeur de ce genereux Dauphin, qui doit obliger la mer, & la terre de luy preſter obeyſſance. Ou bien en Septembre que les Egyptiens, & les meſmes Hebrieux commencent l'annee ſoubs la croyance qu'ils ont, qu'en ce mois le monde fut crée; veu qu'en iceluy tous les fruits de la terre ſont en leur maturité comme au iour de leur creation. Preſage à tout le peuple François que Dieu à donné ce fruict Royal pour bonne eſtraine afin de ſoulager tout le Royaume: & que par ſa douceur comme vn fruict de vie, vn Arbre Lethes, & vn Dauphin ſans fiel; il changera toutes les amertumes de la France en douceur, & faiſant reiunir les anciennes fœlicitez des François, leur fera oblier les afflictions paſſees. Au mois de Septembre qu'eſt le ſeptieſme mois des Romains, auquel eſt marqué du ſigne de la Balance: monſtrant qu'il gardera & aymera le culte Diuin, l'Egliſe de Dieu, & la Iuſtice. Enfin au mois de Septembre enuiron L'Equinoxe de l'Automne auquel la Reyne des Anges, & protectrice du Royaume de France (ſuiuant le vœu, & l'offrande que le Roy ſon pere luy en a faict) eſt née au monde pour eſtre mediatrice entre Dieu, & les hommes. Mois auquel le Roy ſon pere heureuſement regnant, le Roy Loüys VIII. pere de ſainct Louys ennemy iuré des heretiques Albigeois, le Roy Henry III. de Valois: les Roys Dauid, & Salomon: Romulus Roy des Romains, Octauian Ceſar, l'Empereur Charlemagne, & tous les grands Monarque de la terre ſont naitz: qui nous preſage que le Ciel l'a faict naiſtre pour eſtre Prince de paix: qu'il imitera le Roy ſon pere en Iuſtice, Henry III. en liberalité, Dauid en ſainctété, Salomon en ſageſſe, Romulus en addreſſe, Octauian, en

Gen. c. 1.
Plin. l. 23.
c. 17. Arcl.
l. 2. Hiſt. an.

Chron. de Fran.

y y

bonté, & Charlemagne, en proüesse : & qu'il surpassera en puissance, & authorité les plus grands de tout l'Vniuers. Pour lequel ie supplie la Diuine majesté d'enuoyer le sainct Esprit pour sa conduite, augmenter ses forces contre ses ennemis, conseruer sa santé, & luy donner longue, & heureuse vie pour nostre consolation.

CHANT D'VNE NYMPHE.

Enfant l'amour du Ciel, & l'honneur de la France,
DAVFIN tant desiré, dont l'heureuse Naissance,
   Resiouyt l'Vniuers;
Puis que vous estes né pour faire des miracles,
Escoutez mes chansons; & sçachez que mes vers
Sont de vos grands exploicts les fidelles Oracles.

Comme le Fils d'Alcmene au prin-temps de son aäge
Estouffa deux Serpens, dont la fatale rage,
   Conspiroit son trespas:
Ainsi victorieux, mesmes en vostre Enfance,
Vous foulerez aux pieds le vice, & ses appas,
Et vostre esprit vaincra le monstre d'ignorance.

Vostre Pere est si Grand, si Vaillant, & si Iuste,
Son Sceptre est si puissant, son Regne est tout auguste,
   Qu'on luy doit des Autels;
Il est Victorieux sur la terre & sur l'onde,
Son merite le rend le plus grand des mortels,
Mais vous l'auez rendu le plus heureux du monde,

Sacré sang de BOVRBON fruit d'vn Saint hymenée
Ieune fleuron de Lis à qui la destinée
   Promet mille lauriers,
La France vous reçoit au milieu des victoires
Et se peut asseurer que vos actes guerriers
Seront à l'aduenir l'ornement des histoires.

Les Princes de Sydon, d'Antioche & d'Epire
Apres plusieurs combats soubsmetront leur Empire
   A vostre bras puissant.
Tous les Princes Chrestiens verront leurs troubles calmes
Et quant vous abbatrez les cornes du Croissant,
LOVYS reposera dessus vn lict de Palmes.

Tous les Roys baptisez suiuront vostre entreprise
Vous serez le premier comme aisné de l'Eglise
   A dompter les Sultans
Aux conquestes du Nille destin vous appelle,
Et ie vous puis iurer qu'en l'aage de vingt ans,
Vous ferez de l'Egypte vne France nouuelle.

MEILLIER.

DV GOVVERNEMENT
Politique de la Ville d'Arles.

CE seroit peu d'auoir monstré l'excellence de la ville d'Arles, & les causes que parmy les siecles passez l'auoient renduë recommandable sur toutes les villes de l'Europe, si à present le bon Gouuernement, l'ordre Politique & la bonne Iustice qu'elle garde dans son enclos estoit taisé; puis que ce sont les trois colonnes qui supportent & mettent en estime toutes les Republiques. Pour connoistre, donc, que la ville d'Arles n'a iamais eu manque de bon Gouuernement, ny de bonne Police, & que la longueur du temps, ny le changement de domination ne l'ont escartée des coustumes de leurs Peres; faut sçauoir que comme elle a esté gouuernée en son commencement par dix Timuques originaires de trois generations de la Ville, à eux donnez par les Grecs ses fondateurs: Et à la façon du Senat Romain par des Consuls, apres que Caius Marius l'eust annexée à la Republique: De mesmes les habitans ayans retenu cet ordre iusques à present nous voyons que la Ville est gouuernée, tant au temps de paix, qu'au temps de guer.

re par Messieurs les quatre Consuls, deux qui sont Gentils-hommes, & deux Bourgeois, qui seuls en sont Gouuerneurs & Iuges nais de la Police; & n'appartient qu'à eux de donner l'ordre aux habitans pour ce qui regarde la guerre, la police, le bien, & profit de la Communauté. Les Consuls ont le pouuoir de créer les Conseillers de la Maison commune, que sont en nombre de cinquante Nobles, & autât de Bourgeois (car les Marcháds ny les Artisans ne sont point reçeus à la Maison de ville). Ils creent aussi les Officiers, sauf les Capitaines de la Ville, du fort du Tampan, & du Guet (vulgairement appellé le Soubs-clauaire) qui sont creez par le Conseil general le premier iour de May.

Au temps qu'Arles estoit Royaume & Republique les Consuls estoient creez & entroient en charge la seconde feste de Pasques: Mais quand l'ordre Aristocratique fut cessé, portez de deuotion à la Vierge Mere de Dieu, on les crea comme ils se créent encores le iour de l'Annonciation de N. Dame 25. Mars (qu'est le iour qu'on creoit le Potestat quand Arles estoit Republique) & à ce iour ils entrent en charge, & iurent d'estre fidelles au Roy, de conseruer les franchises, priuileges, statuts & biens de la Communauté, personnes & biens des habitans; & de bien & deüement faire leur charge; comme font aussi tous les autres Officiers au iour de leur creation.

Pouvoir du Capitaine de la Ville.
Le Capitaine de la Ville a la charge de prendre tous les matins les clefs des mains des Consuls pour ouurir & fermer la Ville : garder les clefs des Reliques de S. Anthoine: prendre l'ordre des Consuls pour le donner aux autres Capitaines des quartiers lors qu'on fait garde (car il a preseance sur iceux): Et se trouuant à la Ville de S. Maximin en Prouence le iour & feste de la Ste. Magdeleine; ou la quinzaine de Pasques; peut par priuilege arborer son guidon, & aller au costé droict du Chef de ladite Saincte, prescédant tout autre pendant la procession.

La cause de ce priuilege prouient de ce qu'au temps de Louys II. d'Anjou Roy de Naples, Sicile, & Hierusalem, Comte de Prouence & Seigneur d'Arles, Pere du Roy René: ceux de Marseille desireux d'auoir dans leur enclos les sainctes Reliques de la Magdeleine, qui premiere auec son Frere le Lazare les auoit amenez à la Foy, & croyance de IESVS-CHRIST; & les voyás richement colloquez dans vne belle chasse en forme de chef d'or, & d'argent, s'estoient assemblez à S. Maximin le iour de la feste : & voyant la procession hors de la Ville le long des murailles, suiuant la coustume qu'on a de la faire ; les Massillois se jetterent auec armes sur ceux qui la portoient : & l'ayans prinse la vouloient porter à Marseille. Le Capitaine de la Ville d'Arles, qu'estoit Noble Raymond d'Isnard, venant du Siege de Nisse & Ville-Franque pour le seruice du Roy Louys ; apres la mort de Raymond de Turesne; se trouuant par deuotion auec sa compagnie ce iour là à S. Maximin, s'opposa aux Massillois, & se mettant en armes contre iceux leur osta la saincte Relique, & la remit à sa place ordinaire : Ceste action fut la cause que ceux de S. Maximin donnerent le susdit priuilege au Capitaine d'Arles, qui fut apres confirmé par les Roys Louys III. & René enfans de Louys II.

Le Capitaine du Tampan doit pendant son année garder la forteresse (aussi la Ville luy fournit gens, viures, & munitions de guerre pour cet effect) doit raisonner toutes les barques qui sortent du Rosne & entrent en plaine Mer, voir les marchandises qu'elles portent, ses passeports & Polices, & trouuant du manquement arrester les barques, ou vser de confiscation suiuant l'exigence du faict : Comme aussi doit visiter

Pouuoir du Capitaine du Tampan.

celles qui de la Mer doiuent entrer dans le Rofne &empefcher leur entrée s'il connoift qu'elles puiffent nuire à la Ville ou fon terroir.

Le Capitaine du Guet (ou Soubs-clauaire) qui a auec foy cinquáte foldats entretenus aux defpens de la Ville, a la charge de faire la nuiƈt le guet ou patrouille par la Ville, afin d'efuiter les larrecins: Il a le pouuoir de faire prifonnier tous ceux qu'il trouue fans lumiere par les ruës portans armes, efpees, & baftons ; peut faire ouurir toute forte de maifons, pour y faire la recherche des Larrons, Adulteres, Vagabonds, & Berlandiers (pourueu que quelque voifin ou autre perfonne de foy le luy aye denoncé) & les trouuant les peut mener, autant hommes que femmes en prifon, pour leur eftre faiƈt leur procez fuiuant la grauité du deliƈt. Ce Capitaine a le droiƈt des Alielages, & doit reconnoiftre toutes les eymines qu'on mefure le bled, les mefures de l'huile, du vin & du fel ; marquer les canes, pans & harpents ; efgaller les balances, trefbuchets & romaines, afin que le poids & la mefure foient faiƈts auec equité ; doit deffendre les patis, coufoul, efpleches, & herbages de la ville ; empefcher la pefche des Eftágs, Roubines, Bourdigues & autres lieux appartenans à la Comunauté, &

trouuant

trouuant du manquement peut vser de gagerie, donner des esmédes, & emprisonner les defaillants. Il a Iurisdiction sur les Bans, ou accuses donnez pour raison du dommage fait aux terres, Preds, Vignes, Bois, Iardins, & Herbages des particuliers; & de ses Iugemens on ne peut appeller que deuát le Viguier. Enfin il a le soing de faire continuer les ieux des Meslanges, ou seculiers instituez dás Arles despuis les Empereurs Theodoric Roy des Gots, confirmez par le Roy René, que sont le saut, la luite, la course des hommes & des cheuaux, de tirer le mousquet, & faire des armes (afin d'exercer la ieunesse) & donner le prix à ceux qui les auront gaignez.

Les Consuls créent deux estimateurs, vn Noble, & l'autre Bourgeois, qui ont la charge de faire toute sorte d'estime & collocations sur les biens fonciers de la Ville, & de son terroir; assistez toutesfois des prud-hommes artisans, ou laboureurs, suiuát la qualité de la chose estimée; sont vn Assesseur Docteur & Aduocat pour conseiller en droict & deffendre les affaires de la Ville en cas de procez. Créent aussi quatre repesateurs ou visiteurs du pain des Boulangers & Manganiers, qui sont de méme qualité, & n'appartient qu'à iceux de donner l'ordre du poids *Estimateurs.* *Visiteurs du pain.*

& condition que doit estre faict le pain, suiuant leur ordre, le peuuent confisquer, & donner des esmendes aux deffaillants, sans qu'on puisse appeller de leur ordonnance.

Et comme les Romains, leurs anciens associez, auoient deux Senateurs pour la police des bastimens, voulans comme Platon garder l'esgalité symmetrie, & largeur des ruës, que sont l'embellissement des Villes ; ils créent toutes les années deux Iuges Voyeurs ou Carreiriers pour prendre garde des bastimens, afin de faire reparer ceux qui menassent ruine, & empescher que par les edifices nouueaux les ruës ne soient occupées, ains les faire aggrandir aux lieux qu'ils iugent estre necessaires : Ils ont aussi le soing de les faire pauer & tenir nettes, & peuuent donner des esmendes à ceux qui y jettent des immondices, & y entreposent du fumier.

Iuges Carreiriers.

Ils sont deux Visiteurs des Drogues des Apoticaires, qui ont le pouuoir de verser par terre, & brusler toutes celles qu'ils trouuent n'auoir esté composées comme il faut, ou sont vieilles & corrompuës ; confisquer la cire fraudée, & donner des esmendes à leur arbitre. Ils créent aussi deux Visiteurs de la Chair & du Poisson, pour prendre garde que la Brebis ne soit debitée pour le

Visiteurs de Drogues.

Visiteurs de Chair.

Mouton, & que la chair du Bœuf, mort de foy mefme ou corrompuë, ne foit expofée en vente à la boucherie ny en autre part de la Ville ; empefcher les Boucheries de vendre la chair à plus haut prix que leur ferme, & les conftraindre de faire le poids, à peine de punition corporelle; comme auffi empefchent qu'on ne vende de chaffe & du poiffon corrompu,& qu'aucun Porceau ladre ne foit tué ny vendu dans la Ville; ces deputez peuvent comme les autres confifquer & donner des efmende aux deffaillants.

Créent auffi deux Iuges Leuadiers, qui ont le foing des digues ou chauffées le long du Rofne, afin d'empefcher l'innondation du terroir dans les debordemens des eaux ; tous lefquels Officiers font du nombre des Confeillers.

Et de mefme que Platon ne permettroit que dans fes Villes de Police aucun s'addonnaft à des fales profits pour gaigner leur vie ou enrichir leurs maifons; auffi les Confuls d'Arles ayás en horreur les actions fales, deputent à chacune Parroiffe quatre Citoyens pour fe prendre garde que dans les maifons particulieres ne foient entretenus, Ieux, Berlands, Concubinages, ny affemblées foupçonneufes,afin d'en donner aduis au Bureau de la Police ; nommement auffi

Des Intendans.

quatre Intendans de la santé pour seruir la Ville en temps de peste, pour auec eux assister au Bureau de la santé. Ont encores quatre Intendans de la Police, pour faire garder le taux que les Consuls mettent aux viures; & trouuât du manquement le denoncer au Bureau de la Police, pour à leur denonciation proceder criminellement contre les deffaillants. Enfin Messieurs les Consuls créent vn Iuge, vn Baile, vn Procureur Iurisdictionnel, & vn Greffier pour rendre Iustice au lieu de Trinquetaille, d'où ils sont Seigneurs.

Pour l'Ordre de la Guerre.

OVTRE les Officiers cy-deuant nommez la Ville d'Arles imitant tousiours la Republique Romaine, qui d'ordinaire estoit proueuë de Capitaines & d'Officiers pour faire la guerre (au cas de besoin). Les Consuls créent toutes les années cinq Capitaines des quartiers: & aux despens de la Ville soldoyent cinq Sergents, & autant de Corporals: qui ont la charge d'aduertir, & suiure leurs Capitaines en temps de besoin: commander les habitans à la garde, prou-

des Roys d'Arles. 549

uoir les corps de garde, & auoir foing que chacun aye des armes conuenables pour la deffence de la Ville.

Et comme la Ville entretenoit anciennemét vne armée naualle fur la Mer Mediterranée (ainfi qu'à efté dit) & fe faifoit redouter le long des plages du Royaume d'Aragon, de Catalogne, de Genes, de Pife, & de Florence, auffi elle entretient à prefent des fregates bien armées fur la riuiere du Rofne pour la conferuation du fort du Tampan, & de la Camargue au temps de befoin. A vn tres-beau Arcenat bien garni d'armes, où fe cópte plus de nonante pieces de canons: tant en doubles canons, colobrines, pieces de campagne moyennes, & fauconeaux: Il y a quantité de moufquets, demy-moufquets, carrabines, piftolets, picques, demy-picques, halebardes, efpieux, & baftons à deux bouts pour armer plus de fix mil hommes, fans y comprendre les armes que les habitans ont à leur particulier, ainfi que le Roy veit l'an mil fix-cens vingt-deux eftant dans Arles, qui luy fit dire que vrayement c'eftoit vne des Villes mieux gouuernée de fon Royaume.

Arfenal.

Zzz 3

Ordre Spirituel des Consuls.

NON seulement le fais pesant du Gouuernement & Police de la Ville est sur les espaules des Consuls ; mais encores faut qu'ils ayent soing des Spirituels, puis que pendant l'année de leur Consulat ils sont Recteurs, ou Marguilliers de la saincte Eglise Metropolitaine de S. Trophime, & se doiuent prendre garde qu'on entretienne les ornements, & qu'on fasse les reparations necessaires : sortans de Consuls ils entrent Recteurs du College, & au Bureau du grand Hospital, & ont le soing que les Classes soient bien tenuës, & les Escoliers enseignez: Comme aussi d'auoir en recommandation le bien des Pauures, l'assistance des malades, & de leur faire auoir leurs necessitez.

Le Bureau de l'Hospital est composé du Seigneur Illustrissime Archeuesque d'Arles, de l'Economie du Chapitre de la saincte Eglise, du Iuge Royal & ordinaire de la Ville, de Messieurs les Consuls vieux, de quelques Gentils-hommes, & Bourgeois Deputez, de l'Aduocat des pauures, du Thresorier, & du Greffier, qui tous les Samedys s'assemblent pour le bien des pauures & l'vtilité de la Maison.

Dans cet Hospital sont entretenus & medicamentez toute sorte de pauures malades, ausquels est fourny Chirurgiens, Apoticaires, Medicaments, Aliments, Linge, Lict, Feu, Seruantes, & toute autre chose qui leur peut estre necessaire pour le recouurement de leur santé & soulagement à leur douleur. Ils ont aussi les remedes spirituels ; car dans l'Hospital son entretenus des bons Prestres pour leur administrer les Sacrements, les exhorter à la patience, & les ayder à bié mourir lors qu'ils agonisent la mort. Outre les malades l'Hospital nourrit, habille, & esleue les pauures filles, enfans orphelins, & ceux que leurs Peres & Meres sont inconnus : entretient vn Precepteur pour les masles, qui les enseignent à lire & escrire, iusques à l'aage de douze ans qu'on les met en apprétissage chez quelque Artisant, ou leur font poursuiure leurs estudes s'ils en ont l'inclination : comme aussi les filles sont esleuees par des hônestes femmes iusques à l'aage de quatorze ans qui sont logees en seruice, ou colloquées en Mariage, le tout aux despens de l'Hospital : plusieurs pauures estropiez, gens vieux, Aueugles & autres personnes changées de sens, ne pouuans gaigner leur vie y sont aussi nourris, habillez & entretenus, & tous dans l'enclos de la Maison, ayans leur quartier à part, sans que les hommes se meslent auec les femmes, les enfans auec les filles, les blessez ou playez auec les autres malades. Enfin l'Hospital paye quantité de Nourrices qui donnent le laict aux pauures enfans orphelins, & à des naturels qu'on ignore leurs parens.

Les Consuls ont aussi le soing des Hospitaux des Lepreux de S. Lazare; de celuy des Pelerins; & de celuy des pestez, à tous lesquels ils se portent auec mesme charité que jadis leurs Peres se portoient au temps de leur fondation.

De l'Ordre de la Justice.

Sap. 5. Esa. 1 LA Iustice, qui est la fille aisnée de Dieu, l'habit & la ceinture d'iceluy, plus estimable que l'or & les pierres precieuses, sans laquelle les Royaumes ny les Communautez ne peuuent auoir subsistance; puis qu'elle asseure les Throsnes des Roys, & seule que rendant à chacun ce qui luy appartient peut dire. *Per me Reges regnant.* C'est
Prouerb. 23 elle qui entretient les hommes dans leur deuoir,
faisant

faisant rendre à Dieu le culte de Religion: obeissance aux Princes, honneur aux parents, concorde aux esgaux, discipline aux inferieurs, & fait auoir compassion des miserables: C'est cette Thetis, fille du Soleil, qui donne la connoissance, & fait faire la distinction du bien au mal, pour entretenir l'amour, la paix & la societé auec les humains: & celle que le Roy Dauid reconnoissant son vtilité recommanda vn peu auant sa mort à son fils Salomon d'aymer ; & la prouuoir de bons Magistrats pour la conseruation des gens de bien, punition des meschants, & l'obseruation des Loix, disant comme les Iurisconsultes, que c'est peu dans vne ville d'auoir des belles Loix s'il n'y a des Magistrats pour la deffence d'icelles. *Parum est* (dit Pomponius) *Ius esse in Ciuitate nisi essent quod Iura tuerentur.*

ff. de Iudic. L. ita vuln.

ff. de orig. Iur. L. necess.

La ville d'Arles ayant tousiours grandement aymé la Iustice à voulu suiure le conseil de ce Prophete; puis que suiuant les Loix de Solon elle entretenoit vne bonne Iustice pendant qu' elle estoit sous la domination des Grecs: Estant aux Romains elle fut le Parlement des sept Prouinces des Gaules, & retraicte du President de la Republique: Fut le supréme Tribunal de l'Vniuers sous les Empereurs Constantin le Grand,

Aaaa

son fils Constance, Valentinian, Theodosius, & Honorius: Le lieu où les Loix estoient construites (car plusieurs Empereurs, & Roys des Gots ont fait des Loix pour l'administration de la Iustice dans Arles) ainsi qu'il se voit dans le Droict.

ff. de su & vsufruct. ff. de Iust. & iur. C. de lit. pēd. C. de appellat. L. off. de diuer. offic. De condit. in public. horreū C. lib. 10 de Episcopali Iudicio Cod. Theod. ff. de Matrim. L. 4. tit. 2.

Long temps apres elle a esté la Cour souueraine du Royaume de Bourgongne, comme ville capitale d'iceluy: Et auiourd'huy retenant l'ancien Ordre de ses Peres, elle a dans son enclos pour l'administration de la Iustice vne Seneschaussée composée d'vn Lieutenāt principal, qui preside en l'absence du Seneschal de Prouence: d'vn Lieutenant des submissions, & d'vn Lieutenant particulier: de quatre Conseillers, de Messieurs l'Aduocat, & Procureur du Roy; tous Conseillers de sa Majesté; deux Enquesteurs, & ses Greffiers necessaires: En ceste Cour sont quantité de fameux Aduocats postulants: il y a huict Procureurs d'office formez pour l'instruction des procez, & plusieurs Huissiers Royaux pour exploicter les Ordonnances & Mandemens d'icelle.

Le Tribunal de la Seneschaussée a connoissance sur les Nobles, les personnes priuilegiées de la Ville, & de son ressort: des obligations, &

des Roys d'Arles.

causes soubmises, des appellations des Iuge Ordinaire, & Viguier d'Arles; des Iuges & Viguiers des villes de Tarascon, Salon, S. Remy, Mondragon, les Sainctes Maries, S. Chamas, & plus de trente villages, tant du Vigueriat, que du Martigues.

Il y a dans Arles vn Iuge Royal, & ordinaire, qui connoist en premiere instance des affaires des roturiers habitans de la Ville, & son terroir: qui a son Lieutenant, vn Greffier, & des Officiers necessaires à la Cour: On y voit la Cour du Viguier Royal, qui connoist, & iuge diffinitiuement des crimes, batteries, meurtres, larrecins, rapts, & autres causes Preuostables, & de ses Iugemens criminels on peut directement appeller au Parlement d'Aix.

Enfin est dans Arles la Cour de l'Admirauté, composée d'vn Lieutenant, & Maistre des Ports, qui connoist des chargemens, & deschargemens des marchandises qui s'apportent par Mer, ou sur la riuiere du Rosne par Barques: comme aussi des annolis, pertes, naufrages, escueils, & tout autre different qui peut arriuer dependant de l'Admirauté, despuis les plages de Mer d'Aiguesmortes, les Sainctes Maries, de la Camargue, & de Fos, iusques à la tour de Boug;

Et sur le Rosne despuis la Durence iusques à la Mer. Ceste Cour a vn Garde pour la reconnoissance des passeports ou polices, qu'est office Royal, apres le Maistre des ports; vn Greffier, & des Officiers necessaires.

Ordre de la Iustice Ecclesiastique de la Ville d'Arles.

POVRCE que la Iustice doit aussi bien estendre la force de son bras en l'Spirituel qu'au temporel: sur les personnes Ecclesiastiques, que sur les Seculiers, afin que la crainte d'icelle les occasionne de faire le seruice Diuin auec deuotion, de donner bon exemple auec edification, que le bien de l'Eglise soit conserué sans lesion, & que les Prestres s'efforcent à l'acquittement de leur charge. Il y a dans Arles la Cour spirituelle entretenuë par le Seigneur Archeuesque, qui est composée de trois Tribunaux, que sont, celuy de l'Official: celuy du Metropole: & celuy de la Primace. Au premier l'Official connoist en premiere instance de tous les affaires ciuils, & criminels, qui regardent les Clercs de la Ville, & du Diocese; des dissolutions, & Contracts des Mariages; des Côfraternitez Laïques & Clericales ; des Benefices & autres choses qui sont Ecclesiastiques ; du Iugement duquel on peut appeller à la Metropole.

Le Tribunal de la Metropole ne connoist seulement des appellations de l'Official Diocesain, mais encores de toutes celles qui y sont introduites des Dioceses Suffragans, que sont Marseille, Tolon, Orange, & S. Paul Trois-Chasteaux. Ceste Cour est prouueuë de Iuges, & Officiers necessaires, & d'icelle on peut appeller à la Primace.

La Cour de la Primace d'Arles estoit anciennement celle où toutes les appellations des Metropolitains, & Euesques de la France estoient deuoluës : Car l'Eglise d'Arles estoit la Primace de toutes les Gaules, & *secunda Romana Sedes* depuis S. Trophime, & les Archeuesques d'icelle estoient reconnus pour Superieurs des Euesques de France apres le Souuerain Pontife Romain.

Ceste Primace fust retranchée apres qu'Arles fut fait Royaume, attendu que l'Archeuesque Rostagnus voyant que l'Archeuesque de Vienne se disoit Primat des Allobrogues, & Alpins; & celuy de Lion de la Gaule Celtique ou Lionnoise; ne voulant auoir des compagnons se contenta de se dire Primat de Bougongne (bien que le Pape Iean VIII. l'euſt de nouueau declaré Primat ſur toutes les Gaules, ainſi qu'appert de l'Epiſtre qu'il eſcriuit à tous les Prelats de la France, en datte du 19. Iuin 875. par laquelle il leur recommande de reconnoiſtre l'Archeueſ-que d'Arles pour Primat, & luy obeyr en ceſte qualité. L'Archeueſque Roſtagnus auoit ſous luy les Archeueſchez de la Bourgongne, que ſont Malines, Tarentaiſe, Bezençon & Vtrech; Cambray n'eſtant pour lors que ſimple Eueſché; auoit encor les Archeueſchez de Narbonne, d'Auch, d'Ambrun & d'Aix, auec leurs Suffra-gans ; ce qui continua cinq cens ans, & iuſques à ce qu'Arles fut fait Republique, que ſes Ar-cheueſques negligerent le titre de Primat; qu'on auoit iuſques alors gardé auec tant d'affection; & laiſſerent comme aneantir le Tribunal de la Primace, ſans ſe ſoucier de l'entretenir, ce qu'à duré trois ſiecles, & iuſques à preſent que le Seigneur Illuſtriſſime Archeueſque de Barraud l'a reſleué, & deſirant de le remettre dans ſon luſtre a prouueu ſa Cour des Officiers neceſſai-res, qui peuuent iuger des appellations des Me-tropolitains de ſon reſſort ; & du Iugement de ceſte Cour on ne peut appeller qu'à N. S. P. le

Epiſt. 92.
Iean 8. Pape.

Pape, sans recourir ailleurs ; sauf en cas d'abus, qu'on peut appeller aux souueraines Cours des Parlements.

La Iurisdiction de la Primace est grandemét resleuée, puis que c'est la mesme que celle des Patriarches, ainsi qu'il est marqué dans les sacrez Canons, où est dit. *Primates, & Patriarcha diuer-* *sorum sunt nominum, sed eiusdem officij* : Car le mot de Patriarche, qui est Grec, n'auoit passé en l'Occident durant les quatre premiers siecles, & iusques à ce que les Gots se porterent par deça, estans eux Arriens, & voulans esleuer ses Euesques plus que les Catholiques ; les appelloient Patriarches : mesme que le Pape Anicete, qui estoit (ainsi que dit Platine) Syrien de Nation, parlant des Primats de l'Eglise Latine, les appelle Patriarches à la façon de son pays ; ores qu'on n'eust iamais vsé d'autre mot que de celuy de Primat. Sainct Isidore rapportant le texte du Canon, voulant monstrer l'esgalité de puissance, & la conformité du nom des Primats aux Patriarches, dit. *Patriarcha lingua Græca summus patrũ interpretatur ; idest primas*, & plus bas dit. *Primas tenet enim vicem Apostolorum, & præsides tam Metropolitanis quam cæteris Episcopis*. Au Concile de Calcedoine les Primats ont esté appellez Esar-

Can. Cl. Dist. 2.

ches, que veut dire Princes sacrez; pour mõstrer la grandeur de leur authorité ; aussi au temps que les ellections auoient lieu, & que le Clergé eslisoit les Euesques: les Primats donnoient Bulle, & mission en possession aux Archeuesques de leur ressort apres qu'ils auoient esté esleus par le Clergé & les Euesques suffragans : pouuoient corriger les Prelats qui estoient conuaincus de crime: auoient la faculté de cõuoquer des Conciles Nationaux, & faire receuoir en iceux les points de la Foy, & autres Decrets determinez des Papes, & des Conciles œcumeniques; & presidoient sur tous les Metropolitains; attẽdu que le mesme Canon dit en leur faueur. *Archiepiscopi*

Can. Cleros
Dist. 2.
debent Primatibus obedientiam in omnibus qua sibi fuerunt ab ijs iustè imperata.

Que les Primats soient sur les Metropolitains cela se voit aux actes du second Concile de Constantinople tenu l'an 553. sous le Pape Virgile, par 165. Euesques, où fut accordé que l'Eglise de Hierusalem, la bien aymée de Dieu, seroit faite Primace; ou Patriarchale; qui n'estoit auparauãt que simple Euesché; puis qu'on mit sous sa Iurisdiction les Archeuesques Metropolitains de Scytepolis, de Cesaree, de Rabense, & de Britese auec leurs Suffragans, qui estoient dependans des

Les Roys d'Arles. 561

des Primats d'Antioche, & d'Alexandrie: Et S. Gregoire le Grand monstra que l'Archeuesque d'Arles est Primat sur tous les Euesques des Gaules; car donnant la commission à Augustin de Bauiere d'aller reformer les Euesques de le grád Bretagne, luy deffendit par exprez de ne rien faire sur les Prelats de France sans en prédre l'ordre de S. Virgile Archeuesque d'Arles, qui estoit leur Primat: luy donnant ceste similitude, que, *Non licet falcem mittere in messem alienam.*

L'authorité de la Primace à esté assez reconnuë en faueur des Archeuesques d'Arles, tant par les Bulles des Papes, que par les Actes de possession qu'ils en ont fait: car outre ce que S. Marin fit, conuoquát le premier Concile d'Arles contre les Nouatians, l'an 306. ez presences du Grand Constantin; & qu'il presida comme Primat des Gaules au Concile general de Nice en Bithynie contre les Arriens: & tous les autres Euesques d'Arles, qui viuoiét dás les trois premiers siecles, depuis S. Trophime ont fait (que nul ne pût mettre en côtrouerse) L'Archeuesque Leoncius deposa cóme Primat l'Euesque de Dié en Dauphiné, & interdit son Siege, qui auoit esté instalé par l'Archeuesque de Vienne sans l'authorité Apostolique l'an 464. Fœlix II. comme

Bbbb

Primat des Gaules présida au sixiesme Concile de Constantinople tenu contre les Monotelites sous le Pape Martin, ez presences de l'Empereur Costantin IV. dit le Barbut, & 289. Euesques, l'an 682. Alefantus en conuoqua vn autre à Narbonne l'an 788. où assisterent l'Archeusque de Narbonne, les Euesques de Nismes, d'Agde, de Magalône, & plus de vingt-quatre autres Euesques. Iean IV. n'assembla vn autre dans Arles l'an 803. sous le Pape Leon III. ez presences de l'Empereur Charlemagne, auquel fit receuoir les Ordonnances du Concile de Nicée à tous les Prelats de France pour la veneration des Images. Noto en qualité d'Archeuesque d'Arles cōuoqua vn Concile dans Tolose pour la reformation du Clergé au temps de Louys le Pieux, & du Pontificat de Leon IV. l'an 829. Sainct Rotland en cōuoqua vn autre à Valence sur le Rosne, du Pontificat de Nicolas le Grand, contre l'heresie de Godescalus, qui desnioit la predestination : Et en ce Concile declara excommuniez & priuez de sepulture Ecclesiastique ceux qui se battoient en duel, ou se donnoient eux mesmes la mort : Comme aussi iugea diffinitiuement des crimes imposez à l'Euesque dudit Valence : ainsi qu'est marqué aux actes dudit Concile sous l'an

855. Rostagnus Archeuesque d'Arles, qui couronna le Roy Boso deposa Aquin de l'Archeuesché de Narbonne, à cause qu'il n'estoit pas entré suiuant la forme prescripte. Raymbaldus assembla vn Concile à Tolose sous Victor II. Pape, auquel tous les Archeuesques, & Euesques de France le reconnoissant pour Primat, iurerent à luy, & ses successeurs Archeuesques d'Arles subiection, & obeissance; ainsi qu'à esté dit cy-deuant au feuillet 230. Aycardus assembla vn Synode dans Auignon, où assisterent les Archeuesques d'Ambrun, & de Narbonne, & leurs suffragans; & à leur presence donna Bulle & immission de possession à S. Hugues de l'Euesché de Grenoble, bien qu'il fut suffragant de l'Archeuesque de Vienne. Atto, comme Primat de Bourgongne, assista au Concile de Reims, où le Pape Calixte II. presida, & en iceluy deffendit le droict de l'Empereur Henry V. Roy d'Arles. Michel de Morosio conuoqua vn Concile dans Montpellier contre l'Heresie des Albigeois l'an 1213. où assisterent les Archeuesques de Narbonne, d'Auch, d'Ambrun, & d'Aix en Prouence, auec 39. Euesques leurs suffragans. Bernard Maleferratus presida les Archeuesques de Narbonne, & d'Aix, à l'inuention des Reliques

Ex antographo Epist. Ec Arelat. sub ann. 1052.

Tom. 3. Conc. part. 2. anno 1080.

Annal.

de Saincte Magdeleine, au lieu de S. Maximin, & fit les ceremonies en tel cas requises, ez presences de Charles II. d'Anjou Roy de Naples de Sicile, & Comte de Prouence ; ce qu'il n'auroit fait s'il n'eust esté Primat ; car l'office, & la preseance auroit appartenu à l'Archeuesque d'Aix, comme estant dans son Diocese. Pierre de Fuxo Archeuesque d'Arles, tint vn Synode dans Auignon, où assisterent Robert Archeuesque d'Aix, & Pierre Archeuesque d'Ambrun, les Euesques de Senes, d'Apt, de Vence, de Riez, de Trois-Chasteaux, de Carpentras, de Marseille, de Digne, de Glandeues, de Cauaillon, de Vaison, & d'Orange : ce qu'ils n'auroient fait si l'Archeuesque d'Arles ne les eust appellez en qualité de Primat; car suiuant la disposition du Droict *Par in parem non habet Imperium.* Outre ce il y a des procedures de la Primace dans les Archifues du Palais Archiepiscopal dudit Arles, qui sont autant de tesmoins irrefutables de ceste verité.

C. Intenuit de Elect. C. Inferior ff. de Arbitrijs L. nam, & Magistrat.

Enfin faut conclurre, qu'à cause du bon Ordre Politique, & de la bonne Iustice que la Cité d'Arles a tousiours entretenu & entretient dans son enclos: que Dieu rend son terroir abondant en fruicts, comme l'heritage de Iacob: Son Clergé sainct, comme le sacerdoce d'Aaron : Son

Psalm. 17.
Psalm. 105.

Gouuernement illustre, à l'esgal de celuy de Ge- *Iud. 6.*
deon : Sa Noblesse genereuse, comme les sol-
dats de Iosué : Ses Habitants benists, comme le *Deut. 34.*
peuple d'Israël : Ses murailles inexpugnables, *Leuit. 9.*
ainsi que celles de la Saincte Cité, conte lesquelles aucuns ennemis de la Foy, du Roy, ny *Hier. 1.*
de la Commune, ne pourront nuire : Et ses Magistrats dignes d'vne eternelle recompense; puis
que le Roy Prophete dit. *Beati qui custodiunt Iu-* *Psalm. 105.*
dicium, & faciunt Iustitiam in omni tempore.

FINIS.

L. D. V. M.

Bbbb 3

TABLE DES CHAPITRES.

COmme la ville d'Arles est la plus ancienne ville de Prouence : l'ordre de sa Religion en son commencement : son gouuernement tant par les Timuques soubs les loix des Grecs : que par les Consuls soubs celles des Romains : comme elle à esté Colonie : de la deffecte des Cymbres : & des priuileges que les originaires d'Arles auoient au Senat Romain   pag. 1.

Comme le grand Constantin Empereur vint en Arles auec sa femme Fausta, & ses enfants apres la mort de Dioclesian, & le martyre de Genies: de sa residence dans la ville: comme il declara Arles Siege Imperial de l'Vniuers, Metropole des Gaules : y fit bastir le Chasteau de la Toulle : fit des loix pour l'administration de la Iustice: fit celebrer le pre-premier Concile d'Arles par 600. Euesques: des Croix qui luy sont apparuës : des victoires qu'il a heu sur ses ennemis : comme il se retira à Constantinople: & de la naissance de S. Ambroise dans Arles   pag. 13.

Comme l'Empereur Constans Arrien fils du grand Constantin, ayant vaincu son frere Constantin II. & recueilly tout l'Empire de l'Occidant resida dans Arles neuf ans: fit continuer les ieux Theatraz aux Arenes : tint vn Concile des Arriens par la faueur de Saturnin Euesque d'Arles à Beziers : exila de France sainct Hilaire, & mourut aux Allemagnes   pag. 18.

Comme l'Empereur Theodosius premier Vuits-gots de nation, ayant vaincu Eugene: & fait fermer les Temples des Idoles, vint habiter dans Arles: du temps de son sejour: des choses plus remarquables qu'il fit de son temps : d'Arcadius, & Honorius ses enfans des nations estrangeres qu'estoient entrees dans la France: & comme Constantin qui auoit vsurpé l'Empire fut tué par Constance estans Chanoyne d'Arles   pag. 13.

TABLE DE CHAPITRES

Comme Honorius Empereur fils du precedant vint habiter dans Arles où il resida seize ans : des loix qu'il fit pendant son seiour, comme il estimoit la ville d'Arles la plus belle ville du monde ordonna les tragedies, la luitte, & la source auec prix:& y fit couroner son neueu Theodosius II. pour Empereur de l'Orient, apres la mort d'Arcadius son frere pag. 42.

Comme les Gots prindrent Arles sur les Romains apres vn long Siege: & comme Theodoric Roy des Gots fut recouuu Empereur dans Arles, & resida dedans trente huict ans : les loix qu'il ordonna d'estre gardees: comme il rendit le College fameux: resteua les murailles de la Ville ; l'estime qu'il faisoit de la Camargue:du siege des Francs, & Bourguignons : de l'exil de Sainct Cesaire Archeuesque d'Arles : & comme Theodat Roy des Ostrogots son neueu fut tué dedans pag. 48. & 51.

Comme Childebert Roy de France conquis Arles, & la Prouence sur les Gots : & des choses remarquables qui se passerent pendant 34. ans, qu'il resida dedans, auec le discours des medailles, & des monoyes:& du blason de toutes les armoyries que la ville d'Arles à tenu pag. 63.

De Gontrame Roy, d'Orleans, & d'Arles:& comme Celsus chassa Firminus, & Adouarus de la ville:de la residance que ce Roy y fit apres auoir chassé Recaredus Roy Gots du Languedoc : comme il ferma la Reyne Teutigilde dans le monastere de sainct Cesaire: & de l'antree des Sarrazins en France pag. 85.

De Childebert Roy de Soyssons heritier de Gontrame : des Sarrazins dans Auignon, & de leur Roy Cordube en Arles qui tomba, & pilla toutes les Eglises, & pendant quatre annees donna beaucoup de peine aux habitans, & comme il en fut chassé pag. 105.

Comme l'Empereur Charlemagne Roy de France chassa les Sarrazins de tout le Royaume:de la bataille qu'il gaigna à Mont majour; du seiour qu'il fit dans Arles:& ce qui se passa iusques à Charles le Chauue, qui donna la Duché d'Arles à son beau frere Boso, & la desmembra de la Couronne pag.101.

Seconde partie des Roys d'Arles,& la suitte d'iceux.

Comme Arles à esté fait Royaume:de Boso son premier Roy qui fut con

TABLE

ronné dans l'Eglise Metropolitaine par l'Archeuesque Rostagnus, & des choses remarquables qu'il à fait pendant les dix ans de son Regne ensemble l'estenduë du Royaume   pag. 127.

    De Loüys Boso dict l'Aueugle fils vnique du precedant, qui fut couronné dans la saincte Eglise par le mesme Archeuesque : fut Empereur des Romains: de la mort de son fils Charles Constantin : & de tout ce que luy arriuera pendant vingt. huict ans qu'il a regné   pag. 146.

    D'Hugues le courageux heritier du precedant, qui espousa la Princesse Berthe fut le III. Roy d'Arles, chassa les Hongres du Languedoc: conquit toute l'Italie: fut Roy des Romains: fit declarer son fils Lothaire Boso Empereur: regna 32. ans: mourut sans enfans: pag. 156.

    Conrad premier neueu, & heritier d'Hugues fut le 4. Roy; il espousa la sœur du Roy de France, qui luy porta pour dot la ville de Lyon: ce Roy se rendit recommandable pendant 35. ans qu'il regna   pag. 168.

    Rodulphe fils de Conrad succeda à son pere au Royaume, fut couronné dans l'Eglise d'Arles par l'Archeuesque Yterins: espousa la fille d'Othon II. Empereur: fit des grands dons aux Egliges: son fils estant chassé d'Arles par l'Archeuesque Vdo mourut en Italie : & luy estans sans enfans donna son Royaume au fils de Conrad le Salique   pag. 179.

    Geraldus Lieutenant general au Royaume d'Arles, vsurpa la couronne apres la mort du precedant, & se fit couronner dans Arles à l'Archeuesque Pontius de Marignane, auquel peu de temps apres il donna un soufflet dans l'Eglise : il fut deposé, & mourut en prison le 3. an de son regne   pag. 194.

    Conrad le Salique Empereur fut le 7. Roy d'Arles, ayant prins la ville par assaut, & desposé Gerardus: fut couronné Roy dans la maistresse Eglise, par le mesme Archeuesque Pontius : donna Lyon aux chanoynes de S. Iean: fit bastir le Palais Imperial de Vienne: & regna 9. ans   pag. 204.

    Honry le Noir Empereur fils de Conrad, & heritier du Roy Rodulphe fut le 8. Roy d'Arles, assista grandement l'Eglise contre les Antipapes : il regna 14. ans, & rendit son regne, & son Empire recōmandable pag. 215.

    Hienry surnommé le Vieux Empereur succeda à son pere au Royaume
                                                                                 d'Arles

DES CHAPITRES.

d'Arles estant ja Empereur; il soustint 60. batailles rengée eut guerre auec les Papes: fus desposé par son fils le 48. an de son Empire & de son temps Godefroy de Bouillon fut fait Roy de Hierusalē   pag. 230.

Henry V. Empereur qui auoit deposé son pere fut le 10. Roy d'Arles; il eust guerre auec les Polacres, & les Hongres: fut troublé par les Papes: fit mettre en prison sa femme par faux rapport: regna 18. ans. pag. 246.

Conrad Duc de Franconie neueu, & heritier du precedent fut le vnziesme Roy d'Arles eust des grandes guerres contre l'Empereur Lothaire, fut Empereur apres luy: vint en Arles, & fit des grands dons à l'Archeuesque, & au Chapitre: fut à la terre Saincte: regna 26. ans, & mourut sans enfans   pag. 260.

Frederic Barberousse Duc de Sueue neueu, & heritier de Conrad eut le Royaume d'Arles, & l'Empire apres luy fut couronné dans S. Trophime par l'Archeuesque de Bolena: fit guerre au Pape Alexandre III. osta le tiltre de Roy d'Arles aux enfants de Berthold: fit paix auec le Pape, alla à la terre Saincte, deffit le Sultan d'Egypte: & se noya en nageāt p. 279.

Philippe fi's de Barberousse fut couronné le treiziesme Roy d'Arles dans la saincte Eglise, par le mesme Archeuesque ses pere, & mere presents: fut marié auec la fille de l'Empereur de Constantinople: fut Empereur apres la mort de son frere, & miserablement assassiné le 20. an de son regne   pag. 291.

Othon Comte de Brunsuic, s'estant marié auec la fille aisnée du precedent, fut le 14. Roy d'Arles couronné dans S. Trophime par l'Archeuesque Imbertus de Aqueria du viuant de son beau pere: fut Empereur apres la mort d'icelay fit guerre au Pape, & au Roy de Sicile: fut deposé de l'Empire, & mourut le 18. an de son regne   pag. 298.

Frederic II. Roy de Sicile, & Empereur fut Roy d'Arles apres la mort d'Othon: il escriuit aux Consuls d'Arles, fut couronné Roy de Hierusalem: fut excommunié par trois Papes: donna le Royaume d'Arles au Prince d'Orange: fut deposé de l'Empire: assiega Rome: se ligua auec le Turc, & les Gibelins: Arles se reuolta contre luy, & mourut de poison, ayant esté trenze deux ans Roy d'Arles.   307

TABLE

De l'interregne, & de ceux qui ont recherché d'estre Roys d'Arles: & comme les Tres-Chrestiens Roys de France ne tiennent leur Royaume que de Dieu. 324.

Charles IV. Empereur fut le dernier Roy d'Arles: couronné dans S. Trophime par l'Archeuesque de Gardia Cardinal: visita le Pape Vrbain V. dans Auignon: remit toutes les pretensions du Royaume d'Arles au Roy de France Charles V. depuis aucun ne s'en est dit Roy pag. 337.

Troisiesme partie des Roys d'Arles.

Arles Republique: des noms de ses Potestats: forces de la Commune: Des Alliances qu'elle fit auec les Roys de France, les Venitiens, & autres Republiques pag. 356.

Des Heretiques Vaudois, leurs noms, & deffaite pag. 389.

Arles aux Comtes de Prouence pag. 393.

Charles Duc d'Anjou fut le premier Seigneur d'Arles, à qui la Communauté se donna sous des conuentions: alla conquerir la Sicile, y fut couronné Roy: & sous luy furent faites les vespres Sicilienes pag. 394.

Charles II. son fils recouura la Sicile: trouua les Reliques de la Ste. Magdelene, & aymoit grandement Arles pag. 397.

Le Roy Robert permit au Pape de mettre le S. Siege en Auignon: maria son fils auec Marie de Valois dans Arles pag. 402.

La Reyne Ieanne donna toute franchise en Arles, & le declara inalienable de la Prouence: vendit Auignon au Pape, ses mariages & sa mort pag. 406.

Louys Duc d'Anjou, fils du Roy Iean de France, adopté par la Reyne Ieanne: ses progrez, & sa mort pag. 416.

Louys II. son fils fit la Conuention auec ceux d'Arles: comme les Taquins rauagerent la Ville: de la guerre de Raymond de Turene: & comme ce Roy se maria dans Arles auec l'Infante d'Arragon pag. 418.

Louys III. fils du precedant adopté par Ianelle ioiut du Royaume de Sicile: son frere fit bastir le chasteau de Tarascon: & du pillage de

DES CHAPITRES.

Marseille par les Arragonois pag. 426.

Du Roy René frere de Louys, qui perdit Naples, & la Sicile: de la prinse des Galeres Espagnolles sur le Rosne par ceux d'Arles: des Reliques des sainctes Maries, du Concile de Constance, & de la perte de Constantinople pag. 438.

De Charles III. neueu du Roy René, qui fut le dernier Comte de Prouence & Seigneur d'Arles pag. 464.

Quatriesme Partie des Roys d'Arles.

Du bon-heur que la ville d'Arles à eu d'estre reunie au domaine de France par le decez de Charles III. Duc d'Anjou, & des noms des Roys Tres-Chrestiens de France qui l'ont possedee du despuis pag. 467.

Louys XI. Roy de France heritier de Charles d'Anjou donna les islons à la Ville d'Arles, & confirma les priuileges pag. 470.

Charles VIII. son fils conquist Naples, & la Sicile: chassa les Iuifs d'Arles, & de Prouence: & des Reliques de S. Anthoine pag. 472.

Louys XII. Roy de France declara Arles inseparable du domaine & de la Couronne, & institua le Parlement d'Aix pag. 481.

François premier de Valois estant Roy de France vint en Arles apres la guerre qu'il eust auec l'Empereur Charles V. & de l'innondation du terroir du Rosne de S. Martin pag. 484.

Henry II. Roy de France son fils: & des Deputez que la ville d'Arles luy ennoya pag. 487.

François II. Roy de France: & ceux qui au nom de la ville y allerent pester le serment de fidelité pag. 491.

Charles IX. vint en Arles: du massacre des Prestres à Nismes, & de la confirmation des Priuileges pag. 492.

Henry III. Roy de France & de Pologne vint en Auignon: des Deputez de la ville: de l'institution des Ordres des Cheualiers de France, & du Rosne de S. Barthelemy pag. 500.

Henry IV. de Bourbon surnommé le Grand, Roy de France & de Na-

TABLE

uarre: des Deputez que la ville y enuoya: comme il vouloit faire aggrandir la ville   pag. 507.

Louys le Iuste Roy de France & de Nauarre heureusement regnant: son entree en Arles & la fortunée naissance du Prince Dauphin   pag. 512.

Le Gouuernement Politique de la ville d'Arles: l'authorité des Consuls: l'esplendeur du Conseil: la charge des Officiers: le Bureau de l'Hospital: l'Ordre de la guerre, & armes de la ville: le Tribunal de la Seneschauffee: ceux des Iuges, Viguier, & Maistre des ports: & celuy de l'Archeuesché & l'authorité de sa Primace   pag. 540.

Fin de la Table.

Errata.

Page 36. ligne 1. Bachanales non Bathanales, p. 41. l. 10. Zozime n. Zozine. p. 104. l. 21. assiegee n. asgee, p. 143. l. derniere Prouchéeaux n. Ponceaux, p. 177. l. 19. à son n. à lon, p. 181. l. derniere espere. n. espera, p. 190. l. 13. Egypte n. Fgypte, p. 193. l. 10. de parentage n. par heritage, p. 202. l. 10. Vintimille n. vingt mille, p. 222. l. 13. peres n. pertes, p. 239. l. 3. Consistoire n. estooire, p. 260. l. 1. Bourgongne n. Bournongne, p. 280. 11. joints n. joint, p. 282. l. 6. Il eust n. il ent, p. 351. l. 12. seau n. sceau, p. 308. l. 8 Confraires n. Confrairie, p. 379. l. 15. fraternelle n. paternelle, p. 384. l. 14. excitoient n. excioient, pag. 393. l. 7. qui auoit, n. auoit, p. 396. l. 21. les Papes n. le Pape, p. 429. l. 18. souiagement n. soulagemeet, p. 434. l. 2. Iean XXIII. n. XIII, P, 435. l. 23. esleurent n. esleuerent, p. 451. l'Abbé n. Abbe, p. 473. l. 9. iurerent n. iurent, p. 483. l. 16. Louys XII, n. XI. p. 510. l. 22. celebree p. celebré, p. 536. l. 34. manifesté n. manifestée, p. 545. l. 8. continuer n. contiuer, p. 547. l. 4. Bouchers n. Bocheries, p. 550. l. 18. l'Econome, n. Economic, p. 555. l. 18. les n. kis, idem l. 20. dix-huict non huict, p. derniere l. 5. lan. le, iden contre n. conte.

www.ingramcontent.com/pod-product-compliance
Lightning Source LLC
Chambersburg PA
CBHW070401230426
43665CB00012B/1201